MW01164690

CATHERINE II

DU MÊME AUTEUR

Dans la même collection :
Lénine, 2000.
Nicolas II, 1999.

Chez d'autres éditeurs :
La Russie inachevée, Fayard, 2000 ; rééd. Le Livre de Poche, 2002.
Lénine, le chef de sang et de fer, Fayard, 1998.
L'URSS, de la Révolution à la mort de Staline (1917-1953), Seuil, coll. « Points histoire », 1993.
Victorieuse Russie, Fayard, 1992 ; rééd. Le Livre de Poche, 1994.
La Gloire des nations ou la fin de l'Empire soviétique, Fayard, 1991 ; rééd. Le Livre de Poche, 1992.
Le Malheur russe : essai sur le meurtre politique, Fayard, 1988.
Le Grand Défi, bolcheviks et nations (1917-1930), Flammarion, coll. « Nouvelle Bibliothèque scientifique », 1987.
Ni paix ni guerre : le nouvel empire soviétique ou du bon usage de la détente, Flammarion, 1986 ; rééd. coll. « Champs », 1987.
La Déstalinisation commence, 1956, Complexe, coll. « La Mémoire du siècle », 1986.
Le Grand Frère : l'Union soviétique et l'Europe soviétisée, Flammarion, 1983.
Le Pouvoir confisqué : gouvernants et gouvernés en URSS, Flammarion, 1980 ; rééd. Le Livre de Poche, 1982.
Staline, l'ordre par la terreur, Flammarion, coll. « Champs », 1979.
Lénine, la révolution et le pouvoir, Flammarion, coll. « Champs », 1979.
L'Empire éclaté : la révolte des nations en URSS, Flammarion, 1979 ; rééd. Le Livre de Poche, 1990.
La Politique soviétique au Moyen Orient, Presses FNSP, 1976.
Le Marxisme et l'Asie, 1853-1964, en collaboration avec Stuart Schram, Armand Colin, 1966 ; rééd. coll. « Idées politiques », 1970.
Réforme et révolution chez les musulmans de l'Empire russe, Presses FNSP, 1966 ; rééd. coll. « Références », 1981.

HÉLÈNE CARRÈRE D'ENCAUSSE

CATHERINE II

Un âge d'or pour la Russie

FAYARD

Collection fondée par Georges Liébert
et dirigée par Joël Roman

À la mémoire de
Jean-Baptiste Duroselle,
mon maître, collègue et ami.

SOMMAIRE

DEUXIÈME PARTIE
Le monde de Catherine II

INTRODUCTION

Le 27 juin 1762, un coup d'État, un de plus, portait sur le trône de Russie une jeune femme de trente-trois ans, Catherine. L'événement ne surprit pas grand monde car, depuis la mort de Pierre le Grand en 1725, l'empire des tsars en avait connu une succession de semblables, un candidat au trône chassant celui qui s'y trouvait et qui s'y était installé précédemment de la même manière. Catherine, elle, prenait la place de son mari, le tsar légitime, Pierre III, successeur d'Élisabeth Iʳᵉ, devenue impératrice en 1741 grâce à un coup d'État, tout comme Catherine vingt ans plus tard. Si le coup de 1762 semblait rééditer celui de 1741, c'est que, les deux fois, une femme accédait au trône, et que la méthode avait été la même, la Garde ayant décidé du cours des événements ; mais là s'arrêtaient les similitudes. À la différence d'Élisabeth, fille de Pierre le Grand, Catherine, la nouvelle impératrice, n'avait aucun titre à régner. Elle était étrangère à la dynastie des Romanov, et même étrangère à la Russie, son arbre généalogique en témoigne : aucune goutte de sang russe ne coulait dans ses veines. Son seul lien avec ce pays était Pierre III, le tsar détrôné à son profit.

L'impression produite en Europe par ce changement de souverain fut désastreuse. Non parce que Catherine était femme : d'autres l'avaient précédée sur le trône russe depuis 1725 et une grande impératrice régnait depuis 1740 sur l'empire des Habsbourg, Marie-Thérèse. Mais cette nouvelle venue dans le « club » des monarques européens n'était, à leurs yeux, qu'une usurpatrice parvenue sur le trône grâce au complot fomenté par un groupe de jeunes officiers de la Garde dont le chef de file était, circonstance aggravante, son amant ! En 1762, nul en Europe ne respecta Catherine, nul ne crut à sa longévité politique.

De surcroît, la Russie ne jouit pas d'une grande réputation en cette seconde moitié du XVIIIe siècle. Les grands monarques européens la tiennent alors pour un pays semi-barbare, destiné à jouer un rôle annexe dans leurs diverses combinaisons diplomatiques, mais certes pas pour un pays de statut égal à ceux qu'ils gouvernent. Sans doute Pierre le Grand avait-il impressionné l'Europe par sa détermination à occidentaliser son empire et par ses conquêtes baltes qui ouvraient une brèche entre la Russie et le reste du continent. Et sa fille Élisabeth Ire avait su mettre à profit la guerre de Succession d'Autriche (1740-1748) pour faire de son pays une pièce non négligeable du grand jeu diplomatique européen. Mais, chez ceux qui vont devenir les partenaires de Catherine II – Louis XV, Frédéric II, Marie-Thérèse, pour ne citer que les plus puissants –, l'idée reste bien ancrée qu'en dépit des « incursions » européennes de Pierre et d'Élisabeth, la Russie ne saurait prétendre à un statut et à un rang semblables à ceux de leurs pays. Et les conditions de l'installation de la nouvelle impératrice

sur le trône de Pétersbourg renforcent leurs préven-
tions, les convainquant qu'il leur sera aisé de maintenir la Russie à sa place : une place subalterne en
Europe.

L'avenir politique de Catherine II ne s'annonce
donc pas sous les meilleurs auspices. Et la situation
n'est pas plus favorable en Russie même. Si ses
compatriotes, accoutumés aux coups d'État, ne réa-
gissent guère à celui de 1762, ils tirent de l'expérience
passée une certitude, c'est que le règne de la nouvelle
impératrice sera celui de ses favoris, donc le règne
des hommes qui sauront s'imposer à elle. Même au
sommet de l'État, parmi les élites, ce sentiment est
partagé : comment une jeune femme sans expérience
politique et sans légitimité réelle pourrait-elle se
rendre maîtresse du gouvernement du pays ? Le favori
lui-même ne manque pas au tableau, puisqu'il a été au
centre de la conjuration qui a porté Catherine II sur
le trône : il se nomme Grégoire Orlov.

Tout, en juin 1762, semble donc annoncer un règne
prévisible : une impératrice sans pouvoir, des favoris
puissants en perpétuel conflit et, à terme, un nouveau
coup d'État.

Ce qui était prévu dans toute l'Europe et en Russie
même n'arriva pas. Catherine II régnera trente-quatre
ans et la mort seule aura raison d'elle. Certes, son
règne fut loin d'être paisible : épidémies, multiples
soulèvements et une grande révolte, guerres en
chaîne... On pourrait, au vu d'un tel bilan, imaginer
qu'à la fin elle légua à son successeur un pays dévasté
et à genoux. Or l'héritage est tout autre, et un indicateur précieux permet d'emblée d'en juger : c'est
celui de la population de l'Empire. En 1762, celui-ci
comptait moins de trente millions d'habitants ; en

1796, quarante-quatre millions. Sans doute l'augmentation, remarquable pour l'époque, inclut-elle les sept millions d'êtres humains agrégés à l'Empire grâce aux conquêtes de Catherine[1], mais elle est avant tout représentative de progrès plus généraux.

Une population accrue, un espace étendu à l'ouest et au sud, le règne de Catherine II fut, comme celui de Pierre le Grand, marqué de succès spectaculaires en politique internationale. Ils ont été tels que, dès le milieu du règne, même les monarques les plus réticents à reconnaître à la Russie une place réelle sur l'échiquier politique du continent – Louis XV et Marie-Thérèse – durent s'y résoudre, et leurs successeurs Louis XVI et Joseph II intégrèrent ce statut nouveau dans leurs estimations et leurs calculs politiques.

Les succès internationaux de Catherine II suggèrent une réflexion immédiate, liée à une remarque maintes fois répétée du grand historien russe Klioutchevski. Pour lui, la Russie « souffrait d'une relation anormale entre la politique extérieure de l'État et le progrès intérieur du peuple[2] ». En d'autres termes, elle n'avait pas les moyens d'une politique extérieure de puissance. Pierre le Grand avait mené de front son projet de modernisation et une action extérieure destinée à assurer à la Russie l'accès aux mers libres. Il y réussit dans la Baltique et échoua en Méditerranée. Après lui, Catherine II se fixa les mêmes objectifs extérieurs et réussit même là où son grand prédécesseur avait connu l'insuccès. Fut-elle capable, comme Pierre le Grand, d'ajouter à son activité extérieure un véritable projet intérieur ? Eut-elle, au demeurant, une vision claire des desseins qu'elle allait poursuivre dans son pays et au-dehors ? Et quel en fut le prix ? Peut-être en raison de sa propre légitimité contestée, peut-être aussi parce que, par-delà les troubles succes-soraux qui suivirent sa mort, Pierre le Grand fut son modèle, c'est son œuvre, ce sont ses ambitions que Catherine II voulut reprendre à son compte. Les deux objectifs de Pierre le Grand – occidentalisation et puissance – furent aussi les siens, même si le second prit pour elle la forme de l'*intérêt national.* Cette continuité qu'elle entendait assumer est sans doute à l'origine du qualificatif que lui décerna le prince de Ligne : Catherine *le Grand.*

Mais la continuité n'exclut pas les interrogations : est-ce vraiment le même dessein que poursuivirent les deux grands souverains russes du XVIIIᵉ siècle ? De Pierre le Grand, Soljenitsyne, Richard Pipes et même, jusqu'à un certain point, Klioutchevski ont noté que le rêve modernisateur fut presque exclusivement au service de la puissance, celle de l'armée et de l'État. Est-ce bien là la perspective de Catherine II ? Peut-on hiérarchiser son œuvre en faisant de la volonté d'européanisation des institutions et des esprits un simple instrument destiné à consolider la puissance extérieure de la Russie ? L'européanisation telle que la conduisit Pierre le Grand fut imposée « sous le fouet d'une impitoyable contrainte », écrit Kliout-chevski qui ajoute que « la réforme de Pierre fut marquée par un combat farouche entre le despote et son peuple ». Fut-ce vraiment la méthode de Catherine II ? Son règne lui valut les épithètes les plus flatteuses des philosophes des Lumières et les jugements les plus contradictoires des historiens. Ces oppositions ne tiennent-elles pas tout autant à une personnalité complexe et à une existence mouvementée qu'à l'œuvre que les uns et les autres prétendaient évaluer ? Pouchkine lui-même fournit un exemple de ces réactions ambiguës, qualifiant Catherine de « Tartuffe en jupe et en couronne[3] », mais dessinant dans *La Fille du Capitaine* son portrait en « sage mère » de son peuple.

Tel est le mystère de Catherine : mystère de la personnalité, mais surtout de ce qui l'inspirait et de l'héritage qu'elle aura laissé. L'ambition de ce livre est de retrouver, dans le dédale des faits, des documents et des jugements opposés, le vrai visage et surtout le véritable apport de Catherine II à la Russie.

L'héritage mouvementé de Pierre le Grand
(1725-1762)

Pierre le Grand meurt le 28 janvier 1725*. Sa mort ouvre la porte à la légende. L'ambassadeur Neplouiev écrit alors : « Ce monarque a élevé notre pays au niveau des autres. Il nous a appris à reconnaître que nous sommes une nation. Tout ce que nous considérons en Russie a son origine en lui, et tout ce qui sera fait dans l'avenir proviendra de cette source[1] ». Tandis que nombre de Russes commencent à collectionner les objets qui lui ont appartenu, à constituer en quelque sorte un musée pétrinien, nourrissant ainsi le mythe du surhomme, le petit peuple, pour sa part, attend de cette mort un allégement de sa condition : moins d'impôts, moins d'obligations de service. Mais, au-delà de ces appréciations contradictoires sur le règne qui s'achève, nul n'entrevoit encore les difficultés qui ébranleront quatre décennies durant le système fondé par le défunt tsar.

---

* Les dates indiquées pour les événements russes sont celles du calendrier julien ou ancien style.

C'est la succession du souverain qui est à l'origine d'une série de crises et de ruptures. En 1722, Pierre le Grand avait promulgué à cet effet une loi abandonnant le principe de primogéniture et laissant le monarque libre de décider du choix de son successeur. La mort ne lui laissa pas le temps d'user de ce privilège[2], et de là surgirent les problèmes.

Pierre n'avait plus d'héritier mâle direct. Son fils, Alexis, était mort en 1718 sous la torture ordonnée par son propre père et, de surcroît, l'implacable souverain lui avait imposé, au cours de leur long conflit, qu'il renonçât à ses droits à la couronne. De son second mariage avec la servante livonienne Catherine, Pierre avait certes eu plusieurs fils, mais tous étaient morts en bas âge. Quelques successeurs peu contestables survivaient pourtant : son petit-fils, Pierre, fils d'Alexis, l'héritier rebelle et renié ; ses deux filles, Anne et Élisabeth ; enfin sa seconde femme, Catherine. Ou encore, si, oubliant la lignée de Pierre le Grand, on se rabattait sur celle de son demi-frère Ivan V, deux héritières, filles de ce dernier, Catherine et Anne, pouvaient prétendre au trône.

Cet imbroglio successoral suscita un combat sans merci entre factions qui tentèrent d'accaparer le pouvoir au nom du candidat de leur choix. Ensuite, forts de la part qu'ils avaient prise dans la conquête du trône, les favoris du vainqueur allaient réclamer pour eux-mêmes un rôle de premier plan. Le résultat de ces luttes de succession fut une suite étonnante de monarques que les commentateurs blasés résumèrent ainsi : « En trente-sept ans, la Russie a été livrée à six autocrates : trois femmes, un garçon de douze ans, un nourrisson et un débile mental. »

Catherine Ire, Pierre II,
deux règnes éphémères

À la mort de Pierre le Grand, deux factions puissantes s'opposent : d'un côté, les partisans de son
petit-fils, âgé de douze ans ; de l'autre, ceux de
Catherine, la servante lituanienne épousée officiellement en 1712*. L'enfant était soutenu par les
tenants d'une Russie traditionnelle, notamment les
Galitzine et les Dolgorouki qui n'oubliaient pas
l'opposition désespérée et vaine de son père, le tsarévitch Alexis, à la politique d'occidentalisation de
Pierre. Tout au contraire, la cause de Catherine était
portée par ceux que le tsar défunt avait distingués,
mais aussi par ceux qui avaient participé au procès et
à la liquidation de l'héritier direct. Ils étaient menacés,
pensaient-ils, par l'accession au trône du propre fils
du tsarévitch martyrisé. Comme ils occupaient les
postes de commande dans l'armée et l'administration,
leur puissance était visible, ce qui incita les partisans
du jeune Pierre Alexeievitch à leur proposer un compromis : l'enfant serait proclamé tsar, mais la veuve
de Pierre assurerait la régence. Ainsi, plaidaient-ils,
seraient réconciliés le droit successoral et la réalité des
forces en présence. Le compromis fut repoussé par
les partisans de Catherine qui objectèrent qu'une
solution bâtarde, partageant en fait la succession,
ouvrirait la porte à des conjurations et à une instabilité
permanentes. Ils arguaient de surcroît que, Pierre le

---

* Marthe Skavronski, fille d'un paysan lituanien, est née en
Livonie en 1684 ; faite prisonnière par Menchikov, elle fut
« cédée » à Pierre le Grand en 1703.

Grand ayant aboli les règles successorales, il n'y avait
pas de raison d'y revenir, mais qu'en revanche il avait
implicitement suggéré que son choix se portait sur
Catherine : n'avait-elle pas été couronnée impératrice
en 1724 et associée ensuite au pouvoir ? En dernier
ressort, la cause de celle-ci fut surtout soutenue par
les régiments de la Garde, Semenovski et Preobra-
jenski, qui lui apportèrent le renfort des armes. Grâce
à eux, elle fut proclamée seule souveraine de la Russie,
« conformément à la volonté de Pierre le Grand ».

L'invocation de la volonté du monarque disparu,
destinée à conférer une légitimité à ce choix, ne saurait
dissimuler les bouleversements intervenant dans le
mode d'accession au trône qui, depuis le « temps des
troubles », semblait enfin avoir trouvé ses règles. À
commencer par l'intervention de la Garde, autrement
dit l'arbitrage de la force armée, qui jouera à partir de
ce moment – et plus d'une fois ! – un rôle décisif dans
les luttes de pouvoir. Autre facteur important de
conflit : le trône était confié à une femme. Certes,
Sophie, demi-sœur de Pierre Ier, avait exercé la
régence de 1682 à 1689 ; mais nul n'avait songé à la
hisser pour de bon sur le trône. Catherine, elle, allait
être impératrice ; or elle était étrangère, elle avait été
captive, épousée en secondes noces, c'est-à-dire à
peine légitime. Et comment ne pas imaginer que des
favoris gouverneraient pour elle ? Le choix fait en sa
faveur, fondé sur la force, mécontenta nombre de
Russes, et d'abord les *vieux-croyants* qui se refusèrent
en majorité à prêter serment à une femme, payant leur
décision de tortures, voire de leurs vies.

Les prédictions des adversaires de Catherine furent
en partie confirmées. Menchikov, son amant, fut tout-
puissant avant que de soulever la colère des autres

conseillers de l'impératrice. Pourtant, celle-ci n'aban-
donna rien des orientations de Pierre, si ce n'est
par une innovation institutionnelle : la création en
1726 du Conseil suprême secret. Ce conseil de six
membres, dont faisait évidemment partie l'inévitable
Menchikov, était présidé par l'impératrice elle-même ;
traitant des affaires de l'État au détriment du Sénat et
du Saint Synode, il était étranger à la pratique gouvernementale du tsar disparu. Mais, consciente du danger
qu'impliquait l'absence de règles successorales claires,
Catherine désigna en 1727, avant de mourir, le jeune
Pierre comme héritier, et confia la régence au Conseil
suprême secret où elle avait fait entrer ses deux filles,
Anne et Élisabeth, tantes du jeune tsarévitch. En dési-
gnant son successeur, Catherine avait souhaité prévenir une nouvelle crise, mais tous les éléments en
étaient déjà inscrits dans cette organisation quelque
peu compliquée de la succession.

Le règne de Catherine Ire avait été bref ; il ne trahissait en rien celui qui l'avait précédé, mais il portait
en germe les travers qui allaient caractériser la vie
politique de la Russie jusqu'au règne de Catherine II.
Menchikov resta d'abord maître de la situation. Il
plaça le jeune tsar sous sa coupe, l'installa dans son
propre palais, l'entoura de serviteurs à sa dévotion et
décida de lui faire épouser sa fille. Mais le jeune
prince, avide d'indépendance, se tourna alors vers
l'autre parti, celui qui, en 1725, l'avait déjà soutenu.
Avec l'aide des Dolgorouki, il réussit à faire exiler
Menchikov en Sibérie, où il mourut.

Le collaborateur le plus proche de Pierre le Grand,
le favori de Catherine Ire, n'avait pu résister face à la
coalition « vieille russe ». Mais l'Histoire se répéta.
Les Dolgorouki, maîtres du terrain, maîtres aussi de

la volonté du jeune prince, se comportèrent avec lui
comme l'avait fait Menchikov. Ils l'isolèrent de toute
influence qui pouvait leur porter ombrage, l'entourèrent des membres de leur coterie, et décidèrent de
le fiancer à la sœur du favori Ivan Dolgorouki,
Catherine. D'un favori à l'autre, d'une faction à
l'autre, les méthodes étaient identiques. Seule l'orientation politique changeait. Avec les Dolgorouki, c'est
la vieille Russie qui reprenait ses droits. La cour revint
à Moscou, l'Europe cessa d'intéresser, le rêve de
Pierre fut abandonné. Mais le tournant qui s'esquissait
ainsi n'eut pas de lendemain : au début de 1730,
Pierre II, qui n'avait pas quinze ans et n'était pas
encore marié, succomba subitement à la variole.

En cinq ans, la Russie avait déjà connu deux règnes,
des conflits internes, mais pas de guerre. Fait notable
du court règne de Pierre II : la Russie et la Prusse
signèrent alors un traité envisageant la succession
d'Auguste II en Pologne. L'idée d'un démembrement
de ce pays, de son *partage*, fut pour la première fois
agitée.

La Russie aux mains du « parti allemand »

La mort de Pierre II prit tout le monde au
dépourvu ; non seulement aucune succession n'avait
été préparée mais, de surcroît, la lignée mâle des
Romanov s'éteignait. Épouvantés par le vide ainsi
créé, les membres du Conseil suprême secret et
quelques dignitaires siégèrent sans désemparer pour
trouver une solution qui ne menaçât nul intérêt, nulle
position de force. Ils s'accordèrent d'abord sur un
principe : limiter l'autorité du souverain et doter

l'aristocratie russe d'une sorte de charte constitutionnelle. Un système à la polonaise, en somme. Le
Conseil suprême secret entendait garder en place tous
ses membres et continuer d'exercer le contrôle des
affaires de l'État ; en outre, le souverain désigné ne
pourrait ni déclarer la guerre, ni lever les impôts, ni
disposer des fonds publics ; enfin, les régiments de la
Garde et les forces armées relèveraient de la seule
autorité du Conseil. Ces principes définis, restait à
trouver la personne qui accepterait de souscrire à des
conditions aussi draconiennes !

Des héritières possibles, les filles de Pierre le Grand
ou celles d'Ivan V, une seule semblait convenir : Anne
Ivanovna, veuve du duc de Courlande, sans enfant,
qui, n'ayant à première vue guère de chances
d'accéder jamais au trône, n'avait donc rien à perdre,
mais tout à gagner. Elle accepta sans hésiter les conditions qui lui furent présentées. On lui imposa de
surcroît d'autres engagements : ne jamais se remarier
et renoncer au droit de désigner son successeur. On
croyait la fille d'Ivan V dépourvue de personnalité ;
ceux qui la choisirent étaient convaincus qu'elle serait
un jouet entre leurs mains. Ils allaient déchanter. Pour
la première fois en Russie, les clauses de l'accord
conclu instauraient un pouvoir constitutionnel. Mais
sa durée fut des plus brèves. Le système mis en place
par une petite coterie agita la noblesse, qui soit exigea
que les privilèges politiques consacrés par l'accord lui
fussent étendus, soit contesta cet accord lui-même. Et
l'impératrice Anne, moins naïve que ses protecteurs
ne l'avaient cru, en profita, le jour de son entrée solennelle à Moscou, pour se placer sous la protection
organisée de la Garde et de la noblesse, et pour
déchirer le texte qu'elle avait d'abord accepté. Elle

argua que si elle avait souscrit à tout, c'est qu'elle croyait être confrontée à la volonté du peuple. Mais l'agitation de la Garde et de la noblesse lui démontrait qu'il s'agissait d'un simple complot fomenté par quelques dignitaires pour accaparer le pouvoir. Elle abolit alors le Conseil suprême secret. L'autocratie renaissait. Les chances de voir s'instaurer un pouvoir constitutionnel en Russie s'évanouissaient.

La faible duchesse de Courlande se mua instantanément en impératrice impitoyable, animée du désir de se venger. Plus intelligente que ne l'avaient pensé ceux qui l'avaient portée sur le trône, Anne sut se débarrasser par étapes de tous ceux qui prétendaient limiter son autorité. Elle commença par exiler sur leurs terres les représentants du parti russe, les Dolgorouki et les Galitzine. Elle en envoya d'autres en Sibérie. Et, constatant l'absence de réaction de la noblesse, elle se débarrassa finalement de tous ses ennemis, soit en les faisant mourir sous la torture, soit en les faisant décapiter. Puis elle s'entoura des hommes que l'Histoire retiendra comme formant le *parti allemand* : Biron*, Courlandais de basse extraction ; Osterman, à qui elle confiera les Affaires étrangères ; Münich, Lascy, Bismarck, responsables des armées ; Korff et Kayserling, qui devinrent ses ambassadeurs.

Ce « choix allemand » tenait à la profonde méfiance que l'impératrice Anne nourrissait envers la noblesse russe. Celle-ci n'avait-elle pas tenté de la déposséder ? Longtemps confinée à Mitau, capitale de la Courlande, Anne s'y était déjà entourée d'Allemands. Au vrai, certains d'entre eux, tels Osterman ou Münich,

---

* Ernest Johann (Bühren) ou Biren ou Biron.

étaient d'une grande compétence et le rôle qu'ils jouèrent n'était pas sans évoquer celui des Allemands que Pierre le Grand avait jadis appelés auprès de lui. Mais aussi, que de favoris guère qualifiés pour occuper les postes qu'ils accaparaient ! Ils ignoraient tout de la Russie, méprisaient les Russes, avides seulement de s'enrichir au plus vite. De l'amant de l'impératrice, Ernest Johann Biron (ou Biren), l'Histoire a retenu sa cruauté, un recours immodéré à la persécution policière, son arrogance et l'énormité des avantages matériels qu'il arracha à Anne. La population ne tarda pas à désigner de son nom tout le règne, qui devint la *Bironovchtchina*.

Parmi les victimes de ce système de pouvoir si personnel, il faut d'abord inscrire les vieux-croyants. Pour autant, pas plus que celui de Catherine, ce règne ne marqua une rupture avec la vision de Pierre le Grand. Anne supprima le Conseil suprême et rendit au Sénat son épithète de *dirigeant*, mais là s'arrêta sa fidélité à cette institution. Le pouvoir fut en réalité détenu par le Cabinet, qu'elle présida, et par une Chancellerie secrète. À peine couronnée, elle revint à Saint-Pétersbourg, où Münich fonda le Corps des cadets : trois cent soixante jeunes gens s'y préparaient au service civil autant que militaire, selon des principes proches de ceux qu'avait prônés Pierre le Grand. Il n'est pas superflu de mentionner que, si l'on y enseignait l'histoire d'Allemagne, celle de Russie était absente des programmes...

Le jugement porté sur ce règne si impopulaire – en raison du poids des Allemands, de la cruauté déployée envers la noblesse russe, mais aussi contre la paysannerie, soumise à un harcèlement fiscal rarement connu jusqu'alors – doit cependant être pondéré par deux

éléments. La politique étrangère fut relativement rai-
sonnable et conforme aux lignes de force tradition-
nelles de la diplomatie russe. D'abord dans la guerre
de Succession de Pologne (1733-1735) où, opposée à
la France, la Russie assura contre le candidat français,
le pro-suédois Stanislas Leszczynski, le succès de son
protégé Auguste III. Puis de 1736 à 1739, où elle
s'opposa une fois encore à la France dans la guerre
contre la Turquie. La volonté de faire contrepoids sur
le continent à l'influence française domina alors la
politique conduite par Osterman. L'autre élément à
prendre en considération est la poursuite d'une certaine « occidentalisation » des esprits et des usages,
due à l'influence des Allemands. La cour, peuplée de
favoris, vivait dans un luxe mêlant barbarie et mauvais
goût allemand ; la voie était néanmoins préparée pour
l'entrée en scène de l'influence française.

Reste le problème politique de la succession, toujours posé depuis les décisions de Pierre le Grand.
Dominée par son mépris des Russes et par sa détestation d'Élisabeth, sa cousine, fille de Pierre le Grand,
l'impératrice, dont la santé faiblissait, trouva à cette
question une solution « allemande ». En 1740, elle
désigna pour lui succéder un nourrisson de deux
mois, Ivan, prince allemand, arrière-petit-fils d'Ivan V
et fils de sa nièce Anne Leopoldovna, princesse de
Mecklembourg-Schwerin, et du duc de Brunswick-
Wolfenbüttel. La lignée de Pierre le Grand était une
fois encore condamnée et l'enracinement de princes
allemands sur le trône de Russie paraissait la règle.
Pour compliquer le tout, l'impératrice Anne décida
que la régence serait confiée à son favori, Biron.

Loin d'apaiser une Russie indignée par la germani-
sation du trône et par la pérennité du pouvoir de

Biron, cette succession enflamma les esprits. De surcroît, nul ne comprenait pourquoi le père de l'empereur était écarté de la régence. Allemand pour Allemand, il faisait tout autant l'affaire que Biron. Les Brunswick, qui avaient installé à la cour leurs propres favoris, dont les excès devinrent vite célèbres, cherchaient pour leur part le moyen de se débarrasser de Biron et d'accaparer le pouvoir que l'impératrice défunte leur avait refusé. Conscient des hostilités déchaînées contre lui, Biron crut trouver une parade : il imagina d'appeler à la cour Pierre de Holstein-Gottorp, petit-fils de Pierre le Grand (le futur Pierre III), de lui faire épouser sa fille et de marier son fils à Élisabeth. Ainsi, en multipliant les liens matrimoniaux avec les descendants de Pierre le Grand, il espérait consolider son pouvoir à jamais. Mais les intrigues de Biron ne pouvaient compenser son incompétence ni apaiser l'irritation croissante de ceux qui l'entouraient et qui craignaient d'être emportés à leur tour par sa folie s'il réussissait dans ses entreprises. Münich prit alors l'affaire en main, négocia avec la mère du petit Ivan VI et, par une nuit de novembre, il parvint à faire enlever Biron et ses partisans, à jeter les uns en prison, à envoyer les autres en Sibérie et à confier enfin la régence à Anne Leopoldovna.

Si l'impératrice Anne Ivanovna avait montré de faibles capacités politiques et s'était abandonnée aux exigences de ses favoris, la régente, parvenue à ses fins par la volonté de Münich, n'était guère plus capable d'assumer sa fonction. La succession, réglée par des Allemands que préoccupait exclusivement la protection de leur puissance, restait toujours marquée du sceau de l'illégitimité. Qui se souciait en Russie du

sort du malheureux Ivan VI, petit prince allemand
étranger à la lignée de Pierre le Grand et hors d'état
de régner avant des années ? Ni ceux qui, tel Münich,
avaient pensé pouvoir dominer la régente et gouverner à sa place ; ni la régente elle-même, qui se
contentait de suivre avec nonchalance les querelles de
ses conseillers. La Russie n'était pas gouvernée ; l'arrogance et les demandes insatiables des conseillers de
tous ordres exaspéraient sans cesse davantage le pays
et surtout ceux qui, proches de la cour, s'interrogeaient sur les moyens de mettre fin à la mainmise
allemande sur le trône de Russie.

Même si l'empereur n'était qu'un nourrisson, et à
supposer qu'il fût apte à vivre longtemps, une fois
encore se posait le problème de la succession.
Beaucoup de solutions avaient déjà été épuisées, mais
restait la fille de Pierre le Grand, Élisabeth, une jeune
femme belle et aimable, adroite et non dépourvue de
courage. Sous le règne d'Anne Ivanovna et de Biron,
elle avait été soumise à une surveillance impitoyable.
L'impératrice Anne craignait cette rivale qui pouvait
arguer d'une légitimité peu contestable pour revendiquer ses droits sur le trône. Elle n'ignorait pas que,
dans les régiments de la Garde, la tentation était
grande d'en appeler à la fille de Pierre contre celle
qui avait cédé le pouvoir en Russie à des conseillers
allemands. Elle n'ignorait pas non plus qu'en dépit de
sa prudence – car Élisabeth redoutait d'être reléguée
à jamais dans un couvent si le moindre soupçon de
complot pouvait lui être imputé –, celle-ci avait su
se rendre populaire auprès des soldats. Silencieuse et
discrète durant le règne de l'impératrice Anne, elle le
fut moins lors de la régence d'Anne Leopoldovna qui,
par nonchalance, par tempérament moins extrême

aussi, tenta maintes fois de se la concilier et la tint moins en position de suspecte. Élisabeth en profita pour visiter les casernes, recevoir des fidèles, se faire connaître avant tout de l'armée. Jusqu'en 1740, elle était tenue pour un recours lointain. Durant la régence, l'idée d'un tel recours prit corps, la popularité de la princesse n'ayant cessé de croître. Fille de Pierre, Russe de cœur, elle faisait partout connaître sa volonté de rendre aux Russes leur place dans le gouvernement de leur pays.

Élisabeth jouissait aussi d'un puissant appui extérieur : l'ambassadeur de France, le marquis de La Chetardie, avait été instruit par son ministre de la nécessité de soutenir tout mouvement qui, en Russie, diminuerait l'influence allemande et briserait l'alliance autrichienne de 1726. La Chetardie avait été envoyé en Russie par Louis XV pour tenter de mettre fin au statut que Pierre le Grand avait su gagner à son pays par une politique étrangère particulièrement active : celui d'une puissance comptant sur l'échiquier international. S'il était irréaliste de penser pouvoir en revenir à la situation du milieu du siècle où la Russie ne comptait guère plus en Europe que la Moldavie, le roi de France rêvait du moins d'abaisser ses prétentions[3]. La correspondance du cardinal Fleury avec La Chetardie est à cet égard explicite.

Un revirement des orientations russes était d'autant plus nécessaire à la France que, à la fin de l'année 1740, la mort de l'empereur Charles VI ouvrit la succession d'Autriche. Il devenait crucial pour la France de pouvoir compter sur un soutien russe. Les contacts de La Chetardie avec la princesse Élisabeth étaient cependant difficiles à dissimuler et la régente, prenant

conscience du danger, décida, à l'instar de l'impératrice Anne, de sévir et d'éloigner celle qui devenait
pour elle une rivale de plus en plus inquiétante. Elle
la mit en demeure de rompre tout contact avec le
représentant de la France, la menaça de la priver de
son médecin français, Jean Lestocq – l'un des rouages
de toutes les entreprises favorables à Élisabeth –, et
résolut de la marier de gré ou de force avec son beau-
frère, Ludwig Brunswick, afin de la contraindre à
quitter la Russie pour rejoindre la principauté de son
époux.

La crise politique était ouverte. Après avoir longtemps hésité à encourager un coup de force qui,
manqué, l'eût condamnée à jamais au couvent et non
plus seulement à l'exil, Élisabeth fut brutalement
contrainte de choisir. D'autant que, jamais consolée
des conquêtes de Pierre le Grand, la Suède engageait
à ce moment précis les hostilités contre la Russie, et
que les régiments de la Garde, favorables à Élisabeth,
reçurent l'ordre de se rendre à la frontière. Celle-ci
allait-elle perdre ses partisans à l'heure où le conflit
avec la régente atteignait son paroxysme ? Tous ses
partisans la pressaient d'agir : les Français d'abord
– La Chetardie et Lestocq –, mais aussi des Russes,
dont son favori Alexis Razoumovski, Michel
Vorontsov et quelques autres proches.

Dans la nuit du 25 novembre 1741, la princesse,
accompagnée de Vorontsov et de Lestocq, qui avaient
ardemment plaidé pour une action immédiate, se
rendit dans les cantonnements du régiment Preobra-
jenski, se présentant aux soldats en « fille de Pierre le
Grand ». Leur ayant fait jurer de ne pas verser de
sang, elle se dirigea avec eux vers le palais d'Hiver,
résidence de la régente. Inconsciente du cours des

événements, sans défense, celle-ci fut arrêtée ainsi que ses ministres, les membres de sa famille et tout son entourage. À l'aube du 25 novembre, le peuple apprit par un manifeste qu'Élisabeth Petrovna, fille de Pierre Ier, avait accédé au trône. Trois jours plus tard, le 28 novembre, l'*impératrice autocrate* mit la succession en ordre dans un nouveau manifeste. Âgée de trente-deux ans, célibataire, elle décida d'en revenir à la lignée de son père, comme l'avait voulu Catherine Ire, et désigna pour successeur son neveu, Pierre de Holstein-Gottorp, un adolescent de treize ans qui vivait alors à Kiel. Elle put s'appuyer sur les volontés exprimées par sa mère dans un document qui avait d'abord disparu, puis avait été fort opportunément retrouvé. En février 1742, Pierre arriva à Saint-Pétersbourg, y fut converti à l'orthodoxie, condition *sine qua non* pour prétendre au trône, et y devint officiellement son héritier.

La nouvelle impératrice resta toujours fidèle à sa volonté d'éviter de faire couler le sang. La régente fut d'abord envoyée à Riga, puis à Kholmogory. Le jeune empereur déchu, Ivan VI, fut enfermé dans la forteresse de Schlüsselbourg. Sa survie allait par la suite poser un problème que la violence, récurrente en Russie, résoudra. Les grandes figures de la période allemande – Osterman, Münich, Biron – furent d'abord condamnées à divers supplices, puis graciées.

La revanche du parti russe. Élisabeth Ire

La révolution de 1741 avait été somme toute pacifique et elle fut suivie d'un grand règne. Elle allait surtout ouvrir la voie à une politique intérieure et

étrangère différente : la période allemande prenant fin,
l'intérêt national et les traditions russes recouvraient
leur place.

Ainsi s'achève une période troublée de seize ans
(1725-1741) marquée par des innovations successorales douteuses, par l'intervention constante de la
force pour régler le problème de la succession, et
surtout par une domination allemande durable qui
blessa la conscience collective russe.

À l'origine de ce temps de turbulences et de coups
de force, plus aucune légitimité ne prévalant, se trouve
incontestablement la décision de Pierre le Grand. Élisabeth, qui en avait été victime – n'était-elle pas la fille
et de l'empereur et de Catherine Iʳᵉ ? –, fit accomplir
un progrès décisif au système politique russe en tran-
chant d'emblée le problème de sa propre succession
et en affirmant sa volonté, en dépit de son accession
mouvementée au trône, d'éviter de recourir à la violence contre ses adversaires. Sans doute décida-t-elle
de garder le petit empereur déchu dans une forteresse
et sous son contrôle pour éviter qu'il ne servît de
drapeau aux factions vaincues, toujours prêtes à
reprendre le combat. Mais elle le garda en vie, en dépit
des conseils cyniques du marquis de La Chetardie qui
invoquait l'exemple des faux Dimitri pour plaider la
nécessité d'« effacer toute trace du règne d'Ivan VI⁴ »,
et cela constituait déjà un notable progrès. Enfin, en
proclamant d'emblée sa volonté d'en revenir à une
conception russe, et d'impliquer des représentants de
la noblesse russe dans la vie politique, elle constatait
l'aspiration de son peuple à voir éliminer les
influences étrangères par trop voyantes.

Le nouveau règne s'ouvrait donc sous des auspices

favorables. Tout suggérait que l'insécurité psychologique du peuple russe et surtout de ses élites,
incertains de leur identité culturelle, pourrait être progressivement réduite[5]. Cette victoire du parti russe fut
comprise par le peuple. Le clergé orthodoxe, qui avait
été durement traité pendant la période allemande, ne
put qu'exprimer son accord avec ce nouveau cours.
L'archevêque de Novgorod tonnait, dans ses sermons,
contre les « émissaires du diable » qui avaient dominé
la Russie. Le grand poète Lomonossov compara Élisabeth à Moïse qui avait arraché son peuple à la servitude, et aussi à l'Astrée ramenant l'âge d'or en
Russie. Les Allemands installés dans le pays firent les
frais de cette explosion de joie collective. Malmenés
dans la capitale et au sein des régiments, il fallut les
protéger de la vindicte populaire. Les héros du jour
étaient le marquis de La Chetardie et l'ambassadeur
de Prusse, alors que celui d'Autriche était vilipendé.
L'accord russo-autrichien, œuvre de Catherine Ire et
d'Anne Ivanovna, semblait voué à l'oubli.

Par opposition à celui de ses devanciers, le règne
d'Élisabeth a souvent été qualifié de remarquable.
Peut-être a-t-il été, à certains égards, surestimé. Il faut
d'abord constater qu'il ne reposait pas sur des conceptions originales. Montant sur le trône après en avoir
été si durablement écartée, l'impératrice n'avait certes
pas eu les moyens ni surtout le souci – peut-être parce
que le pouvoir lui paraissait inaccessible – de réfléchir
à un véritable programme d'action. Elle fut, selon
l'expression de l'historien russe Tcherkassov, soucieuse de « restaurer » une vision politique empruntée
à son père en partant d'une conception de l'intérêt
national analogue à celle de Pierre le Grand, c'est-à-
dire marquée d'une volonté de pousser la Russie vers

l'ouest et de rompre avec la tradition *moscovite*[6].
S'agissant des institutions, elle rétablit le Sénat, abolit
le Cabinet, effectua dans l'administration des changements inspirés des pratiques de son père. À son crédit,
il faut surtout porter l'abolition de la peine de mort
et les restrictions mises à l'usage de la torture. Elle
s'efforça aussi de donner aux mœurs plus de civilité.
C'est ainsi que les bains publics communs aux deux
sexes furent interdits dans les grandes villes, d'où l'on
bannit aussi les ours qui y circulaient librement...

Farouchement orthodoxe, soutenue par le clergé,
Élisabeth laissa libre cours à l'intolérance de l'Église
officielle. On ferma un grand nombre de mosquées en
pays tatar, ainsi que des églises arméniennes dans les
deux capitales. Les Juifs « ennemis du Christ » furent
pourchassés. En revanche, l'Église orthodoxe fut
traitée avec maints égards, l'instruction du clergé et
des moines fit l'objet d'une grande attention, et l'on
tenta de relever le très bas niveau des études théolo-
giques. On en revint aux dispositions sévères de
Pierre le Grand imposant des comportements respec-
tueux dans les lieux de culte – orthodoxes seulement.

Si la politique économique de Pierre destinée à
assurer le progrès du pays fut poursuivie, deux traits
de la vie sociale non seulement caractérisent le règne
d'Élisabeth, mais deviennent une constante de l'évolution russe. La noblesse paraît de plus en plus
consciente d'elle-même, attachée à des privilèges qui
garantissent sa prééminence dans le pays : l'école des
Cadets, créée en 1730, dont l'accès lui est réservé ainsi
que la Banque de la noblesse. Mais surtout, la possibilité de devenir noble – par le service de l'État –,
voulue par Pierre le Grand, est pratiquement supprimée entre 1758 et 1760. Dans le même temps, le

servage s'étend et la condition des serfs ne cesse de s'aggraver. Élisabeth va accentuer par une série de dispositions ces deux tendances.

Un des grands problèmes du règne fut la persistance de l'influence des favoris. Ceux-ci n'étaient plus des Allemands, mais des Russes ; leur rôle n'en resta pas moins considérable. En premier vint Alexis Razoumovski, qui fut peut-être l'époux morganatique de l'impératrice, puis Ivan Chouvalov. À tous les postes importants, des Russes succédèrent aux Allemands. Les décisions étaient prises par un cercle restreint de protégés et d'hommes de confiance qui siégeaient au Sénat, puis dans un organe créé en 1756, à la veille de la guerre de Sept Ans : la Conférence suprême de la cour.

Peut-être le trait le plus marquant de ce règne fut-il le rapprochement avec la France. Au lendemain de son accession au trône, Élisabeth, dans un message adressé à Louis XV, avait exprimé l'espoir de voir s'établir une amitié sincère entre les deux cours. Mais, derrière ce message, un malentendu se dessinait. Élisabeth était reconnaissante à la France du soutien qu'elle avait reçu dans les années difficiles, et le marquis de La Chetardie considérait que sa mission était bien de consolider les liens entre les deux pays. Mais il reçut de Versailles quelques avis nuancés, notamment durant la guerre russo-suédoise. Son gouvernement lui rappelait qu'il n'était pas à Pétersbourg pour conforter la position internationale de la Russie, mais pour servir l'intérêt de la France, lequel supposait une certaine faiblesse russe...

Fascinée par la France, Élisabeth se heurta à l'opposition de celui qui allait durablement dominer sa politique étrangère, le vice-chancelier (puis chancelier)

Bestoujev-Rioumine. Pour lui, les alliés naturels de la
Russie étaient l'Autriche et l'Angleterre, alors que la
France, hostile à l'empire des Habsbourg, s'appuyait
sur la Prusse dont Pétersbourg voyait avec anxiété
monter la puissance. Dans les premières années du
règne, en dépit de malentendus et de crises – La Chetardie fut expulsé en 1744 pour avoir médit de l'impératrice dans une correspondance saisie et déchiffrée
par les Russes[7] –, Louis XV, peut-être pour apaiser
les tensions, fit un geste décisif : il reconnut à
Élisabeth les titres d'impératrice et autocrate. Jamais
la France n'avait accepté de donner ce titre aux souverains russes, pas plus à Pierre le Grand qu'à ses
héritiers[8]. Leur reconnaître la qualité impériale fût
revenu à inscrire la Russie parmi les grandes puissances européennes. De 1742 à 1745, on fit miroiter à
Élisabeth une telle concession en échange d'un traité
de commerce, ou encore d'une alliance tripartite entre
la Russie, la Suède et la Prusse, que la France eût
ensuite pu rejoindre. Tout tendait en effet à arracher
la Russie à l'alliance avec Vienne, alors que la guerre
de Succession d'Autriche battait son plein. Prudente,
figée dans son hostilité à Frédéric II et à son pays,
Élisabeth, reconnue impératrice par le roi de France,
ne voulut jamais payer cette reconnaissance d'un
prix fort. Elle était consciente du parallélisme entre
l'ascension de Pierre le Grand et celle de Frédéric II,
comprenant que chacun d'eux, à son époque, avait
modifié radicalement l'équilibre européen. Inspirée
par Bestoujev-Rioumine, elle ne cessa de rechercher
les alliances qui freineraient l'expansion prussienne, et
se heurta ainsi à la France. La guerre de Suède (1741-
1743), dans laquelle l'Autriche la soutint mais qui
l'opposa à Louis XV, lui rapporta des territoires

finnois. Elle prit une part lointaine aux derniers épisodes de la guerre de Succession d'Autriche en se retrouvant aux côtés de l'Autriche et de l'Angleterre contre la France et la Prusse. Mais en 1756, quand commence la guerre de Sept Ans, on assiste à une révolution diplomatique. La Russie s'y trouve alliée de la France, de la Suède, et naturellement aussi de l'Autriche avec qui Versailles s'est soudain réconcilié pour combattre la Prusse et l'Angleterre. La Russie se garde bien, cependant, de déclarer la guerre à cette dernière...

Toujours est-il que la fin du règne d'Élisabeth est marquée par la réconciliation avec la France. La nomination en 1760 du baron de Breteuil à l'ambassade de Pétersbourg est accompagnée de recommandations tendant à consolider les liens entre les deux pays. On est loin de celles prodiguées au marquis de La Chetardie à l'aube du règne, conseils de modération destinés à ne pas encourager l'esprit de puissance russe. Louis XV, qui nourrit peu de sympathie envers la Russie et n'a jamais changé à cet égard, est néanmoins conscient du prestige acquis par les armées russes pendant la guerre de Sept Ans. On ne peut plus refuser à la Russie une place en Europe. De surcroît, il y a tout lieu de s'inquiéter : l'impératrice se meurt et le problème de l'avenir politique russe se pose une nouvelle fois. Mieux vaut que ce ne soit pas au détriment des liens renoués avec la France !

C'est en effet à Pétersbourg qu'à l'hiver 1761 se joua en partie l'équilibre à venir de l'Europe. L'impératrice, qui agonisait à cinquante-deux ans dans d'atroces souffrances, était torturée de surcroît par l'angoisse de sa succession. Elle s'était voulue continuatrice de l'œuvre paternelle et n'y avait pas si mal réussi, malgré quelque nonchalance et un certain désintérêt pour les affaires publiques trop souvent livrées aux favoris[9], mais elle croyait avoir réglé d'emblée le problème de son héritier. Or, au terme de vingt années de règne, ayant bien observé le successeur qu'elle s'était choisi, elle se désespérait : « Mon neveu est affreux, que le diable l'emporte ! », « Mon maudit neveu m'a déçue plus que je ne puis l'exprimer », confiait-elle à ses proches. Et elle cherchait des solutions de rechange, s'interrogeant sur la possibilité de substituer à ce Pierre qu'elle haïssait le fils de ce dernier, Paul. Sa mort, sans que son intuition l'eût conduite à un acte décisif, allait une fois encore montrer la fragilité de la vie politique russe, toujours minée par des successions douteuses. La personnalité du futur Pierre III justifiait à tous égards les angoisses de l'impératrice sur son lit de mort.

Le 25 décembre 1761, Élisabeth rend l'âme et l'« affreux neveu », Pierre de Holstein, monte sur le trône sous le nom de Pierre III.

La fascination « allemande » de Pierre III

Comme l'impératrice Élisabeth, Pierre III pouvait se targuer de descendre de Pierre le Grand. Mais il ne pouvait revendiquer aucune des qualités de ce grand-père que la Russie révérait. Son accession au trône fut marquée d'une lourde atmosphère où dominait un sentiment de consternation. Prince de Holstein-Gottorp, il avait, jusqu'à l'âge de douze ans, été élevé en héritier du trône de Suède. Ses maîtres avaient inculqué à celui qu'ils pensaient être le futur souverain de ce pays une haine tenace envers l'ennemi héréditaire, la Russie. L'ironie du sort voulut qu'il fût désigné ensuite comme héritier du trône de l'empire qu'il avait pendant toute son enfance appris à détester. Les résultats de cette éducation furent durables. En Russie, le futur Pierre III se comporta toujours en prince étranger, méprisant le pays où il devait vivre, sa civilisation et ses habitants. L'éducation première de cet orphelin – sa mère et son père étaient morts alors qu'il avait respectivement deux mois et dix ans – rend en partie compte des traits qu'il allait développer par la suite. Instruits de leur mission par son tuteur, le roi de Suède, ses précepteurs soumirent l'enfant à un véritable régime de caserne et à des vexations permanentes. Pierre les craignait, ce qui explique peut-être sa nature sournoise, peu liante, et, très tôt, un goût immodéré pour l'alcool dont il ne se débarrassera jamais.

Arrivé en Russie après l'accession au trône d'Élisabeth, il fut aussitôt converti à l'orthodoxie et nommé, selon la tradition, Pierre Fedorovitch ; pour autant, jamais il ne se sentit russe. Son mariage précoce en 1745 avec une princesse allemande âgée de seize ans, Sophie d'Anhalt-Zerbst, avait été encouragé par Frédéric II qui, prévoyant, espérait s'assurer ainsi des alliés à la cour de Russie. Espoir vite déçu, car la jeune princesse – devenue elle aussi, selon la tradition, orthodoxe et dotée d'un nom russe, Ekaterina Alexeievna – embrassa d'emblée, contrairement à son mari, les intérêts et la culture du pays qui l'avait adoptée. Mais ce mariage n'eut guère d'influence sur les convictions et les comportements de l'héritier. Il ignorait sa jeune femme et consacrait tout son temps – quand il ne jouait pas à la poupée ! – à des

exercices militaires[10] inspirés de la tradition prussienne. Il imitait d'ailleurs en tout l'armée prussienne,
adoptant jusqu'à ses vêtements et son style. Il avait
pour seul modèle Frédéric II. Brutal et grossier
dans son langage, guère favorisé physiquement par la
nature, peu intelligent, l'héritier du trône de Russie
déconcertait ses compatriotes. Ils comprirent très vite
que les intérêts prussiens prendraient le pas sur ceux
de leur pays sitôt que Pierre aurait accédé au trône.

À ce prince qui méprisait la culture russe, mais
aussi bien toute culture, comment le peuple russe
n'aurait-il pas opposé la princesse allemande, attentive
à se couler dans le moule de son pays d'adoption, à
en apprendre la langue, l'histoire et la littérature, et
qui était en même temps si curieuse de l'univers intellectuel français ? Or, l'influence française était grande
non seulement à la cour, mais aussi dans l'opinion
populaire où elle était perçue comme l'indispensable
contrepoids au règne des Allemands imposé à la
Russie par l'impératrice Anne, dont tant de traces
subsistaient encore. Les doutes qu'éprouva l'impératrice mourante sur un héritier si peu conforme à ses
espérances trouvèrent aussitôt un écho à Versailles.
Le roi Louis XV observait en effet avec perplexité le
nouveau souverain. Son ambassadeur, le baron de
Breteuil, n'avait-il pas écrit au ministre Choiseul[11] :
« Il faut s'attendre à tout de la part du grand-duc », et
encore : « Il n'y a rien de sensé ni d'honnête à attendre
du grand-duc sur tout ce qui nous intéresse » ?

Nul ne pouvait ignorer en Russie et au-dehors que
la personnalité si controversée de Pierre Fedorovitch
avait pour conséquence de provoquer un débat feutré
sur l'opportunité de respecter la décision prise en sa

faveur par Élisabeth en 1742. Deux groupes s'opposèrent à ce sujet. D'un côté, une faction conduite par Ivan Chouvalov était hostile à son accession au trône et proposait que lui fût substitué son fils Paul, auquel serait adjoint un conseil de régence présidé par sa mère. L'autre faction était dominée par le chancelier Vorontsov et par son frère, lesquels défendaient une thèse de rupture de la dynastie. Pour eux, Pierre Fedorovitch devait monter sur le trône, mais à condition de divorcer d'avec sa femme, qui serait accusée d'adultère, et de mettre en cause sa paternité en déclarant son fils Paul enfant adultérin. Par là même, Paul perdrait tout droit à la succession et un changement dynastique s'imposerait ensuite. Cette faction s'appuyait à la fois sur la rumeur persistante de l'origine illégitime de Paul, et sur les projets matrimoniaux du prétendant.

S'agissant de la naissance du fils de Pierre, les rumeurs étaient assez insistantes pour que l'ambassadeur de France en informât Versailles, évoquant « la filiation douteuse du tsarévitch Paul[12] » et encore, plus précisément, la paternité probable de Serge Saltykov[13], « le beau Serge », qui avait en effet été l'amant de Catherine dans les années 1752-1754. Ces rumeurs reposaient d'abord sur un constat : la quasi-inexistence de relations conjugales entre Pierre et Catherine ; ensuite sur l'attirance qu'exerçait sur Pierre la propre nièce du chancelier Vorontsov. Le clan Vorontsov poussait donc au divorce, puis au remariage de Pierre avec Élisabeth Vorontsov. Quant à l'héritier du couple en projet, ce serait le jeune Ivan VI, dont le nom resurgissait à chaque crise comme substitut à l'héritier en titre. Une fois encore, une faction proche du trône s'efforçait d'atteindre le centre du pouvoir en contestant l'ordre de succession prévu et en consolidant sa position par un mariage liant le souverain à sa famille.

Le conflit fut réglé par un tiers, le précepteur du jeune grand-duc Paul, le comte Nikita Ivanovitch Panine. Cet homme, respecté de tous, n'acceptait ni un divorce scandaleux, ni que fût bousculé l'ordre de succession naturel au bénéfice d'un adolescent encore inapte à l'exercice du pouvoir. Il tirait ainsi les leçons de tous les désordres qui avaient accompagné les successions et la vie politique russe depuis la disparition de Pierre le Grand. La solution qu'il proposa fut celle qu'Élisabeth avait prônée : placer sur le trône l'héritier de son choix. Mais, pour l'imposer, il eut recours à l'appui du Sénat et du Saint Synode, considérant que ces garants interdiraient au tsar d'adopter des comportements personnels contraires à la décence, et surtout qu'il aurait par la suite à tenir compte des avis du Sénat. Entamé sous de tels auspices, le règne de Pierre fut marqué d'emblée d'un certain discrédit.

Les premières mesures prises par Pierre III visaient pourtant à rassurer la société russe, et avant tout la noblesse. Dans les premières semaines du nouveau règne, une certaine tolérance vis-à-vis des favoris en place parut annoncer des positions modérées. Mais, très vite, la passion antirusse du nouvel empereur allait l'emporter sur toute prudence. Le manifeste du 18 février 1762 annonça les grandes orientations du jeune souverain. Ce texte, qui eut un retentissement considérable, consacrait une rupture complète avec les vues de Pierre le Grand. Il abolissait l'obligation de service imposée par le grand monarque à la noblesse. À partir de 1762, les nobles furent libres de servir

l'État, de s'y refuser, voire de servir des gouvernements étrangers. Le manifeste modifiait profondément l'organisation de l'État et les rapports sociaux.
Sans justifier pour autant le servage, l'obligation
de service de la noblesse lui avait conféré un certain
sens. De l'abolition de celle-ci, les paysans inférèrent
d'emblée que la liberté accordée aux nobles par
Pierre III devait leur être étendue.

Cette disposition a été évaluée de manières diverses.
Selon le grand historien Klioutchevski, supprimer
l'obligation de service avait pour conséquence de
saper toute l'organisation sociale de la Russie, fondée
sur le service imposé à tous, les nobles servant l'État
tandis que les paysans servaient les nobles. À l'inverse,
nombre d'historiens ont jugé que le temps était venu
d'abolir cette règle qui avait rempli son office et qui
risquait désormais de freiner les progrès moraux de la
société. Pierre III lui-même avait justifié sa décision
en arguant que le système de son ancêtre avait doté la
Russie d'une génération de chefs militaires et d'administrateurs de qualité dévoués au bien public ; cet
effort achevé, mieux valait renoncer à la contrainte et
laisser à la noblesse le choix de ses activités : habituée
à servir l'État, elle continuerait sans doute à le faire,
mais dans un esprit de liberté qui bénéficierait au
progrès général de la société[14]. Pour certains historiens comme Martin Malia, ce fut un premier pas vers
une conception libérale de l'autorité de l'État.
L'oukaze (décret) supprimant la Chancellerie secrète
chargée des crimes politiques, promulgué dans le
même élan, fut aussi source de popularité pour le
jeune souverain.

Autre domaine où s'exerça avec mansuétude la
volonté de Pierre III : la tolérance religieuse,

exception faite de l'Église orthodoxe. Jusqu'alors pourchassés, les vieux-croyants en furent les grands bénéficiaires. Les persécutions les avaient arrachés à la vie normale, souvent jetés sur la route de l'exil. Le souverain les rappela en Russie et leur proposa des terres en Sibérie. Il défendit sa position en soulignant qu'« en Russie on tolère les mahométans et les idolâtres, alors que l'on persécute les *raskolniki**, qui sont des chrétiens ».

Mais ces dispositions généreuses avaient un revers : son mépris pour tout ce qui était russe, et en premier lieu pour la religion nationale, l'orthodoxie. Pierre III ne se privait pas de proclamer sa préférence pour la foi luthérienne qu'il avait été contraint d'abjurer lors de son arrivée dans l'Empire. Et il prit à l'encontre de l'Église orthodoxe une série de mesures qui confirmaient le caractère superficiel et forcé de sa conversion. Il affirmait avec force qu'il fallait enlever toutes les icônes des églises et n'y conserver que l'image du Christ. Il soumit les fils de prêtres et de diacres à la conscription, et fit fermer presque toutes les chapelles privées. À défaut de pouvoir extirper l'orthodoxie du pays, il voulut lui ôter ses traits caractéristiques et ses moyens d'exister. Sa tante l'impératrice Élisabeth s'était laissé convaincre de la nécessité de séculariser les terres appartenant à l'Église, mais de la décision à la pratique le pas n'avait pas encore été franchi. Le 21 mars 1762, un oukaze imposa la saisie immédiate de ces biens, provoquant la fureur de l'Église.

---

* De *Raskol*, le schisme qui, au milieu du XVIIᵉ siècle, divisa l'Église de Russie. Les opposants aux réformes du patriarche Nikon furent déclarés hérétiques et désignés comme partisans de la « vieille » foi.

L'armée fut elle aussi l'objet passionné de ses réformes. Pour Pierre III, on l'a vu, il n'existait qu'un seul modèle militaire, celui de l'armée prussienne. La sienne devait la copier en tout : habillement et exercices. Il favorisa les bataillons de Holstein, dont il voulait augmenter les effectifs et qu'il offrit en prototype à toutes ses troupes, tandis que, se méfiant de la Garde, il s'efforça d'éliminer les régiments les plus célèbres, convaincu, disait-il, qu'ils ne perdraient jamais la fâcheuse habitude d'assiéger le palais.

Sa prussomanie s'étendit à la cour, où l'étiquette allemande, les mœurs empruntées au seul pays qui l'intéressât vraiment, vinrent remplacer le style français si cher à l'impératrice défunte. C'est ainsi qu'il imposa dans les cérémonies la révérence à l'allemande, ce qui choqua profondément les femmes qui devaient s'y soumettre.

Mais c'est la politique extérieure de Pierre III qui donna la mesure de son obsession allemande. Lorsqu'il monta sur le trône, le nouveau souverain était en position de force, sur le plan militaire, face à une Prusse dont la guerre de Sept Ans avait démontré les faiblesses. L'armée russe, qui avait participé aux batailles de Zorndorf et Kunersdorf, occupa même brièvement Berlin. Frédéric II semblait acculé au désastre. L'avènement de Pierre, dont la germanophilie lui était connue, lui ouvrit l'espoir de rétablir ses positions. Il multiplia les avances au nouveau souverain et se dit prêt à céder à la Russie la Prusse orientale contre quelques compensations. Pierre engagea d'emblée des négociations de paix avec l'ennemi prussien, sans même en avertir ses alliés, proclama sa volonté de rétablir l'amitié avec la Prusse et

renonça à tout acquis territorial, ordonnant l'évacuation des territoires pris durant la guerre. Fière de
ses victoires, l'armée russe fut indignée de cette politique d'abandons dont le roi de Prusse lui-même
n'aurait osé rêver.

Pourquoi Pierre III s'engage-t-il dans une voie si
contraire aux intérêts russes ? Sa passion pour Frédéric II n'est pas seule à l'expliquer, il y a aussi son
sentiment d'appartenance au Holstein. Or Frédéric
s'est dit disposé à défendre le Holstein contre une
agression danoise et à soutenir les prétentions de
Pierre III sur le Schleswig, dût cette ambition lui
coûter une guerre avec le Danemark.

Cette politique entraîne un nouveau renversement
d'alliances, consacré par le traité de paix du 24 avril
1762. La Russie, qui vient de combattre la Prusse aux
côtés des Autrichiens, se retrouve soudain aux côtés
de l'ennemi contre son allié d'hier. Presque vaincu
dans la guerre de Sept Ans, Frédéric II se pose en
garant des intérêts russes dans le Holstein, promettant
de surcroît le duché de Courlande à l'oncle de
Pierre III, le prince Georges de Holstein ; enfin, il
s'engage auprès de l'empereur de Russie à défendre
en Pologne les positions de ce même oncle Holstein,
bénéficiaire de toute son attention.

S'ils étaient satisfaits de voir rétablie la paix, l'armée
et le peuple russes étaient exaspérés tout à la fois par
la perspective d'une nouvelle guerre, dans laquelle la
Russie n'avait rien à gagner, et par le constat que la
prussophilie de l'empereur avait annulé tous les avantages que leur pays avait pu tirer de la guerre de Sept
Ans. « Notre Russie est gouvernée par Frédéric II ! »
répétait-on à l'envi dans les régiments et les salons
russes. Dès ce moment, Pierre III fut tenu par les

Russes pour un demi-fou, étranger à leur pays et à ses intérêts.

À cela, il faut encore ajouter ses initiatives dans le domaine de la vie privée, qui les déconcertaient tout autant que ses extravagances politiques intérieures et extérieures. Nul n'ignorait en effet que l'empereur, non content d'avoir à l'égard de sa femme Catherine un comportement aussi insultant que violent, projetait de s'en séparer pour épouser sa favorite, Élisabeth Vorontsov. Il proclamait avec force sa volonté de renier son fils Paul, dont il mettait en doute la légitimité, et menaçait d'aller chercher le jeune Ivan VI pour en faire son héritier. Le complot tramé par les frères Vorontsov à l'heure où se jouait son destin avait échoué, mais l'idée n'en avait pas été perdue pour autant. Une fois installé sur le trône, le jeune souverain pensait pouvoir mener à bien un plan qui scandalisait ses compatriotes.

Mais la Russie avait assez souffert des désordres accompagnant les successions au trône pour que de tels desseins ne soient pas d'emblée condamnés par la majeure partie de la noblesse.

Le « coup d'État »

Une fois encore va se poser le problème de l'intervention de la Garde pour écarter du pouvoir un souverain dont l'impopularité n'a cessé de croître et pour porter sur le trône son héritier légitime. À moins que ce ne soit un autre prétendant ? Depuis quarante ans, le peuple russe a pris l'habitude de tels retournements et, en juin 1762, l'agitation est suffisamment grande

dans les campagnes, l'écho du mécontentement militaire assez puissant, pour que nul n'ignore la crise
montante. Observant attentivement ces événements,
Monsieur de Béranger, chargé d'affaires français
depuis le départ du baron de Breteuil, décrit dans une
dépêche datée des journées décisives de juin 1762 les
soulèvements qui, à la campagne, opposent au
pouvoir près de six mille paysans dépendant du
clergé, victimes des réformes de Pierre III[15]. De son
côté, le clergé proteste de plus en plus vivement
contre les confiscations et les violences ordonnées
par Pierre à son encontre. Un prêtre n'a-t-il pas
subi l'épreuve du knout, à Moscou, pour avoir tenu
des propos sévères sur la politique religieuse du
souverain[16] ?

Dès lors, le destin de Pierre III est scellé, même
si nul ne sait encore comment s'organisera ensuite le
pouvoir. Au cœur de la conspiration, l'impératrice
Catherine, dont la popularité n'a cessé de grandir. Son
intelligence, son attachement démonstratif à l'orthodoxie que Pierre III méprise si ouvertement, lui ont
gagné le cœur de ses sujets. Elle trouve des soutiens
dans les régiments de la Garde que les frères Orlov
– notamment son favori, Grégoire – s'affairent à
mobiliser ; auprès du président de l'Académie des
sciences, Kiril Razoumovski ; enfin et surtout, elle
bénéficie de l'aide du précepteur de son fils Paul,
Nikita Panine.

Le détonateur fut le banquet offert par Pierre III
pour célébrer la paix et l'alliance avec la Prusse. Les
participants furent horrifiés par la tonalité prussophile
des propos de Pierre et par l'obséquiosité dont il
faisait montre envers Frédéric II. À leurs yeux, il ne
s'exprimait pas comme un empereur, mais comme

l'humble sujet du roi de Prusse. Soudain, Pierre se prit à insulter sa femme et ordonna son arrestation. Difficilement ramené à la raison – mais il déraisonnait sur tous les sujets qu'il abordait : n'avait-il pas ordonné aux marins malades, incapables de se rendre au combat, de guérir sur-le-champ pour accomplir leur devoir ? –, le tsar ne désarma pas pour autant. Catherine comprit alors qu'en l'absence d'une action immédiate, son sort était scellé. Dans les derniers jours de juin 1762, l'arrestation de l'un de ses proches, Passek, impliqué dans le complot en préparation, accéléra encore le cours des choses. Les conjurés – une quarantaine d'officiers de la Garde – savaient que le temps jouait déjà contre eux.

À peu de détails près, les événements vont répéter ceux qui, en 1741, avaient porté Élisabeth au pouvoir[17]. Les régiments de la Garde reçurent l'ordre de partir pour le Holstein. Comme en 1741, leur départ eût laissé les conjurés sans troupes. Le 28 juin, inconscient du péril, Pierre III se trouvait à Oranienbaum en compagnie de sa favorite, tandis que Catherine était à Peterhof où, dans la nuit, Alexis Orlov vint la rejoindre. Ils se rendirent alors dans la capitale, escortés du prestigieux régiment Izmailovski, venu se mettre à la disposition de l'impératrice. D'autres régiments de la Garde se joignirent promptement à eux. Acclamée par une foule mi-inquiète, mi-enthousiaste, Catherine reçut alors le serment de fidélité des régiments, couverts par l'autorité morale d'un clergé de longue date rallié à sa cause.

Comme en 1741, le coup d'État prit des allures de vaudeville[18]. Soudain sorti de sa torpeur, apprenant que Catherine et ses fidèles marchaient sur Oranienbaum, Pierre III tenta de gagner Cronstadt ; en vain. Il dut s'en retourner à Oranienbaum, d'où il adressa à Catherine le manifeste exigé de lui, stipulant sa renonciation au trône. Sur décision de Catherine, il fut envoyé sous escorte à Ropcha, à trente kilomètres de la capitale, pour y être interné dans des « conditions très agréables », écrira par la suite la nouvelle impératrice. C'est de là qu'il adressera à celle-ci une longue missive la priant de le laisser partir pour l'Allemagne avec sa maîtresse, et signée « votre humble serviteur », ce qui, pour Catherine, était bien inattendu[19]. Mais il n'y eut pas de départ pour l'étranger, car la vie de Pierre s'acheva brusquement. Dans une première version de cette fin, Catherine affirma qu'il mourut quatre jours plus tard « d'une colique hémorroïdale compliquée d'un transport au cerveau ». Mais, dans un message porté à l'impératrice, Alexis Orlov avança une autre version : celle d'une bataille d'ivrognes au cours de laquelle Pierre III fut tué accidentellement[20]. Les recherches récentes ont montré que là était certainement la vérité, et que Catherine n'avait donc pas ordonné qu'on la débarrassât de l'empereur destitué. N'empêche : sa disparition allait bien simplifier les débuts de son règne.

Ainsi s'achevèrent l'existence et les extravagances de Pierre III. Ainsi se conclut un complot assez vite mis en œuvre, dans lequel furent impliqués une quarantaine d'officiers et près de dix mille soldats[21]. Pierre III disparu, un nouveau règne commençait. Encore fallait-il que Catherine parvînt à s'imposer.

Les trente-sept années qui séparent la mort de Pierre le Grand de l'accession au trône de Catherine sont, en dernier ressort, caractérisées par la similitude des crises successorales qui s'enchaînèrent et par la permanence des causes d'instabilité et des moyens employés pour y répondre. Si la légitimité du successeur désigné ou porté sur le trône n'était jamais acquise ni admise, c'est que le principe même organisant la succession directe avait été oublié. Dès lors, ce fut le règne de factions qui s'affrontèrent pour assurer le succès de leur candidat et, par là même, pour faire triompher leurs intérêts personnels. Pour ces factions, tous les moyens furent bons, à commencer par celui consistant à lier le candidat à leur cause par un mariage – et peu importait que le candidat fût déjà marié, ainsi que le démontre le cas de Pierre III.

Le problème de la légitimité du successeur s'étendit ensuite au souverain installé sur le trône. Dès lors que ses choix incommodaient, que sa popularité était faible, il était contesté, condamné d'avance, et, pour régler ce problème, l'armée – du moins sa partie la plus prestigieuse, les régiments de la Garde – devenait l'arbitre de la crise. Durant cette période chaotique, ce sont les régiments qui décident de l'avenir du trône et de la personne qui l'occupe. Peu perspicace par ailleurs, Pierre III l'avait fort bien compris, et c'est ce qui explique sa détestation de ces unités glorieuses. Menacé par les *Streltsys** appelés en renfort par la régente Sophie pour assurer son propre pouvoir, Pierre le Grand avait brisé par la force les troupes qui prétendaient arbitrer les conflits du trône, et il parvint à imposer durant tout son règne l'idée que le pouvoir appartenait au seul souverain, que la force armée était à son service, et non un protagoniste des luttes

---

* Arquebusiers. Ont existé en Russie du XVIe au XVIIIe siècle, mais furent supprimés par Pierre le Grand après les soulèvements de 1682 et 1698 dont ils furent les grands acteurs.

politiques. Telle fut l'une de ses grandes réussites. Mais les trente-sept années de crise qui suivirent ont redonné au pouvoir militaire une large capacité d'initiative. Parce que les candidats au trône auront eu besoin de la force armée pour y atteindre ou s'y maintenir, la hiérarchie de Pierre le Grand se sera trouvée remise en cause.

Ces crises répétées mirent aussi à mal un autre acquis de son règne, touchant à la source même du pouvoir suprême. Tout en disposant d'une autorité personnelle considérable, Pierre avait voulu européaniser son pays en prenant pour modèle l'*État policé* qui reposait sur l'autorité des institutions – d'où le rôle dévolu au Sénat – et sur des règles de fonctionnement stables et autonomes. Cette conception ne lui survécut pas, et ses successeurs en appellèrent à l'autorité suprême du souverain et de ses agents, en fait des coteries souvent d'origine étrangère – les Allemands sous le règne d'Anne et de Pierre III.

La versatilité des hommes et des principes qui découle de ces changements aura contribué à répandre dans la société russe un sentiment d'insécurité culturelle caractéristique de cette période. Pierre Ier voulait passionnément européaniser la Russie, en commençant par ses élites. Mais, pour une telle entreprise, il fallait du temps. Les élites se virent confrontées à une double identité : russe traditionnelle, moscovite, et celle qui leur était proposée en modèle. Ce projet de transformation morale ne concernait qu'elles, cela va sans dire, et, dans ses tréfonds, la société restait étrangère à de tels bouleversements. Les Russes n'avaient plus ainsi en commun que l'orthodoxie et les formes ritualisées du respect de l'autorité héritées de la Moscovie. Dans la période post-pétrovienne, le modèle culturel européen fut bien des fois réduit à une simple et servile adoption des manières prussiennes, étrangères à l'ensemble de la société. Le rejet implicite de l'orthodoxie par Pierre III, aussi bref qu'ait été son règne, contribua également à développer une certaine insécurité psychologique en Russie. Accédant au pouvoir par les moyens illégitimes et brutaux qui caractérisèrent cette longue période, Catherine II va se trouver confrontée à l'alternative que ses prédécesseurs avaient été incapables de résoudre : fallait-il tenir compte des situations chaotiques, ou tout au moins instables, qui se perpétuaient depuis la mort de Pierre le Grand, en tirer toutes les leçons pour renouer enfin avec la stabilité ? ou bien, comme Anne, comme Pierre III, valait-il mieux tout en ignorer, au risque d'être en fin de compte emporté par une crise ?

Première partie

Les années d'apprentissage

CHAPITRE PREMIER

La quête de légitimité

La femme de Pierre III qui s'installe à sa place sur le trône, le 29 juin 1762, n'est plus la petite princesse d'Anhalt-Zerbst, arrivée en Russie à l'âge de quinze ans. À trente-trois ans, Catherine reste marquée par une enfance peu heureuse et peu entourée, passée à Zerbst, principauté allemande modeste et peu animée. Toujours ses parents déplorèrent que leur premier enfant n'eût pas été un garçon. Catherine en gardera une sorte de remords qui deviendra confusion de n'être pas un homme et volonté d'égaler les hommes[1]. De cette enfance austère, trop rigide, un souvenir heureux subsistera : celui de sa gouvernante française, Babet Cardel, qui lui enseigna, en même temps que sa langue, l'affection et la gaieté[2].

Parvenue en Russie en 1744, mariée à un adolescent immature – passionné par le maniement des armes et par les poupées généralement réservées aux petites filles, mais indifférent à l'adolescente qu'on lui avait donnée pour épouse –, Catherine eût été perdue à la cour de Russie si elle n'avait eu pour recours les études et la lecture, qui l'occupera toujours. Elle apprit très vite et bien la langue russe, et se familiarisa avec la culture de sa nouvelle patrie. Dans le même

temps, jamais elle ne sera infidèle à la langue française
acquise dans l'enfance. Soumise à une stricte surveillance – princesse allemande, elle n'inspirait pas une
entière confiance aux conseillers d'Élisabeth –, solitaire, elle s'adonna avec passion à son goût des livres,
avant tout français. Romans d'abord, mais très vite
elle découvrit Montesquieu, puis Voltaire. L'histoire
tint une place considérable dans ses lectures : Plutarque, Tacite lui ouvrirent un univers sur lequel elle
rêvait indéfiniment. Mais elle lut aussi de la première
à la dernière ligne le *Dictionnaire historique et critique*
de Pierre Bayle, précurseur des encyclopédistes.
Toute sa vie, elle se déplacera avec un livre à la main
ou dans sa poche.

Le mariage de la princesse d'Anhalt avec l'héritier
du trône avait été jusqu'à un certain point l'œuvre de
Frédéric II qui cherchait, par ce moyen, à combattre
l'influence française sur l'impératrice régnante et à
gagner des alliés à sa cour. S'il était assuré de la fidélité
de l'héritier à sa cause, il n'avait pas imaginé que
Catherine, d'origine allemande, qui n'avait jamais
quitté sa patrie, serait si prompte à s'attacher à la
culture russe et qu'elle la mêlerait si étroitement à sa
passion pour la langue et la pensée françaises. Les tor-
tueux calculs de Frédéric s'étaient trouvés déjoués par
une adolescente qui, d'emblée, fit preuve d'une personnalité très affirmée.

La jeune princesse gagna instantanément le cœur
des Russes par l'attachement qu'elle manifesta à sa
nouvelle patrie et à l'orthodoxie. Elle le dut aussi à un
comportement digne et sérieux. Une ombre planait
néanmoins sur sa popularité : l'absence, durant neuf
ans, d'un héritier. Les rapports du couple expliquent
cette situation : dès les débuts, le mariage fut un

désastre. Mais le problème de la succession n'en était
pas moins posé. Une grande-duchesse destinée à
monter sur le trône a pour fonction première
d'assurer la descendance du futur empereur. L'explication de cette carence, Catherine la donne dans ses
Mémoires secrets où elle note qu'en 1745, peu après
le mariage donc, « le grand-duc me fit dire par un
domestique qu'il habitait trop loin de chez moi pour
me voir souvent[3] ». En dépit du manque d'assiduité
de Pierre, un enfant naîtra au bout de neuf ans ; il sera
baptisé Paul. Mais les doutes entourèrent d'emblée sa
naissance. Délaissée par son mari, Catherine, après
quelques années vertueuses, a trouvé des consolateurs,
dont Serge Vasilievitch Saltykov. Ses *Mémoires*
laissent entrevoir ce que fut cette liaison, même s'ils
tentent de justifier la légitimité de Paul : « Les premières neuf années de notre mariage, écrit Catherine,
il [le grand-duc] n'a jamais couché autre part que
dans mon lit, après quoi il n'y a couché que très
rarement[4]. » Cette phrase va quelque peu à l'encontre
de la citation qui précède, mais il s'agit de rédactions
différentes et les deux – c'est leur intérêt – témoignent
de la volonté de Catherine d'entourer de respectabilité
la naissance de son fils. Si manquement à la décence il
y eut, ce fut du fait de Pierre : telle est la conclusion
implicite de ces évocations. L'essentiel, en définitive,
est qu'ayant mis au monde un héritier mâle, Catherine
ait rempli ses obligations à l'égard de la Couronne.
Cette naissance prouvait de surcroît, si nécessaire, que
les années d'attente d'un héritier ne pouvaient lui être
imputées. Elle n'était pas stérile, l'événement en
témoignait. En revanche, le fait que Pierre III n'ait
jamais été père d'enfants illégitimes – ce qui était

pourtant courant à l'époque – renforçait les rumeurs sur son incapacité à procréer.

Mère de l'héritier, Catherine fut toutefois dépossédée aussitôt de son enfant par l'impératrice, qui ne nourrissait à son endroit ni affection ni confiance. Solitaire, entourée d'espions, humiliée par son mari, séparée de Saltykov qui, au demeurant, s'était lassé d'elle, faut-il s'étonner si Catherine s'éprit alors d'un homme infiniment cultivé, charmant, qui partageait ses curiosités intellectuelles ?

Le comte Stanislas-Auguste Poniatowski arriva à Saint-Pétersbourg en juin 1755 dans la suite du nouveau représentant de la cour de Saint James, Sir Charles Hanbury Williams, pour remplir à ses côtés les fonctions de secrétaire d'ambassade. Le jeune aristocrate polonais, alors âgé de trente-trois ans, avait tout pour séduire Catherine. Familier des salons français – Madame Geoffrin lui avait ouvert le sien –, Poniatowski, de son côté, fut ébloui par la grande-duchesse qu'il décrit en ces termes :

« Elle avait vingt-cinq ans [...]. Elle était à ce moment de beauté qui en est ordinairement le comble pour toute femme à qui il est accordé d'en avoir. Avec des cheveux noirs elle avait une blancheur éblouissante, les couleurs les plus vives, de grands yeux bleus à fleur de tête, très parlants, des cils noirs et très longs, le nez aigu, une bouche qui semblait appeler le baiser, les mains et les bras parfaits, une taille svelte, plutôt grande que petite, la démarche entièrement leste et cependant de la plus grande noblesse, le son de voix agréable et le rire aussi gai que l'humeur qui la faisait passer avec une facilité égale des jeux les plus folâtres, les plus enfantins, à une table de chiffre dont le travail physique ne l'épouvantait pas plus que le texte, telle importante ou même périlleuse qu'en fût la matière. La gêne où elle a vécu depuis son mariage, la privation de toute compagnie analogue à son esprit, l'avaient portée à la lecture [...].

« Telle fut la maîtresse qui devint l'arbitre de ma destinée. Mon existence entière lui fut dévouée, beaucoup plus sincèrement que ne le disent d'ordinaire tous ceux qui se trouvent en pareil cas[5]. »

Des débuts politiques maladroits

À la différence du précédent, entièrement contenu dans le domaine de la vie privée, le nouveau roman d'amour de Catherine l'entraîna dans des combinaisons politiques périlleuses, soutenues par le chancelier Bestoujev-Rioumine qui, un temps, avait été fort hostile à la jeune grande-duchesse. Ici intervinrent tout à la fois Poniatowski, le représentant anglais, Sir Charles Hanbury Williams, entré en rapport avec Catherine par le truchement de son collaborateur, et le chancelier, décidé à maintenir son influence en utilisant la jeune femme. Pour ce dernier, l'avenir s'assombrissait : l'impératrice Élisabeth vieillissait, sa santé était chancelante, ses sautes d'humeur fréquentes. Bestoujev-Rioumine en faisait les frais. Sachant que son crédit faiblissait, que le temps d'un nouveau règne n'était peut-être plus très éloigné, il cherchait des assurances pour l'avenir. Pierre, prussophile fanatique, méfiant envers ce partisan de l'alliance anglaise, lui semblait un allié incertain. Alors que Catherine, poussée par Poniatowski, était disposée à se prêter au jeu de la politique parallèle. Elle devint ainsi une sorte d'agent de liaison entre le chancelier et l'envoyé de la cour d'Angleterre pour travailler au rapprochement anglo-russe et prévenir une alliance avec la France, que soutenait alors un parti profrançais dominé par les deux favoris de l'impératrice, Ivan Chouvalov et Michel Vorontsov, pesant de tout leur poids et usant de l'influence de leurs familles pour défendre leur thèse.

Imprudente, Catherine ne se contenta pas d'entretiens secrets avec Sir Charles Hanbury Williams, elle en recevait aussi des subsides, présentés comme des prêts et qui lui permettaient de faire face à ses besoins d'argent, lesquels étaient criants. Il est juste de souligner que Pierre bénéficia également des largesses anglaises. Le renversement d'alliances du traité de Versailles (1756), qui rangeait la Russie aux côtés de la France et de l'Autriche contre l'Angleterre et la Prusse, mit provisoirement fin à cette manne, mais non aux combinaisons auxquelles participait peu ou prou la jeune princesse.

C'est l'époque où la santé de l'impératrice se dégrade à tel point que l'on envisage sa disparition. Dès lors, des projets s'échafaudent. Hanbury Williams a été contraint de quitter la Russie, mais continue à correspondre secrètement avec Catherine, évoquant une aide pour lui permettre d'accéder au trône. Surtout, Bestoujev, devenu son mentor, élabore une nouvelle variante de succession au trône : il propose un partage du pouvoir entre Paul et Catherine, tout en s'attribuant au passage un rôle décisif. Mue par un reste de prudence, Catherine se garde d'approuver, mais, par son silence, elle laisse le chancelier libre de poursuivre ses manœuvres. Profitant de son inattention, celui-ci tente même de faire signer à Élisabeth un projet réglant la succession au bénéfice de Catherine[6]. L'impératrice prend alors conscience de ce qui, à ses yeux, ressemble fort à un complot – ce qui ne contribue pas peu à accroître son ressentiment envers la grande-duchesse. En 1758, Poniatowski va faire les frais de l'irritation d'Élisabeth qui, après bien des hésitations, décide de demander son rappel.

Ces manœuvres politiques coïncident avec les débuts de la guerre de Sept Ans ; les victoires de Frédéric II passionnent Pierre qui, malgré l'alliance de son pays avec la France, penche toujours du côté de la Prusse. Néanmoins, la Russie se doit d'agir et, après maintes tergiversations, les troupes russes lancent une offensive, s'emparant de Memel en avril 1757 et mettant en déroute, au mois d'août, l'armée de Frédéric à Gross-Jägersdorf, en Prusse orientale. Les canons de Pétersbourg saluent cette victoire qui semble réduire Frédéric II à merci. Mais voici que se produit l'inattendu : grand vainqueur des armées prussiennes, le feld-maréchal Apraxine, qui a reçu de Pétersbourg deux rescrits lui enjoignant de poursuivre l'offensive, décide de sa seule autorité de se retirer de Prusse orientale ! Les trois souverains coalisés – Élisabeth, Marie-Thérèse et Louis XV – ne comprennent rien à cette décision unilatérale. Mais ils ont tôt fait de constater la coïncidence entre une brusque aggravation de l'état de santé d'Élisabeth, qui la conduit aux portes de la mort, et ce qui est dès ce moment appelé la « trahison d'Apraxine ». Dans l'émotion générale, on cherche des coupables. L'on se souvient qu'Apraxine était proche du chancelier, et l'on apprend que Catherine, à l'instigation de ce dernier, a adressé plusieurs messages au chef militaire devenu traître aux yeux des siens.

Élisabeth, rétablie alors qu'on la croyait perdue, réagit sans attendre en faisant arrêter le chancelier, le 26 février 1758. Le maréchal Apraxine a déjà été destitué et livré à la justice. Il meurt d'ailleurs fort opportunément, en août 1758. Alors ambassadeur de Louis XV en Russie, le marquis de L'Hôpital, convaincu de leur culpabilité, développe la thèse de la complicité de Catherine et de Bestoujev dans cette affaire. Au demeurant, l'affaire Apraxine devient très vite l'affaire Bestoujev, et il importe à Catherine de s'en dégager. Les partisans de l'Angleterre, alliée à la Prusse, sont les premières victimes du soupçon. Catherine est d'autant plus visée que l'impératrice rétablie est persuadée que c'est l'attente de sa mort qui a poussé Bestoujev et sa protégée à préparer l'avenir de cette dernière. Et le marquis de L'Hôpital, qui jouera un rôle réel dans la chute de Bestoujev[7], ne se prive pas d'accuser Catherine d'avoir incité au retrait le commandant des armées russes au nom des intérêts anglo-prussiens. En clair, il dit que Catherine a été achetée par l'Angleterre.

Pour l'impératrice, qui a retrouvé son alacrité, il y a bien eu complot et Catherine est probablement du nombre des conjurés. Les papiers de son protecteur Bestoujev-Rioumine, à présent sous les verrous, ayant été saisis, la princesse a tout lieu de craindre le pire. Mais son intelligence la sauve. Elle se tourne vers l'impératrice, déplorant de l'avoir mécontentée, et demande à être renvoyée dans sa patrie. Après de longues hésitations, Catherine, qui meuble une angoissante attente en se plongeant dans la lecture de l'*Encyclopédie* réussit le 23 mai 1758, au cours d'une dramatique entrevue, à convaincre l'impératrice qu'elle n'a pas trahi. Elle demeure donc en Russie, femme de Pierre qui avait attendu de cette crise la possibilité de la répudier.

Mais quelle solitude que la sienne ! Bestoujev, son ami fidèle, sorti de prison, est assigné à résidence sur ses terres. Poniatowski a été renvoyé en Pologne. Les parents de Catherine sont morts. Sa fille – probablement engendrée par Poniatowski – meurt en 1759. Comme Paul, elle avait été enlevée dès sa naissance par l'impératrice et était devenue presque étrangère à Catherine, que cette perte ébranla néanmoins. Dans une cour hostile, incitée à mépriser une princesse qui avait été si près de la chute, Catherine a la chance de bénéficier d'une certaine sympathie du favori Chouvalov et de sa famille, qui ont compté jusqu'alors parmi ses ennemis. Peut-être parce que Bestoujev n'est plus là, peut-être aussi pour ménager un avenir incertain alors que le règne de l'impératrice vieillissante semble bien près de s'achever, les Chouvalov, sans vraiment changer de camp, ne se montrent plus ses adversaires résolus. Enfin, l'année 1760 lui réserve une heureuse surprise qui va déterminer tout son destin à venir.

Le comte Schwerin, aide de camp du roi de Prusse et prisonnier des Russes, fut conduit à Saint-Pétersbourg par un officier qui s'était particulièrement illustré à la bataille de Zorndorf. Cet officier se nommait Grégoire (Grigori Grigorievitch) Orlov. Bel homme, réputé pour son courage, il arriva à point nommé pour effacer dans le cœur de la princesse le souvenir de Poniatowski, parti de Russie sans espoir de retour. Le mouvement qui poussa Catherine vers ce bel officier tenait certes à l'attrait qu'il exerça sur elle, ainsi qu'à sa solitude, mais sans doute aussi à un désir de s'assurer des protections dans l'armée. Orlov et ses quatre frères répondaient à ce légitime souci. Comme toute la cour, Catherine savait que la fin d'Élisabeth était proche, que Pierre ne rêvait que de la répudier et de l'enfermer dans un couvent. Nul doute que Catherine soit une jeune femme passionnée ; mais, en ces mois décisifs, il est plus que probable que ses sentiments furent guidés par l'intelligence et par une intuition politique qui lui avait fait défaut peu d'années auparavant. L'expérience du complot où elle avait été impliquée l'avait mûrie. Cette fois, elle ne s'est pas trompée : ce sont les Orlov qui la protégeront et la porteront sur le trône au terme du bref règne de Pierre III.

Régente ou impératrice ?

Se débarrasser de Pierre III avec l'appui des régiments de la Garde fut relativement aisé, compte tenu du caractère inconséquent de l'empereur. Mais le statut de Catherine et le problème du pouvoir n'étaient pas pour autant réglés. Comme à chaque crise du même type, le débat s'ouvrit autour de la question traditionnelle : qui doit régner ? Comme toujours, des factions se formèrent, chacune proposant sa réponse à la question posée. Aux deux extrêmes on trouvait, cela va de soi, les fidèles de Pierre III et les inconditionnels de Catherine. Les premiers, indignés par le coup d'État, refusaient d'envisager le couronnement de celle qui, disaient-ils, en avait été l'instigatrice. L'impossibilité d'en appeler à l'empereur détrôné, les soupçons d'illégitimité pesant sur Paul, tout les incitait à tourner leurs regards vers le jeune prince détenu à Schlüsselbourg, Ivan VI, même si son long enfermement et l'isolement dans lequel il avait toujours été confiné jetaient le doute sur son aptitude à régner. Au lendemain du coup d'État, le caractère très incertain de cette candidature n'inquiétait guère Catherine. Ses partisans, pour leur part, prétendaient que la question de la succession avait été tranchée dès l'instant où Pierre III avait été déposé : le trône revenait à Catherine, il ne restait plus qu'à la couronner.

Les Orlov étaient les défenseurs les plus acharnés de cette thèse. Acteurs de premier plan dans le coup d'État, ils espéraient en tirer des bénéfices. De surcroît, ils comptaient renforcer leurs positions par le mariage de Grégoire avec Catherine. Comme à l'accoutumée, l'espoir d'un mariage impérial intensifiait l'appui que les factions disposant d'un tel atout accordaient à leur candidat. Rentré en grâce à la suite du coup d'État, le chancelier Bestoujev se rallia aux frères Orlov, escomptant retrouver ainsi le pouvoir perdu.

Une thèse intermédiaire, modérée, parut un moment en mesure de détruire ces calculs. Nikita Panine, qui avait participé au complot, préférait une solution fondée sur la légitimité et la respectabilité. Pour lui, l'empereur ne pouvait être que le fils de Pierre III, son élève Paul, âgé de huit ans, la régence revenant à Catherine. Cette thèse avait des partisans de poids, dont la princesse Dachkov – qui n'avait pas été étrangère au coup d'État, même si elle tendait à exagérer la part exacte qu'elle y avait prise[8] – et le général Pierre Panine, frère de Nikita. Ce groupe, que

l'on pourrait dire « légitimiste », était mû par plusieurs préoccupations : la prescience du déplorable
effet qu'aurait sur le monde extérieur l'accession au
trône d'une princesse qui avait éliminé son mari avec
l'aide de son amant ; mais aussi la crainte de voir s'instaurer une nouvelle fois un règne où les favoris – les
Orlov, en l'occurrence – seraient les véritables maîtres
du pouvoir. Le règne d'Anne, de funeste mémoire,
était présent à tous les esprits. Et peu importait que
les Orlov fussent russes et non pas allemands ! Ce qui
nourrissait les inquiétudes, c'était l'emprise de Grégoire sur Catherine, dont la princesse Dachkov souligne le côté spectaculaire[9] ; l'hypothèse de leur
mariage ; enfin, le fait que les cinq frères, jusqu'alors,
ne s'étaient guère signalés à l'attention générale que
par leurs ambitions politiques. Nikita Panine réfléchissait également aux réformes nécessaires à la Russie
et à une claire orientation de la politique extérieure
qui mît fin aux foucades et aux brusques renverse-
ments d'alliances. Dès le coup d'État, Béranger fit
savoir à Versailles qu'un changement de politique
extérieure, notamment à l'égard de la France, pouvait
rapidement en résulter[10].

Catherine était consciente du caractère peu glorieux
de la victoire remportée sur Pierre, et de la fragilité de
sa position personnelle. Intuitive, elle décida de précipiter les événements et de se faire couronner au plus
vite. L'événement eut lieu à Moscou le 22 septembre
1762 ; il fut marqué par de grandioses cérémonies.
Depuis un mois, l'ancienne capitale voyait affluer les
hauts dignitaires du clergé, les représentants de la
noblesse, les grands serviteurs de l'Empire et les
marchands les plus actifs. Catherine et ses partisans
avaient parfaitement préparé ce rassemblement de

l'élite nationale afin que la cérémonie apparût comme une manifestation d'unanimité autour de la nouvelle impératrice. Le couronnement eut lieu au Kremlin, dans la cathédrale de l'Assomption. Aux yeux de l'impératrice, les festivités qui l'entourèrent étaient censées impressionner aussi bien le peuple russe que l'étranger.

Au vrai, si tout se déroula aisément, c'est que, pour les Moscovites éloignés de l'agitation de la cour, toujours amers de n'être plus au cœur de la vie russe depuis que leur ville n'était plus capitale, ces moments où l'Histoire y revenait étaient consolants. Beaucoup en surent gré à Catherine, même si elle ne faisait là que suivre la tradition, tout couronnement devant avoir lieu au Kremlin.

Couronnée, celle qui devenait Catherine II n'en fut pas pour autant respectée, ni assurée de rester longtemps sur le trône. Pour méprisé ou haï qu'il eût été, Pierre III demeurait, dans la conscience de son peuple, le souverain légitime. Il était le petit-fils de Pierre le Grand. Alors que Catherine, même si ceux qui l'avaient approchée avaient pu apprécier ses qualités personnelles, avait beaucoup à se faire pardonner. Béranger, écrivant à son ministre, résume le sentiment général : « Quel tableau pour la nation elle-même, jugeant de sang-froid ! D'un côté, le petit-fils de Pierre Ier, détrôné et mis à mort ; de l'autre, le petit-fils du tsar Ivan V, languissant dans les fers, tandis qu'une princesse d'Anhalt usurpe la couronne de leurs ancêtres en préludant au trône par un régicide... » Et Béranger, dans ses dépêches, de souligner constamment deux traits : l'impératrice est une étrangère, de surcroît mère d'un héritier dont la filiation est des plus douteuses. Ce faisant, le diplomate met en cause les titres de Catherine à exercer la régence et présente comme inacceptable sa prétention à régner. La conclusion qu'il en tire – que les monarques européens, soucieux de légitimité, adopteront un temps – est celle de la précarité du règne de Catherine. Pour Frédéric II qui a perdu un allié soumis à ses intérêts, une telle espérance va de soi. Mais Louis XV ne sera pas plus enclin à accepter Catherine qu'à miser sur ses chances de rester sur le trône.

La violence pour gagner la légitimité

Après le couronnement, Catherine pouvait encore se sentir à juste titre menacée, car un prétendant légitime survivait dans l'ombre de la forteresse où il était tenu enfermé : Ivan. Au lendemain du coup d'État, son nom hantait les fidèles de Pierre III. Et, bien que Catherine fût assise sur le trône des Romanov, Ivan VI continuait à susciter des projets de nouveaux coups d'État. La puissance et l'arrogance des Orlov inquiétaient aussi certains de leurs compagnons qui imaginèrent, pour y mettre fin, de libérer Ivan VI par un coup de force, de le conduire dans la capitale et, en appelant l'armée à l'aide – répétition du coup d'État de juin –, de le faire reconnaître comme empereur. Comme il fallait répondre à l'argument sans cesse invoqué selon lequel l'état mental d'Ivan avait été perturbé par son long enfermement, ces comploteurs entendaient le placer sous la régence de Nikita Panine. Consciente du coup que ses adversaires s'apprêtaient à lui porter, Catherine cherchait une parade dont Béranger, au fait de toutes les rumeurs, se fit l'écho : pour « affirmer sa légitimité, l'impératrice envisage d'épouser Ivan VI et de partager le trône avec lui, tout en sachant que, compte tenu de son état mental, elle seule régnera[11] ». En réalité, Catherine n'entendait nullement partager le trône, fût-ce de façon formelle. Arrivée au pouvoir par la force, elle décida de continuer à s'en servir. De surcroît, les Orlov n'auraient probablement pas souscrit à une solution qui minait les espoirs de Grégoire alors que celui-ci pressait Catherine de suivre l'exemple de l'impératrice Élisabeth, laquelle, prétendait-on, avait épousé son favori.

Pendant près de deux ans – de l'été 1762 à l'été 1764 –, la sourde agitation qui régnait dans la capitale reflétait bien la position encore chancelante de Catherine. On procéda à des arrestations parmi les officiers accusés de comploter pour renverser la souveraine au bénéfice d'Ivan VI ; à des interrogatoires cruels, assortis de tortures que Catherine autorisa ; à quelques condamnations. Tout cela ne suffisait certes pas à établir l'existence d'un complot sérieux, mais le calme n'en revenait pas pour autant et, dans le même temps, l'idée d'un mariage secret cheminait, encourageant à agir ceux qui redoutaient l'installation définitive des Orlov sur les marches du trône.

Les craintes de Catherine et celles des ennemis des Orlov se combinèrent pour aboutir à la tragédie du 5 juillet 1764[12]. Ce jour-là, un lieutenant de la Garde, Mirovitch, dont le régiment était stationné à Schlüsselbourg, entreprit de libérer Ivan VI pour le porter sur le trône. Acte solitaire et courageux, mais totalement inorganisé et n'ayant aucune chance de réussir, tout un système de protection du détenu interdisant le succès d'une telle entreprise. Non seulement

Ivan VI était bien gardé, mais Pierre III, durant son règne si court, avait donné pour instructions aux geôliers de le tuer s'il tentait de s'évader ou si des éléments venus de l'extérieur cherchaient à le délivrer. Comprenant le danger incarné par un prétendant légitime vivant, Nikita Panine, qui s'était finalement incliné devant la volonté de régner de Catherine, avait renforcé les dispositions destinées à prévenir la fuite ou la libération du prisonnier. Pour sa part, en ordonnant que soient multipliées les mesures isolant le prisonnier du reste du monde, l'impératrice avait un temps espéré trouver une solution pacifique au problème qu'il lui posait. Traditionnellement, les souverains russes se débarrassaient des épouses dont ils étaient las en les enfermant dans des couvents. Telle fut la solution imaginée d'abord par Catherine : par interlocuteurs interposés, elle tenta de convaincre Ivan VI de sa vocation religieuse. Eût-il accepté cette proposition, abandonnant par là ses prétentions au trône, qu'il eût probablement survécu. Mais la vie monastique ne l'attirait pas, du moins n'exprima-t-il jamais le vœu d'orienter ainsi son existence. Et il fallut le garder à Schlüsselbourg où, par le seul fait d'être en vie, il opposait son incontestable légitimité à l'illégitimité de Catherine, offrant ainsi une alternative aux adversaires de l'impératrice. La tentative du jeune Mirovitch vint à point nommé la libérer de cet encombrant rival.

Mirovitch pénétra dans la forteresse, lut à la garnison un manifeste supposé avoir été rédigé par Ivan VI, mais fort obscur dans ses termes, et, tandis qu'il en faisait lecture, les gardiens qui se trouvaient auprès du jeune homme eurent tout loisir de le tuer comme le règlement les y conviait.

La suite de cette tragédie met en lumière tous ses éléments suspects. Mirovitch fut jugé, condamné à mort et décapité en public le 15 septembre 1764 à Saint-Pétersbourg. Son exécution, sa tête présentée à la foule par le bourreau, produisirent sur celle-ci une impression effroyable. Élisabeth avait aboli la peine de mort et, pendant vingt-deux ans, la Russie n'avait pas connu d'exécutions capitales ; ce saut en arrière dans un passé barbare atterra. La population massée sur les bords de la Neva manifesta une émotion telle que les barrières qui la canalisaient s'effondrèrent.

Mais cette barbarie recouvrait un vrai problème, celui de la légitimité. L'homme qui avait été jugé et exécuté avait voulu libérer Ivan VI, l'héritier légitime de la dynastie Romanov. Quant à Ivan VI, il avait été tué par ses geôliers, mais aucun de ceux-ci ne fut inquiété. Toute la responsabilité de sa mort fut rejetée sur celui qui avait tenté de le sauver. De là naquirent certains soupçons. Mais la chance voulut qu'au moment du drame, Catherine se fût trouvée loin de la capitale : à Riga. C'est là que lui fut portée la nouvelle de ce qui fut présenté comme « un projet insurrectionnel ». Son absence lui permit de traiter l'événement comme une affaire qu'on avait réglée en dehors d'elle. Nikita Panine et le procureur général avaient pris la situation en main. L'on tint secrètes les instructions impitoyables données aux gardiens : tuer le prisonnier au moindre soupçon de tentative d'évasion. L'on rappela fort opportunément que l'impératrice Élisabeth avait, la première, ordonné de telles mesures, et l'on omit de préciser que ses ordres avaient été réitérés par Panine à l'instigation de Catherine II. Le meurtre d'Ivan n'était donc plus, dans la version officielle, que le résultat d'un complot maladroit, cependant que, pour l'opinion, le soupçon d'une provocation organisée l'emportait sur la thèse du pouvoir.

Provocation ou coïncidence malheureuse, pour Catherine l'affaire était bienvenue. Elle se trouvait enfin débarrassée du seul être vivant qui pût encore menacer sa position. Ses adversaires auraient beau la contester, se gausser d'elle, ils ne pourraient plus lui opposer de rival légitime. Le coup d'État et la mort de Pierre III avaient certes considérablement terni sa réputation ; le meurtre d'Ivan VI venait ajouter à la réprobation qui pesait sur elle. Mais, au regard de ces inconvénients, elle avait sujet de se réjouir : elle était assise sur le trône et nul ne pouvait y prétendre contre elle – hormis son fils, mais trop de doutes entouraient sa filiation.

Des pamphlets circuleront en Russie, accusant Catherine de double régicide. Elle n'y prêtera pas attention. L'heure n'est plus aux hésitations : il lui faut s'imposer à ses compatriotes par des mesures populaires, et au monde extérieur par la démonstration de sa capacité à décider et à réussir dans ses entreprises. En guise de commentaire, Catherine se bornera à publier un manifeste (17 août 1764) relatant l'affaire en termes neutres. Un complot dont les auteurs avaient mis à profit son éloignement de la capitale pour agir, et que le Sénat aurait à juger : telle fut la version accréditée par la souveraine[13].

L'activité de Catherine à ses débuts, alors que sa position restait encore si fragile, se caractérisa par une extrême habileté politique. Elle voulut rassurer ceux qu'effrayait le changement de souverain, et panser les plaies ouvertes par Pierre III durant les quelques mois de son règne. Il lui fallait tranquilliser non seulement ceux qui, ayant été à l'honneur avec Pierre III, craignaient de perdre les avantages acquis, mais aussi ceux qui l'avaient suivie et qui entendaient bien tirer bénéfice des services qu'ils lui avaient rendus. Pour y réussir, elle conserva dans un premier temps les collaborateurs d'Élisabeth et de Pierre, et rappela d'exil ceux qui avaient encouru la défaveur de ses deux prédécesseurs : le chancelier Bestoujev, qui l'avait protégée mais aussi utilisée de manière si dangereuse pour elle, le procureur général Chakhovskoï, fidèle d'Élisabeth, et même le favori d'Anne, Biron. Elle se montra un temps indulgente pour le chancelier Vorontsov – qui avait été son ennemi juré –, se contentant d'éloigner de la capitale sa nièce Élisabeth Vorontsov, qui avait rêvé de prendre sa place auprès de Pierre III. Ces débuts cléments apaisèrent bien des appréhensions et désarmèrent maints adversaires potentiels.

Un comportement hostile à tout ce qui était russe, et d'abord à l'Église orthodoxe, avait largement nourri l'hostilité du peuple envers Pierre III. Catherine, qui, depuis son arrivée en Russie et sa conversion, avait fait montre d'une piété ostentatoire, avait d'emblée gagné la confiance de l'Église nationale. À peine couronnée – et c'est à cette occasion que l'Église lui marqua son soutien –, elle dénonça les dispositions par lesquelles Pierre III avait organisé la confiscation des terres et l'émancipation des paysans appartenant aux monastères. Une commission nommée en août 1762 donna satisfaction aux revendications de l'Église. Nul ne soupçonna alors que Catherine cherchait par là à se concilier l'Église à l'aube de son règne, mais que ses idées sur la politique à long terme en matière religieuse n'étaient pas encore arrêtées. En 1764, débarrassée d'Ivan VI, sûre d'elle-même, elle reviendra sur ces dispositions et s'affirmera, face à l'Église, en vrai chef de l'État russe, c'est-à-dire, à l'instar de Pierre le Grand, en responsable d'un pouvoir temporel dominant le pouvoir spirituel. Pour autant, elle se montrera toujours respectueuse de l'Église et de l'orthodoxie.

À l'été 1762, c'est l'image d'une souveraine russe que Catherine entend offrir au peuple. Réconciliant le trône avec l'Église nationale, elle aura, de même, la volonté de recouvrer la confiance de l'armée que Pierre avait humiliée. Avec celle-ci, elle va recourir à une méthode dont elle découvre alors l'efficacité : en novembre 1762, elle installera une commission composée de militaires de haut rang et de quelques conseillers fidèles, chargée d'écouter les doléances de l'armée et de réfléchir aux réformes auxquelles elle peut aspirer. La « prussianisation » des uniformes et des règles imposée par Pierre III est aussitôt abandonnée, ce qui suscite d'emblée un apaisement de l'humeur dans le milieu militaire.

1762-1764 furent deux années de transition, deux années paisibles au cours desquelles Catherine n'imposa pas de changements drastiques, mais suggéra, par touches subtiles, la rupture avec un passé impopulaire. Elle eut l'habileté d'inclure dans les commissions créées à cette époque des hommes qui avaient servi Pierre III, réduisant ainsi, alors qu'elle peinait encore à asseoir sa légitimité, le nombre des mécontents. Mais ce n'était là qu'un prélude. Dès 1764, en Russie et sur la scène internationale, la vraie Catherine, celle qui va devenir *la Grande*, commence à se manifester.

CHAPITRE II

Une disciple de Voltaire
sur le trône russe

En juin 1762, portée sur le trône de Russie par un coup d'État et un régicide, Catherine II est, pour son peuple comme pour le monde extérieur, une énigme, ou encore un personnage perçu de manière on ne peut plus contradictoire. Disciple de Voltaire, l'a-t-on assez répété, et cette qualification éveille de grandes espérances chez ceux qui souhaitent une profonde transformation de la Russie. Usurpatrice et régicide : voilà au contraire une image peu aimable de la nouvelle impératrice. Par-dessus tout, elle est femme, et nul n'ignore que son amant, aidé de ses frères, a été au cœur de la conspiration qui a balayé Pierre III. Mais qui pourrait oublier les règnes féminins précédant le sien (exception faite de celui de Catherine Ire) ? Tous furent caractérisés par le rôle qu'y jouèrent des favoris avides de pouvoir. De ces images opposées, des souvenirs des règnes d'Anne et d'Élisabeth, deux conclusions sont souvent tirées par ceux qui observent les premiers pas de la jeune impératrice. Les uns croient à un règne bref, affaibli d'emblée par son illégitimité : Louis XV est de ceux-là, qui attend sa chute et refuse

de nouer précipitamment des liens avec une souveraine dont il condamne l'ambition et l'amoralité politique[1]. Les autres sont convaincus que Catherine
régnera, mais laissera à ses favoris le soin de gouverner ; reste donc à déchiffrer l'avenir, à savoir qui
l'emportera, du favori d'alors, Grégoire Orlov, ou de
quelque autre conseiller dont l'impératrice s'enti-
cherait. Le passé récent témoigne de son inconstance :
Saltykov, Poniatowski, Orlov – autant d'amants,
autant de moments où la passion chez elle l'a emporté.
    La sagesse ne serait-elle pas pourtant du côté de
Voltaire, révéré par Catherine ? Sans doute n'est-ce
que plus tard qu'il suggérera la voie à suivre à son
élève ; mais peu importe la date exacte où furent
écrites les lignes qui suivent, si elles constituent le plus
sûr jugement porté sur les choix de Catherine : « Je
sais qu'on lui reproche quelques bagatelles au sujet de
son mari ; mais ce sont des affaires de famille dont je
ne me mêle point. Et d'ailleurs, il n'est pas mal qu'on
ait une faute à réparer. Cela engage à faire de grands
efforts pour forcer le public à l'estime et à l'admiration. »
    Et, lorsque Ivan VI sera tué, d'Alembert, écrivant à
Voltaire, y reviendra : « Ma bonne amie de Russie
vient de faire imprimer un grand manifeste sur
l'aventure du prince Ivan qui était, en effet, comme
elle le dit, une espèce de bête féroce. Il vaut mieux,
dit le proverbe, tuer le diable que le diable nous tue
[...]. Cependant, il est un peu fâcheux d'être obligé de
se défaire de tant de gens [...]. Je conviens avec vous
que la philosophie ne doit pas trop se vanter de pareils
élèves. Mais que voulez-vous, il faut aimer les amis
avec leurs défauts[2]... »

Le pouvoir limité ? Victoire de Catherine

Catherine comprit dès le premier instant que, pour l'opinion intérieure et extérieure – de ses conseillers à Louis XV –, sa légitimité était des plus douteuses ; qu'on ferait pression sur elle pour gouverner à sa place, parce qu'elle était femme et parce qu'elle était si contestée ; qu'il lui faudrait donc imposer son autorité non par foucades, comme l'avaient souvent fait ses devancières, mais à tout jamais et en définissant clairement les institutions sur lesquelles reposerait son pouvoir.

Le paradoxe de Catherine est précisément que, la veille de s'emparer du trône, elle ne bénéficiait d'aucune expérience politique. L'impératrice Élisabeth, puis Pierre III, y avaient veillé. Mais, en dépit de cette innocence, et bien qu'elle se refusât aussi à subir la moindre influence, son intuition politique lui fut d'une aide précieuse.

Outre les ambitieux qui s'agitaient à ses côtés, un homme d'expérience avait pensé les grandes lignes du règne commençant et tenta de les lui imposer. Cet homme que l'on a vu à l'œuvre lors du complot contre Pierre III, puis proposer au problème du trône une solution qui confinait Catherine dans le rôle de simple régente, était le comte Nikita Panine, le précepteur du fils de l'empereur déchu. Le respect dont il jouissait en Russie interdisait à Catherine de l'écarter des cercles du pouvoir ou, plus simplement, d'ignorer ses propositions. Elle va devoir à la fois composer et ruser avec cet homme qui oppose son expérience politique à l'innocence en la matière de la jeune souveraine. Un intéressant document, conservé dans les archives du Sénat et intitulé « Les premiers jours du règne de l'impératrice Catherine II », témoigne fort utilement du rôle joué à ce moment par Nikita Panine[3].

Le 28 juin 1762, Catherine publia un manifeste esquissant quelques principes politiques. Ce manifeste, il est vrai, lui avait été en partie inspiré – peut-être même rédigé – par Nikita Panine alors qu'ils œuvraient de concert à écarter Pierre III du trône. C'est au travers de la critique de Pierre III et de ses vues sur le pouvoir que Catherine précisait les siennes. Contrairement à l'empereur détrôné qui, méprisant le droit, tenait sa fonction pour un privilège personnel dont la jouissance n'avait pas à prendre en compte les intérêts du peuple ni ceux de la Russie, Catherine affirmait que le pouvoir était destiné à répondre aux besoins de la société, à défendre l'intérêt national de la Russie et à veiller au respect de la loi et de la justice. Gouverner dans l'intérêt du pays et du peuple : tel était le programme que proposait Catherine dans ce manifeste.

Dès lors, Panine était on ne peut plus à l'aise pour suggérer une réforme du système politique conforme à ses vues d'avenir. Conscient de la faiblesse morale de la jeune souveraine, soucieux d'empêcher Orlov – le favori du moment – d'en profiter pour conforter sa propre autorité, Panine élabora des propositions qui visaient, en renforçant les institutions, à limiter le pouvoir impérial et, par là, le pouvoir de ceux qui en approcheraient de trop près. Deux projets précis devaient encadrer l'autorité du monarque dont, pensait Panine, Catherine risquait fort de mésuser. Le premier prévoyait la création d'un Conseil impérial permanent de quatre secrétaires d'État responsables

respectivement de la diplomatie, des affaires intérieures, de l'armée et de la marine. Ces secrétaires
d'État auraient un pouvoir de décision pour toutes les
questions importantes relevant de leur compétence.
Le pouvoir impérial se bornerait à confirmer les décisions prises par le Conseil. L'autorité de cette institution permanente, véritable « souverain collectif »,
détentrice du pouvoir décisionnel dans les grands
domaines de la vie de l'État, devait être renforcée par
la seconde réforme proposée par Panine : celle du
Sénat. Il entendait le diviser en six départements spé-
cialisés, ce qui aurait pour effet d'affaiblir son autorité
et de le placer en position d'infériorité par rapport au
Conseil impérial. La logique du projet Panine était
évidente : la réorganisation du pouvoir d'État et de
l'administration au nom de l'efficacité, la mise en
avant de *lois fondamentales* comme garanties contre
l'arbitraire du pouvoir suprême et des institutions,
tout tendait à établir un ordre constitutionnel ou en
voie de constitutionnalisation, à l'image de l'*État
policé* si prisé dans l'Europe du XVIIIᵉ siècle. La
noblesse russe, lassée des convulsions suscitées par
chaque succession, des querelles de factions, de la corruption qu'elles entraînaient, rêvait de cette évolution
dont Panine se fit l'avocat[4].

Aussi novice fût-elle en politique, Catherine
comprit instantanément que ces projets, tout comme
le mirage de l'État policé, visaient à limiter son
pouvoir. Sitôt couronnée, elle avait déclaré avec
fermeté qu'elle n'accepterait pas le retour au Conseil
suprême secret imposé dans le passé à Anne pour
encadrer son pouvoir, et supprimé par elle. Catherine
ne voulait ni d'une telle institution, ni de quelque
variante que ce fût de ce Conseil qui, sous un autre

nom, poursuivrait le même but. À ses yeux, le Conseil
impérial permanent était précisément une nouvelle
mouture du Conseil secret, et elle en repoussa l'idée
sans tergiverser. Mais, autant par souci de se concilier
Panine que parce qu'elle avait compris l'utilité pour
elle de son second projet, elle accepta de réformer le
Sénat. Le 17 avril 1763, une commission de huit
membres fut installée par la souveraine. Elle rassemblait Nikita Panine, le comte Bestoujev-Rioumine, le
comte Michel Vorontsov, le prince Volkonski, le
prince Chakhovskoï, le comte Zakhar Tchernychev,
enfin Teplov qui en assura le secrétariat. Tous
auraient dû, dans le projet Panine, constituer le
Conseil impérial[5]. Membres de la commission provisoire, ils furent chargés par l'impératrice de réfléchir
à la structure et au rôle futurs du Sénat.

Lors de l'installation de Catherine sur le trône, le
Sénat avait bénéficié d'une autorité exceptionnelle
dans la mesure où l'impératrice ressentait le besoin
de s'appuyer sur une institution dont la légitimité,
contrairement à la sienne, était incontestée. Ses rapports avec le Sénat furent alors très étroits et l'un
des frères Orlov, Théodore, y fut son représentant
personnel, assurant la liaison permanente avec l'institution. Peu à peu, cependant, son pouvoir s'affer-
missant, Catherine pensa ne plus avoir besoin de cet
appui. Elle se sentit libre de le réformer selon les
lignes proposées par Panine, mais dans un but
opposé : l'accroissement de l'autorité du monarque.
Le Sénat fut alors divisé en six départements correspondant à des secteurs de l'activité étatique ; il perdit
non seulement son unité institutionnelle, mais aussi
son unité géographique, puisque deux de ses six
départements furent installés à Moscou[6]. Par la

combinaison de ses deux volets, la réforme de Panine devait limiter le pouvoir impérial ; en ne retenant que l'un d'eux, Catherine obtint le résultat inverse. Affaibli par ses divisions administratives et sa perte d'unité, le Sénat devenait une superstructure bureaucratique au lieu de constituer un centre politique ; il y perdit autorité et prestige. Dès lors, le pouvoir de Catherine ne rencontrait plus de limites institutionnelles. Ce fut pour elle une incontestable victoire politique, même si, en termes de mode de gouvernement, la Russie ne progressait guère.

L'équilibre existant entre le Sénat et le procureur général se trouva aussi rompu par cette réforme. Dans le système qu'avait instauré Pierre le Grand, le procureur général était – directement et par l'intermédiaire du réseau des procureurs locaux – le garant de la légalité des actes du Sénat, qu'il dominait ainsi. Il était aussi l'intermédiaire entre le Sénat et le souverain. En confondant au sommet les deux institutions, la réforme de Catherine plaça le Sénat dans une position subalterne. Le procureur général devenait en effet le responsable du premier département du Sénat, le plus important, puisque chargé des « affaires d'État et politiques », ce qui recouvrait aussi bien la diplomatie, les organes de sécurité, le Saint Synode et le département chargé depuis le règne d'Élisabeth de la rédaction d'un nouveau Code des lois. Les autres départements du Sénat étaient placés sous l'autorité des *Oberprokurory*, responsables devant le procureur général. La centralisation de toute la bureaucratie dérivant du Sénat, sa dépendance à l'égard du procureur général, achevèrent de lui ôter l'autonomie dont il avait par moments disposé.

La réponse donnée par Catherine aux propositions

de réforme de Panine pouvait certes jeter un doute
sur l'autorité dont celui-ci jouissait et augmenter la
confusion régnant dans les esprits. Pourtant, l'opposition entre la jeune impératrice et son conseiller
n'était peut-être pas aussi radicale qu'il y paraissait.
En proposant un système qui, sans nul doute, limitait
le pouvoir absolu du monarque, Panine rêvait certes
de transposer en Russie un système qu'il avait vu
fonctionner en Suède, même si de notables différences
existaient entre l'organisation constitutionnelle suédoise et son propre projet. Mais Panine entendait
aussi, comme il l'a dit, libérer l'impératrice du lourd
ensemble des fonctions gouvernementales, excessif
pour un seul individu. La disproportion entre
l'immensité et la multiplicité des fonctions gouvernementales et les moyens d'une personne, *a fortiori*
d'une jeune femme inexpérimentée, pouvait conduire
à l'intervention dans la sphère du pouvoir de personnes indésirables – en d'autres termes, les favoris
dont les règnes d'Anne et d'Élisabeth avaient fourni
de déplorables exemples. Ce que Panine avait sous-
estimé, voire ignoré, c'était l'inébranlable volonté de
Catherine de gouverner par elle-même, « et qu'elle y
était prête ». Cette remarque de l'historien Omeltchenko[7] est d'une très grande pertinence. Elle
suggère que les propositions de Panine étaient moins
inspirées par le souci de modifier le système politique
russe, de limiter réellement le pouvoir du souverain,
que par celui de trouver un certain équilibre politique
pour une période de transition. Le grand spécialiste de
Panine, D. Ransel, estime pour sa part que l'objectif
premier du conseiller n'était probablement pas de
limiter l'autorité du monarque, même si son projet
avait bien cet effet[8].

La réaction de Catherine – la réforme du Sénat qu'elle entérina – ne fut peut-être pas une simple concession à Panine, destinée à compenser son rejet du Conseil impérial, mais le témoignage d'une possible communauté de vues, sur ce point, entre elle et son conseiller. Comme celui-ci, elle réfléchissait aux moyens d'améliorer les méthodes de gouvernement, et la réforme du Sénat répondait à coup sûr à ce projet. Si l'on regarde au-delà de la réforme de 1763 et que l'on se réfère à la définition du Sénat et de ses fonctions donnée aux articles 23, 25 et 26 du *Nakaz**, on constate, comme le souligne A.B. Kamenski dans un remarquable ouvrage consacré aux réformes russes de Pierre Ier à Paul Ier, une continuité de la vision ; d'où la probabilité que « la réforme de 1763 était, pour l'impératrice, une première étape, une partie d'une réorganisation de grande envergure des organes suprêmes du gouvernement[9] ».

Pourtant, à l'été 1763, nul ne croit encore Catherine capable de gouverner, et l'on s'interroge sur celui ou ceux qui détiennent réellement le pouvoir. Qui gouverne la Russie ? La question est sur toutes les lèvres. Deux hommes paraissent alors dominer la scène politique : Bestoujev-Rioumine, dont l'étoile semble à son apogée[10], et, malgré tout, Panine. Tous deux sont les principaux conseillers en politique étrangère, domaine où les grandes orientations demandent à être précisées. Le premier plaide pour l'alliance traditionnelle avec l'Autriche et l'Angleterre ; le second, pour que

---

* Instruction rédigée par Catherine II entre 1765 et 1767, comptant 526 articles regroupés en 20 chapitres. Ce texte, véritable traité politique, était destiné à guider les travaux des députés de la Commission législative.

soit maintenue l'amitié prussienne chère à Pierre III.
Mais Bestoujev-Rioumine semble avoir la faveur de
l'impératrice, qu'il encourage à épouser son favori
Grégoire Orlov, tandis que Panine, fidèle à lui-même,
s'oppose vivement à ce mariage et paraît un moment
tenté de s'appuyer sur une faction pour l'empêcher.
Du printemps à l'été 1763, la scène politique russe
est brouillée par la rivalité croissante entre les deux
conseillers de Catherine et par l'éventualité de ce
mariage qui conférerait à Grégoire Orlov, dont
l'ambition est patente, une position officielle menaçant l'équilibre politique existant.

C'est un événement extérieur, la mort du roi
Auguste III de Pologne, en octobre 1763, qui dénoue
la crise. L'attention de Catherine se reporte sur la
Pologne et sur les perspectives ouvertes à la Russie
par la mort de ce roi. Il faut décider sans tarder des
orientations de politique extérieure, et l'habileté de
Panine en ce domaine ne fait pas de doute. Il a déjà
traité avec la Prusse trois mois auparavant. Nommé à
la tête du collège des Affaires étrangères, il prend pour
de longues années la responsabilité de la diplomatie
russe, tandis que son rival, un moment triomphant,
est convié à se retirer des affaires.

Le succès de Panine est réel, même s'il faut le
ramener à ses justes dimensions. Il avait souhaité pour
la monarchie russe une évolution constitutionnelle et
avait pensé pouvoir peser sur Catherine pour dessiner
à grands traits le nouveau système politique. Mais la
souveraine ne l'entendait pas de cette oreille : le gouvernement de la Russie était son affaire et l'influence
de quelque conseiller que ce fût lui était inacceptable.
En chargeant Panine de la politique étrangère, elle
l'écartait des problèmes intérieurs, mais il allait rester

pendant deux décennies son conseiller le plus proche,
et jusqu'à un certain point son confident. Panine
échoua certes dans son projet initial de partager, en
1762, le trône entre son élève, Paul, et une Catherine
assumant le rôle de régente ; puis dans l'idée que le
règne de Catherine prendrait fin à la majorité de Paul.
Mais, rapidement, ces rêves firent la place à la réalité :
le travail aux côtés d'une impératrice sûre d'elle-même
et de sa volonté de n'abandonner le pouvoir à qui-
conque, à aucun moment.

La question paysanne. Premières initiatives

Disciple des philosophes français, inspirée par
l'esprit des Lumières, Catherine ne pouvait rester
indifférente au sort de la paysannerie russe. La
question du servage la préoccupe, même si elle sait
que toute réforme d'envergure est impensable ; mais
elle veut peser là où cela lui est possible. Ayant réor-
ganisé le pouvoir central, aménagé à sa manière les
projets esquissés par Panine, elle se tourne vers la
société et ses problèmes les plus criants. Un souci de
justice sociale l'anime, et elle supprime alors une
grande partie des monopoles et l'affermage des
douanes. Un autre problème urgent est celui du prix
du pain, qui est exorbitant. Pour le diminuer,
Catherine interdit l'exportation des céréales. Le sort
des paysans la hante d'autant plus qu'il est à l'origine
des troubles qui ébranlent sporadiquement l'Empire.
    Le 8 août 1762, Catherine promulgue un oukaze
interdisant aux propriétaires de mines et d'usines
d'acheter des paysans serfs. La condition de ces derniers, acquis à très bas prix et traités comme des

esclaves, était bien plus dure que celle des serfs ruraux, que leurs propriétaires ménageaient quelque peu – ne serait-ce que parce que les traditions de la vie à la campagne l'imposaient. Dans les usines et les mines, le serf ne connaissait aucune limitation à la durée de son travail, il était employé dans des conditions d'insécurité physique totale, à peine nourri et toujours soumis à la menace de châtiments corporels. Fréquentes, les révoltes sur ces lieux de travail perçus comme des enfers étaient réprimées dans la violence et le sang. En interdisant ce marché au bétail humain, Catherine précisa que les ouvriers seraient désormais des hommes libres, salariés, disposant de conditions de travail contractuellement définies. Elle envisageait même, lorsque cet oukaze fut publié, de l'assortir d'un texte interdisant tout travail obligatoire. Si elle y renonça, c'est que ses intentions généreuses se heurtèrent aux réactions violentes de ceux qu'elle voulait émanciper.

En 1762, les serfs russes n'étaient pas en mesure de comprendre le sens de telles dispositions, et la violence, comme toujours, fut leur réaction première. Dans les mines et les usines, la population ouvrière se divisa : les uns détruisirent le matériel, inondèrent les mines, appelèrent les serfs à une grève générale ; d'autres, qui continuaient à travailler, furent victimes de représailles de la part des rebelles. Cette attitude d'incompréhension réapparaîtra en Russie, un siècle plus tard, lorsque le tsar libérateur Alexandre II abolira le servage. En 1861 comme en 1762, les serfs tardèrent à saisir la signification pour eux du mot « liberté » : ils s'en effrayèrent et se tournèrent parfois contre ceux dont la réforme les émancipait.

Cette violence répondant à une volonté de libérer

les hommes est assez aisée à comprendre. Serfs ruraux ou vendus à des propriétaires d'usines ou de mines, les paysans n'avaient connu jusqu'alors que la contrainte, l'obligation d'accepter leur sort, les violences physiques qui scandaient leur existence. Chaque révolte était réprimée et le face à face entre propriétaires et serfs reposait sur la force. Lorsqu'un projet émancipateur voit le jour, il n'est ni précédé ni accompagné d'explications. Comment les serfs comprendraient-ils la portée des mesures dont ils bénéficient ? La méfiance est leur premier réflexe, doublé du souci de se défendre contre des dispositions dont ils n'imaginent pas qu'elles puissent influer de manière heureuse sur leur condition. Il en avait été de même, peu auparavant, lorsque Pierre III avait libéré la noblesse de l'obligation de servir. À la campagne, les serfs en conclurent – la rumeur parcourut instantanément l'Empire – que le manifeste comportait un additif secret : la remise de la terre aux paysans. Et ils se mirent à attendre le « grand partage », ce rêve de toujours, ce qui n'alla pas sans soulèvements sporadiques ni sans une tension accrue dans les campagnes.

L'une des conséquences les plus durables des mesures prises par Catherine fut de disperser à travers le pays un nombre important d'ouvriers sans travail, dont le vagabondage menaçait l'ordre public. Où les utiliser alors que les propriétaires, contraints d'employer des travailleurs libres, refusaient d'engager ceux qu'ils tenaient pour de dangereux rebelles, à qui ils ne pouvaient pardonner les dégradations subies par leurs entreprises ? Contre les révoltés ou les vagabonds d'un nouveau genre, il fallait une fois encore recourir à la troupe.

Les problèmes liés à l'oukaze du 8 août 1762

vinrent s'ajouter à la situation générale déjà si instable
de la paysannerie serve. Lorsque leur condition leur
paraissait intenable, les serfs ruraux n'hésitaient pas à
fuir, notamment en direction de la Pologne ou encore
vers la Sibérie. Si, dans le second cas, le gouvernement
faisait toujours montre de souplesse – les fuyards
offraient l'avantage d'assurer un peuplement minimal
des terres orientales de l'Empire, à peine habitées –, il
était intransigeant envers ceux qui cherchaient asile en
Pologne : les troupes russes n'hésitaient pas à passer
la frontière pour les ramener de force dans leur pays.
Cependant, Catherine comprenait que ces exodes, qui
s'amplifièrent au début des années 1760[11], ne pourraient être enrayés par la seule force. Des dispositions
plus favorables aux serfs s'imposaient, et le général
Pierre Panine, qui faisait fonction de ministre de la
Guerre, fut chargé de proposer des remèdes à une
situation propice aux désordres et à un accroissement
du brigandage, déjà très développé en Russie. Il
suggéra diverses mesures humanisant les rapports
entre propriétaires et serfs. Une seule fut appliquée :
celle qui prévoyait de ne pas restituer les fuyards à
leurs maîtres, mais de les attribuer à l'État qui devrait
en rembourser le prix aux propriétaires et décider de
leur installation sur de nouvelles terres.

Sans doute Catherine avait-elle sa part de responsabilité dans le développement de l'agitation paysanne.
Pour récompenser ceux qui l'avaient installée sur le
trône, elle leur fit don de paysans d'État certes
attachés à la terre, mais qui n'étaient pas des serfs.
Près de vingt mille paysans furent ainsi distribués à
ses favoris, sans pour autant être explicitement
condamnés au servage. Ce transfert se révéla néanmoins très impopulaire, les nouveaux propriétaires

tirant de ces dons la conclusion que les paysans qui leur étaient attribués relevaient bel et bien du servage. Par ailleurs, consciente des espérances que la paysannerie nourrissait en matière d'appropriation des terres à la suite de l'oukaze de Pierre III « émancipant » la noblesse, Catherine dut, par un autre oukaze, comme l'avait déjà fait son prédécesseur, mettre en garde les paysans contre le caractère fallacieux des rumeurs qui alimentaient leurs espoirs[12]. Dans le même temps, elle demanda à son entourage d'imaginer de nouvelles formes de relations entre propriétaires et paysans. Ainsi émit-on l'idée de remplacer le servage par des *colonies*, ou encore de faire de l'État l'arbitre des rapports entre paysans et propriétaires : ce type de mesures tenta un instant Catherine, mais fut abandonné au profit de projets plus généraux. Autre idée brièvement en vogue : donner aux paysans de la Couronne la propriété de la terre pour que, saisis d'un esprit d'émulation, les propriétaires de serfs suivent l'exemple de l'impératrice...

Témoignant de l'influence des Lumières dans l'entourage de la souveraine, ces propositions qui la séduisaient – car, mises en pratique, elles auraient offert un début de solution à la lancinante question du servage – tournaient en définitive au désavantage de leurs promoteurs. Parce qu'elles étaient abandonnées sitôt annoncées, parce qu'elles portaient la marque d'une grande incertitude et d'un débat sans fin, elles avaient pour fâcheuse conséquence de susciter des espoirs sans lendemain et donc d'accroître les tensions.

La sécularisation des biens d'Église

Mais un autre problème vint encore aggraver l'agitation paysanne : celui de la possession des biens ecclésiastiques, où les initiatives contradictoires de Catherine eurent un effet désastreux. Au temps où elle n'était que princesse héritière, elle avait fait montre d'un grand respect pour l'Église orthodoxe. Ce respect s'accordait à la dévotion appuyée de l'impératrice Élisabeth et contrastait avec le mépris affiché durant son bref règne par Pierre III envers l'Église nationale. Il avait assuré à Catherine une réelle popularité en Russie. Les dispositions qu'elle prit au lendemain de son accession au trône pour arrêter la sécularisation décidée par son prédécesseur – manifeste du 12 août rendant provisoirement les terres sécularisées à l'administration de l'Église[13] – y contribuèrent aussi.

Mais, sur ce point, les concessions de Catherine étaient provisoires et de pure opportunité. Elle eut tôt fait de rouvrir la question. Une commission destinée à émettre des propositions sur l'avenir des terres ecclésiastiques fut installée en novembre 1762, composée de hauts dignitaires de l'Église et de l'État. Ses travaux débouchèrent sur un réquisitoire implacable. À l'Église si bien pourvue matériellement, on reprochait ses défaillances dans la formation du clergé dont le bas niveau intellectuel et moral offrait un pitoyable exemple au peuple. On lui opposait aussi l'échec de toute tentative d'éducation des enfants. En d'autres termes, la richesse de l'Église, qui eût pu être employée à améliorer la qualité de ses clercs et à instruire la société, ne servait pas à ces fins, qui

l'eussent justifiée. La sécularisation des biens ecclésiastiques était donc une nécessité pour l'Église elle-
même, mais aussi pour la société russe. L'impératrice
Élisabeth l'avait pressenti. Pierre s'y était attaché, plus
par hostilité envers l'Église que pour des motivations
profondes. Catherine reprit vite le flambeau. Mais là
où Pierre n'avait fait que susciter de sourdes colères,
elle rencontra une puissante opposition. Celle-ci vint
d'un des plus riches prélats, le métropolite de Rostov,
Mgr Arsène Matseievitch[14].

Pour ce dignitaire de l'Église orthodoxe, en
décidant la sécularisation des biens ecclésiastiques,
Catherine trahissait toute l'histoire russe et ignorait
la vocation de l'Église. Les souverains russes, argu-
mentait-il, avaient toujours respecté l'indépendance
de cette dernière, donc l'intégrité de ses biens, et
compris qu'elle avait pour mission de les utiliser à des
fins spirituelles, non au bénéfice du monde. En déve-
loppant ses idées, le prélat oubliait que, depuis Pierre
le Grand, l'État avait placé l'Église sous sa coupe et
que la sécularisation de ses biens en était une conséquence inéluctable. Le duel qui l'opposa à l'impératrice fut impitoyable. Arsène évoqua, pour justifier sa
position, le précédent de saint Dimitri, son prédécesseur à Rostov, canonisé peu auparavant, qui s'était
élevé contre la politique sécularisatrice de Pierre le
Grand comme lui-même s'élevait contre celle de
Catherine. Or celle-ci prétendait au même moment se
rendre à pied en pèlerinage à Rostov pour assister à la
consécration des reliques du nouveau saint. Tout se
confond alors : le conflit sur la sécularisation et le
pèlerinage à Rostov dénoncé par Arsène comme une
scandaleuse palinodie. Le métropolite critique toute
la politique de Catherine et appelle le Saint Synode à

la rescousse de l'Église, oubliant trop vite que Pierre le Grand avait précisément créé cette institution pour soumettre l'Église à l'autorité de l'État. Et, loin de le soutenir, le Saint Synode accepta, lorsqu'il fut requis par Catherine, de le mettre en jugement pour crime de lèse-majesté.

Arsène avait en effet lancé un anathème solennel contre l'impératrice, l'accusant de vouloir capter les biens de l'Église, et la comparait à Julien l'Apostat. Conduit à Moscou, il renouvela, devant un Saint Synode terrifié, ses accusations et ses menaces contre l'impie qui avait, dit-il, usurpé le trône de Russie. Le prélat fut alors dépouillé de sa dignité épiscopale et relégué dans un monastère reculé du Grand Nord. Incapable d'accepter en silence le sort qui lui était fait, insoumis, il continua à tonner contre l'impératrice, tant et si bien qu'il finit par être déféré devant le procureur général. Catherine entendait le faire taire à tout jamais. Il fut réduit au statut laïc, enfermé dans une prison éloignée de tout, coupé de tout lien avec le monde extérieur. Même son identité lui fut ôtée : l'ex-dignitaire de l'Église n'était plus qu'« André le Menteur » (André Vral). Mais quand il mourra, dix ans après le début de son combat, alors que Catherine le croyait tombé dans l'oubli, Arsène aura acquis à travers toute la Russie une réputation de sainteté. Le récit de ses miracles se transmettra alors dans les campagnes et contribuera à nourrir l'agitation d'une paysannerie jamais apaisée.

Catherine n'en avait pas moins gagné son combat. Le Saint Synode n'avait pas osé discuter sa volonté, lui montrant même, par sa soumission, qu'elle n'avait plus à ménager l'Église. À peine Arsène condamné, elle s'était d'ailleurs rendue devant le Saint Synode pour lui exposer sa conception des rapports entre l'Église et l'État : « Dieu a ordonné aux apôtres d'enseigner aux hommes le mépris des richesses [...]. Comment osez-vous, sans agir contre votre propre conscience, posséder de telles richesses ? des domaines immenses ? [...] Vous devez rendre à l'État ce que vous possédez indûment ! »

Les démêlés avec le métropolite de Rostov n'ayant pu freiner le projet de la souveraine, le manifeste du 26 février 1764 vint séculariser les biens ecclésiastiques et organiser la vie matérielle de l'Église selon des normes fixées par l'État. Les vingt-six évêchés étaient répartis en trois groupes d'importance inégale, recevant des ressources différentes. Le même système s'appliquait aux établissements religieux – cathédrales et églises – et aux monastères. Pour ces derniers, souvent trop pauvres pour tomber dans l'une des catégories fixées, l'unique issue était de disparaître. La réduction du nombre d'établissements monastiques témoigne alors de l'effet de ces dispositions. De cinq cent soixante-douze, les monastères tombèrent à cent soixante et un ; quant aux petites communautés religieuses, elles étaient réduites à soixante-sept alors qu'on en comptait deux cent dix-neuf à la veille des réformes. Enfin, le Saint Synode dut lui aussi en subir les conséquences, puisque la loi attribua des émoluments différenciés à toute la bureaucratie ecclésiastique.

La sécularisation décidée en 1764 ne s'appliquera que plus tardivement à la Russie occidentale et à l'Ukraine. Dans ce premier temps, elle est une réforme propre au cœur du pays. La mesure vient parachever l'œuvre de Pierre le Grand en donnant à l'État le contrôle absolu des activités de tous ceux qui

relèvent de la religion. Ceux-ci sont devenus des fonctionnaires rétribués par l'État, et près d'un million de
leurs paysans sont rendus à la liberté. Mais ces derniers, ne disposant d'aucune ressource pour assumer
cette liberté et en jouir, iront souvent grossir les
hordes de mécontents qui errent sur les routes,
rapinent, sèment le désordre. Quant à Catherine,
consciente d'avoir agi selon ses principes, le progrès
de la société restant son objectif premier, elle s'en alla,
au lendemain de la promulgation de l'oukaze de sécularisation, s'incliner à Rostov sur les reliques de saint
Dimitri. Ayant brisé le métropolite Arsène, elle glorifiait sans le moindre émoi celui qui, sous Pierre le
Grand, avait défendu les mêmes thèses. C'est qu'elle
n'entendait pas être critiquée dans sa foi, et se posait
en monarque défenseur de l'Église, conformément à
une longue tradition.

Elle ne peut d'ailleurs se priver de l'appui d'une
Église où ceux qui partagent ses vues ne sont pas
légion. Mais elle s'efforce de persuader ses dignitaires
que l'ensemble du monde religieux pourra tirer
avantage de sa réforme. D'abord parce que l'image
de l'Église a tout à gagner à ne plus s'identifier à la
possession de serfs. Est-il possible d'ignorer que les
serfs sont aussi nommés *douchy* (pluriel de *doucha*,
âme) ? les hommes d'Église peuvent-ils sans se trahir
être propriétaires d'âmes ? De surcroît, sous la
pression de l'impératrice, les responsables de l'Église
ont compris la nécessité de relever le niveau intellectuel et moral des prêtres en améliorant leur formation et en surveillant leurs mœurs. Si l'Église de
Russie veut être respectée – et Catherine II y tient –,
elle doit au plus vite modifier les comportements

relâchés de ses serviteurs, les soumettre à une discipline nouvelle et leur donner le goût du savoir.

Ayant ainsi imposé son autorité à l'Église, Catherine insiste désormais sur sa volonté de la protéger. Elle se veut chef de l'Église, même si elle n'ajoutera jamais ce qualificatif à ses autres titres. Mais elle souhaite aussi apaiser tous les conflits survenus autour des questions religieuses, ce qui inspire notamment son attitude à l'égard des « vieux-croyants ». À la suite de Pierre III qui avait déjà adouci leur condition, elle propose aux exilés de rentrer dans leur patrie, garantissant que nulle sanction ne les y attendra. Plus jamais de persécutions, égalité des droits : ces promesses restaurent la paix religieuse en Russie.

Complots et victoires

Les deux premières années du règne furent tout à la fois heureuses et troublées. Les régiments avaient acclamé, plébiscité même l'impératrice au lendemain du coup d'État. Pourtant, c'est de ce milieu militaire qui l'avait portée sur le trône que vont surgir sporadiquement des complots. Usurpatrice : l'accusation revient sans cesse, brandie tantôt par un dignitaire de l'Église plus hardi que les autres – le métropolite Arsène –, tantôt par des officiers. Ainsi en va-t-il en octobre 1762, où quelques officiers proclament bruyamment, sans doute au terme d'un dîner bien arrosé, que le véritable héritier de la couronne est Ivan, enfermé dans sa forteresse. Si le Sénat condamne à mort ces fauteurs de troubles, Catherine les gracie, car elle comprend parfaitement la nature de la menace qui plane sur elle. De l'armée elle n'a rien à craindre, mais elle a tout lieu de redouter l'infortuné « empereur légitime » dont le nom est périodiquement invoqué contre elle.

Quelques mois plus tard, un autre complot, qui semble plus sérieux que le précédent, vient au grand jour. Des officiers s'inquiètent de l'arrogance et des prétentions matrimoniales du favori, Grégoire Orlov. Le régiment Izmailovski, qui protégea Catherine à l'heure du coup d'État, est au cœur du complot. Les officiers du régiment s'indignent de cet éventuel mariage d'Orlov avec Catherine qui causerait, proclament-ils ouvertement, le malheur du pays[15]. Panine aussi met discrètement Catherine en garde contre un pareil projet. Peut-être son opposition n'est-elle due qu'au soutien qu'y prête son éternel rival, Bestoujev, soudain sorti de sa retraite pour inciter l'impératrice à suivre les conseils de son cœur. Le complot découvert, ses auteurs jugés, Catherine met fin aux espoirs de son favori, si jamais elle les avait encouragés (ce dont on peut douter). L'orgueilleuse impératrice, qui fait montre d'une autorité croissante durant ce temps d'apprentissage politique, n'est pas prête à s'encombrer d'un mari dont l'ambition à jouer un rôle dans le gouvernement du pays éclate aux yeux de tous alors même qu'il n'est encore que favori. Dès ses premiers pas en politique, elle ne cesse de dire et de prouver qu'elle n'entend pas partager le pouvoir[16]. Mais ce dernier complot pose une fois encore une question lancinante : comment régler le problème d'Ivan VI ? D'une épreuve à l'autre, Catherine est confrontée sans relâche à ce personnage dont l'existence devient pour elle une obsession. Faut-il s'étonner qu'il n'ait pas survécu longtemps ?

À l'été 1763, la Russie bruit de rumeurs de complots. Sur les places publiques des grandes villes, on bat du tambour et on lit à la foule le « manifeste du silence » par lequel chacun est convié à « s'abstenir de tout bavardage inutile et de toute critique des actions du gouvernement ». Depuis Pierre le Grand, le pouvoir recourt périodiquement à ce procédé pour impressionner le peuple, mais les bruits colportés de-ci de-là ne cessent pas pour autant. Et Catherine va devoir s'en accommoder.

Quelques mois plus tard, c'est hors de la capitale que l'impératrice s'en va chercher le calme et la popularité. Comme Pierre le Grand en avait l'habitude, elle décide alors d'aller à la rencontre de son peuple.

Les provinces baltes, but de ce premier voyage impérial, étaient prêtes à l'accueillir chaleureusement. Leur incorporation à l'Empire en 1710 ne leur avait pas coûté la liberté. Pierre le Grand, puis ses successeurs avaient reconnu à la Livonie et à l'Estonie le droit de conserver leurs chartes, leurs formes de relations sociales et leur religion : le protestantisme luthérien y était dominant. Le statut des paysans de ces provinces était certes le servage, mais leur condition était moins dure que celle des serfs russes. Cette particularité avait attiré l'attention de Pierre III. Dès le début de son règne, Catherine, y ayant réfléchi, avait même pensé un moment qu'un programme de réforme agraire pourrait être élaboré pour la Russie à partir du modèle balte. Son voyage dans ces provinces lui tenait donc d'autant plus à cœur.

Mais elle entendait aussi renforcer l'unité de l'Empire. Or les privilèges particuliers dont jouissaient les provinces périphériques imposaient une réflexion sur des solutions destinées à resserrer la

cohésion politique et sociale de tout l'espace russe.
Convaincue de l'importance de ce voyage, l'impératrice déploya tout son charme pour conquérir les
populations locales. La partie fut aisément gagnée.
Elle impressionna les foules venues la saluer et les
élites avec lesquelles elle dialogua, et sut convaincre
celles-ci de sa compétence et de sa culture.

En Courlande, elle connut même un véritable
triomphe. Il est vrai qu'elle venait de placer à la tête
du duché Biron (Biren), l'ancien favori de la tsarine
Anne, jadis tombé en disgrâce. Pierre III avait permis
à celui-ci de revenir de son exil sibérien, non pour lui
rendre le duché de Courlande, mais pour obtenir de
lui qu'il le cédât à son candidat, Georges de Holstein.
Pour Pierre III, il s'agissait de complaire, comme toujours, au roi de Prusse qui avait l'ambition de dominer
ainsi indirectement le duché. Mais cette mainmise était
inachevée. À Mitau, la capitale, Charles de Saxe se
cramponnait au pouvoir. Catherine avait alors joué
son propre jeu, promettant à Biron de le soutenir
pour éliminer l'importun. En échange, Biron s'était
engagé à concéder à la Russie des avantages économiques considérables, des facilités militaires et
navales, et la protection de la religion orthodoxe sur
le territoire courlandais. Il ne restait plus qu'à chasser
Charles de Saxe. Ce fut un des premiers succès de
politique extérieure de Catherine. Elle y réussit sans
déclencher de crise et sans effusion de sang. Charles
de Saxe fut soumis à un siège non déclaré : les vivres
n'arrivaient plus, les troupes russes occupaient ses
domaines, ses biens furent mis sous séquestre par le
Premier ministre de Courlande, acquis à Catherine.
Que pouvait faire le malheureux prince, sinon s'incliner et céder la place au candidat de l'impératrice ?

Charles de Saxe était le fils du roi de Pologne. Ce dernier s'indigna, protesta contre les agissements de Catherine, en appela à la Diète. Mais la bataille, par trop inégale, était vaine. Catherine, que les menaces du roi de Pologne n'effrayaient guère, en appela contre la Diète aux Polonais partisans de la Russie. Ce fut la fin du conflit. En mars 1763, Biron s'installa à Mitau, où nul ne contesta son autorité. Par son entremise, Catherine était devenue maîtresse du duché. Faut-il s'étonner de la réception qu'elle y reçut un an plus tard ? des projets qu'elle y multiplia ?

En cet été 1764, devant les manifestations chaleureuses des Baltes, elle parut se convaincre que son autorité était partout reconnue. C'est alors que Panine lui annonça la mutinerie de Schlüsselbourg, et sa conclusion sanglante. L'indignation sortit alors des frontières russes pour gagner l'Europe. Les accusations de cruauté et d'hypocrisie se multiplièrent contre l'impératrice. Et le peuple russe se mit à prier pour l'innocent assassiné. Certes, on avait suffisamment répété qu'Ivan n'avait pas toute sa raison. Mais, précisément, nulle part ailleurs qu'en Russie celui qui a perdu la raison ou est tenu pour une âme simple n'est autant révéré. Au pays des « fols en Christ », Ivan, simplet ou demi-fou, fut vite tenu pour un saint. Instruite par Panine, Catherine mesura instantanément le péril. Sans plus attendre, elle interrompit une équipée jusqu'alors si heureuse pour rentrer dans sa capitale et tenter, par-delà les plus folles rumeurs, d'imposer à nouveau son autorité. Elle le pouvait d'autant mieux qu'en dépit du caractère spectaculaire de l'événement du 5 juin 1764, la Russie ne réagissait pas. Le chargé d'affaires Béranger nota à l'intention de son ministre : « Malgré l'annonce

officielle du meurtre du prince Ivan, un calme absolu
règne ici[17]. »

Le Nakaz : Grande Instruction

Ce calme, Catherine va en profiter pour mettre à
exécution son projet le plus ambitieux : moderniser le
Code des lois. Lorsqu'elle monta sur le trône, tout le
système légal russe reposait sur le Code des lois (*ulo-
jenie*) élaboré en 1649 sous le règne du tsar Alexis
(1645-1676). Il était le fruit des travaux d'une commission élue par l'Assemblée de la Terre et avait
constitué la première tentative de mise en ordre des
lois moscovites, inextricable écheveau de textes indépendants les uns des autres et souvent contradictoires.
Cet effort juridique voulu par le souverain, mobilisant
une assemblée qui, à bien des égards, rappelait les
États généraux des pays occidentaux et, par moments,
représentait la plus haute autorité du pays, jouissait
encore, au XVIIe siècle, d'un réel prestige. Mais il
avait vieilli et déjà Pierre le Grand avait constaté la
nécessité de le réformer. Des commissions législatives
étaient périodiquement installées pour étudier la
refonte du Code, mais aucune n'avait survécu au stade
des réunions préparatoires. Catherine n'entendait
pas laisser les choses en l'état. Le 14 décembre
1766, un manifeste[18] appela les institutions et les
états (ou ordres) à désigner leurs représentants à
la Commission législative qui aurait pour tâche
d'accomplir enfin cette réforme toujours projetée et
toujours repoussée.

Les règles de représentation furent fixées avec précision. Les nomades sédentarisés non russes, et même

non chrétiens, eurent droit à un député par groupe tribal. L'Église devait y tenir sa place non point en tant qu'institution indépendante, mais par l'intermédiaire du Saint Synode agissant comme instance gouvernementale. L'Assemblée législative qui commença à délibérer à l'été 1767 comptait cinq cent soixante-quatre députés, dont vingt-huit avaient été nommés au sein des institutions d'État, tel le Sénat, et cinq cent trente-six élus ou, mieux, délégués par les différents collèges définis, dont cent soixante-cinq pour la noblesse terrienne, deux cent huit pour les citadins, soixante-dix-neuf pour les paysans d'État, et quatre-vingt-huit pour les Cosaques et les minorités nationales. Cette dernière catégorie était particulièrement remarquable, car elle constituait en quelque sorte un répertoire démographique de la population de l'Empire. Mais que de catégories encore absentes de cette représentation supposée de la société russe : les serfs, avant tout, et aussi l'innombrable clergé de Russie qui ne pouvait tenir le Saint Synode pour son délégué.

Malgré ces lacunes, la Commission législative avait un immense mérite : elle invitait la société à ne pas se tenir à l'écart des affaires publiques et à discuter de son sort. Mieux que tous ses voyages, elle apprit aussi à l'impératrice ce qu'était la diversité de la population de l'Empire. Dans les mois précédant la réunion de la Grande Commission, Catherine visita de nombreuses villes situées le plus souvent le long de la Volga ; elle s'entretint avec ceux qui venaient au-devant d'elle, en premier lieu avec les représentants de la noblesse provinciale. Dans des lettres à Voltaire, elle constata les étonnantes différences humaines entre les peuples vivant au sein de l'Empire, lesquels aspiraient à ce que

fussent élaborés des textes contribuant à leur unification[19]. Elle avait rédigé à l'intention de la Grande
Commission une instruction, le *Nakaz*, dans laquelle
elle exposait ses vues.

Ce texte, auquel elle avait longuement réfléchi, est
remarquable par la liberté du propos, le libéralisme
qui le sous-tend, l'ampleur de vues de son auteur.
Sans doute Catherine n'entendait-elle pas que la
Commission dotât la Russie d'une véritable constitution qui eût limité l'autorité du souverain. Dès 1762,
elle avait marqué clairement son intention de maintenir un pouvoir absolu. N'était-elle pas – ses manifestes le confirmaient – « souveraine et autocrate » ?
De surcroît, l'arriération politique et sociale de la
Russie ne permettait pas de suggérer de réformes
débouchant sur une constitution. Ce que voulait
Catherine, c'était que le système légal, mis en ordre,
servît à faire progresser l'occidentalisation amorcée
par Alexis et portée si haut par Pierre Ier. Les travaux
de la Commission avaient pour but de moderniser le
droit russe et, par là, de contribuer à transformer les
mœurs politiques et sociales.

Lectrice assidue des auteurs français, convaincue
par eux, Catherine nourrit sa réflexion de ses lectures.
Elle revendiqua le patronage de Montesquieu et de
l'*Esprit des lois*, qui ont en effet inspiré deux cent
quatre-vingt-quatorze articles de la première partie du
Nakaz qui en comptait cinq cent vingt-six. Elle
trouva aussi dans l'œuvre du juriste Beccaria une
autre source d'inspiration, de même que dans celle de
Quesnay, auteur du *Droit naturel*. Mais, tout en se
référant à ses maîtres et en reconnaissant sa dette à
leur égard, elle adaptait leur effort à ses propres

conceptions. Ainsi de Montesquieu, dont elle soulignait une idée centrale : le principe de la séparation des pouvoirs, dont l'Angleterre offrait un exemple concret. Mais elle l'interprétait comme un mode d'organisation administrative propre à améliorer le fonctionnement de la vie politique russe. Son système de référence était l'*autocratie*, seule adaptée, considérait-elle, à la Russie, à son immense espace et à sa population si hétérogène, dont la Grande Assemblée allait offrir une vision impressionnante.

Mais l'idéal politique n'était pas, de loin, le seul sujet de perplexité pour Catherine. C'est le servage qui la troublait le plus et qui fut la pierre d'achoppement des travaux de l'Assemblée. Disciple de Voltaire, elle le déplorait ; mais, souveraine d'un pays où il restait la forme de propriété dominante, elle constatait son utilité, la difficulté à le réformer, et se contentait en dernier ressort de porter son attention sur les rapports entre serfs et propriétaires, dans l'espoir de les humaniser. Beccaria lui fut un guide aisé à suivre. Son *Traité des délits et des peines* prohibait la peine de mort et les tortures. Comment Catherine ne s'y serait-elle pas ralliée alors que la peine capitale avait déjà été abolie par l'impératrice Élisabeth ? Elle choisit aussi de condamner la torture, et proposa que partout la prévention l'emportât sur la répression. Sur ce chapitre, elle faisait en effet preuve d'un grand libéralisme, au point même que le *Nakaz* fit peur dans un certain nombre de pays européens, notamment en France où l'ouvrage fut interdit[20]...

Jugé à l'aune des principes guidant des États plus avancés, le *Nakaz* peut en revanche sembler bien timide dans celles de ses propositions qui devaient aider au progrès du système politique et de la société.

Mais on ne saurait le détacher du contexte russe qui seul permet de prendre la mesure de l'esprit novateur de Catherine. En prônant l'égalité de tous devant la loi, en affirmant que les institutions avaient pour tâche et devoir d'assurer cette égalité, Catherine traçait un programme pour l'avenir. Elle encourageait aussi en Russie l'essor d'une pensée novatrice et revendicative. L'intelligentsia, qui jouera un tel rôle dans le pays au XIXe siècle, devra beaucoup aux conceptions soutenues par Catherine dans le *Nakaz* et à l'écho qu'elle donna aux idées françaises. Elle affirma ainsi la nécessité d'une attitude tolérante à l'égard des religions, et défendit surtout la liberté d'expression. Autant de principes qui contredisaient la pratique en vigueur et ouvraient la voie à maintes revendications futures.

Sans doute l'histoire du *Nakaz* est-elle complexe. Le texte fut pensé, préparé et écrit par Catherine : les manuscrits en témoignent. Mais, au fil des rédactions, elle en vint à multiplier les variantes, combinant ou modifiant diverses propositions. Le chapitre sur le servage souffrit ainsi de ses nombreux « repentirs ». Dans la version finale, sa position est très édulcorée, notamment lorsqu'il s'agit de réduire le nombre de serfs en leur attribuant un statut de paysans libres.

Quelles étaient en définitive les intentions de Catherine ? Elle ne pouvait ignorer que le *Nakaz* – avec ses propositions souvent si avancées par rapport à l'état de la société et à la pratique russes – et les débats sur ce texte au sein de la Grande Assemblée ouvriraient la voie à de grandes espérances, certes, mais surtout à des revendications et à des amertumes. Il suffit, pour s'en convaincre, de lire les instructions *(nakazy)* dont les délégués étaient munis par leurs mandants et qui, dans certains cas, étaient des plus virulentes. Il est significatif qu'un très grand nombre de ces textes initiaux aient émané des paysans d'État, des Cosaques et des minorités nationales ; l'avenir montrera que les deux dernières catégories étaient déjà fort agitées et que ce fut souvent pour elles l'occasion d'exprimer leurs griefs avant que ceux-ci ne débouchent sur une révolte.

Que Catherine, critiquée pour les conditions dans lesquelles elle s'était emparée du pouvoir, pour son refus de se contenter d'une simple régence, ait voulu affirmer sa capacité à forger le destin de la Russie, à la transformer, n'est guère contestable. Qu'elle ait souhaité conforter sa légitimité en renouant avec les termes de son manifeste de 1762, où elle définissait le pouvoir comme la recherche de l'intérêt général, est tout aussi plausible. Qu'en conviant la société à exprimer ses griefs et ses espoirs, elle ait espéré gagner un plus grand soutien social à sa personne, voilà qui relève encore des raisons expliquant ses initiatives. Mais réduire à ce type d'explications l'effort législatif de Catherine n'est guère pertinent.

Il faut d'abord rappeler son attachement à l'esprit des Lumières. Elle s'est voulue représentante de cet esprit en Russie ; elle a tenu à porter les idéaux des Lumières dans son pays. Nombre d'historiens ont vu en Catherine une hypocrite, seulement soucieuse de dissimuler derrière les idées qu'elle avançait une prodigieuse avidité de pouvoir personnel[21]. Ce procès d'intention passa sous silence l'extraordinaire effort intellectuel qui a engendré le *Nakaz* et la volonté politique nécessaire à la mise sur pied de l'entreprise législative. Les contemporains de Catherine ne s'y sont pas trompés, qui ont entrevu le caractère

« explosif » de sa réflexion, même s'ils en ont donné des interprétations contradictoires. Panine disait : « Ce texte peut renverser des murailles. » Certains auteurs en ont conclu que la vive défense de l'auto-cratie par Catherine inquiétait Panine. Mais aussi que ses propos sur le servage et la puissance de la loi risquaient de menacer l'ordre établi, d'engendrer des troubles et de multiplier les revendications.

En tout cas, Catherine se trouve confrontée à la réalité sociale et ethnique de la Russie et à l'expression des volontés d'une société que les souverains n'avaient pas eu pour habitude, jusqu'alors, de contempler dans ses profondeurs[22].

La Grande Commission législative

La Commission législative fut convoquée à l'été 1767. Elle siégea pendant un an et demi, jusqu'au 17 janvier 1769, date de l'arrêt de ses travaux. Durant ce temps, elle tint deux cent trois séances, complétées par les travaux des sous-commissions spécialisées chargées de préparer les projets de lois qui viendraient devant l'Assemblée plénière après consultation des ministres concernés. Les règles de procédure de la Commission et les instructions données au procureur général[23] furent exposées aux membres de l'Assem-blée après que ceux-ci eurent été présentés à l'impé-ratrice et que le discours de cette dernière leur eut été lu par le vice-chancelier, le prince Galitzine. La Commission fut d'abord installée à Moscou, avant d'être transférée à Saint-Pétersbourg en février 1768. L'impératrice avait voulu donner à cette instance un éclat particulier qui la rendît – en apparence, tout au moins – comparable au Parlement anglais, le modèle de son cher Montesquieu.

Une cérémonie religieuse célébrée dans la cathédrale de la Dormition du Kremlin précéda l'ouverture solennelle de l'Assemblée, scellant le lien entre l'État et l'Église. Les représentants des minorités non chrétiennes, symbolisant l'esprit de tolérance de l'impératrice, n'y assistèrent pas. À l'ouverture des travaux de l'Assemblée, les députés voulurent marquer leur gratitude envers Catherine et proposèrent de la doter, par un vote, d'un nouveau titre qui serait ajouté à ceux qu'elle possédait déjà : « Catherine la Grande, mère très sage de la patrie ». Sage, Catherine le fut en effet en refusant cette couronne supplémentaire qui convenait mal à l'idéal novateur dont elle se réclamait. Ce fut de sa part une habileté suprême, car sa légitimité se trouva doublement confortée par la proposition émise et par son propre refus. Qui pouvait désormais discuter son droit à occuper le trône, dès lors que les représentants élus ou nommés de l'ensemble du pays reconnaissaient ainsi ses mérites ? Cinq ans après le coup d'État, elle avait définitivement gagné son titre impérial. On a pu douter que cette suggestion d'un nouveau titre, dont Catherine fit un usage si subtil en le déclinant, ait été totalement spontanée ; il était aisé à ses collaborateurs de la « souffler » à tels ou tels représentants de la haute administration. L'essentiel est qu'elle ait su en tirer un si grand bénéfice politique.

Les travaux des commissions, certes désordonnés du fait que l'expérience manquait aux délégués à un tel forum, furent cependant d'un intérêt considérable : par l'information qui y était apportée sur l'état des diverses composantes sociales de la Russie ; par les humeurs et par les revendications qui s'exprimaient. Ces travaux prenaient en compte la réalité russe – mal connue et qui se dégageait soudain des interventions –, les aspirations et les demandes, mais aussi les suggestions contenues dans l'*Instruction* impériale, souvent comprises dans leur forme première, la plus radicale, en dépit des précautions qui caractérisèrent les variantes plus tardives du *Nakaz*. De ces débats confus mais si riches, trois traits peuvent être retenus[24].

Tout d'abord, les oppositions au sein de certaines catégories sociales que l'on pouvait jusqu'alors croire soudées. Il en va ainsi de la noblesse, qui formait un collège : les propositions avancées par divers représentants de ce collège témoignaient de ses divisions internes. Les nobles d'origine s'indignaient d'être amalgamés aux nobles de service, et réclamaient que l'on renonçât à l'anoblissement en fonction de la place occupée dans la Table des rangs*. De même, le conflit entre les nobles des pays baltes, qui jouissaient de privilèges particuliers, et la noblesse russe, qui s'en inquiétait, ainsi que l'exigence de la noblesse ukrainienne de bénéficier du même statut que la noblesse russe, accrurent les oppositions entre les uns et les autres, suggérant que le gouvernement russe pouvait difficilement se prévaloir de l'appui de la noblesse considérée comme un état (ordre) uni[25]. Enfin, les délégués de la noblesse s'opposèrent à ceux des

---

* La Table des rangs fut promulguée par Pierre le Grand en 1722. Elle énumérait dans l'ordre hiérarchique les rangs (ou *Tchin*) que l'on pouvait obtenir dans les trois grands services : armée, administration, cour. Il y avait quatorze rangs pour chacun d'entre eux.

marchands à propos du droit de posséder des serfs et celui de se livrer à des activités commerciales et industrielles. On voit ainsi se dessiner de véritables clivages de classes au sein de la Commission.

Le deuxième trait qui doit être retenu est lié au débat sur la place de la loi dans l'organisation sociale de la Russie. Dans le *Nakaz*, Catherine avait souligné la nécessité d'appliquer la loi de façon équitable à tous les habitants de l'Empire. C'était là un vœu, non l'expression d'une politique concrète, mais les débats témoignèrent de la propension des délégués à faire leur un tel postulat. Quand la petite noblesse russe demande l'abandon des privilèges que Pierre le Grand avait accordés aux nobles de Livonie, c'est au nom de l'égalité devant la loi. Et ce problème de l'égalité de la noblesse devant la loi vient se confondre avec le problème de la liberté. En débattant du Code de la noblesse, les délégués intéressés à la discussion – c'est-à-dire les nobles – posèrent la question : qui est libre en Russie ? les nobles le sont-ils ? La réponse fut que seul le souverain était libre, n'ayant à rendre compte de ses actes qu'à Dieu ; la liberté de la noblesse, elle, était limitée par la volonté du souverain et par la loi à laquelle elle devait se soumettre.

Mais le débat le plus lourd de conséquences porta sur la paysannerie, et donc sur le servage. Sans que celui-ci soit mis directement en cause, la condition des serfs et l'évolution de certains statuts paysans suscitèrent des discussions violentes. Une importante proposition fut émise, qui ne connut certes pas de suite, mais dont les traces seront durables : un délégué de la petite noblesse proposa que tous les problèmes de la paysannerie, y compris ceux des serfs, fussent traités à l'avenir par un collège paysan (ministère) spécialisé

qui serait créé à cette fin. Il disposerait de représentations locales pour évaluer les problèmes et appliquer
ses décisions. Comme les paysans, dans les doléances
présentées en leur nom, se plaignaient moins du
servage que de l'application qui en était faite, des
excès, des injustices, des violences, bref des illégalités
constantes dont ils étaient victimes et qui aggravaient
leur condition, l'auteur du projet suggéra que des
cours spéciales fussent créées, dépendantes du collège
paysan. Elles auraient à connaître des conflits entre
paysans, serfs ou non, et tous les abus de pouvoir
dont ils se plaindraient. Sur ce chapitre, l'auteur de la
proposition se réclamait de l'article 244 du *Nakaz* aux
termes duquel « le peuple doit craindre la loi et seulement la loi ».

On conçoit aisément qu'au fil des débats
Catherine II et ses conseillers aient pu être effrayés
par les propos tenus en séance. Même si les débats sur
le servage ne le mettaient pas explicitement en cause,
ils posaient néanmoins la question de son maintien.
Certaines propositions, telle la création d'une instance
chargée de la paysannerie, auraient eu pour conséquence de placer les serfs sur le même pied que les
autres paysans, donc d'en faire des citoyens semblables aux autres. Enfin, les doléances exprimées par
tous les groupes témoignaient des déséquilibres et des
injustices qui divisaient la société russe.

En juillet 1768, le déclenchement de la première
guerre russo-turque contraignit Catherine, déjà
occupée en Pologne, à tourner ses regards vers le sud.
Voilà qui lui fournit une excellente raison pour arrêter
les travaux de la Commission législative. Ce n'était
d'ailleurs pas là qu'un prétexte, la Commission se
retrouvant privée de nombre de ses membres appelés

au combat. Ce furent surtout les nobles et les Cosaques qui partirent rejoindre le front turc, mais leur absence condamnait une instance réduite, soudain privée de ses participants les plus actifs. Catherine décida alors la suspension de ses travaux, les commissions continuèrent cependant à débattre un temps encore. La guerre terminée, l'Assemblée ne fut pas rappelée ; on peut situer sa fin au 12 janvier 1769.

Les historiens se disputent depuis plus de deux siècles sur le sens à donner à cette initiative de Catherine. Pure hypocrisie destinée à impressionner le monde extérieur et à se donner une image de réformatrice, amie des Lumières, disent ses détracteurs. En allant plus loin dans l'analyse de cette période, on est tenté de nuancer ce jugement radical et de regarder les intentions de Catherine avec plus de modération, comme l'a fait par exemple Isabel de Madariaga[26], laquelle insiste sur le peu de pertinence des jugements qui prétendent confronter les principes du *Nakaz* et la réalité russe, et qui portent au débit de Catherine le fossé existant entre les deux. Comme Isabel de Madariaga l'établit clairement, « le *Nakaz* n'était pas un programme législatif, mais l'exposé des idéaux qu'une société doit s'efforcer de mettre en pratique ».

Quoi qu'il en soit, ce long débat aura durablement marqué la Russie, et ce, pour maintes raisons. Tout d'abord, la Grande Commission, par son existence même et par ses procédures d'élection, a entraîné une prise de conscience politique dans certains groupes sociaux, et surtout chez les individus qui y ont pris part. À travers ses discussions, le sentiment d'appartenir à un groupe, état ou ordre de la société, avec ses intérêts propres et son mode de vie, s'est affirmé. Une telle identité sociale était inexistante ou simplement sous-jacente en Russie avant 1767. Les divers ordres de la société russe ont compris, grâce à la Commission, ce qui les caractérisait et les différenciait, voire les opposait les uns aux autres. Nobles de naissance ou nobles de service, marchands, paysans libres, population urbaine, tous ont alors appris à reconnaître ce qui leur était propre et ce qu'ils entendaient défendre.

Les doléances exprimées par les représentants de chaque ordre ont aussi rendu compte de leur perception de la réalité sociale et d'un désir mal défini, mais indiscutable, de traduire la pensée et les aspirations d'un pays *réel* dont les gouvernants n'avaient jamais soupçonné l'existence et qu'ils ne pouvaient par conséquent prendre en compte. Au-delà des doléances formulées, les travaux de la Commission ont montré que la société russe était plutôt conservatrice. Elle raisonnait dans le cadre des ordres ou états existants, souhaitant que leurs fonctions socio-économiques soient clairement définies, ainsi que leurs différences, afin d'éliminer autant que possible les sources de conflit.

Pour sa part, Catherine dut constater une situation qu'elle n'avait probablement pas imaginée. Son idéal en 1765-1767 était l'*État policé* tel qu'il s'était développé dans l'Europe du XVIIIe siècle. À l'univers fermé et achevé tel que le concevait la société médiévale, il opposait un monde ouvert dont les ressources illimitées pouvaient être mobilisées et organisées au profit des hommes. En Europe occidentale, c'est l'affaiblissement des ordres qui favorisa le développement d'un tel État. Dans la mesure où ressortit de ses travaux une défense systématique d'une société organisée sur la base des ordres, l'Assemblée de Catherine condamnait son rêve d'État policé. Face à cette révélation, sa surprise fut totale. Non seulement elle avait imaginé que le grand débat sur les lois russes lui permettrait de placer son pays sur la voie du progrès, mais elle avait peut-être aussi souhaité lancer quelques ballons d'essai. La discussion sur le servage remplissait probablement cette fonction.

Catherine avait vécu à la cour dans une grande solitude jusqu'en 1762 ; puis, lorsqu'elle fut entourée de la cour, de l'armée, de la bureaucratie, elle n'eut pas davantage de liens avec la société réelle. Nul, parmi ceux qui travaillaient avec elle, ne pouvait lui apprendre les réalités russes. La Grande Commission lui offrit l'occasion de rencontrer la Russie réelle – ou certains aspects de la Russie réelle. Jamais elle n'oubliera ce qu'elle découvrit alors et qui inspirera sa politique intérieure. L'on ne peut passer ici sous silence le fait que cette rencontre décisive avec la Russie, elle l'avait voulue, elle en avait pris le risque et elle en avait, dans le *Nakaz*, tracé les grandes lignes dans un esprit de fidélité aux Lumières.

Pour l'historien, l'expérience de la Commission législative n'est pas moins précieuse. On peut, comme le fit dans les années 1930 Alexandre Kizevetter, constater les points communs entre les *nakazy** russes et les cahiers de doléances français de 1789. Comme leurs homologues français et à peu d'années de distance, les *nakazy* expriment avant tout la réflexion des gens sur leur condition. Ils acceptent le système existant, car leur jugement est toujours pragmatique,

---

* Le terme *nakaz* (pluriel *nakazy*) s'applique aussi, on l'a vu, aux instructions des députés ou des ordres.

mais ils veulent que le pouvoir central desserre son étau. Ils se plaignent des exigences financières insupportables qu'ils endurent, et demandent partout et toujours une diminution des impôts. Enfin, hantés par un sentiment d'insécurité face au pouvoir, tous souhaitent que soient définis avec précision les droits et devoirs de chaque ordre de la société. À cet égard, la société russe, en dépit de son retard, ne fait pas montre d'une grande singularité. Il reviendra à Catherine d'apporter des réponses aux doléances ainsi émises.

De 1762 à 1769, les débuts de Catherine en politique intérieure ont été caractérisés, en définitive, par des initiatives multiples, généralement couronnées de succès, témoignant d'une volonté de faire face aux problèmes qu'elle pressentait sans vraiment les connaître encore. Inexpérimentée, elle l'était sans aucun doute ; mais, surtout par ses lectures, elle s'était fait une idée générale de la manière dont elle souhaitait gouverner un jour et de ce que devait devenir idéalement la Russie. C'est ici qu'entre en scène la disciple de Voltaire. De sa longue fréquentation des auteurs français, elle a conclu que le pouvoir a pour fonction non pas de conserver les situations politiques ou sociales existantes, mais de les transformer progressivement – en l'occurrence, de faire évoluer le pays qui est devenu le sien en 1744. Sa méconnaissance des réalités russes explique sans doute que Catherine se soit lancée dans l'aventure de la Grande Commission sans précautions, qu'elle ait posé dans le *Nakaz* des principes révolutionnaires pour la Russie d'alors, et qu'elle ait dû à un moment donné, constatant la distance entre ses propositions et une réalité qui lui résistait, abandonner cette entreprise législative. Pour autant, elle n'abandonne pas le projet de réformer cette Russie attardée, si différente des sociétés policées auxquelles elle continue d'accorder toute son attention. Les accusations de cynisme et d'hypocrisie qui ont souvent accompagné l'étude de cette période ne tiennent compte ni de la fascination qu'exerçaient sur Catherine les archétypes politiques en vogue au XVIIIe siècle, ni de l'effet qu'eurent ses écrits de 1767 sur la conscience politique des Russes. Avant même que ne soit publié le *Nakaz*, c'est à Catherine que revient le mérite d'avoir incité la « Société libre d'économie » à mettre au concours la question brûlante de l'émancipation des serfs. C'est bien l'impératrice qui souleva cette question et invita ses compatriotes à y réfléchir, que ce soit dans le cadre abstrait d'une joute intellectuelle ou dans celui, concret, des doléances et propositions exprimées en public dans le grand forum social dont elle fut l'organisatrice.

La démarche de Catherine en ces années d'apprentissage du pouvoir était d'une grande hardiesse. D'une remarquable originalité, aussi. Car le *Nakaz* n'était pas la réflexion d'un simple citoyen, mais un document d'État proposant une définition des cadres juridique et politique de la Russie en conformité avec la tradition et le génie du peuple russe. Ses contemporains ne s'y sont pas trompés : l'Académie des sciences de Berlin décida aussitôt d'accueillir l'impératrice dans ses rangs et, au contraire, Choiseul interdit sur-le-champ la publication du *Nakaz* en France, le jugeant par trop subversif.

C'est l'amour des Lumières qui, chez Catherine,

inspirait ses projets de réformes pour son pays. Mais
la Russie en 1762 était encore bien loin du monde
des Lumières : c'est ce décalage qui rend compte des
déconvenues de l'impératrice, et non, comme on l'a
trop souvent écrit, la volonté cynique de se draper de
la pensée des Lumières pour justifier son pouvoir[27].

CHAPITRE III

Quête d'un nouvel équilibre européen

Moins de deux ans après avoir été couronnée, Catherine, pensant avoir suffisamment consolidé sa légitimité par une politique intérieure active, se tourna vers la scène internationale. Dans un grand pays tel que la Russie, une souveraine avide de gouverner ne pouvait limiter ses ambitions aux frontières nationales. De très longue date, depuis qu'en 1552 la menace tatare avait été vaincue, la politique étrangère de la Russie était déterminée par ses rapports avec ses trois grands voisins : la Suède, la Pologne, l'Empire ottoman. Son statut international, la place que lui reconnaissait le monde extérieur, dépendaient du rapport des forces avec ces trois pays. Pierre le Grand avait pour partie réglé le problème suédois par la victoire de Poltava, qui lui avait ouvert les rives de la Baltique. Restait à assurer la puissance russe face aux deux autres voisins.

Catherine décide de s'y employer. Lorsque la jeune souveraine se tourne vers les problèmes extérieurs, la scène internationale est déjà occupée par des acteurs expérimentés qui accueillent avec scepticisme, voire

condescendance, cette nouvelle venue qu'ils soup-
çonnent de ne rien connaître aux affaires du monde.

D'abord Frédéric II, qui règne sur la Prusse depuis
près d'un quart de siècle ; c'est un lettré, passionné de
philosophie, mais aussi un conquérant-né. À l'aube de
son règne, il a arraché la Silésie à la maison d'Autriche
et mis en péril l'empire des Habsbourg. La Russie qui,
sous le règne d'Élisabeth Ire, s'insérait progressivement en Europe, ne lui inspirait qu'hostilité. Les
Russes sont à ses yeux « un essaim de barbares dignes
d'une souveraine débauchée, paresseuse et orgueilleuse[1] ». En somme, le contraire du monarque éclairé
dont il se veut le modèle. S'il a pris l'initiative
d'encourager le mariage du futur Pierre III avec la
petite princesse d'Anhalt-Zerbst, c'était pour s'assurer
des alliés à la cour de Russie, et le bref règne de
Pierre III aura confirmé ses espérances. Mais, sitôt
couronnée, Catherine rompt avec la prussophilie du
mari auquel elle s'est substituée sur le trône, et
Frédéric II n'est guère enclin à l'indulgence à son
endroit.

Marie-Thérèse d'Autriche, pour sa part, voit la
nouvelle impératrice entrer dans le club fermé des
souverains européens avec des sentiments mêlés. Souveraine légitime, toujours soucieuse de présenter de
la monarchie et d'elle-même une image morale,
comment ne serait-elle pas troublée par cette usurpatrice, auréolée de surcroît d'une réputation douteuse
en matière de vie privée ? Pour autant, elle ne peut
manquer de se réjouir du coup d'État qui a porté
Catherine au pouvoir. Avec la mort de Pierre III,
c'est l'axe russo-prussien qui s'est brisé. Une certaine
tranquillité pour son pays devrait en découler. La

vertueuse impératrice d'Autriche évalue avec dis-
cernement les avantages liés au changement brutal
survenu en Russie[2].

Troisième grande figure du concert européen, le roi
Louis XV. Ses sentiments méprisants envers la Russie,
qu'il refuse de tenir pour une puissance européenne
digne de ce nom, ont été atténués par le renversement
d'alliances de 1756 et par l'alliance franco-russe contre
l'ennemi commun anglo-prussien. Mais grandes
restent les réticences françaises à cette alliance que la
nécessité seule a imposée. L'accession au trône de
Catherine, qui a mis fin à l'éphémère politique proprussienne de la Russie – trahison russe, aux yeux de
Louis XV –, ne gagne pas pour autant à la jeune impératrice le cœur du roi de France. Il la tient durablement pour un personnage de peu d'envergure et de
peu d'avenir.

Deux autres souverains complètent alors la liste des
principaux rôles européens : le roi Auguste III de
Pologne et le roi Adolphe-Frédéric. Celui-ci, installé
sur le trône de Suède par l'impératrice Élisabeth, se
trouvait être à la fois l'oncle de Pierre III et l'époux
de la sœur de Frédéric II. Ces liens dynastiques étroits
ont suggéré, surtout au temps de Pierre III, un certain
état de dépendance de la Suède vis-à-vis de la Russie.

Enfin, à l'extrémité orientale de l'Europe, le sultan
ottoman est, aux yeux du roi de France, un allié précieux pour contenir le développement de la puissance russe.

Confrontée à ces monarques qui ont de longue date
défini les intérêts de leurs pays et leurs alliances possibles, que peut une jeune femme sans expérience et
qu'affaiblit le doute pesant sur son droit à régner en
Russie ?

Une fausse novice sur le trône russe

En 1762, âgée de trente-trois ans, Catherine n'est pourtant pas si dénuée de connaissances et d'idées que le pensent ses futurs interlocuteurs. Pour eux, elle est novice en tous domaines, sur les plans intérieur et international. Elle ne pourra être, ils en sont convaincus, qu'un jouet aux mains de puissants conseillers ou de favoris, ou des deux à la fois. Ce qu'ils ignorent presque tous, c'est que la jeune femme, tenue à l'écart des affaires par Élisabeth, sur le point d'être répudiée par son mari, n'a cessé, depuis des années, de porter son regard sur les affaires du monde. Dès 1756, donc six ans avant le coup d'État, elle correspond avec Sir Charles Hanbury Williams, envoyé par la cour d'Angleterre en Russie l'année précédente en compagnie du comte Stanislas-Auguste Poniatowski, qui lui était attaché comme secrétaire avant d'y devenir représentant du roi de Pologne. La jeune grande-duchesse et le diplomate anglais échangèrent plus de cent cinquante lettres, en Russie d'abord, puis, après le rappel en Angleterre de Hanbury Williams, entre Pétersbourg et Londres[3].

Dans cette correspondance, Catherine traitait volontiers de sujets politiques : une alliance russo-anglaise, les inconvénients d'un rapprochement avec la France, etc. En d'autres termes, elle y faisait preuve d'une curiosité réelle et croissante pour la politique étrangère de son pays et celle de l'Europe. Ces lettres témoignent aussi d'un fait important pour l'avenir : dès cette époque, Catherine a des contacts avec son futur ministre des Affaires étrangères, Nikita Panine, alors ambassadeur de Russie à Stockholm[4]. Cette

correspondance, les idées qui s'y trouvent déve-
loppées – proches de celles que défendait le chancelier
Bestoujev-Rioumine, écarté du pouvoir par Élisabeth
après avoir conduit sa politique extérieure –, devaient
mettre Catherine dans une situation périlleuse, puisqu'elle fut tout près d'être convaincue de trahir sa
patrie. Son habileté seule lui permit de sortir d'une
passe aussi délicate. Mais resta le lien établi, d'abord
par correspondant interposé, puis directement, avec
Nikita Panine. Lorsqu'il débarque de Stockholm en
juin 1760, sa mission suédoise achevée, Catherine
commence à le rencontrer. Il est chargé de l'éducation
du jeune Paul par l'impératrice Élisabeth, déjà épuisée
et proche de la mort ; cette désignation témoigne de
l'autorité dont il jouit, d'autant plus reconnue qu'il
n'appartient à aucun des clans qui, la fin du règne
s'annonçant, se combattent pour préparer la suite et
sauver des positions privilégiées. En ces années 1760-
1762, où ses contacts avec un diplomate respecté sont
facilités par le rôle qu'assume Panine auprès de son
fils, Catherine, toujours avide de comprendre et
d'apprendre, forme ses vues en politique étrangère.
Un éminent historien russe de Catherine II, Pierre
Stegnii[5], considère qu'en ces quelques années de correspondance et d'entretiens, elle a véritablement
acquis des connaissances sûres dans un domaine pour
lequel elle aura toujours éprouvé une grande curiosité.
Pour lui, dès cette époque, elle aura été capable de
développer une vision géopolitique élaborée qu'elle
mettra en œuvre dès son avènement.

La supposée novice ne l'était donc guère, et l'éloignement du pouvoir, l'impossibilité d'avoir prise sur
les événements auront tout au contraire favorisé une
réflexion paisible ; toutes les données de la politique

qu'elle se proposera de suivre par la suite y auront déjà trouvé leur place. Faut-il ajouter que Catherine a toujours été une femme passionnée d'histoire et que ses connaissances du passé des divers pays européens, enrichies par d'innombrables lectures, auront grandement contribué à façonner ses vues ? Enfin, la politique proprussienne de Pierre III, allant à l'encontre des voies choisies par Élisabeth et enfermant la Russie dans une alliance exclusive et subalterne, n'a pu que révolter Catherine, déjà très soucieuse de l'intérêt national russe et peu attachée à l'Allemagne de son enfance. Comment passer sous silence le fait qu'elle ne parlait presque jamais l'allemand ?

La fermeté de sa vision internationale va s'accompagner d'un comportement hésitant en apparence, mais sûr de lui quant au fond, qui ne va pas peu contribuer à brouiller le jugement de ceux qui observent Catherine en 1762 et attendent seulement de découvrir celui qui, auprès d'elle, va prendre en main les rênes du pouvoir. Depuis le renvoi de Bestoujev-Rioumine en 1758, le poste de chancelier est occupé par le comte Michel Vorontsov, qu'assiste comme vice-chancelier le prince Alexandre Galitzine. Ni l'un ni l'autre n'ont l'autorité nécessaire pour conduire une véritable politique extérieure et s'imposer au favori du moment, Ivan Chouvalov, plus préoccupé au demeurant de ses intérêts personnels que de grande politique.

Lorsque Catherine monte sur le trône, elle est confrontée aux deux clans rivaux, les Vorontsov et les Chouvalov, qui, pour continuer à jouer les premiers rôles, proposent leurs propres projets de solution pour la succession. Mais l'esprit de décision de Catherine, qui s'empare du trône sans palabres inutiles, met brutalement fin à toutes les combinaisons qu'ils ont pu échafauder. Ayant refusé d'écouter leurs conceptions relatives au futur titulaire de la couronne, Catherine n'entend pas se prêter davantage à leurs tentatives pour imposer leur influence.

Dans un premier temps, la souveraine laisse planer le doute sur le choix de ses futurs collaborateurs. Non seulement chacun reste en place, mais Bestoujev-Rioumine est rappelé à la cour et promu feld-maréchal. Catherine consulte aussi volontiers le comte de Kayserling, son ambassadeur en Pologne, sur les affaires de ce pays. Tous ceux qui l'entourent lui prodiguent ainsi leurs idées en politique étrangère, bien convaincus que si leurs recommandations viennent à être adoptées, ils domineront en tout les options de l'impératrice.

Réconforté par un apparent retour de la faveur impériale, l'ancien chancelier Bestoujev-Rioumine plaide qu'une alliance avec l'Autriche et l'Angleterre doit être le fondement de toute politique extérieure russe. À cela Vorontsov – encore chancelier lorsque commence ce débat – répond que, s'il est partiellement d'accord avec son prédécesseur, il convient néanmoins de substituer la France à la Grande-Bretagne. Attentif à observer les positions défendues par les uns et par les autres, le chargé d'affaires français, Béranger, multiplie les dépêches à son ministre, Choiseul, et tantôt parie sur les chances de Bestoujev-Rioumine de s'imposer[6], tantôt suggère que la faveur dont paraît jouir l'ex-chancelier est éphémère, qu'il est déjà condamné par l'âge[7] et par un incontestable penchant pour la boisson.

Mais les observateurs sont néanmoins quelque peu déroutés par le comportement de Catherine vis-à-vis de ses éventuels conseillers dans les premiers temps du règne. Elle appelle auprès d'elle les candidats à un poste d'influence, les cajole, les écoute avec la plus grande attention, donnant à chacun le sentiment qu'il ne va pas tarder à devenir son conseiller tout-puissant. Consultations individuelles, discussions collectives sont la norme au cours de cette période et paraissent suggérer un nouveau mode d'exercice du pouvoir[8]. Pourtant, deux points méritent ici d'être soulignés.

D'abord, Catherine entend tous ses interlocuteurs lui tenir un langage similaire : l'ennemi premier de la Russie est la Prusse, alors que l'Autriche peut devenir un allié durable et utile aux intérêts du pays. Il est vrai que la puissance de Frédéric II ne saurait être ignorée et que ceux qui s'expriment insistent sans relâche sur le danger qu'elle fait courir à la Russie. C'est le retour aux conceptions d'Élisabeth que recommandent en dernier ressort ceux qui sont consultés.

Ensuite, en ce temps d'intenses échanges de vues – au cours desquels, pense Béranger, l'impératrice cherche à préciser les siennes –, il est un grand absent : Nikita Panine. Cela signifie-t-il qu'il n'a pas les faveurs de Catherine ? Certes non. Mais, avant d'en faire son conseiller, elle veut tout entendre, donner le sentiment de choisir, après mûre réflexion, la ligne qu'elle suivra, et surtout montrer qu'elle a déjà des conceptions personnelles, même si, un temps, elles peuvent paraître proches de celles exposées par tel ou tel de ses interlocuteurs.

Riche en accusations contre Pierre III, le manifeste du 28 juin 1762, qui accompagne son installation sur le trône, insiste sur le prix payé par la Russie à l'alliance avec Frédéric II. Est-ce le signal d'un tournant diplomatique ? Une intense correspondance avec les diplomates russes en poste à l'étranger confirme cette tendance. Dès juillet, la Russie paraît s'orienter dans une voie nouvelle. Sortie de la guerre – et Catherine a clairement posé qu'elle n'y rentrerait pas –, la diplomatie russe qui se dessine se propose de jouer un rôle de médiatrice entre les belligérants afin d'aider à clore le conflit. Pour Pétersbourg, si cette offre pacifique était acceptée, quel remarquable moyen de renforcer sa position en Europe !

En réalité, le silence de Panine est le contraire d'une disgrâce ou d'une mise à l'écart. Il est intervenu dès les premières heures du gouvernement de Catherine en lui soumettant, en juillet 1762, un mémorandum en six points, exposant la situation internationale et les intérêts de son pays[9]. Ces six points partent tous d'un même constat : la Russie n'a nul besoin de nouvelles conquêtes, car elle dispose d'un espace immense, encore inexploité. Ce qu'il lui faut, c'est la paix, pour affirmer son autorité sur la scène internationale. Un écrit de Catherine fait écho à ces thèses de Panine : « Dans les affaires extérieures, notre peuple a besoin de paix et du rétablissement du prestige de l'Empire, compromis par la politique précédente[10]. »

L'impératrice a une obsession : ne plus permettre aux puissances européennes d'utiliser la Russie à leurs propres fins. Jusqu'alors, en effet, ce pays leur était un atout, une carte dont elles se servaient dans la mesure de leurs moyens. Pour ce faire, elles recouraient le plus souvent à la corruption. C'est ainsi que Bestoujev-Rioumine recevait d'importants subsides de cours étrangères. La confiance placée en Nikita Panine tient, entre autres raisons, à la réputation de rigueur morale du futur ministre des Affaires étrangères. Les cours européennes habituées à acheter les bonnes grâces des chanceliers russes surent très tôt que l'homme était incorruptible. Catherine le savait mieux que personne.

À son grand dépit, la proposition de médiation avancée par l'impératrice ne rencontra guère d'échos. Versailles et Vienne accueillirent poliment ce projet, mais sans l'encourager. Pour Vienne, la Russie était certes un État ami, mais il n'était pas neutre et se trouvait donc dans l'incapacité de jouer les médiateurs. Porte-parole de Louis XV, le duc de Choiseul se montra peu conciliant : sans ambages, il fit comprendre à l'impératrice que la France et l'Angleterre ne l'avaient pas attendue pour commencer à négocier, ce qui ôtait toute raison d'être à sa proposition[11]. Quant à Frédéric II, s'il se déclara favorable au projet de Catherine, sa sympathie était de peu de profit : force lui était d'admettre que la médiation russe ne pouvait aider à mettre fin au conflit, puisque c'était avec l'Autriche que la Prusse devait négocier et que l'impératrice Marie-Thérèse n'était nullement disposée à accepter l'intervention de Catherine...

L'échec de cette première tentative pour s'imposer sur la scène internationale marque la fin de la période d'hésitations ou de consultations de Catherine. Dès lors que la paix se joue sans la Russie, elle sait que l'heure des choix clairs – choix des hommes, choix des orientations – a sonné. Quelques mois à peine après être devenue impératrice, Catherine va dire avec netteté ce que sera sa politique étrangère, et qui l'aidera à la conduire.

Panine, la politique étrangère définie

Le 10 février 1763, la paix de Paris est signée par la France et l'Angleterre. Le 15, c'est au tour de la Prusse et de l'Autriche de sceller leur réconciliation. La paix en Europe est devenue réalité. Quel rôle peut jouer la Russie dans cette nouvelle situation ?

L'attitude dédaigneuse que Versailles et Vienne ont opposée à ses propositions de médiation n'encourage guère Catherine à écouter les conseils de ceux qui prônent le retour à la politique d'Élisabeth. Pour Panine, dont les vues sont de longue date familières à Catherine, c'est l'heure de faire prévaloir son projet : le *système du Nord*.

L'arrivée de Panine sur le devant de la scène signifie l'éviction de ceux que la souveraine a un moment écoutés, voire laissés espérer jouer un rôle actif à ses côtés. Vorontsov est prié de partir se soigner à l'étranger. Son départ, et la vacance de sa fonction de chancelier, réveillent les ambitions de Bestoujev-Rioumine ; mais, loin de se réaliser, les espérances de ce dernier débouchent sur la retraite définitive que l'impératrice lui impose. Ivan Chouvalov est invité – ou, mieux, « autorisé » – à voyager à distance de son pays. Les clans qui se disputaient le pouvoir ont ainsi perdu leurs chefs de file. Catherine a fait place nette et c'est Panine qui va tenir le premier rôle auprès d'elle. Sans doute n'obtiendra-t-il jamais le titre de chancelier, mais il en exercera de fait les fonctions pendant deux décennies.

C'est d'abord la personnalité du conseiller choisi par Catherine qui mérite d'être considérée. L'homme appelé le 4 octobre 1763 au poste de premier membre du collège des Affaires étrangères, puis qui en devient le président quelques mois plus tard, lui est déjà familier. Il tranche à tous égards sur les chanceliers qui l'ont précédé.

En 1762, Panine, né en 1718, n'est âgé que de quarante-quatre ans. En dépit d'une éducation peu poussée – fils d'un général, élevé en province –, il a acquis par ses lectures une culture éblouissante, et ses connaissances dans les domaines les plus divers en font un modèle des grands esprits du siècle des Lumières. Catherine, si cultivée, le qualifiait d'« encyclopédie vivante ». Voltairien, franc-maçon, c'était un personnage contradictoire, difficilement saisissable, pourtant doté d'un caractère qui tour à tour fascinait et exaspérait l'impératrice. Au physique déjà, il alliait les contraires : grand, taillé comme un grenadier, le teint fleuri, beau de visage, il était d'une coquetterie remarquable, toujours vêtu et parfumé à la dernière mode, plus occupé de lui-même, eût-on dit, que de la conduite des affaires. Grand amateur de femmes, on lui prêta d'abord une liaison avec la princesse Dachkov, sa nièce, vite tombée en disgrâce dans le cœur de Catherine. Quand il prend la tête de la politique étrangère russe, les envoyés des puissances qui souhaitent s'entretenir avec lui doivent trouver le moment où il ne fait pas sa cour à la belle comtesse Stroganov ; ou, par la suite, à la comtesse Cheremetiev qu'il eût peut-être épousée si la variole ne l'avait emportée en 1767. Accusé de se disperser entre le monde et les affaires publiques, nonchalant – « s'il se hâtait, il en mourrait », disait Catherine –, réputé on ne peut plus paresseux, Nikita Panine n'en a pas moins proposé à l'impératrice, dès 1762, une conception articulée de l'intérêt national russe en

rupture avec tous les conseils qui lui avaient été prodigués et avec les grandes orientations d'Élisabeth. À
cela, comment ne pas ajouter, on l'a dit, une réputation d'honnêteté, un refus de la corruption qui
tranchaient heureusement avec les déplorables habitudes de certains de ses prédécesseurs ? Le baron de
Breteuil, si vif à dénoncer les tares de l'entourage
impérial, nota dans une dépêche : « C'est un homme
fort désintéressé », tandis que Lord Cathcart affirmait
à Londres, en octobre 1768 : « Tous les diplomates
soulignent son honnêteté, la fermeté de ses convictions et une sincérité qui exclut toute possibilité
d'intrigue. »

Pour lui comme pour l'impératrice, la politique
étrangère russe doit être élaborée à partir d'une vue
précise de l'intérêt national du pays. Panine récuse
tout système d'alliances au sein duquel la Russie tiendrait une place subalterne : « Notre politique, dit-il,
doit être guidée par le seul intérêt de la Russie. Suivre
le chemin tracé par les alliés ne convient qu'aux puissances de second rang. » Son système découle d'une
analyse lucide du rapport des forces sur la scène mon-
diale. La Russie ne saurait certes imposer sa puissance
sans alliés ; mais il lui faut choisir ceux qui serviront
le mieux ses intérêts. Dans la conception de Panine,
les piliers doivent en être la Prusse, l'Angleterre,
le Danemark, la Suède, la Saxe et la Pologne. Son
obsession est de faire pièce à l'accord franco-autri-
chien – l'alliance des Bourbons et des Habsbourg –
destiné à freiner, estime-t-il, l'expansion de la puissance russe en Europe. Ce projet implique un certain
partage des tâches entre la Russie et l'Angleterre, la
première s'occupant de la Pologne tandis que la

seconde se chargera d'éliminer la France de Suède et du Danemark.

Si le projet échoua sous cette forme, c'est qu'il supposait que deux conditions initiales fussent remplies : une importante action financière de l'Angleterre dans les pays scandinaves ; un accord entre l'Angleterre et la Prusse pour conduire une telle politique. Enfin, il fallait que le roi de Prusse renonçât à défendre ses intérêts en Pologne.

La Pologne tenait dans cette vision une place très particulière qui fut souvent mal comprise. Panine avait écrit à son sujet : « Si elle organisait mieux son commerce et ses institutions, elle pourrait remplacer l'Autriche dans cette alliance sans présenter de danger pour ses membres[12]. » Pour que le système pût fonctionner harmonieusement, il fallait au préalable réconcilier la Russie et la Prusse, et mettre en accord leurs positions respectives sur la Pologne. Dès 1762, Catherine et Frédéric II commencent à correspondre directement. Sans doute l'accord qui s'esquisse n'est-il en rien comparable à ce qui liait Pierre III à Frédéric II. Oublieux des intérêts de son pays pour privilégier ceux de la Prusse, l'empereur russe s'était tout simplement mis au service de celui qu'il avait pris pour modèle. Catherine a toujours condamné cette attitude. Ses choix politiques sont au contraire fondés sur la volonté de faire prévaloir les intérêts nationaux de la Russie et d'assurer à son pays un rôle diplomatique de premier plan en Europe. Si elle choisit avec Panine de prendre appui sur la Prusse, c'est qu'elle sait combien cet État a besoin de la Russie ; que le roi de France, qui ne s'en cache pas, est quant à lui décidé à l'écarter de la scène européenne (c'est pour cette raison qu'en dépit de sa familiarité intellectuelle avec la France, Catherine opte pour le projet Panine) ; qu'enfin les intérêts russes et autrichiens sont partout opposés.

Renouées par la correspondance des deux souverains, les relations avec la Prusse furent faciles à rétablir. Sans doute Frédéric II n'était-il pas particulièrement favorable au « système du Nord », mais il pensait qu'en s'entendant avec Catherine il lui serait aisé de la neutraliser. Les négociations engagées dès 1762 aboutirent, le 31 mars 1763, à la signature d'un traité d'alliance défensive entre les deux pays, complété par une convention secrète prévoyant qu'au cas où un État tiers entreprendrait en Pologne des actions contraires aux intérêts russo-prussiens, les signataires y répondraient par les armes.

Mais, pour Panine, son système devait être avant tout fondé sur une entente russo-anglaise. Il partait du constat que l'Angleterre était une puissance maritime, tandis que la Russie était vouée à jouer un rôle continental : la flotte anglaise et les troupes terrestres russes devaient donc combiner leurs efforts. Mais, à Londres, son raisonnement ne pouvait convaincre, tant y étaient grandes les inquiétudes suscitées par la puissance montante de la Russie. Au terme de longues négociations, Panine dut admettre qu'il n'obtiendrait rien de plus de la cour de Saint James qu'un simple traité de commerce, lequel sera signé le 20 juillet 1766. Il en voudra toujours aux Anglais d'avoir fait montre, dans ce débat, d'une « mentalité de boutiquiers ».

Ainsi, dès l'été 1763, le choix de Catherine ne fait plus aucun doute : le « système du Nord » guide ses démarches et elle écoute Panine avec attention. Raison de plus pour s'interroger ici sur son refus – alors qu'elle a évincé à son profit tous ceux qui aspiraient à la guider – d'accorder à ce si proche conseiller le titre de chancelier.

C'est dans le caractère même de Catherine que réside l'explication. Dès l'été 1762, elle a décidé qu'elle ne se contenterait pas d'être installée sur le trône, mais qu'elle gouvernerait elle-même son pays. Elle ne voudra placer aucun homme, ministre ou favori, en trop forte position. Ce qu'elle refusera à Panine, elle le refusera d'une autre manière à son favori du moment, Grégoire Orlov, qui aspire alors à l'épouser. En condamnant vigoureusement l'idée d'un tel mariage, Panine aura contribué à le faire échouer. N'est-ce pas lui qui dit à Catherine : « L'impératrice de Russie peut faire tout ce qu'elle veut. Mais Madame Orlov ne peut être impératrice[13] » ? En renonçant à convoler avec Orlov, en s'indignant des pressions exercées sur elle par Bestoujev-Rioumine qui a suscité des pétitions en faveur de cette union, l'impératrice manifeste sans ambiguïté qu'elle ne tolérera aucune tentative de peser sur elle au nom des fonctions exercées ou de rapports personnels. Cette femme qui sacrifia si souvent aux passions aura toujours su les cantonner au domaine de la vie privée.

Si Catherine opte pour le « système du Nord », ce n'est guère par affection pour Frédéric II, dont elle se méfie, mais du fait de l'attitude mi-méprisante, mi-hostile adoptée par le souverain français à son égard et plus encore envers son pays. Dans une instruction secrète adressée au baron de Breteuil, alors en poste à Pétersbourg, Louis XV (sa signature y figure) se montre on ne peut plus précis : « L'unique but de ma politique envers la Russie est de l'écarter des affaires européennes [...]. Tout ce qui peut plonger le peuple russe dans le chaos est profitable à mes intérêts[14]. » Un moment, il envisagea de soutenir – discrètement – les opposants à Catherine, et même la candidature d'Ivan VI ; plus généralement, il pensait souhaitable, comme l'écrivit Breteuil dans une dépêche du 16 décembre 1762, « de provoquer des désordres intérieurs dans ce pays ». On conçoit que l'impératrice, dont les collaborateurs étaient souvent capables de déchiffrer ces aspects de la diplomatie secrète du roi de France[15], ait tenu l'existence du malheureux Ivan VI pour un danger qu'il convenait d'« écarter ».

Deux problèmes majeurs opposent alors de manière éclatante les deux pays : la question polonaise et le statut de la Russie. On reviendra plus loin sur le premier. Celui du statut de la maison impériale de Russie mérite d'être abordé d'emblée, tant il a suscité de polémiques entre Pétersbourg et Versailles. La querelle, on l'a vu, porte sur la reconnaissance du titre impérial de Catherine. Dès août 1762, le baron de Breteuil informe l'impératrice que ce titre ne lui sera reconnu par la France qu'en échange d'une *réversale*, c'est-à-dire de l'assurance donnée par la Russie que le protocole régissant la hiérarchie entre les deux pays, et accordant depuis Louis XIV la préséance à la France, ne sera pas modifié. Cette exigence est d'abord interprétée par Catherine comme une mise en cause de sa légitimité, et accessoirement comme une initiative personnelle de Breteuil. Mais l'impératrice est rapidement contrainte d'accepter une vision plus brutale et désagréable du problème. Force lui est de constater en premier lieu que le représentant français est soutenu par son collègue espagnol, le marquis Almodovar, et elle imagine qu'un « axe Bourbon » se

dessine contre elle. L'absence de Breteuil aux cérémonies du couronnement – il fut le seul dans ce cas –
lui a confirmé qu'il s'agissait bien d'une prise de
position officielle de la France. Dès lors, le problème
ne cesse de grandir et Catherine décide de défendre
bec et ongles son droit incontesté au titre impérial.
Ce titre, dira-t-elle le 21 novembre 1762, est attaché
à la couronne et à la monarchie russes depuis Pierre
le Grand. Il ne peut donc être question d'accorder
une réversale aux puissances qui refuseraient de
reconnaître le titre impérial à tout souverain russe[16].

La position de l'impératrice évolue néanmoins
quelque peu. Au début – à l'hiver 1762 –, elle s'arc-
boute à l'argument de légitimité et porte un intérêt
moindre au problème des préséances. C'est pourquoi
sa ferme déclaration s'accompagne de l'assurance
qu'elle n'entend modifier ni le protocole ni l'ordre de
préséance en usage entre les cours. La question paraît
ainsi réglée, même si le baron de Breteuil – qui, sensible à l'humeur de son roi, n'a jamais été favorable à
Catherine – a pu écrire à son ministre que toute la
querelle était produite par « l'extraordinaire orgueil
de l'impératrice[17] » : n'avait-elle pas traité la réversale
accordée par Pierre de « pure sottise[18] » ? Et de
conclure : « Ces Russes et Catherine ne connaissent
que la hauteur et l'incivilité. » Avec le temps, plus
assurée de voir sa légitimité reconnue, la souveraine
estime que la bataille de la réversale n'est qu'une
manifestation du projet français de maintenir en permanence la Russie dans une position d'infériorité. Le
conflit entre alors dans une nouvelle phase : l'impératrice expose qu'elle ne revendique pas une position
dominante pour son pays, mais seulement un statut
d'égalité, ce que le roi de France se refuse à accepter.

Les points de vue paraissent inconciliables, car tandis que Catherine invoque le présent, les progrès de la puissance russe et la place qu'elle occupe désormais dans le concert européen, le duc de Choiseul, s'exprimant au nom de Louis XV, en appelle au passé : « La France occupait une place importante en Europe quand nul n'avait encore connaissance de la Russie. Il serait injuste que la Russie nous ôte cette place. »

Toujours pragmatique, Panine soutient Catherine, mais s'efforce de faire dévier le débat. À défaut de réversale, il suggère la conclusion d'un accord commercial censé rapprocher la Russie de la France. Rapportant à son ministre un entretien avec Panine sur ce sujet, le baron de Breteuil relève son insistance sur ce qu'il dit être ses deux objectifs politiques : restaurer une administration délabrée et nouer des liens commerciaux avec la France. À condition, répond Choiseul, qu'en ce domaine l'Angleterre ne bénéficie pas d'un traitement privilégié. « Monsieur Panine n'aime pas la France, conclut Breteuil, mais il veut bien nous acheter du sel et nous vendre du tabac... »

Les craintes exprimées par Choiseul n'étaient pas dénuées de fondement. La mauvaise volonté française, le scepticisme de Catherine, tout contribua à privilégier les rapports avec l'Angleterre, et l'accord commercial anglo-russe signé en juin 1766 en fut le témoignage. Quant à la querelle sur le titre impérial, elle allait continuer à empoisonner les relations avec Versailles jusqu'en 1772. À ce moment, le duc d'Aiguillon, ayant succédé à Choiseul, saura convaincre Louis XV de mettre un terme au conflit et de reconnaître sans autre condition le titre impérial à Catherine. Seul bémol à cet adoucissement de la position française : dans les échanges entre les deux pays, ledit titre devait être formulé en latin et non en français. Bonne latiniste, Catherine s'en accommoda...

La question polonaise :
la Russie se donne un roi

Au regard de la querelle de préséance, la Pologne représentait un enjeu bien plus important pour la politique russe et le devenir de ses rapports avec la France. Sur ce chapitre-là, Catherine n'était pas disposée aux compromis.

La Russie avait toujours été préoccupée par la question polonaise, mais elle n'était pas la seule dans ce cas. Dès le XVIIe siècle, la plupart des pays européens considéraient la Pologne comme un champ d'action ou une zone d'influence. Depuis que l'Ukraine avait été unie en 1654 à la Russie et que la puissance polonaise avait cessé d'inquiéter Pétersbourg, un nouveau problème avait surgi, dont tous les souverains russes eurent le souci. Ils éprouvaient un vif sentiment de frustration à la pensée qu'une partie de l'Ukraine était restée sous autorité polonaise, de même que la Biélorussie. Pierre le Grand et tous ses successeurs avaient été tentés de placer ces territoires sous autorité russe, mais la crainte des réactions européennes leur avait longtemps recommandé la prudence. En 1697, Pierre le Grand avait réussi à installer sur le trône polonais un souverain à sa dévotion, Auguste de Saxe, qui fut roi sous le nom d'Auguste II, dit *le Fort*. Mais, en 1706, le roi de Suède Charles XII l'élimina au profit de son propre candidat, Stanislas Leszczynski, soutenu par

la confédération de Varsovie*. La victoire de Poltava
permit à Pierre de replacer sur le trône de Pologne
Auguste II, ce qui ne fit que renforcer la dépendance
de ce dernier vis-à-vis de la Russie. Auguste III, qui
lui succéda sur le trône en 1733 et s'y trouvait encore
lorsque Catherine devint impératrice, devait lui aussi
en grande partie sa position à la protection russe. En
1763, à l'heure où Auguste III disparaît, Catherine en
tire la conclusion qu'il lui appartient de régler la succession.

Le destin de la Pologne dans les dernières décennies
du XVIIIᵉ siècle n'a pas de précédent dans l'histoire
de l'Europe civilisée. S'il est courant qu'au cours des
guerres les vainqueurs arrachent des territoires à leurs
adversaires vaincus, il n'est pas d'exemple de la suppression d'un État historique par des démembrements
successifs. Ce destin aussi fâcheux qu'exceptionnel, on
peut en comprendre les causes à considérer l'état de
la Pologne à cette époque. Les contemporains quali-
fiaient ce pays de « royaume de l'anarchie ». Voltaire,
maître à penser de Catherine, résumait ainsi la
situation : « Un Polonais est un charmeur ; deux
Polonais – une chamaillerie ; trois Polonais – ah ! c'est
la question polonaise ! » Tout, en Pologne, justifiait
ces appréciations. Le pays était composé depuis 1569
de deux parties : le royaume de Pologne et le grand-
duché de Lituanie, aux intérêts contradictoires et en

---

* La confédération (konfederacja) était une très ancienne institution polonaise, exprimant le droit fondamental des citoyens à
la résistance. C'était un mouvement armé, une association
d'hommes décidés à imposer leur vision de la justice. Elle
pouvait être formée par le roi ou contre lui. En 1706, face à la
confédération de Varsovie pro-suédoise, on trouve la confédération de Sandomierz, pro-saxonne, soutenue par la Russie.

désaccord sur tout projet de réforme. La monarchie
était élective. La Diète, réunie tous les deux ans, était
victime du *liberum veto*, principe étonnant qui permettait à chacun de ses membres de s'opposer à lui
seul à tout projet comme à toute décision. En d'autres
termes, un pays de près de douze millions d'habitants,
plus étendu que la France ou l'Espagne, n'avait ni
pouvoir central, ni finances centrales, et devait se
reposer sur une armée d'à peine douze mille hommes
pour faire face aux désordres internes et à la pression
extérieure. Le souverain ne jouissait d'aucune
autorité. La Diète était paralysée par le *liberum veto*
et quant aux diètes locales, ou *diétines*, qui envoyaient
leurs délégués à la Diète, elles pâtissaient du désordre
des élections*.

Toute relative, l'indépendance du pays ne tenait
qu'à la surveillance qu'exerçaient les puissances les
unes sur les autres, toutes étant attentives à ce
qu'aucune ne mît la main sur lui. Pierre III s'était
entendu avec Frédéric II pour que leurs deux États
maintiennent en Pologne une constitution désastreuse
assortie du *liberum veto*, en sorte que ce malheureux
pays ne puisse faire preuve de la moindre velléité de
redressement, et moins encore d'indépendance[19]. Ils
s'étaient aussi mis d'accord sur ce qui adviendrait à la
mort d'Auguste III : aucun de ses fils ne devrait lui
succéder, ce qui leur laissait toute latitude pour

---

* Le roi était élu par la Diète (*Seim*) qui se réunissait trois fois
à cette fin : pour convoquer, pour élire, pour couronner, et ce,
dans un grand désordre de conflits internes et de pressions extérieures. Si le roi refusait le *Pacta Conventa*, véritable contrat de
pouvoir, son élection était annulée et la *Seim* cherchait un autre
candidat. Le *liberum veto* s'appliquait aux décisions de la Diète
et des *diétines*.

choisir un candidat à leur dévotion. Sur ce point, la position russe entrait en conflit avec celle de la France et rompait avec la politique suivie par l'impératrice Élisabeth qui, dans le passé, avait accepté de prendre en compte les désirs exprimés à Versailles à la mort d'Auguste II.

Auguste III mettra du temps à mourir, et ce délai ne manquera pas d'exacerber les oppositions entre grands États. En attendant cet événement, la Russie et la Prusse imaginèrent un autre biais pour intervenir dans les affaires polonaises : la défense des minorités religieuses. Majoritairement catholique, la Pologne comptait dans ses frontières de très nombreux orthodoxes, soumis à de fortes pressions pour rallier l'Église uniate qui, sous l'autorité de Rome, avait adopté le rite oriental, mais non les dogmes. Certes, orthodoxes et protestants, nombreux aussi en Pologne, disposaient depuis 1718 de droits politiques. Mais, avec le temps, leur statut et les discriminations dont ils se plaignaient se firent plus pesants, et Catherine se porta au secours de ceux qu'on nomma alors des *dissidents*. Frédéric II lui emboîta le pas, mais la voix de Catherine, orthodoxe fervente qui affirmait sa vocation à protéger ceux qui partageaient sa foi en Pologne comme dans les Balkans, était beaucoup plus véhémente et convaincante. Peu importe que l'intérêt politique l'ait guidée davantage que la foi. En Pologne, pour les grands États, tout était prétexte à élargir leur influence.

À l'aube de son règne, Catherine avait déjà gagné du terrain en Courlande, puisque le duché, qui jusqu'en 1737 avait été sous contrôle polonais, était tombé dans l'orbite russe du jour où Biron avait été

placé sur son trône. En 1762, il se trouvait sans souverain. Anne Leopoldovna avait exilé Biron, Pierre III
avait destiné la couronne à Georges de Holstein, et
Auguste III de Pologne la réclamait pour son fils.
Catherine mit fin à la querelle en rappelant Biron. Par
là, la Courlande se trouvait de nouveau sous dépendance russe. Réinstallé sur le trône, Biron était le
premier des rois « faits » par Catherine. Restait à lui
ajouter un monarque en Pologne.

Quand, au début de 1763, la nouvelle de la très
grave maladie d'Auguste III fut connue, Catherine
décida de prendre l'initiative et réunit un groupe de
travail pour préparer l'avenir. Bestoujev-Rioumine,
encore aux affaires, plaida pour qu'un accord sur la
succession fût conclu avec la France et l'Angleterre.
Mais il n'était plus averti des vrais choix de l'impératrice. Pour celle-ci, il était impensable d'investir un
prince de la maison de Saxe, fils d'Auguste III. Sans
compter que les querelles autour de cette succession
étaient déjà vives : en 1757, lors de pourparlers entre
Élisabeth, Louis XV et Marie-Thérèse, il avait été
convenu de favoriser le fils aîné du roi Auguste III,
Frédéric-Christian ; la France lui préférait cependant
un autre fils du roi, le prince Xavier, frère bien-aimé
de la Dauphine ; et un troisième candidat se profilait
à l'horizon : le prince Charles, chassé de Courlande
par Catherine au profit de Biron...

À l'automne 1763, durant l'agonie d'Auguste III, le
comte Zakhar Tchernychev, vice-président du collège
de la Guerre, remit à l'impératrice un « projet
polonais ». Sa principale suggestion consistait à profiter de la période de succession en Pologne, donc de
l'interrègne, pour « arrondir » les frontières occidentales de la Russie en lui annexant les gouvernements

de Vitebsk, Polotsk, Mstislav, situés sur la rive gauche du Dniepr[20]. Le plan eut beau être tenu rigoureusement secret, la rumeur s'en répandit dans certaines capitales. Frédéric II ne dissimulait pas son intention de soutenir les visées russes à condition d'en tirer lui-même avantage.

En octobre 1763, Catherine résolut de chercher une entente avec Marie-Thérèse d'Autriche[21]. Elle lui proposa une concertation sur le candidat au trône, ajoutant incidemment que, pour maintenir la paix aux frontières russo-polonaises, elle y envoyait des troupes.

S'accorder avec Frédéric II sur l'affaire polonaise n'allait pas de soi pour Catherine. Parmi ceux qu'effrayait ou choquait une telle option se trouvait Orlov, soutenu par ses frères. Son opposition à un « tournant » prussien de la politique russe peut être imputée en partie à la sourde rivalité qui l'opposait, lui, le favori en titre, à Panine, toujours soucieux de l'écarter des affaires.

Ce fut Panine qui l'emporta.

Lorsque Auguste III finit par trépasser, le 5 octobre 1763, Catherine avait fait son choix. Elle n'entendait pas se conformer aux vues d'Élisabeth et soutenir la candidature de Frédéric-Christian. Pas davantage celle de Xavier, qu'elle tenait pour un suppôt de Louis XV. Ni celle de Charles qui, évincé par ses soins de Courlande, ne la portait pas dans son cœur, elle le savait parfaitement. Depuis des mois, elle avait repris à son compte l'idée nourrie par son défunt mari : la Russie soutiendrait en Pologne la candidature d'un *piast*[22] qui, lui devant son trône, ne pourrait que lui être fidèle. Deux candidats semblaient avoir ses faveurs : le comte Stanislas-Auguste Poniatowski et le prince Adam Czartoryski. En Pologne même, la noblesse qui allait élire son roi se divisa en « parti russe », dirigé par les Czartoryski, et « parti anti-russe », rassemblé autour de la candidature d'un prince de Saxe. Au demeurant, la situation du côté des concurrents se simplifia lorsque Frédéric-Christian mourut en décembre 1763, ne survivant que de peu au roi défunt, et que Catherine, après avoir agité un moment le nom du prince Czartoryski, l'écarta au bénéfice de Poniatowski.

Il est probable que la candidature de Czartoryski ait été avancée simplement pour éviter que ne fussent évoqués les liens qui avaient uni par le passé l'impératrice à Poniatowski. D'autant que les Czartoryski étaient puissants en Pologne : choisir l'un des leurs, c'était s'exposer à voir surgir de ce côté une véritable volonté de pouvoir, alors que Stanislas Poniatowski n'avait ni position de force personnelle, ni soutiens. Catherine, qui connaissait le caractère de son ancien amant, le jugeait faible, donc dépendant d'elle. En 1763, alors qu'Auguste III vivait encore, le comte de Kayserling, ambassadeur de Russie en Pologne, avait reçu les instructions suivantes : « Il faut prendre toutes les dispositions pour que, dans l'hypothèse de la mort du roi, celui qui sera porté sur le trône de Pologne ne mette pas en cause nos intérêts, et même sache mieux les représenter[23]. » Qui, mieux que Poniatowski, pouvait correspondre à ces instructions ? Dans ses calculs, l'impératrice avait aussi intégré le fait que Louis XV ne pourrait intervenir militairement dans la succession polonaise. Panine lui avait fourni maints renseignements sur la situation militaire et financière d'une France épuisée par la guerre[24]. Le soutien qu'elle pourrait apporter à son candidat se limiterait, assurait-il, aux manipulations, à l'argent versé au parti profrançais, et à un discours favorable à ce candidat.

Pendant la phase préparatoire à l'élection, fixée pour le mois de septembre 1764, les grandes manœuvres entre Pétersbourg et Versailles se multiplièrent. En France, la volonté de contrarier le projet russe était renforcée par la crainte d'un démembrement ultérieur de la Pologne. L'accord russo-prussien sur un candidat le suggérait. Catherine, pour sa part, se sentait libre d'agir à sa guise. Elle voulut néanmoins rassurer Louis XV, lui faisant dire par son ministre qu'elle serait garante du maintien de l'intégrité polonaise. Personne ne la crut. Convaincue que la France ne se risquerait pas à une confrontation, elle prit cependant des précautions. Dans l'atmosphère enfiévrée qui entourait la préparation du scrutin, elle fit entrer de nouvelles troupes russes en Pologne sous prétexte d'assurer le calme durant la consultation. Elle mit aussi en avant les problèmes religieux, exigeant pour les fidèles orthodoxes des droits civiques qu'ils n'avaient pas ou n'avaient plus, accusait-elle. Et elle se fit l'avocat de quelques réformes, certes limitées, mais souhaitées par son candidat : avant tout, la suppression du *liberum veto*. Avant même l'élection, une connivence se faisait ainsi jour entre le futur roi et ses protecteurs, Catherine et Panine.

Le vote de la Diète eut lieu le 6 septembre 1764 dans un climat de légalité et de calme apparents. Le roi fut élu à l'unanimité. Les troupes russes avaient été éloignées de la capitale ; les opposants à la thèse russe, qui avaient été arrêtés ou empêchés de se rendre à la Diète, étaient réduits au silence. Non seulement Catherine avait gagné, mais le scrutin avait toutes les

apparences de la décence. En fait, il ressemblait fort
à la plupart de ceux qui l'avaient précédé. Que de
rois élus, en effet, par la décision d'une cour étrangère ! Stanislas Leszczynski avait dû son trône à
Charles XII ; Pierre le Grand avait d'abord donné,
puis rendu son trône à Auguste II ; Auguste III était
un pur produit de la volonté de l'impératrice Anne.
À l'évidence, Catherine avait su imposer son choix de
manière plus discrète et subtile que ses prédécesseurs.
Elle adressa d'ailleurs à Panine ce chaleureux
message : « Je me félicite, Nikita Ivanovitch, pour le
roi que vous avez fait. Cette affaire augmente encore
la confiance que je vous porte, car je constate combien
furent sages toutes les dispositions que vous avez
prises[25]. »

Mais, sitôt la victoire acquise, l'impératrice
s'aperçut que Stanislas-Auguste Poniatowski, qu'elle
croyait soumis à son autorité, n'était pas aussi faible
qu'elle l'avait supposé. Il voulait régner, rendre la
dignité à son pays, et donc le réformer. Elle se
retrouvait confrontée à un problème inattendu. Au
lieu d'être obéie sans même avoir besoin de donner
des ordres, il lui fallait trouver des moyens de
pression sur celui qu'elle avait fait roi et qui était tenté
de se rebeller. Les « dissidents » allaient lui fournir
l'arme dont elle avait besoin : elle proclama haut et
fort qu'elle se portait garante de leur sort. Elle avait
d'ailleurs franchi un premier pas lors de la Diète
du couronnement, le 23 novembre 1764 : à cette
occasion, son ambassadeur en Pologne – le prince
Repnine, neveu de Panine, qui remplaçait le comte de
Kayserling, mort peu auparavant – demanda à la
Diète, au nom des monarques russe et prussien, que
les orthodoxes et les protestants puissent devenir

députés, magistrats, administrateurs de provinces ; le document présenté par l'ambassadeur soulignait que « le refus de faire droit aux demandes des dissidents [...] leur donnerait le droit de choisir parmi les États voisins des juges entre eux et de s'en faire des alliés ».

Catherine, qui attendait une occasion pour intervenir, la trouva lorsqu'en 1765 Mgr Koninski, évêque de la Russie blanche, présenta au nouveau roi un mémoire consacré aux problèmes des minorités religieuses en Pologne. Dans ce texte accusateur, l'évêque avait dressé un catalogue des mesures discriminatoires et répressives dont étaient victimes ses ouailles orthodoxes : deux cents églises enlevées au culte et transférées aux uniates ; interdiction de restaurer ou de reconstruire les églises en ruine ; persécutions physiques contre les prêtres orthodoxes, allant parfois jusqu'à leur assassinat.

L'impératrice prit aussitôt la défense de l'Église orthodoxe, mais elle le fit en se réclamant de la tolérance religieuse, car elle n'oubliait jamais qu'elle était fille des Lumières. Le conflit ravagea la Pologne et gagna Rome. Une *confédération* favorable aux « dissidents », soutenue par la Russie et bientôt par les troupes russes, se forma à Sloutsk. Les catholiques firent de même à Radom et l'évêque de Cracovie, véritable chef de file du parti catholique, mobilisa le parti antirusse.

La Diète se réunit en 1766 et l'ambassadeur de Russie, le prince Repnine, vint y lire une déclaration de Catherine en faveur des « dissidents », approuvée par les rois d'Angleterre, de Prusse, de Suède et de Danemark. N'était-ce pas une juste cause que défendait cette amie des Lumières ?

Le malheureux Stanislas Poniatowski était pris dans

un véritable piège. L'impératrice ne manquait pas de
lui rappeler sa dette envers elle, et exigeait qu'il lui
prêtât appui. Le roi de Pologne était au demeurant
conscient de sa dépendance envers elle et lui avait
conservé un très fort attachement en dépit de son
renvoi de Russie et des pressions exercées sur lui. Ses
Mémoires en témoignent[26] : « En 1763-1764, j'écrivis
deux fois à l'impératrice : Ne me faites pas roi, mais
rappelez-moi auprès de vous. Deux motifs me dic-
taient ces paroles. L'un était le sentiment que je
portais encore dans mon cœur. L'autre, ma conviction
que je ferais plus de bien à ma patrie comme particulier présent auprès d'elle que comme roi ici. »
Durant la crise de 1766, Poniatowski fait d'ailleurs
porter à Panine et au roi de Prusse la responsabilité
des exigences russes, alors qu'il se tourne vers l'impératrice pour tenter de regagner sa confiance[27].

Autre source d'ambiguïté dans la position de
Poniatowski, liée cette fois à son caractère : il était
fondamentalement tolérant, enclin à voler au secours
des minorités humiliées, donc à donner plutôt raison
à Catherine. Mais il était roi de Pologne, et l'évêque
de Cracovie l'appelait au secours de la religion catholique. Comme toujours en pareil cas, les efforts méri-
toires du monarque pour apaiser les deux camps, pour
les exhorter à la raison, exaspérèrent les uns et les
autres, et surtout indisposèrent Catherine contre son
ancien favori. De nouvelles troupes russes furent
massées aux abords de la Pologne. La Diète de 1767
se réunit dans les pires conditions : un climat intérieur
propice à la guerre civile, la menace des troupes étrangères. Enfin – et ce ne fut pas le moindre facteur de
crise –, les catholiques polonais furent encouragés à
résister et à refuser toute concession par un Bref du

pape Clément XIII et par les interventions intransigeantes réitérées du nonce apostolique.

L'ambassadeur de Russie mit un terme à une situation qui paraissait sans issue en intervenant violemment dans le conflit. Il fit enlever les évêques de Cracovie et de Kiev, qui conduisaient le parti catholique, et les expédia en Sibérie avec deux autres membres de la Diète. Impuissant, le roi exprima ses sentiments de désolation. Des protestations s'élevèrent à travers tout le pays, mais la force était du côté russe. La Diète acquiesça à toutes les demandes. Il fut décidé que la religion catholique était celle de l'État et du roi, mais que les « dissidents » seraient rétablis dans tous leurs droits et que les nobles « dissidents » jouiraient des mêmes droits que les nobles catholiques – seule la couronne leur échapperait. L'année suivante, le 13 février 1768, un traité fut signé entre la Pologne et la Russie, stipulant qu'aucun changement constitutionnel ne pourrait avoir lieu sans l'accord russe. La Russie devenait ainsi la garante officielle des institutions polonaises et de l'avenir du pays. Celui-ci prenait place dans le « système du Nord » de Panine, ainsi qu'il l'avait imaginé d'emblée.

Mais cette victoire russe, que nul n'osait discuter ouvertement en Europe, fut en dernier ressort une victoire à la Pyrrhus. Elle provoqua l'indignation des Polonais et la levée des *confédérations*. Cette particularité du système polonais, qui va jouer à plein en 1768, entrait en vigueur chaque fois que la Diète ne se trouvait pas en état de fonctionner (cas très fréquent). Des confédérations rassemblant tous ceux qui partageaient une même opinion voyaient alors le jour. Contrairement à la Diète, ces confédérations n'étaient pas paralysées par le *liberum veto* et tentaient d'imposer leurs vues par la force. C'est ce qui advint en 1768 où la confédération de Bar rassembla des catholiques fanatiques et des Polonais mécontents du roi – jugé trop tiède –, tous décidés à s'en défaire. Ce n'était pas un hasard si le centre de ce mouvement était Bar, en Podolie, à proximité de la frontière turque. Les confédérés, conscients de leur faiblesse face aux Russes, comptaient obtenir l'appui de la France et de la Turquie. L'Autriche, dont ils avaient aussi espéré l'aide un bref moment, préféra rester à l'écart : Marie-Thérèse était tout à la fois soucieuse de ménager la Russie, dont la puissance internationale ne cessait de croître, et de préserver les chances autrichiennes en Pologne dans un avenir proche.

Le programme de la confédération de Bar – maintien des privilèges exclusifs reconnus aux catholiques, maintien du *liberum veto* – plaçait les interlocuteurs qu'elle appelait à son secours en situation difficile. Pouvait-on soutenir des adversaires de tout changement, des fanatiques ? Voltaire prit le parti du roi, menacé par la confédération et qui plaidait pour des réformes. Mais Louis XV et son ministre des Affaires étrangères en jugèrent autrement. Pour eux, c'était la Russie qu'il convenait d'affaiblir. La France n'avait certes pas les moyens de se porter au secours des confédérés – la guerre de Sept Ans avait été payée d'un prix trop lourd, le souvenir en était encore trop vif –, mais son roi imagina – vieille stratégie française ! – de pousser la Turquie contre la Russie : la confédération ne campait-elle pas aux frontières ottomanes, ce qui autorisait la Porte à se prétendre impliquée dans la situation polonaise ?

Deux ans durant, la diplomatie française s'employa

à une double tâche : pousser la Turquie à la guerre contre la Russie[28] et, en attendant, aider les confédérés à affaiblir le roi de Pologne, voire à s'en débarrasser afin de priver la Russie d'un monarque qui, en dépit de ses velléités d'indépendance, restait l'otage de Pétersbourg, donc un élément important de la puissance russe. On imagina même, à Versailles, des solutions de remplacement pour occuper le trône : le prince de Condé, qui n'en voulait pas ; le prince de Saxe, soutenu naguère... Encore eût-il fallu libérer ce trône, ce qui n'allait pas de soi. Les confédérés furent soutenus financièrement, et Dumouriez envoyé à leur secours avec quelques autres officiers français. Dans ses *Mémoires*, Dumouriez a dénoncé l'anarchie qui sévissait dans les rangs des confédérés – dix-sept mille hommes en tout, divisés en bandes rivales –, anarchie toute semblable à celle qui caractérisait la politique polonaise. Une véritable guerre civile ravageait en effet le pays. Une note de Panine à l'impératrice, consacrée à la confédération, rend compte de l'exaspération russe devant l'incapacité du roi à opter pour une position claire sur les « dissidents », la confédération, la fidélité due à la Russie. Tout annonce une réaction[29].

L'intervention de Souvorov en 1770 brisa la confédération et mit fin aux querelles intestines qui avaient tant affaibli le pays. Mais déjà l'attention russe s'était détournée de la Pologne : la guerre russo-turque commençait. L'affaire polonaise reprendra néanmoins deux ans plus tard.

En avant vers la mer Noire !

En ces années où Catherine II s'acharne à installer la Russie dans une position de puissance sur l'échiquier politique européen, les relations russo-polonaises et russo-turques se sont trouvées inextricablement mêlées, les succès russes sur l'un des fronts entraînant aussitôt une nouvelle période d'activité sur l'autre.

La première guerre russo-turque, si elle découla d'une initiative de la Porte, répondait pourtant aux vœux russes. Les succès de la Russie en Pologne les ayant fort inquiétées, la France et l'Autriche s'efforcèrent d'impliquer la Turquie dans les affaires russo-polonaises. Conscient du péril, Panine, de son côté, tenta de tourner contre l'Autriche l'ardeur belliqueuse de la Porte, mais sans guère obtenir de résultats. En 1768, Catherine II a pris la mesure de sa capacité à agir en Pologne. Elle a constaté la volonté de l'impératrice Marie-Thérèse de se tenir à l'écart du conflit. Elle sait aussi les difficultés de la France. Face à la Turquie, elle veut être la continuatrice de Pierre le Grand dont la conquête des rives de la mer Noire est restée à l'état de rêve inexaucé. Son esprit, formé à la géopolitique, lui dicte que la Russie doit atteindre au sud sa frontière naturelle et reprendre les anciennes possessions de Kiev dont les envahisseurs tatars s'étaient emparés au XIIIe siècle. Mais les Tatars de Crimée, qui ont succédé sur ces terres fertiles à la Horde d'or, ont reconnu la suzeraineté du sultan. Il s'ensuit naturellement que la guerre qui débute en 1768 ne peut qu'opposer la Russie aux Turcs et aux Tatars, et préparer l'annexion de la Crimée.

Pour la Russie, cette guerre revêtit un caractère

inédit : elle se déroula tout à la fois sur terre et sur mer, et lorsqu'elle s'acheva, le monde prit conscience avec stupeur et inquiétude qu'outre un accroissement de puissance, la Russie avait gagné une nouvelle dimension de cette puissance : la capacité d'action maritime. Tout en reprenant la marche de Pierre le Grand vers le sud, Catherine aura aussi donné vie à son rêve maritime.

La Porte tient dans la diplomatie française du XVIIIe siècle un rôle important : d'abord pour contenir les Habsbourg, puis pour freiner la Russie lorsqu'elle commence à montrer sa puissance. En 1768, le duc de Choiseul écrit au comte de Vergennes, depuis plusieurs années en poste à Constantinople : « Je constate avec regret que le nord de l'Europe se soumet toujours plus à l'impératrice de Russie [...], qu'il se prépare au nord une situation inquiétante pour la France. Le meilleur moyen de contrecarrer ce projet, et peut-être de chasser l'impératrice du trône qu'elle a usurpé, serait de provoquer une guerre contre elle. Seuls les Turcs peuvent nous rendre ce service[30]. »

Fort de ces instructions, le comte de Vergennes s'est dépensé à Constantinople pour pousser la Porte à affronter la Russie. Tandis que cette dernière s'est soigneusement préparée à cette éventualité, la Turquie répond sans hésiter aux invites françaises et – à un moindre degré – autrichiennes. Le 6 octobre 1768, l'envoyé de l'impératrice à Constantinople, Alexis Mihailovitch Obreskov, est convoqué au Sérail pour s'entretenir avec le vizir et aussitôt arrêté, puis enfermé dans la prison des Sept Tours où il moisira trois ans. Faut-il s'étonner que cet acte ait été interprété à Pétersbourg comme une déclaration de guerre ? Au même moment, des affrontements survenus à la frontière de la Crimée donnèrent à l'« incident Obreskov » une dimension militaire irréversible.

Ces heurts avaient été provoqués par des unités russes qui, pourchassant les confédérés de Bar, pénétrèrent dans le khanat de Crimée. Les Tatars, sous les ordres du khan Kirim Giray, réagirent instantanément et dévastèrent la nouvelle Serbie* au moment où les forces russes étaient encore occupées en Pologne, donc guère en mesure de leur résister. Le sultan intervint à son tour en opposant à la Russie les termes du traité du Pruth, que Pierre le Grand et la Porte avaient signé en 1712, et par lequel les deux pays s'engageaient à ne pas se mêler des affaires polonaises. En ce temps-là, Pologne et Turquie constituaient déjà pour la Russie deux problèmes indissociables. Pour le sultan de 1768, la situation est simple : la Russie doit retirer sans délai ses troupes de Pologne et renoncer à la garantie qu'elle apporte aux « dissidents ».

Sans doute, en cet automne 1768, Catherine sait-elle que la guerre sur le front turc est prématurée, mais elle ne peut l'éviter. Le 8 novembre, Panine réunit les ambassadeurs étrangers pour les assurer des intentions pacifiques de la Russie en Pologne, de l'inanité des inquiétudes turques, et pour faire appel à la « solidarité des chrétiens[31] ». Peine perdue : la guerre est commencée et la Russie semble de prime abord en position de faiblesse. Par l'intermédiaire de leurs vassaux tatars, les Turcs contrôlent la Crimée et, par-delà, l'espace russe. Ils sont maîtres de la mer Noire.

---

* Le nom de nouvelle Serbie a été donné à une région située dans le gouvernement de Nouvelle Russie (Novorossiisk) où Catherine II installa quelques milliers de Serbes qui avaient combattu les Turcs aux côtés des Russes.

Le champ de bataille est à leur porte alors que la Russie, éloignée de ses bases, doit acheminer hommes et matériels dans des conditions difficiles. Enfin, en ce début des hostilités, la Russie est menacée sur deux fronts : par la Pologne et les confédérés, par les Turcs proches de la Podolie.

Deux armées russes sont opposées à l'ennemi : l'une, dirigée par le prince A.M. Galitzine et comptant trente mille hommes, est chargée d'empêcher le grand-vizir et ses cent mille hommes d'entrer en Podolie pour s'y joindre aux confédérés ; la deuxième armée, sous les ordres du général Roumiantsev, doit occuper l'Ukraine et barrer la route aux Tatars de Crimée. Par sa détermination et son esprit d'initiative, le prince feld-maréchal Galitzine compense la faiblesse numérique de ses effectifs et déconcerte les Turcs. Il bat les troupes du grand-vizir sur le Dniestr, prend le fort de Khotin en 1769 et occupe la Moldavie et la Valachie, peuplées d'orthodoxes qu'il émancipe ainsi de la domination islamique. L'année suivante, la première armée, sous les ordres du général Roumiantsev qui a succédé à Galitzine, bat le khan tatar Kaplan Giray (il a succédé à Devlet Giray, lui-même successeur de Kirim Giray), incapable de lui résister en dépit des cent mille hommes qui composent son armée. Les vaincus se retirent vers le Danube, où s'opère leur jonction avec les forces du grand-vizir. L'armée turco-tatare qui va affronter celle de Roumiantsev est forte de cent cinquante mille hommes, alors que les Russes en comptent moins du tiers. Mais, mieux organisés et plus disciplinés, ceux-ci remportent la victoire à Kagul, le 21 juillet 1770. Pendant ce temps, le général Panine – frère de Nikita Ivanovitch, que Catherine a chargé de négocier avec les

Tatars pour les détacher de la Porte, en leur promettant que la Crimée deviendra indépendante –
manie habilement la carotte et le bâton. Il poursuit ses
négociations tout en assiégeant la forteresse de
Bender, dont il se rend maître le 28 août 1770. Ces
deux grandes victoires ont pour conséquence de faire
tomber la Bessarabie et la Bulgarie aux mains des
troupes russes[32].

Pour les Turcs, partout battus et déjà aux prises
avec les velléités d'indépendance qui s'expriment en
Crimée – le général Panine a bien travaillé –, l'année
1770 est marquée par une autre déconvenue. Jusqu'alors, pour les États européens et la Turquie, la
Russie n'était qu'une puissance continentale. Malgré
les défaites subies, la Porte pense être encore maîtresse
de la mer Noire. Une certitude à laquelle le sultan
s'attache d'autant plus qu'au même moment il doit
affronter la révolte du pacha d'Égypte. Alexis Orlov,
qui n'a guère de compétences maritimes mais en qui
Catherine a grande confiance, a reçu le commandement de la flotte russe stationnée en mer Baltique.
Il quitte le golfe de Finlande, s'arrête dans divers ports
européens, arrive au large de la Grèce où la vue de ses
navires soulève l'espoir d'une émancipation prochaine. Les Grecs mettent à profit l'incursion de la
flotte russe dans leurs eaux pour attaquer les Turcs
partout où ils le peuvent, dans les villages et les villes,
et le conflit latent entre les deux peuples s'en trouve
durablement envenimé. Mais l'objectif d'Alexis Orlov
est tout autre : c'est la flotte turque qu'il poursuit, et
qu'il bat dans la rade de Chio, avant de la couler dans
la baie de Tchesmé, le 6 juillet 1770. Sans doute Orlov
ne peut-il atteindre pleinement son but et forcer les
Détroits. Mais le bilan se révèle désastreux pour la

Turquie : Azov, la Crimée, les bords de la mer Noire du Dniepr au Dniestr, la Bessarabie, la Valachie, la Moldavie sont tombés aux mains des Russes.

Pour la Russie, cette première guerre a des conséquences considérables. Tout d'abord, la victoire de Tchesmé la hisse au rang de puissance navale. Dans la conscience collective, cette victoire prend la dimension d'un mythe comparable à celui de la bataille de Lépante. C'est, pour la Russie, la revanche des siècles de domination tatare qui l'ont arrachée à sa propre civilisation et à celle de l'Europe ; c'est aussi l'accomplissement du rêve de puissance navale de Pierre le Grand ; c'est enfin le signe que la Russie est devenue une puissance d'un type nouveau qui la situe dans la catégorie des États les plus importants, comme la France ou l'Angleterre. Mais l'expédition d'Alexis Orlov ouvre aussi à la Russie une autre perspective dont la crainte avait été l'obsession permanente de la France et de la Turquie : la pénétration russe en Méditerranée. Paul Ier prolongera encore le rêve nourri par Catherine en tentant de s'emparer en 1798-1799 de Malte et des îles Ioniennes. Ce n'est qu'au début du XIXe siècle que les pressions anglaises sur la Russie mettront fin à ces tentatives.

La Russie peut enfin se réjouir de l'affaiblissement de la Porte, toujours hostile à son égard. Pierre le Grand est vengé ! La flotte turque détruite, la Grèce éveillée au rêve d'émancipation, tout rend le voisin ottoman vulnérable. S'y ajoute la perspective de pouvoir l'amputer à brève échéance de la Crimée.

Manœuvres russes en Crimée

La Crimée est un autre champ – combien décisif pour Pétersbourg ! – de la confrontation des politiques française et russe. En 1767, le gouvernement français envoya en Crimée le baron de Tott en qualité officieuse de « consul extraordinaire » pour empêcher la Russie d'utiliser la péninsule dans la question polonaise[33]. Catherine II et Panine s'alarmèrent de voir apparaître un Français à Bahcesaray, centre politique de la Crimée. Et pourquoi pas, sous peu, un consul à demeure ? Dès ce moment, Panine prêta une attention toute particulière à la question de Crimée, cherchant à y définir une politique susceptible de priver la Porte de cet allié. Pour y parvenir, il examina les points faibles de la position ottomane en Crimée. Cette question préoccupait d'autant plus Panine qu'elle constituait une menace multiforme pour la Russie : parce que la Crimée, contiguë à la Russie, était soumise à la Porte ; parce que la France cherchait à l'utiliser contre la Russie ; enfin, et c'était peut-être le plus grave, parce que le gouverneur des Nogaï, Shahin Giray (lui-même tatar), tentait au même moment d'attirer dans le camp antirusse les Cosaques zaporogues*, à l'esprit d'indépendance bien connu de tout dirigeant russe. Les lettres de Panine adressées à Obreskov avant l'internement de ce dernier sont

---

* La communauté des Cosaques zaporogues s'était organisée au XVIe siècle sur le Dniepr inférieur. Elle était liée à la Pologne et constituait une force militaire et politique très importante à la limite de la steppe. En 1649, leur hetman Bogdan Khmelnitski se place sous la protection de la Russie.

révélatrices du développement de la pensée du
ministre russe sur ce thème[34].

La perspective d'une dissidence cosaque – qui ne se
souvient que, par le passé, les Cosaques s'étaient
souvent rangés aux côtés de ceux qui combattaient les
Russes[35] ? – inquiétait par-dessus tout Panine, suggérant qu'une réaction rapide s'imposait en Crimée
pour ôter toute séduction aux propositions des Tatars.
La meilleure façon d'agir ne consistait-elle pas à jouer
des oppositions entre tribus ? Les Nogaï, ou du moins
une partie d'entre eux, se rebellaient alors contre leurs
gouverneurs tatars, et Panine en conclut qu'ils pourraient servir ses efforts pacificateurs. Il réussit à
convaincre l'hetman des Cosaques zaporogues, Kal-
nichevski, de négocier avec les hordes nogaï au nom
de la Russie. La manœuvre était efficace, car elle
prenait de court les Tatars dans leur tentative d'attirer
les Cosaques de leur côté. La percée des troupes
du général Panine devant Bender, en juillet 1770,
contribua aussi fortement à convaincre les Nogaï qu'il
ne fallait pas défier la puissance russe et que le plus
sage était de traiter avec elle. Le 6 juillet, un traité
d'amitié et d'alliance fut conclu entre la Russie et
deux hordes nogaï, celles de Yedishan et de Bucak.
Catherine décida de les sédentariser dans le Kouban
– où se trouvaient déjà installés des Kalmouks* – et
de créer pour eux un État indépendant. Mais Panine,
hostile à l'idée que la Crimée fût divisée en deux États,
jugeait préférable pour l'avenir de ne pas se contenter
de régler un peu trop rapidement le sort des Nogaï.

---

* Peuple mongol qui domina au XVIIe et au XVIIIe siècle une
partie de l'Asie centrale. Une branche des Kalmouks s'est installée en 1632 sur la basse Volga créant un khanat kalmouk.

Un sourd conflit l'opposa alors à l'impératrice qui, voulant aller vite, avait aussi demandé au général Panine de négocier avec les Tatars la création d'un État indépendant semblable à celui dont elle projetait de doter les Nogaï.

Deux points essentiels séparaient Catherine et son ministre : était-il préférable de maintenir l'unité de la Crimée ou de la diviser en deux États ? était-il préférable de conserver à la Crimée son indépendance ou de la rattacher à la Russie comme l'avaient été la terre des Bachkirs* et celle des Tatars de Kazan** ? Panine plaidait que l'unité et l'indépendance de la Crimée garantiraient à la Russie une frontière méridionale sûre. Mais le succès des négociations de 1770 avec les Nogaï avait convaincu Catherine de la justesse du projet qu'elle défendait contre son avis. Elle dut cependant déchanter en constatant que l'autorité de la Porte sur les khans était bel et bien une réalité, et que le seul argument pour les gagner à la Russie était la promesse de l'indépendance que les Turcs leur refusaient. Elle entrevit aussi que le poids de l'islam pouvait constituer un lien puissant avec la Porte, même si, dans les sociétés nomades, la religion musulmane était moins implantée que parmi les sédentaires.

Les négociations et les promesses ne suffisant pas à détourner les Tatars de la Porte, la nécessité d'user de la force s'imposait. L'occupation militaire de la Crimée fut décidée en janvier 1771 à Pétersbourg.

---

* Peuple turcophone et musulman, installé principalement dans l'Oural du Sud entre les fleuves Kama et Iaik.

** Peuple turcophone et musulman, regroupé dans le khanat de Kazan, État héritier de la Horde d'or.

Pour raisons de santé, le général Panine avait dû céder sa place à la tête de l'armée au prince Dolgorouki[36].

Sur le plan militaire, cette campagne de Crimée se révéla favorable à la Russie. Dolgorouki s'engagea dans la péninsule en juin. Il employa à la fois la séduction et la force : il adressa aux Tatars des appels évoquant leur indépendance passée, leur grandeur perdue, et leur promettant, s'ils se soumettaient à la Russie, de leur rendre leur ancien statut ; mais, dans le même temps, son armée progressait en Crimée, Catherine étant convaincue que les propositions les plus séduisantes produisaient d'autant plus d'effet qu'une pression armée les accompagnait. De son côté, le sultan ne croyait pas que la Crimée pût être à jamais perdue. Les défaites de l'année précédente lui interdisant d'envoyer des troupes en Crimée pour combattre Dolgorouki, il se contenta de les remplacer par des subsides aux khans des hordes locales, mais cet effort financier fut vain. Les promesses de Dolgorouki et surtout l'avance des troupes russes avaient convaincu la majorité des chefs tatars de se rallier à la Russie pour éviter des confrontations qu'ils savaient d'avance perdues.

Dès le 14 juin 1771, en effet, la victoire des Russes était patente. Le khan Selim Giray, qui avait tenté de les arrêter devant Orkapisi, était vaincu. Après avoir essayé dans un premier temps de négocier avec Dolgorouki les conditions de la souveraineté de son peuple, le khan dut reconnaître qu'il n'était pas en position de le faire : il abdiqua et s'enfuit à Constantinople. Le khan Sahip Giray fut élu à sa succession. Tandis qu'il se trouvait à Bahcesaray, une délégation tatare conduite par le khan Shahin Giray (numéro deux du système politique tatar) s'en fut à

Pétersbourg pour confirmer l'élection du khan et traiter avec la Russie. Catherine II, si férue d'histoire, ne pouvait que s'émerveiller d'un tel renversement : deux siècles durant, les princes de Russie avaient dû chercher une reconnaissance auprès des Tatars ; en 1771, la Crimée, devenue indépendante de la Porte, va se voir à son tour appliquer ce traitement humiliant par les souverains russes !

Le nouveau khan avait certes informé Pétersbourg qu'il était prêt à traiter, mais il refusait que des décombres de la Crimée sous tutelle ottomane surgissent deux États distincts. Or les hordes nogaï qui avaient décidé, avant que les Tatars ne le fassent, de rejeter la domination de la Porte, l'avaient fait contre la promesse de se voir doter d'un État propre. Était-il possible de demander à ces alliés de la première heure de renoncer à des espoirs que la Russie avait elle-même alimentés ?

Un négociateur fort habile, le major général Chtcherbinin, qui avait succédé à Dolgorouki, réussit pourtant à convaincre les chefs nogaï du Kouban de se rallier aux Tatars et d'accepter l'unité proposée. Les termes de l'accord passé entre Russes et Tatars étaient très favorables aux premiers : le khan s'engageait à ne jamais revenir sous la domination ottomane et à maintenir des relations d'« amitié éternelle » avec la Russie ; en échange, celle-ci lui accordait une dotation considérable et le droit de lever des impôts dans les villes qui avaient été soumises à l'impôt ottoman. Cet accord était pour la Russie d'une vaste portée, car l'État indépendant ami créé à ses frontières pouvait lui apporter une grande sécurité. Encore fallait-il un traité pour lui imprimer une dimension juridique et mettre ainsi fin à l'instabilité permanente de ces confins.

La rencontre à Pétersbourg entre Catherine et le jeune khan, le kalga* Shahin Giray, venu négocier ce traité, fut mémorable. L'impératrice croyait avoir affaire à un prince à demi barbare. Elle se trouva en présence d'un très jeune homme au physique superbe – on sait qu'elle aimait les beaux hommes – qui devait à une adolescence vénitienne une parfaite connaissance de l'italien ainsi que des comportements et des manières à l'occidentale. Elle tomba sous son charme et s'en ouvrit à Voltaire : « Ce jeune prince est doux, il a de l'esprit, il fait des vers arabes, il ne manque aucun spectacle[37]. » Séduite par Shahin Giray, elle multiplia les amabilités et les gestes d'amitié – surtout financiers – à son égard. Mais ce faible pour le khan tatar, l'empêchant de comprendre à temps les difficultés qui surgissaient jour après jour, allait avoir des effets négatifs sur ses relations avec la Crimée.

Catherine était convaincue que l'accord conclu avait réglé une fois pour toutes le problème de ces relations. Elle avait sous-estimé deux constantes de la vie des sociétés de cette région : l'islam et les sentiments nationaux. Le traité à peine scellé, des ulémas dénoncèrent le scandale : un pays musulman livré aux lois de l'Infidèle ! Les chefs religieux – dont Dolgorouki s'était efforcé de gagner la bienveillance par une importante distribution de fonds – exigèrent de la Russie de nouvelles concessions. Derrière leurs demandes se profilait la Porte qui, de son côté, multipliait les envois de subsides au khan. Par ailleurs, dans

---

* Dans la hiérarchie de la famille Giray, le kalga ou kalga Sultan était le numéro deux, derrière le khan et avant Nourredine Sultan. Le kalga et Nourredine Sultan étaient censés succéder dans cet ordre au khan, mais en réalité une élection en décidait souvent.

le Kouban, la situation se dégradait rapidement :
d'abord ralliés aux Tatars, les Nogaï remirent en cause
leur choix. Les responsables de ce revirement étaient
les tribus du Kouban, proches des Ottomans qui
poussaient les Nogaï à se rebeller contre les Russes.
Mais un événement tragique permit à ces derniers de
reprendre le contrôle de la situation : les raids des
tribus rivales, pillant et détruisant tout ce qui permettait aux hommes et aux bêtes (en milieu nomade,
c'est l'essentiel) de vivre, provoquèrent une famine
dans la région. Les représentants russes surent
convaincre les Nogaï qui mouraient de faim de se soumettre à l'autorité de Bahcesaray et de s'intégrer avec
les Tatars dans un seul État indépendant ; à cette
condition, ils leur promirent une aide qui leur permettrait de survivre. Nikita Panine eut l'habileté d'inclure
dans la négociation, jusqu'alors cantonnée au khan
tatar et à ses interlocuteurs russes, tous les chefs de
clans, tous les chefs religieux ainsi que le premier responsable du système légal nogaï, le *kadiasker* (juge
principal).

Cette décision – combien inhabituelle pour
l'époque ! – fut des plus heureuses. Le traité de Kara-
subazar fut signé le 1er novembre 1772 ; il donnait
naissance à une Crimée liée à la Russie par « une
amitié et une alliance éternelles ». La Russie s'engageait à respecter la religion et les lois des peuples de
cet État auquel elle reconnaissait une souveraineté
interne totale. Sur le plan international, elle s'engageait à ne jamais faire appel aux peuples de Crimée
dans quelque guerre que ce soit, cependant que la
Crimée, réciproquement, ne pourrait prendre part à
aucune guerre contre la Russie.

La victoire russe et la défaite ottomane semblaient

absolues. Pourtant, des ombres déparaient déjà ce tableau[38]. Une première difficulté tenait à la présence en Turquie d'une importante communauté de Tatars qui avaient fui la Crimée depuis qu'en 1767 l'instabilité, les changements de khan et la guerre avaient bouleversé l'organisation et les rapports politiques au sein de leur patrie. Ces exilés constitueront souvent, pour la Turquie, de précieux auxiliaires ; se rendant fréquemment au Kouban, ils y feront de l'agitation ou en rapporteront des informations. À Constantinople, ils multiplieront les pressions pour que la partie turque donne un tour plus dur aux négociations de paix avec la Russie et pour obtenir qu'y soient pris en compte leurs intérêts. Les liens religieux existant de longue date entre le sultan et la Crimée compliqueront aussi singulièrement la situation.

Par ses victoires sur l'Empire ottoman, et par ses succès dans les Balkans, la Russie avait effrayé l'Autriche qui risquait de fort mal s'accommoder de la puissance croissante et de l'expansion de l'empire de Catherine. Dès 1770-1771, ces avantages assurés, les responsables de la politique russe, Catherine et Panine, comprirent qu'il fallait refermer rapidement la page turque. Une longue note du second à la première, figurant dans la catégorie des « Opinions secrètes du collège des Affaires étrangères* », analyse bien les données du problème[39]. Certaines causes intérieures – épidémie de peste et révolte – pousseront certes à faire la paix sur ce front, mais la raison

---

* Il s'agit de notes confidentielles adressées à Catherine II ou à son ministre, rassemblées dans le fonds V, portant cette dénomination aux archives du ministère des Affaires étrangères de Russie (*cf.* bibliographie et sources).

majeure en sera la volonté de rompre l'isolement
international où ses triomphes ont placé la Russie.
Elle ne peut durablement se satisfaire de l'hostilité
autrichienne, ni du jeu ambigu que Frédéric II
poursuit avec Joseph II, multipliant les politiques
communes pour faire pièce aux succès russes. C'est
ainsi que, pour compenser les victoires sur la Porte,
va resurgir la question polonaise.

Premier partage de la Pologne

« L'Autriche est la grande responsable des
malheurs de la Pologne[40] », accusera par la suite l'historien Waliszewski. L'Autriche et la Prusse, serait-il
plus équitable d'écrire. Frédéric II va jouer en effet
avec la Russie et l'Autriche un double jeu diplomatique dont la Pologne sera toujours l'appât. À
Catherine II, il adresse en septembre 1768 un projet
de partage préparé par le comte Lynar. Pour la Russie,
la suggestion n'est guère séduisante. D'abord parce
que, derrière un dépeçage dont l'Autriche serait la
grande bénéficiaire, se dessine une exigence non for-
mulée mais que Panine déchiffre sans mal : celle de la
part de la Pologne que la Prusse entend prélever pour
prix de ses services[41]. De surcroît, en 1770, la Pologne
se trouve en position de faiblesse : Stanislas-Auguste
est incapable de résister aux exigences de Pétersbourg
et le pays est dominé par La Russie ; pourquoi celle-
ci devrait-elle partager avec la Prusse et l'Autriche
l'influence qu'elle y exerce ? Avec Vienne, le jeu de
Frédéric est plus aisé, car il trouve un auditeur
attentif, bienveillant même, en la personne de
Joseph II, impatient de participer à l'élaboration de la

politique extérieure de son pays, et il est soutenu en cela par le chancelier Kaunitz. À deux reprises, en août 1769 et en septembre 1770, Frédéric et Joseph se rencontrent, et la question polonaise n'est pas absente de leurs entretiens. Même si Marie-Thérèse, plus morale que son fils et son chancelier, se refuse à évoquer l'idée d'un partage, Vienne fait dès 1769 un pas important dans cette direction : sous prétexte de protéger la Hongrie contre certains incidents de frontière, les troupes autrichiennes envahissent le comté de Zips, qui sera annexé, avant de s'emparer de deux autres : Nowy Targ et Nowy Sacz. Frédéric II peut alors plaider que, si la Russie ne consent pas à un partage, les annexions improvisées vont se poursuivre et qu'il en résulterait un conflit entre la Russie et l'Autriche.

En juin 1771, Catherine accepte l'argument ; en février 1772, après un temps de réflexion peut-être destiné à conférer un air décent au démembrement d'un pays encore indépendant en théorie, Marie-Thérèse s'y rallie. Le traité sera signé à Saint-Pétersbourg le 25 juillet 1772. Son préambule expose que « l'esprit factionnel, les troubles, les guerres intestines qui secouent depuis tant d'années le royaume de Pologne, et l'anarchie qui y grandit sans cesse [...] suggèrent que l'État va sous peu se décomposer totalement [...] ; les puissances qui bordent la Pologne doivent dans le même temps faire face à des droits et exigences fort anciens et fort légitimes... ». Dans le cadre de ce partage, Frédéric II obtint la Prusse occidentale ou « royale », à l'exception de Dantzig et de Thorn, soit 5 % du territoire, comptant 580 000 habitants : conquête modeste, comparée à celle de ses alliés du moment, mais dont les conséquences politiques, militaires et financières ne sauraient être sous-estimées. La Russie se montra relativement modérée dans ses ambitions, obtenant la Russie blanche jusqu'au Dniepr et à la Dvina, avec Polotsk, Vitebsk et la Livonie polonaise, ainsi que la confirmation de son contrôle sur la Courlande. Les territoires ainsi acquis par elle avaient, il faut le souligner, été siens par le passé avant de lui être confisqués par la Lituanie. Ces conquêtes de 1772 couvraient 12,7 % du territoire polonais et apportaient 1 300 000 sujets nouveaux à la Russie. C'est donc bien l'Autriche qui, dans ce partage, se tailla la part du lion avec la Galicie, une partie de la Podolie occidentale et le sud de la Petite Pologne ; si la portion de territoire qui lui était attribuée (11,8 %) était légèrement inférieure à celle dont la Russie s'était emparée, la population en était infiniment plus élevée : 2 130 000 habitants. Dans une lettre à Joseph II, l'impératrice d'Autriche laissa encore entrevoir son malaise devant une opération que son sens moral ne pouvait approuver : « Tout est provenu de ce qu'on a mis pour principe de chercher à profiter de la guerre entre la Porte et la Russie pour étendre nos frontières et obtenir des avantages auxquels nous ne pensions pas avant la guerre. On voulait agir à la prussienne[42]. »

En définitive, la Pologne était amputée de près d'un tiers de son espace et de plus du tiers de sa population.

S'il ne passa pas vraiment inaperçu, ce partage ne fit pas grand bruit en Pologne même, et pas davantage dans le reste du monde. En Pologne, la Diète, convoquée à cet effet, se contenta de confirmer les termes du traité. Hors de Pologne, un seul souverain s'indigna : le roi d'Espagne. En France, la réaction fut des plus prudentes. Le roi de Pologne s'efforça d'obtenir que Paris se joignît à une protestation contre le dépeçage de son pays. Peut-être eût-il pu convaincre Louis XV peu auparavant, mais au moment où il multiplie ses appels, le comte de Broglie* suggère au souverain français un changement de politique vis-à-vis de la Russie.

Jusqu'alors, le comte de Broglie avait plaidé pour une attitude de mépris envers Pétersbourg. Au début de 1773, il se convainc – et souhaite faire partager sa nouvelle certitude à Louis XV – que l'intransigeance française favorise la position de la Russie et ses succès en Europe. La France, écrit-il à son roi, n'a réussi qu'à se mettre à l'écart des grands problèmes européens. Sensible à ses arguments, Louis XV suit les conseils de son ministre et décide l'envoi à Pétersbourg de l'homme qu'il lui a recommandé, François-Michel Durand de Distoff. Celui-ci est chargé d'expliquer à l'impératrice de Russie que ses agissements en Pologne ont plus profité à la Prusse qu'à son propre pays. C'est dans ces circonstances, et pour faciliter la mission de son envoyé, que Louis XV se résigne à satisfaire Catherine sur le délicat chapitre de son titre impérial – et, dès lors, peu importe à celle-ci qu'il soit prononcé en latin ! Pour autant, l'inflexion de la position française ne change en rien la situation polonaise, car Catherine n'entend pas revenir sur l'accord de partage – sans compter qu'elle n'est d'ailleurs pas seule en cause. Mais, entre les deux pays, les relations se réchauffent quelque peu.

L'envoyé français peut se consacrer d'emblée à

---

* Charles, comte de Broglie, ambassadeur de France en Pologne sous le règne d'Auguste III puis créateur du « Secret du roi », diplomatie parallèle de Louis XV.

deux affaires qui empoisonnaient les relations franco-
russes. L'une, relativement mineure, touche au sort
d'une vingtaine d'officiers français faits prisonniers
par les Russes en Pologne où ils s'étaient battus
aux côtés des confédérés. La demande de libération
que présenta Durand de Distoff connut en vérité
moins de succès que le plaidoyer en leur faveur de
D'Alembert. C'est à lui que Catherine céda, montrant
ainsi que le philosophe jouissait à ses yeux d'un bien
plus grand prestige que l'envoyé du roi de France.
Cependant, le dossier le plus important que ce dernier
avait reçu mission d'aborder était celui de la guerre
russo-turque. La Pologne dépecée, la Russie pouvait
en effet en finir avec la Porte...

La paix russo-turque :
la revanche de Pierre le Grand

Au début de la guerre, le roi de France avait cru
qu'une victoire des armées turques – souhaitée par
lui – écarterait pour longtemps la Russie de la mer
Noire et de la Méditerranée. Dès 1770, les succès
russes – notamment à Tchesmé – révélèrent une puissance navale croissante et suggérèrent cette éventualité
inquiétante : voir la Russie accéder à la Méditerranée.
La France avait d'abord essayé d'aider la Turquie à
faire face à la flotte russe – en vain. En 1772, le doute
n'était plus permis : les victoires de la Russie en
Crimée, l'incapacité turque à enrayer la progression
de ses troupes, tout témoignait que le choix français
en Turquie comme en Pologne ne l'avait en rien
gênée. Lorsqu'en juillet 1771 – un an avant le traité
de partage de la Pologne, mais alors que celui-ci

s'annonçait déjà – le duc d'Aiguillon remplace Choiseul à la tête de la diplomatie française, c'est « la haine [de la Russie] qui recule », écrira Khotinski, l'ambassadeur russe en France, à Panine[43]. Mais l'idée centrale ne change pas : il faut protéger la Porte d'un effondrement total et, pour cela, tenter de convaincre la Russie de ne pas transformer ses avancées victorieuses vers le sud en conquêtes définitives. Il convient aussi de l'empêcher de réaliser son ambition de toujours : obtenir le privilège de commercer librement en mer Noire. Lorsque s'engagent des pourparlers au cours desquels ce problème va être posé, l'envoyé russe en France, Khotinski, note dans une dépêche à Panine : « On s'inquiète de la liberté de commerce dans la mer Noire. On craint en fait que le commerce ne tombe dans nos mains [...]. Il faut en conclure qu'on incitera ici par tous les moyens la Porte à refuser cela à la Russie[44]. »

En 1772, la Turquie est contrainte de rechercher la paix et, si Versailles souhaite servir d'intermédiaire ou de médiateur, c'est pour contenir les ambitions russes[45]. Celles-ci sont connues : Catherine veut conserver à la Crimée le statut d'indépendance que lui a concédé la Russie, et bénéficier de la liberté de commercer en mer Noire. Deux exigences qui font frémir la France, même si Pétersbourg accepte d'y sacrifier ses conquêtes en Moldavie et en Valachie, infiniment moins précieuses à la Porte que la Crimée.

En dépit des obstacles, les négociations russo-turques commencent en mai 1772 à Fokchany, en Moldavie ; puis, après une rupture due à l'intransigeance des deux parties sur la question de Crimée, elles reprennent à Budapest et durent deux ans. L'échec des discussions de Fokchany a rouvert le

temps des combats, qui se déroulent alors dans les
Balkans. Une fois encore, les troupes russes accu-
mulent les succès. Mais ce sont les difficultés sur-
venues en Russie même qui conduisent à mettre un
terme à la guerre. La révolte de Pougatchev* a éclaté,
qui requiert toute l'attention et les efforts du pouvoir
russe. Louis XV en conclut qu'il est dès lors possible
de faire pression sur Catherine pour l'amener à
conclure la paix sous les auspices de la France, toujours acharnée à faire prévaloir les intérêts turcs. Pour
convaincre l'impératrice, on charge Diderot, alors en
Russie, de plaider la thèse française. Et l'on invite le
philosophe à user d'un argument de poids : avertir la
souveraine qu'en cas d'échec, c'est la Bastille qui lui
servira de logis à son retour en France ! Toujours
animée par son amitié pour Diderot, mais nullement
disposée à céder à ce chantage, Catherine l'accueillit
avec bonhomie et repoussa sans ambages les propositions dont il était porteur. À l'heure de traiter, elle
entendait le faire en position de force, sans y mêler la
France dont la partialité proturque l'insupportait[46].

Si Catherine ne voulait pas laisser la France s'immiscer dans le processus de paix, elle n'en souhaitait
pas moins améliorer les relations entre les deux pays,
sans rien y sacrifier. La mission en fut confiée à un
nouvel envoyé, le prince Ivan Bariatinski, à qui manquait certes l'expérience diplomatique, mais non celle
des armes. Il avait combattu durant la guerre de Sept
Ans, et son courage lui avait valu l'estime de l'impératrice et celle de Panine. Mais, difficile dès le départ, sa
mission allait être rendue caduque par le développement rapide des événements, la faiblesse militaire

---

* Cf. chapitre IV : L'empereur des gueux.

turque et les succès russes modifiant sans cesse les positions respectives des uns et des autres. En 1774, Mustafa III mourut et son frère Abdul Hamid Ier accéda au trône. Ces faits nouveaux incitèrent la France à proposer derechef sa médiation. Mais l'offre devint sans objet, car annulée presque aussitôt par les succès fulgurants des troupes russes. Commandées par le général Roumiantsev, celles-ci franchirent le Danube et ouvrirent la voie à la dernière et à la plus dramatique offensive de cette première guerre russo-turque. Tandis que Roumiantsev assiégeait le grand-vizir dans son camp de Choumla et que d'autres troupes avançaient dans les Balkans, le sultan prit conscience que sa situation était encore plus tragique qu'il n'y paraissait : une victoire de plus, et la route de Constantinople s'ouvrait à la Russie. Sans en appeler davantage à ses protecteurs français, il demanda l'ouverture immédiate des négociations.

Roumiantsev se trouvait alors à Kutchuk-Kaïnardji, sur la rive droite du Danube, où il convoqua les émissaires du sultan non pour négocier – ils n'étaient plus en position de le faire, leur dit-il –, mais pour conclure la paix aux conditions russes. Le 21 juillet 1774, le traité de paix était signé, et ses bénéfices pour la Russie dépassaient tout ce dont Catherine avait pu rêver. L'indépendance de la Crimée (qui ne pourrait plus échapper à la protection russe) était inscrite dans le traité. La Russie se voyait reconnaître la possession des ports d'Azov et de Kertch, celle de la Kabarda, dans le Caucase, et de la steppe située entre le Boug et le Dniepr. Elle obtenait aussi la liberté de navigation et de commerce en mer Noire, et l'accès à la mer Égée par les Détroits. Elle recevait les mêmes avantages pour ses négociants que les Français, qui

bénéficiaient alors du statut de la nation la plus favorisée. Une indemnité de quatre millions et demi de
roubles devait en outre lui être versée. Enfin, elle se
voyait chargée de défendre la liberté religieuse des
sujets chrétiens du sultan, et de les protéger contre
toutes les exactions fiscales ou autres dont ils se senti-
raient menacés.

Ainsi, non contente d'acquérir les territoires qui lui
permettaient d'atteindre la mer Noire, la Russie
exerçait désormais une sorte de protectorat sur les
chrétiens de l'Empire ottoman. La voie des conquêtes
ultérieures lui était ouverte. En 1711, Pierre le Grand,
à l'issue de combats désastreux, avait été contraint de
s'incliner devant les Turcs vainqueurs. La paix du
Pruth, signée le 12 juillet 1712, avait consacré l'humiliation totale de son pays. La paix de Kutchuk-Kainardji, en 1774, rendant notamment à la Russie Azov,
perdu en 1711, marquait l'éclatante revanche des successeurs de Pierre le Grand. Catherine avait non seulement poursuivi l'œuvre militaire et accompli le
dessein du grand empereur, mais elle le vengeait en
arrachant aux Turcs des sacrifices bien supérieurs à
ceux que Pierre avait dû leur consentir six décennies
plus tôt. De surcroît, en 1711, si ce dernier avait
manqué des conquêtes, le territoire russe n'en avait
pas été affecté. En 1774, à l'inverse, c'est l'espace de
l'Empire ottoman qui est gravement amputé par les
conquêtes de la Russie.

Pour la France, le bilan de cette guerre est on ne
peut plus insatisfaisant. Si, en Pologne, elle s'est
sagement tenue à l'écart des événements, il n'en est
pas allé de même dans le conflit russo-turc, et la
défaite de son allié, qui est aussi la sienne, consacre
l'échec de sa politique. Ironie de l'Histoire : au même

moment, la mort de Louis XV ouvre la voie à d'importants changements dans la diplomatie française. Certes, le comte de Vergennes, qui en prend la tête, a été l'un des partisans et même des artisans de la guerre russo-turque, et donc du fiasco de la diplomatie française. Mais Louis XVI comprend instinctivement la nécessité de revoir la politique russe de la France. À peine la nouvelle du traité de Kutchuk-Kainardji est-elle connue qu'il s'empresse d'en féliciter l'impératrice. Il a d'emblée saisi qu'il convient de prendre en compte la nouvelle puissance de la Russie et ses conséquences sur l'équilibre européen. Mieux vaut, pour l'heure, ne pas tenter d'exploiter les difficultés internes de Catherine II. Car la paix conclue à Kutchuk-Kainardji, si elle consacre les conquêtes et le statut nouveau de son pays, lui est aussi indispensable pour reporter toute son attention et toutes ses forces sur le front intérieur où la révolte menace son trône.

Le « système du Nord » en échec : Catherine face à la Suède

Sur un tout autre front – la Suède –, la France, en cette période de mécomptes dans la guerre russo-turque, eut la satisfaction d'assister à un recul de la Russie. Même si celui-ci ne compensait en rien les succès russes en mer Noire, l'affaire suédoise témoignait que la Russie ne pouvait être présente avec une égale réussite aux deux extrémités de l'Europe.

Le « système du Nord » élaboré par Panine au début du règne de Catherine II ne connut jamais un très grand succès, mais la distribution des forces qu'il impliquait – des alliances conclues par la Russie contre la France – se révèle durable, sous-tendant une très vive lutte franco-russe par pays interposés : Pologne, Turquie, mais aussi Suède. Au début des années 1770, quand la Russie s'impose à la Pologne et à la Turquie, c'est la Suède qui devient le champ d'un grand succès diplomatique français que la Russie, occupée sur ses deux autres théâtres d'opérations, aura été incapable de prévenir.

Le problème posé par la Suède à la Russie tire son origine des hostilités russo-suédoises qui marquèrent l'époque de Pierre le Grand et du traité de Nystadt de 1721. La mort de Charles XII et les difficultés successorales de la Suède avaient entraîné dans ce pays une révolution nobiliaire et l'adoption en 1720 d'une constitution qui ôtait tout pouvoir au roi, au bénéfice du Sénat et de la Diète (*Seim*), les deux chambres du Parlement. Cette constitution devait condamner le pays à un demi-siècle d'anarchie, d'impuissance et de corruption des élites politiques que les États intéressés à y consolider leur influence – Russie et France – achetaient à qui mieux mieux. Pierre le Grand avait fait inclure dans le texte du traité de 1721 une clause faisant de la Russie le garant de cette constitution.

En 1768, le traité polono-russe introduisit dans les rapports entre les deux pays une clause semblable : la constitution polonaise ne pouvait subir de modification sans l'accord de la partie russe. On voit bien les similitudes entre les deux situations – deux constitutions qui paralysent les pays considérés, et la volonté russe de maintenir ces lois fondamentales pour peser sur eux – et l'on comprend aisément l'intention qui y présidait.

Le désordre régnant en Suède convenait fort à la Russie, qui voyait dans la faiblesse soudaine du puissant adversaire de la veille un sûr moyen d'affirmer son influence. Mais l'impuissance suédoise finit par susciter l'indignation d'une partie de la société, où se forma quelques années plus tard un parti politique hanté par l'esprit de revanche : ses membres se baptisèrent les *chapeaux*, dénomination destinée à montrer leur détermination, tandis que le nom attribué par eux à leurs adversaires, les *bonnets de nuit* (ou simplement *bonnets*), était censé rendre compte de leur mollesse. Pour les *chapeaux*, l'objectif était de se débarrasser de la constitution de 1720, alors que les *bonnets* en défendaient les mérites. Rien d'étonnant à ce que les deux puissances acharnées à se combattre sur ce terrain aient opté chacune pour un parti différent, la Russie soutenant les *bonnets* tandis que Versailles poussait les *chapeaux* à agir en leur prodiguant de substantiels encouragements financiers. Les impératrices qui succédèrent à Pierre le Grand, Anne et Élisabeth, étaient résolument attachées à la clause de maintien de la constitution de 1720. C'est donc avec dépit qu'elles virent les *chapeaux* prendre le contrôle de la vie politique suédoise. Comme la France, elles prodiguèrent à leurs protégés des subsides, mais ne purent cependant les sauver ni empêcher les *chapeaux* – soutenus en cela par la France, qui voyait avec confiance la Russie s'affaiblir sous le règne de l'indécise et paresseuse Anne Ivanovna – de déclarer en 1741 la guerre à Pétersbourg. Toutefois, à Stockholm comme à Versailles, on avait surestimé les forces suédoises et sous-estimé les capacités de riposte adverses. La guerre s'acheva en déroute pour la Suède et valut à la Russie, lors de la paix d'Abo conclue en 1743, une part notable du territoire finlandais. De surcroît, l'impératrice Élisabeth, qui venait de monter sur le trône, en profita pour organiser un changement de dynastie en Suède. Le souverain qu'elle fit couronner, Adolphe-Frédéric de Holstein-Gottorp, présentait à ses yeux deux vertus : il était l'oncle de l'héritier qu'elle s'était choisi pour elle-même, le futur Pierre III ; il était aussi le mari de la sœur de Frédéric II. La Suède était ainsi dynastiquement liée – et soumise – à la Russie et à la Prusse.

Quand Catherine II succéda à Pierre III – qui n'avait pas eu le temps de réfléchir à une politique suédoise –, elle décida de suivre la voie de ses prédécesseurs, d'autant plus que celle-ci s'inscrivait dans le « système du Nord ». Dans les instructions adressées à son ambassadeur en Suède, Osterman, elle souligna avec force son attachement à la Constitution de 1720 et son opposition formelle à toute restauration d'une monarchie efficace. En subventionnant les *bonnets* qui accédèrent à leur tour au pouvoir en 1765, elle réussit même à imposer par leur intermédiaire des amendements à la constitution de 1720 : outre l'accord russe, toute modification de la loi fondamentale devait obtenir l'agrément des quatre états suédois et des deux assemblées. Le peu de pouvoir de décision que le roi avait conservé jusqu'alors disparaissait. La Russie semblait avoir établi de manière irrévocable son autorité sur la Suède.

Mais, dans un tel domaine – celui des influences politiques et des hégémonies –, rien n'est jamais définitivement acquis. Qui pouvait ignorer que la Suède semblait – comme ce sera, peu après, le cas de la Pologne – promise à un démembrement au profit des « protecteurs » de sa constitution, Russie et Prusse, ainsi que d'un troisième larron (pour parachever le parallèle avec la Pologne), le Danemark ? En décembre 1769, à l'initiative de Catherine, un traité fut signé entre la Russie et ce dernier pays, l'associant à la coalition chargée de veiller au maintien de la constitution de 1720. Toute atteinte à celle-ci, garantie aussi par le traité russo-prussien du 12 octobre 1769, était tenu pour un *casus belli*. L'attitude jusqu'alors résignée des souverains suédois n'y résista pas ; Gustave III, qui succède à Adolphe-Frédéric en avril 1771, brise le système infernal par lequel la Suède était menacée de disparaître.

Ce jeune prince de vingt-cinq ans ne ressemble en rien à son prédécesseur. Il est, dira de lui Catherine, « français des pieds à la tête ». D'abord pour des raisons politiques : il voit dans la Russie son ennemi héréditaire, et considère la France comme l'indispensable contrepoids à un voisin si pesant. Il l'est aussi par conviction monarchiste : encore tout jeune prince héritier, il voulait rétablir l'autorité royale dont il savait qu'elle seule sauverait la Suède de la dissolution intérieure et du démembrement. Il avait pris très tôt la tête du parti des *chapeaux*, et donc embrassé l'idée de l'alliance française. Toute son éducation l'avait préparé à un tel choix.

En 1771, peu avant la mort de son père, il visite la France. Devenu roi, il ne se presse pas de rentrer à Stockholm, mais vient prendre conseil auprès de Louis XV pour s'assurer de son soutien à son projet de transformation du système politique suédois. À Paris, il fréquente le salon de Madame Geoffrin, s'entretient avec Marmontel, Grimm, Helvétius. Il est reçu par Madame du Barry et peut s'entendre avec le roi à qui il demande de nommer à Stockholm le comte de Vergennes, qu'il connaît fort bien. Comme il ne se hâte toujours pas de regagner la Suède, le Sénat doit lui faire porter à Paris un acte constitutionnel par lequel il s'engage à respecter l'ordre politique instauré en 1720. Il prend d'autant plus volontiers cet engagement qu'au même moment il négocie les moyens de ne pas le respecter !

Lorsqu'il rentre enfin au pays, Gustave III a conclu avec Louis XV un accord secret : en échange d'une aide financière substantielle, il a promis au roi de France d'éliminer la Russie de Suède en dénonçant la constitution de 1720 et les clauses garantissant à Pétersbourg les moyens de peser sur la vie politique suédoise. À peu d'intervalle, on le voit, il a accepté le texte qui lui était soumis par le Sénat, et préparé la révolution constitutionnelle dont il rêvait.

Les circonstances lui sont favorables. En Suède, les *chapeaux* l'emportent à nouveau sur les *bonnets.* L'humeur de la société est ouvertement antirusse. Au même moment, l'accord russo-prusso-autrichien sur le partage de la Pologne suggère que la Suède pourrait bien être le prochain pays à subir un sort semblable si les moyens dont disposent ses grands voisins pour y intervenir ne leur sont pas ôtés. Gustave III constate que le danger est imminent, mais aussi qu'il existe des conditions favorables à un coup de force de sa part. La Russie est occupée en Pologne et la Turquie semble capable de la freiner – du moins le croit-on encore. Gustave III prépare donc son coup d'État dans le plus grand secret. Le 19 août 1772, il réunit la Garde, consigne les sénateurs, appelle la population de la capitale à le soutenir, et impose à la Diète une nouvelle constitution. Les cinquante-sept articles de ce texte sont largement inspirés de l'esprit des Lumières. La monarchie absolue est rétablie, mais équilibrée par la reconnaissance des libertés publiques. La

torture et l'inquisition d'État sont abolies et un programme de réformes s'esquisse. Le sang n'a pas coulé,
et cette révolution en douceur libère la Suède de la
menace étrangère.

La suite des événements allait montrer la pertinence
des calculs de Gustave III. Aux prises avec ses
conquêtes extérieures – en premier lieu, le partage de
la Pologne –, mais aussi avec la révolte intérieure,
Catherine ne pouvait réagir. Elle dut admettre sa
défaite et même composer. Elle pouvait craindre en
effet que, fort de l'indépendance suédoise recouvrée,
le jeune roi ne voulût pousser ses pions plus avant, se
tourner vers le sultan et lui proposer une alliance
fondée sur un objectif commun : affaiblir la Russie.
Pour l'en dissuader et inviter son voisin à la prudence,
Catherine fit masser des troupes en Finlande. En dépit
de sa jeunesse, Gustave III était d'un tempérament
réfléchi ; il décida d'éviter tout mouvement que la
Russie eût pu tenir pour une provocation. Si,
confrontée à un trop grand nombre de problèmes,
Catherine se tut, Frédéric II, en revanche, donna libre
cours à sa fureur. Il menaça Gustave III et, parlant au
nom de la Russie, chercha à le convaincre que jamais
Catherine n'accepterait la révolution accomplie :
« Une vengeance différée, lui écrivit-il, n'est pas une
vengeance éteinte[47] ! » Le roi de Danemark tempêta
de même, mais ne réussit pas à impressionner
Gustave III, même si le bruit des armes montant de
ce pays résonnait jusqu'en Suède[48]. Louis XV se fit
l'avocat du jeune roi auprès de l'impératrice de
Russie, plaidant qu'il était porté par tout son peuple.
Il laissa aussi entendre, quoique avec prudence, que si
le besoin s'en faisait sentir, la France n'hésiterait pas à
se porter au secours de la Suède. Les troupes

d'infanterie massées à Dunkerque étaient censées démontrer à Catherine II que la menace d'une aide militaire française à la Suède n'était pas que vaines paroles.

Ces propos destinés à intimider l'impératrice n'étaient guère utiles : elle savait ne pouvoir se battre sur tous les fronts à la fois et avait déjà décidé d'instaurer avec le roi rebelle des relations apaisées. Les lettres qu'ils avaient déjà échangées dans un français impeccable – Diderot, Beaumarchais et Voltaire saluèrent la qualité de la langue des deux correspondants – témoignent sinon d'une réconciliation en profondeur, du moins du désir de la feindre. Le 27 septembre 1771, une lettre de condoléances de Catherine à Gustave dit la confiance qu'elle porte au nouveau souverain et sa volonté de voir grandir une amitié réciproque[49]. Toute une série de messages vont de part et d'autre conforter ces propos. Les épistoliers évoquent volontiers « les liens de sang qui les unissent » (Catherine à Gustave, 31 mai 1772), voire les sentiments d'amitié « héréditaires dans le sang » (Gustave à Catherine, 21 mars 1772). Le 21 août 1772, Gustave III écrit à l'impératrice que le changement intervenu dans son pays ne serait pas digne d'être notifié « si ce n'était l'occasion de l'assurer de sa constante amitié[50] ». Faut-il s'étonner si la réponse de Catherine, datée du 4 septembre, est quelque peu ambiguë, nourrie d'arrière-pensées que l'on peut déceler entre les lignes ? Mais le dépit qu'elle éprouve ne tourne pas à la vengeance. Ses préoccupations la retiennent ailleurs. Et quand, après un temps de repli sur les affaires intérieures, elle reviendra à une politique étrangère active et expansionniste, la Suède sera

définitivement à l'abri de ses visées. Pour l'impératrice, l'échec de 1772 aura été une leçon de sagesse et
marquera les débuts d'une nouvelle ère de compréhension dans des relations russo-suédoises si agitées
jusqu'alors.

CHAPITRE IV

L'empereur des gueux[1]

L'année 1771 débuta pour Catherine sous
d'heureux auspices. Elle reprit en Pologne des territoires perdus, et les troupes russes qui combattaient
le khan de Crimée s'emparèrent d'Orkapisi et avan-
cèrent triomphalement dans la péninsule. C'est alors
que la peste se déclara à Moscou. L'été 1771 y est
terrible : plus de mille morts par jour et une population terrifiée qui court se prosterner devant l'icône
miraculeuse de la Vierge de Bogolioubovo. Les appels
au calme de l'archevêque Ambroise, inquiet de ces
marques de dévotion fanatiques et désespérées, ne
produisirent pas d'autre effet que de soulever le
peuple moscovite. La révolte menaça le Kremlin ;
l'archevêque fut tué, son palais saccagé. Il fallut toute
l'énergie et toute l'intelligence de Grégoire Orlov,
toujours présent aux heures où Catherine ressentait le
besoin d'en appeler à lui, pour réduire l'émeute.

Le calme revenu, la peste jugulée, l'impératrice a
tout loisir de constater combien son peuple est peu
contrôlable. Au moindre prétexte, il entre en ébul-
lition et cherche le salut hors des allées du pouvoir.
La Vierge a certes été un instant son recours, mais
en général ce peuple se tourne vers des sauveurs

inattendus, personnages mythiques qui surgissent soudain, revendiquant un droit historique à se substituer aux gouvernants en place.

La steppe

La révolte qui va mettre en péril l'État russe en 1773-1774 est favorisée par plusieurs éléments caractéristiques de la Russie. Tout d'abord, l'imbrication des populations et de leurs statuts dans le sud du pays. La steppe, qui au XVIIIᵉ siècle borde l'Empire, en relève sans en faire vraiment partie. Elle est délimitée par deux mers fermées, la Caspienne et la mer d'Azov, qui débouchent sur la mer Noire, et traversée de grands fleuves : d'ouest en est, le Dniepr, le Don, la Volga, la Kama et le Iaik. Entre ces fleuves et autour d'eux, c'est le domaine des Cosaques : Zaporogues le long du Dniepr, Cosaques du Don entre Don et Volga, Cosaques du Iaik dont le domaine s'étend jusqu'au pays kirghize, et, tout au sud, aux abords de la Caspienne, Cosaques du Terek. Mais la steppe est aussi le pays de peuples étrangers à l'Empire, souvent nomades : Tatars, Nogaï, Bachkirs, soumis plus ou moins partiellement au sultan ; d'autres, tels les Kalmouks, sont des Mongols venus de Djoungarie au XVIIᵉ siècle. Au-delà, à l'est, s'étend l'Asie centrale avec les prestigieux émirats de Boukhara et Khiva. Les routes de la steppe se confondent avec celles des caravanes par où passaient la soie et les colorants, entre bien d'autres marchandises. Tout se mêle dans cet univers confus.

Pierre le Grand avait décidé d'y mettre bon ordre

et d'étendre son pouvoir à la steppe alors que, long-temps, le seul lieu où s'exerçait son autorité fut Astrakhan, qui commandait l'accès à la Volga. Là, une forteresse, la garnison, les représentants civils et reli-gieux de l'Empire incarnaient la puissance qu'il fallait défendre sans relâche contre les assauts et incursions des brigands, des nomades, voire des Cosaques. La steppe était aussi le refuge de tous ceux qui fuyaient la règle de l'Empire : paysans en rupture de servage, insoumis refusant de se soumettre à la conscription, vieux-croyants rejetant la nouvelle foi. Tous allaient rejoindre les Cosaques. Décidé à centraliser, mais contraint de laisser une certaine marge de liberté à ces derniers qui, en dépit de leurs franchises, étaient les défenseurs des marches de l'Empire, Pierre le Grand prit des dispositions visant à réduire leurs libertés. Il plaça les républiques franches des Cosaques (*setch*) sous la tutelle du collège de la Guerre et prétendit leur interdire d'accueillir des fuyards. Étendre la conscription aux *setch* fut aussi l'une de ses ambi-tions[2] (Catherine II tentera en vain d'y parvenir). Ces efforts centralisateurs n'eurent pour résultat que d'augmenter l'esprit d'indépendance des Cosaques et leur volonté de se tourner vers des voisins dont le soutien pouvait, pensaient-ils, faire contrepoids à l'autoritarisme de la Russie. Durant la guerre contre Charles XII, Pierre Ier avait eu l'occasion de vérifier leur propension à rechercher des appuis extérieurs. En 1706, quand les troupes suédoises arrivèrent aux fron-tières russes, elles y trouvèrent un allié, Mazeppa, hetman des Cosaques du Dniepr, qui, mécontent des tentatives de Pierre pour placer sous sa coupe les Cosaques, avait engagé une correspondance avec le roi de Pologne, le sultan, le khan de Crimée afin de requérir leur aide. Il se rangea avec les siens aux côtés de Charles XII « contre le tsar », leur dit-il sans ambages[3].

Les Cosaques n'étaient pas les seuls fauteurs de troubles dans l'Empire. Une autre cause était la propension des mécontents de toute sorte à vivre dans le rêve du « tsar libérateur », ou encore du « vrai tsar », censé paraître devant son peuple pour soulager sa misère. Cette utopie récurrente a fait périodiquement surgir en Russie des imposteurs, toujours accueillis avec ferveur, attirant à eux de véritables armées de gueux et menaçant l'ordre existant[4].

Tout commença au « temps des troubles » avec la succession des faux Dimitri. Le capitaine Margeret* signale d'abord l'apparition, parmi les Cosaques de la Volga, d'un jeune prince qui affirmait être le tsarévitch Pierre, fils du tsar Théodore Ivanovitch et d'Irène Godounova, et petit-fils d'Ivan le Terrible. Théodore n'avait jamais eu de fils. Cela n'empêcha pas que surgissent un peu partout en milieu cosaque de prétendus tsars. On n'en dénombra à l'époque pas moins de douze dont les Cosaques étaient appelés à devenir les protecteurs ou les fidèles. Puis vint le temps des faux Dimitri, qui pullulèrent à leur tour. L'un d'eux fut à l'origine du soulèvement conduit par Bolotnikov, chef de file du grand mouvement cosaque de 1606. Bolotnikov incarne à la perfection le lien existant entre serfs fuyards et Cosaques. Lui-même était un serf qui avait trouvé refuge chez les Cosaques après avoir été galérien chez les Turcs. Il devint

---

* Le capitaine Margeret voyagea en Russie au tournant des XVIe et XVIIe siècles ; il écrivit *L'État présent de l'Empire de Russie*, 1607.

l'agent du pseudo-« tsar Dimitri », soulevant en son nom les Cosaques du Terek, du Iaik et du Don, rassemblant déserteurs, habitants pauvres des petites villes, paysans en fuite, mais aussi des Tatars et des Nogaï, des Mordves et des Tchérémisses recrutés au passage. Cette troupe hétéroclite mais puissante, partie de la steppe, gagnant sans cesse de nouveaux partisans, parvint jusqu'aux portes de Moscou. Ce ne fut pas exactement une guerre paysanne, mais plutôt un rassemblement de mécontents issus de toutes les couches de la société, les uns protestant contre leur misère et attendant le salut du tsar sauveur, les autres décidés à débarrasser la Russie du « faux tsar Vassili Chouïski* ». Faute de pouvoir produire le « vrai Dimitri », Bolotnikov devait se rallier au tsarévitch Pierre, mais les troupes du véritable empereur eurent finalement raison et de l'un et de l'autre, mettant alors fin à l'équipée cosaque, sinon à d'autres désordres.

Soixante ans plus tard, une nouvelle révolte cosaque mit une fois de plus la Russie en grand danger. Cosaque du Don, Stenka Razine, qui en fut le chef, se livra d'abord au brigandage le long de la Volga, pillant les bateaux du tsar ou des grands marchands, tuant à tout va, terrorisant les populations. Ses troupes s'enrichirent de l'apport des *Streltsys* mécontents de leur sort. En 1670, tout change : le pillard, le chef de bande prend la tête d'une véritable rébellion. Il se tourne contre le tsar, prétend libérer le peuple et se proclame porte-parole du défunt tsarévitch Alexis dont il assure qu'il est bien vivant, prêt à assumer le pouvoir. Les colonnes d'insurgés de

---

* Vassili Chouïski (1552-1612), boyard, fut tsar de 1606 à 1610 durant le « temps des troubles ».

Razine entendaient remonter d'Astrakhan jusqu'à
Moscou ; elles réussirent à soulever toutes les provinces situées entre Oka et Volga, attirant à elles
désœuvrés et misérables par dizaines de milliers. Ce
n'est qu'en 1671 qu'une armée nombreuse put mater
la révolte et arrêter Razine, qui fut conduit à Moscou
et écartelé en public. Razine mort, son mythe prit
corps et renforça encore l'utopie du « tsar libérateur »
et de la révolte populaire censée lui permettre de dispenser le bonheur aux gueux. Les Cosaques furent les
grands héros de ce mythe.

Quelques décennies plus tard, Pierre le Grand
régnant, une nouvelle révolte cosaque éclata. Cette
fois, il ne s'agissait pas, comme avait fait Mazeppa, de
pactiser avec l'ennemi, mais de refuser de livrer les
fuyards – dont un grand nombre de vieux-croyants –,
ainsi que le demandait Pierre. Face à cette exigence,
tout le Don se souleva autour de l'ataman Boulavine,
et les vieux-croyants, révoltés contre les ordres
« impies » du tsar, se joignirent aux Cosaques. À
ceux-ci les ordres de Pierre étaient inacceptables : ils
violaient les lois cosaques de l'hospitalité, leurs
libertés, mais aussi leurs convictions religieuses,
nombre d'entre eux étant des adeptes de la vieille foi.
Couper les barbes était également, à leurs yeux, un
sacrilège. Aussi la révolte s'étendit-elle et, si Pierre le
Grand réussit à la vaincre au terme d'une répression
terrible, jamais le calme ne revint dans la steppe.

Cosaques et allogènes
contre la centralisation

Un tel passé de révoltes, tant de désordres aux confins, l'utopie du « bon tsar » toujours réveillée et invoquée par ceux qui souffrent : Catherine II eût dû se méfier. D'autant plus que le *bon* ou *vrai* tsar était toujours opposé à des souverains dont la légitimité prêtait au doute. N'était-ce pas son cas ? En 1772, elle a certes des raisons de n'y plus penser. En dix ans, elle croit avoir assis sa légitimité par d'éclatants succès à l'extérieur et par ses efforts réformateurs à l'intérieur. Au surplus, n'est-elle pas saluée par les esprits les plus libres d'Europe – Voltaire, Diderot, Grimm – pour son œuvre de progrès ? Au moment même où va éclater la révolte, elle converse dans sa capitale – en français, naturellement – avec Diderot et Grimm. De son salon qui ressemble à s'y méprendre, pense-t-elle, à ceux de Madame de Lambert ou de Madame Geoffrin, comment imaginer que la Russie barbare, celle des soulèvements, de la quête du « vrai tsar », des colonnes de gueux marchant sur la capitale, existe encore ? Au demeurant, depuis un demi-siècle, les mouvements populaires ne semblent-ils pas apaisés ?

Catherine II vit dans l'illusion. Ce qu'elle perçoit mal, c'est que les progrès militaires russes sont coûteux. Que sa générosité envers ses obligés entraîne un asservissement toujours plus grand de nombre de ses sujets. Elle ne sent pas le mécontentement croissant du peuple. Elle ne mesure pas davantage les espoirs qu'a fait naître dans ce peuple la réforme de 1762, libérant la noblesse de ses obligations de service. Lors de la convocation de la Grande Commission législative, des voix se sont élevées pour dire l'aspiration des paysans à bénéficier de ce qu'ils croient devoir être les corollaires de la réforme de 1762 : leur émancipation et le « grand partage ». Or c'est à une aggravation de leur condition qu'ils doivent faire face. Mais, livrés à eux-mêmes, ils sont incapables d'exprimer de manière cohérente et organisée leur désespoir et leur colère grandissants. Une fois encore, c'est du monde cosaque que va venir le signal auquel ils pourront se rallier. Et même des confins du monde cosaque : du Iaik.

Rameaux détachés de leurs frères du Don, ces Cosaques se réclament de la charte qui leur aurait été conférée par le tsar Michel dans la première partie du XVIIe siècle et des privilèges qui y étaient attachés[5]. Contigu à celui des Bachkirs en perpétuelle révolte, leur royaume se situe aux confins du monde des nomades kirghizes. Tout au long du Don, ils sont les sentinelles qui gardent cette frontière extrême de l'Empire. Deux villes, Gouriev, au nord de la Caspienne, et Iaitsk – qui deviendra Ouralsk –, servent de places fortes et de centres d'échanges avec les nomades et la Russie. Les Cosaques de ce territoire sont loin d'être tous des soldats : ils vivent surtout de la pêche, dont le produit les nourrit et leur tient lieu de monnaie d'échange ; ils vivent aussi accessoirement du gibier tué dans les forêts et des peaux de bêtes vendues jusqu'en Europe. Leur territoire est la voie par où passent des caravanes transportant des marchandises entre l'Asie et l'Europe.

Comme les autres communautés cosaques, la république franche du Iaik obéit à une organisation démocratique : élection des atamans, assemblée qui vote et décide... Les Cosaques du Iaik ne paient pas d'impôts, récusent la discipline de l'armée, refusent d'être appelés au service. La plupart sont attachés à la vieille foi et ils ne veulent pas de dignitaires religieux qui y soient étrangers. De son côté, depuis Pierre le Grand, le pouvoir central s'efforce continûment d'imposer ses institutions et ses règles à la communauté cosaque. Le collège de la Guerre contrôle le Iaik depuis 1721. En 1744 et 1747, l'impératrice Élisabeth, convaincue comme son père que les Cosaques font peser une menace mortelle sur l'unité de l'Empire, a pris deux décisions lourdes de conséquences pour eux. Elle a d'abord créé sur leur territoire le gouvernement d'Orenbourg, ou encore de « Nouvelle Russie », coupant ainsi le territoire au nord du cours supérieur du fleuve, ce qui privait les Cosaques des forêts les plus giboyeuses et des principales pêcheries ; pour la vie économique des habitants, c'est un véritable désastre. Trois ans plus tard, un gouverneur autoritaire, Neplouiev, est placé à la tête du nouveau gouvernement[6]. Au mépris de leurs libertés, il a tendance à se mêler des affaires internes des Cosaques. Ces mesures entretiennent dans la région un climat de mécontentement qui va tourner à la révolte dans le territoire des Bachkirs.

Ceux-ci, dotés d'une forte identité, étaient nombreux. Consacrant l'expansion de l'Empire à l'est, là où ils étaient les maîtres, le gouvernement d'Orenbourg encourage une politique de conversions forcées à l'orthodoxie. Les appels à la guerre sainte lancés par un chef religieux, le mollah Abdullah Miagsaldine, plaquent sur le mécontentement des uns et des autres une dimension religieuse que Neplouiev combat par des méthodes périlleuses : il arme les Kirghizes contre les Bachkirs. Comme la plupart des nomades sont peu islamisés, les révoltes qui se multiplient ressemblent de plus en plus à des conflits ethniques. En définitive, c'est le pouvoir russe qui fait les frais de ces détestations interethniques ou intertribales. Au sud du gouvernement d'Orenbourg, ce n'est plus l'islam, mais l'attachement à la vieille foi qui nourrit le fanatisme.

La volonté du pouvoir central de réduire les franchises reconnues jusqu'alors aux Cosaques se manifeste fortement à la fin des années 1760, préparant l'explosion. Le fisc réclame son dû sur la pêche, sur sa commercialisation, sur le sel. Des dissensions se font jour au sein de la *Setch* où les simples Cosaques se plaignent au gouverneur d'Orenbourg de leurs chefs élus qui prennent, disent-ils, trop goût au pouvoir et l'exercent avec excès. Le pouvoir central commence à nommer les atamans, et les fonctionnaires du tsar se croient habilités à juger et à condamner des Cosaques. Mais le principal grief de ces derniers est que Pétersbourg exige que la *Setch* lui fournisse des hommes pour garder un fort sur le Terek, puis pour renforcer un régiment en formation destiné à combattre les Turcs. Les Cosaques refusent – avant tout, on l'a dit, parce qu'ils ne veulent pas être astreints aux règles de l'armée (comme se couper la barbe, sacrilège inconcevable pour ces vieux-croyants).

Ils vont alors se diviser en deux groupes. D'un côté, les *insoumis* : ceux que tout révolte, y compris leurs chefs soumis à la Russie. De l'autre, les *soumis* : ces chefs eux-mêmes, et ceux qui les suivent. Les deux camps s'opposent, en viennent aux coups, et la violence atteint au paroxysme, laissant abasourdi le gouverneur Neplouiev qui, dans ses rapports à Pétersbourg, multiplie les conseils de prudence. Il faut

éviter, écrit-il, toute demande ou décision qui provo-
querait une explosion générale dont il perçoit déjà les
signes avant-coureurs. Du coup, la capitale s'en mêle
et envoie enquêter sur place une première commission
qui, déroutée par une situation trop confuse, s'en
repart pour Pétersbourg. Lui succède une nouvelle
commission présidée par les généraux Dournovo et
Traubenberg, dont l'impuissance va achever d'exas-
pérer les Cosaques et les conduire au soulèvement.
Traubenberg y laissera la vie, tandis que Dournovo,
gravement blessé, restera estropié à jamais. Les représailles furent impitoyables. Mais celui qui va devenir
le chef de la révolte – et le « vrai tsar » –, Pougatchev,
a déjà fait son apparition.

Imposteur ou vrai tsar ?

Qui était Emelian Pougatchev[7] ? Un Cosaque venu
du Don et né, hasard remarquable, dans le même
village que Stenka Razine. Lorsqu'il surgit sur le Iaik,
il a trente ans et un passé déjà complexe. Pouchkine,
son meilleur biographe, a cependant été moins prolixe
sur le sujet que Pougatchev lui-même au cours de ses
interrogatoires. Celui-ci a alors expliqué qu'à l'âge de
dix-sept ans il succéda comme Cosaque à son père,
comme cela se faisait dans son village. Il s'y maria tout
jeune avec la fille d'un Cosaque, mais – ce qui n'était
guère courant dans ce monde dominé par les vieux-
croyants – il déclara qu'il était orthodoxe. La guerre
de Sept Ans battait son plein et il fut envoyé sur le
front de Prusse. C'est là qu'il apprit la mort de l'impératrice Élisabeth, le couronnement de Pierre III – qu'il
admirait –, puis son détrônement et son remplacement

par Catherine. Les deux explications données à la mort
de Pierre III – coliques hémorroïdales ou transport au
cerveau – plongèrent le jeune Cosaque dans la
perplexité et le chagrin. Mais il n'eut guère le loisir d'y
réfléchir. En 1768, on l'envoya combattre les Turcs
sous les ordres du général Panine. Entre-temps, il avait
été fouetté pour avoir laissé échapper un cheval, puis
il tomba malade et s'acheta un remplaçant, ce qui
donne à penser qu'il n'était pas un gueux. Ainsi prit
fin sa vie de militaire régulier. S'ouvre alors pour lui le
temps de l'aventure, souvent picaresque.

Après quelques épisodes étranges, comme les autorités refusaient de le réformer, il gagna clandesti-
nement le Terek. Il y rencontra des Cosaques qui
n'avaient pas de passeport, donc pas de vie légale. Il
sut les convaincre de l'élire ataman et de lui confier
une pétition qu'il se faisait fort de porter à l'impératrice. En réalité, il se précipita dans la direction du
Don où il fut arrêté car, à l'instar de ses mandants, il
n'avait pas de papiers et, de surcroît, était porteur
d'une pétition fort compromettante. Il réussit
pourtant à fuir et atteignit un village ukrainien sous
autorité polonaise où des vieux-croyants étaient rassemblés. Il se déclara aussitôt vieux-croyant et obtint
dans cette communauté de *raskolniki* un passeport
pour rentrer en Russie. Se prétendant zélateur de la
vieille foi, il avait bénéficié en l'occurrence des dispositions tolérantes adoptées par Pierre III en janvier
1762, qui accordaient l'amnistie aux vieux-croyants et
les autorisaient à revenir dans leur patrie. Le fuyard,
l'imposteur rentra néanmoins en Russie sous sa véritable identité : « Emelian, fils de Pougatchev, de
confession raskolnik », si l'on en juge par le document
qu'il avait obtenu.

Bien plus que celles de sa prime jeunesse, ces années épiques – de 1768 à 1772 – sont révélatrices du caractère de Pougatchev. C'est un aventurier prêt à saisir tous les moyens propres à assurer son salut – telle sa fausse conversion –, mais aussi sa fortune. S'il a demandé à s'établir dans le gouvernement de Simbirsk, sur l'Irghiz, c'est que ce lieu de résidence se trouve sur le chemin de Iaitsk et qu'il est lui-même déjà au fait des événements qui s'y déroulent.

C'est sur la Volga qu'est apparu au printemps 1772 l'un des « faux Pierre III »*. Comment oublier les étranges conditions de la mort du tsar, le désarroi du peuple et les regrets qui entourent sa disparition dès lors que la condition des plus misérables ne cesse de s'aggraver ? Pierre III disparu, comment le peuple ne rêverait-il pas de son retour ? Comme à chaque épisode du même type, l'existence même de l'« usurpatrice » entraîne un appel au « vrai tsar », celui dont le rétablissement sur le trône sauvera ses sujets. Ce « faux Pierre III » n'était pas sorti du néant : après un bref laps de temps au cours duquel des fidèles vinrent à lui, il fut arrêté en décembre 1772 et expédié en Sibérie, mais il mourut en chemin, peut-être des suites de mauvais traitements. Le pouvoir claironna à tous vents que l'imposteur n'était qu'un serf en fuite, Théodore Bogomolov. Par la publicité qu'elles assurèrent à la tentative de Bogomolov-Pierre III, les autorités espéraient couvrir de ridicule tous les candidats potentiels à l'emploi de « vrai tsar » ressuscité. Mais cette publicité alla à l'encontre du but recherché : elle accrédita et répandit l'idée que Pierre III n'était pas

---

* Entre 1764 et 1772 on en compta neuf.

mort et qu'il attendait son heure pour appeler les Cosaques à le restaurer sur son trône.

Lors de son séjour chez les vieux-croyants d'Ukraine, Pougatchev avait sans nul doute entendu parler de ce « Pierre III » qui avait soulevé les Cosaques du Don et fait rêver tous les autres.

Durant ses mois de pérégrinations, le Iaik vers lequel il se dirigeait était plongé dans un état d'insurrection si inquiétant pour les autorités locales que celles-ci avaient préféré composer avec les Cosaques plutôt que de se lancer dans une répression. Quand Pougatchev arriva à Iaitsk, le 22 novembre, la ville était en situation d'occupation, dominée, avec l'accord des autorités, par les *soumis* et des agents stipendiés par le pouvoir central. Les Cosaques qui n'avaient pu fuir étaient plongés dans une torpeur résignée d'où Pougatchev allait les tirer.

Il se présenta comme un riche marchand à un ami qui l'hébergea et auquel il suggéra d'appeler les *insoumis* à fuir au Kouban pour y rejoindre leurs frères vieux-croyants. Mais son appel se heurta à l'apathie des Cosaques, qui se dirent trop pauvres pour tenter l'aventure. Nullement découragé par cet insuccès, Pougatchev dépouilla alors la défroque du marchand, déclarant avec force qu'il était Pierre III et disposait de l'argent nécessaire pour aider tous ceux qui le rejoindraient et partageraient son combat. Il allait soulever, dit-il, non seulement les Cosaques du Iaik, mais tous les autres qui étaient prêts à la révolte : ceux du Don et de la Volga. Il conduirait cette armée jusqu'à Moscou où le peuple avait déjà montré, lors de l'épidémie de peste, qu'il n'acceptait plus de souffrir. Comme Stenka Razine, Pougatchev proclama qu'il allait accorder la liberté à tous les malheureux. Mais, à la différence du premier, s'il déclara vouloir assumer cette tâche, c'est en revendiquant ce qu'il prétendait être : le *vrai tsar* venu émanciper son peuple et récupérer son trône.

Son propos : « Je suis Pierre III, c'est un simple soldat qui a été tué à ma place. J'ai voyagé en Pologne, en Égypte, à Constantinople », court alors de *stanitsa** en *stanitsa* et bouleverse les esprits.

L'évocation de Constantinople suggère que le trésor de guerre dont Pougatchev se vante pourrait bien venir du sultan. L'agitation que provoque ce « Pierre III » attire sur lui l'attention des autorités qui l'arrêtent sans mal, car il a été dénoncé. Il est jeté dans un cachot, et une enquête est ouverte. Mais il réussit une fois encore à s'échapper, et recommence à jouer au tsar dans une auberge des environs de Iaitsk. L'auberge devient peu à peu le lieu de rassemblement des Cosaques qui viennent saluer l'« empereur » et évaluer ses chances de réussite.

Ici se pose une première question : dans quelle mesure Pougatchev pouvait-il faire croire qu'il était Pierre III ? Physiquement, il ne ressemblait en rien à l'empereur disparu. Gros, lent, l'air quelque peu débile, Pierre III était un blond aux yeux bleus. Pougatchev – les procès-verbaux en témoignent – était plutôt mince, de taille moyenne, il arborait des cheveux châtain foncé, presque bruns, coupés « au bol », à la mode cosaque, une moustache et une barbe noires semées de quelques fils blancs, et des yeux marron. Son allure décidée tranchait aussi avec la mollesse du vrai Pierre III. Il était de surcroît totalement analphabète et d'une grossièreté de propos et de

* Village cosaque.

manières peu compatible avec des origines princières. Sans doute Pierre III se montrait-il souvent rude, et la façon dont il traitait Catherine passait les limites de la bienséance. Mais la grossièreté naturelle de Pougatchev se donnait libre cours en permanence. Enfin, qui pouvait s'imaginer que, derrière l'homme barbu, vêtu à la cosaque, revendiquant sa foi *raskolnik*, se dissimulait l'empereur si attaché à se donner – et à donner à tous et à toutes choses autour de lui – une allure allemande ? Ce qui était en revanche semblable chez les deux hommes, c'était une certaine cruauté envers leurs adversaires et une franche insensibilité à tous.

Le « tsar » à la reconquête de son peuple

Pour mobiliser des partisans en masse, il y faut des formes. Un manifeste annonçant la grande nouvelle contribua à gagner des alliés au-delà du clan cosaque, chez les peuples non russes de la steppe.

Pougatchev, on l'a dit, était analphabète. Savait-il vraiment ce qu'était un manifeste ? L'aide de ses fidèles lui fut ici précieuse. Il avait espéré trouver dans une communauté de vieux-croyants de la région un lettré capable de pallier son ignorance. En vain. Heureusement pour lui, un Cosaque, fidèle entre les fidèles, mit à son service son propre fils, le jeune Ivan Potchitaline, en qualité de secrétaire pour rédiger le manifeste. Pour s'adresser aux voisins tatars et bachkirs, on trouva aussi un secrétaire capable de rédiger puis de lire un manifeste en arabe et en tatar. Il se nommait Baltai, fils d'Indir Baimekov, déjà gagné à sa cause. À dire vrai, le secrétaire cosaque, Ivan

Potchitaline, n'était guère à la hauteur de sa tâche : avec son orthographe des plus primitives et son vocabulaire réduit, il n'était pas bien sûr de savoir ce qu'était au juste un manifeste. Mais il déploya tant d'efforts pour coucher sur le papier celui qui lui était commandé que l'affaire s'acheva en triomphe.

Le 17 septembre 1773 fut jour de gloire pour Pougatchev. Rédigé par son secrétaire, le manifeste fut lu solennellement à tous les Cosaques qu'il avait déjà pu rassembler – moins d'une centaine –, et à quelques Kalmouks et Tatars attirés par ses fidèles. L'événement eut lieu dans la maison d'un Cosaque de Iaitsk, non loin de la ville. Le texte était écrit dans un style vif et direct, abondamment ponctué de fautes d'orthographe. Mais qui, parmi les auditeurs électrisés par cet appel, aurait prêté attention à ce genre de détails ? Le texte émanait en effet de Pierre Fiodorovitch, « empereur autocrate de toutes les Russies » ; il en appelait à l'armée du Iaik – encore embryonnaire, certes –, composée, disait-il, de Cosaques, de Kalmouks et de Tatars, pour servir l'empereur et la patrie. Le manifeste retentit comme un coup de clairon :

> « Cet oukaze, signé de ma main, déclare aux Cosaques du Iaik : Mes amis, comme nos pères et nos grands-pères ont servi les anciens tsars jusqu'à la dernière goutte de leur sang, vous allez, au nom de votre patrie, me servir, moi, votre souverain, l'empereur Pierre Fiodorovitch. Lorsque vous aurez défendu votre patrie, votre gloire cosaque brillera jusqu'à votre mort et s'étendra à vos enfants. Vous serez récompensés, Cosaques, Kalmouks et Tatars, par moi, votre

grand souverain. Et à ceux qui m'auront manqué, à moi, Majesté impériale, Pierre Fiodorovitch, je pardonne. Et à vous j'octroie le fleuve depuis sa source jusqu'à son embouchure, et les sols et les prés, et une solde en deniers, en plomb et en poudre, et la subsistance en blé[8]. »

Dans le même temps, le « secrétaire aux lettres tatares » avait dû rédiger un message à l'intention du khan Nour Ali, dont les Kirghizes nomadisaient à l'est du Iaik, lui demandant une aide en hommes[9]. L'effet de cette requête ne fut pas considérable : le khan craignait en effet de s'attirer la vindicte d'Orenbourg, alerté par l'agitation croissante qui régnait à Iaitsk. Il se contenta d'envoyer un message relativement neutre et quelques présents : un sabre, une robe en soie – mais de combattants, point !

Cette déconvenue n'empêcha pas Pougatchev et ses hommes de marcher sur Iaitsk. Et leur détermination se révéla payante. En quelques jours, l'armée du « tsar » grossit ; des Cosaques venus de partout se joignirent peu à peu à la petite troupe des débuts. À tous le « monarque » renouvelait les promesses contenues dans le manifeste, de même qu'il les adressa aux Kirghizes nomadisant aux abords du Iaik, à qui il demanda de mettre deux cents hommes à sa disposition. Déjà il multipliait les oukazes, expression de son autorité impériale, mais aussi les manifestations de cruauté : à ceux qui refusaient de le rejoindre mais qui étaient pris dans les combats, un seul destin s'offrait : la pendaison immédiate.

Tout en ne cessant de grandir, la troupe de Pougatchev avançait toujours, conquérant des fortins et surtout les armes qu'ils abritaient. Les canons pris à l'ennemi – une vingtaine – renforçaient aussi les moyens militaires dont disposait Pougatchev. Les Cosaques ralliés, les habitants des villages qui les suivaient, prêtaient aussitôt serment au « tsar ». Ainsi se créait peu à peu une nouvelle légalité.

Pougatchev eût bien voulu s'emparer sans délai de Iaitsk, dont la conquête eût symbolisé sa mainmise sur la région. Mais il y échoua. Il décida alors de prendre la route d'Orenbourg. En chemin, il s'empara de Nijne-Ozernaia, un fort que l'on aurait pu croire bien protégé ; mais les Cosaques chargés de le défendre se rendirent et firent allégeance à Pougatchev. En dépit de leur plaidoyer pour leur chef, Pougatchev, impitoyable, le fit pendre. Puis il arriva à Fort-Tatichtchev, dont la garnison d'un millier d'hommes était soutenue par la colonne de secours commandée par le général Bülow. Pour une fois, l'attaque ne fut pas improvisée, et les préparatifs ordonnés par Pougatchev lui assurèrent le succès. On doit à Pouchkine le récit terrible et éblouissant de cet épisode[10]. Pougatchev avait mis le feu à des meules de foin proches de la forteresse, et l'incendie la gagna. Il put y pénétrer avec ses troupes pendant que les défenseurs jouaient les pompiers. Comme toujours, il se montra impitoyable : « Bülow eut la tête coupée, le colonel Elaguine, commandant de la forteresse, fut écorché vif, tandis que ces misérables utilisaient sa graisse pour oindre leurs blessures. Sa femme fut massacrée à coups de sabre, et sa fille, veuve du major Kharlov (pendu la veille à Nijne-Ozernaia), fut conduite au vainqueur qui venait d'ordonner l'exécution de ses parents. Pougatchev, séduit par sa beauté, la prit en otage (en fait, elle devint sa concubine). Tous les officiers furent pendus.

Quelques soldats et des Bachkirs furent fusillés[11]. »
Ce récit – mais l'œuvre de Pouchkine en contient bien
d'autres – donne la mesure de la cruauté du prétendu tsar.

Fort-Tatichtchev était presque aux portes d'Orenbourg. À ce point, Pougatchev devait décider de la
direction à prendre. Kazan et la Russie centrale, et, au
bout du chemin, Moscou : tel était son rêve. Il savait
pouvoir y mobiliser les gueux, car sa légende, celle du
tsar libérateur, éventuellement celle de l'homme qui
pendait les puissants mais protégeait les pauvres, se
répandait partout. Pourtant, aller vers l'ouest, vers les
grandes villes, était périlleux : le pouvoir y était
autrement défendu que dans l'Oural périphérique. Or
l'armée des rebelles – quelques milliers d'hommes et
une trentaine de vieux canons – ne pouvait suffire à
affronter des troupes nombreuses et bien équipées. À
l'est, au contraire, Orenbourg était presque à portée
de fusil. Symboliquement, la conquête de cette
capitale de l'Oural, dont dépendait le Iaik, était
décisive. La région comptait de nombreuses usines,
donc des ouvriers-paysans toujours mécontents.
Conquérir Orenbourg revenait à porter la révolte là
où Cosaques, paysans, allogènes et fuyards de toutes
sortes, en rupture de ban avec la légalité, viendraient
se joindre à l'armée du « tsar » et la renforcer grâce
aux équipements militaires dont les révoltés pourraient s'emparer.

Le 5 octobre, Pougatchev met donc le siège aux
abords d'Orenbourg. La défense de la ville – trois
mille hommes forment sa garnison – est compromise
par le moral des troupes, qui est détestable. Nul ne
veut s'en prendre aux révoltés. Après quelques escar-
mouches, l'hiver venant, Pougatchev s'installe avec

son état-major à Berda (à proximité d'Orenbourg), qui devient une sorte de quartier général, voire une simili-capitale politique. En l'espace de deux mois, l'équipée du faux tsar a pris des proportions qui peuvent faire trembler l'Empire. La petite troupe de fidèles des débuts s'est trouvée grossie de milliers de Cosaques, mais aussi de Bachkirs et de Tchouvaches venus rejoindre les Kalmouks et les Tatars déjà gagnés à Pougatchev. Dès lors, le mouvement change de nature. Rassemblant des forces on ne peut plus diverses – Cosaques, allogènes, ouvriers-serfs ayant fui leurs usines, etc. –, le combat revêt peu à peu une dimension nationale et sociale. Partout où Pougatchev passe, la population, d'abord ralliée par crainte de la force, commence à ajouter foi au mythe du « vrai tsar ». Dans les villages où il pénètre, les prêtres font sonner les cloches des églises et le reçoivent avec le pain et le sel. Même des prisonniers polonais rencontrés dans la steppe se joignent à lui et organisent son artillerie.

Pougatchev ne se contente pas de conquérir : sans attendre d'atteindre la capitale – objectif lointain –, il entend se donner déjà les allures d'un vrai tsar. À Berda, tout est fait pour mimer l'apparat d'un monarque. On y crée une chancellerie, un collège de la Guerre, mais aussi une cour. Pour commencer, Pougatchev, déjà marié mais qui a laissé dans son village femme et enfant, épouse en février 1774 la fille d'un Cosaque de Iaitsk qu'il présente à ses troupes comme impératrice[12] ; il affuble ses fidèles d'authentiques noms de l'aristocratie, ceux des grands serviteurs de Catherine : Orlov, Panine... On peut dès lors se demander, entre la vraie cour et sa copie, comment va s'achever cette étrange aventure...

En attendant, Pougatchev continue à rassembler des partisans et à multiplier les manifestes dans lesquels il menace des pires tourments ceux qui ne se plieraient pas à sa volonté. Sa force de conviction et ses menaces s'imposent à ceux qu'il appelle à le rejoindre. Partout où il passe, les troupes lancées contre lui viennent grossir ses rangs, livrent leur chef, et lui-même leur répond par un cérémonial immuable : il fait pendre les officiers et les seigneurs qui ont le malheur de croiser son chemin. Le sang coule à flots, mais la réputation du faux Pierre III ne fait que gagner du terrain.

Enfin, Catherine réagit !

La steppe et l'Oural étaient fort éloignés de la capitale, et l'attention de l'impératrice avait été durablement retenue sur des lieux de conflits extérieurs où la puissance russe gagnait du terrain. Les nouvelles d'Orenbourg finirent néanmoins par atteindre Catherine. Suivi des gouverneurs de Kazan, de Sibérie et d'Astrakhan, le gouverneur de la ville, Reinsdorf, tira la sonnette d'alarme et réclama d'urgence des renforts. D'abord inconsciente du péril, Catherine s'affola tout à la fois de la révolte, des défections des Bachkirs et des Tatars – elle n'ignorait pas combien la périphérie était vulnérable –, et de l'existence du faux tsar. Les menaces planant sur l'ordre public, mêlées à celles qui pesaient sur son pouvoir, la décidèrent à réagir sans plus attendre[13].

Le 15 octobre, elle signa un manifeste dénonçant l'imposture de Pougatchev et appelant à la résistance tous ceux qui se trouvaient confrontés à lui. Il fut lu

par les autorités de la steppe aux Cosaques encore
fidèles, mais il était déjà bien tard pour enrayer le
mouvement. Au texte de Catherine, ceux qui l'écou-
taient opposaient les manifestes et oukazes de
Pierre III dont elle avait, disaient-ils, usurpé le trône.
Une grande difficulté paralysait la réaction de l'impératrice : la guerre avec la Porte mobilisant encore les
ressources militaires russes, les troupes disponibles
pour mater la révolte manquaient. Sur le terrain, les
troupes supposées fidèles étaient non seulement trop
peu nombreuses, mais de surcroît peu sûres. Enfin, le
projet de Pougatchev était difficile à cerner. Il hésitait
de toute évidence sur la suite à donner à cette
aventure. Il n'arrivait pas à s'emparer définitivement
d'Orenbourg et ne voulait pas quitter la place pour
poursuivre d'autres objectifs. L'hiver avançait – il fut
particulièrement rude –, et les assiégés comme les
assaillants étaient tenaillés par la faim. Les premiers
renforts envoyés dans la steppe en 1773 connurent de
terribles déceptions : modestes, les troupes expédiées
de Moscou sous les ordres du général Karr furent
défaites et, constatant l'ampleur des moyens nécessaires à la lutte contre Pougatchev, leur chef,
découragé, contrevenant aux ordres reçus de
Catherine, laissa ses hommes en plan et rentra à
Moscou ! Catherine l'exclut de l'armée et l'assigna à
résidence sur ses terres[14].

Jusqu'alors, les affrontements avaient toujours
tourné à la défaite pour les gouvernementaux : les
officiers étaient pendus, les prisonniers soumis à de
fortes pressions pour se joindre à la révolte. Catherine
comprit qu'il fallait changer de méthode.

L'impératrice aux commandes

Elle décida de confier toutes les opérations militaires à un commandement unifié – les généraux ne cessaient de se quereller et de se paralyser mutuellement – et plaça à sa tête le général Bibikov. Pouchkine écrit à son sujet : « C'était une des personnalités les plus remarquables du temps de Catherine[15]. » Il revenait de Pologne et dut se rendre aussitôt sur son nouveau front avec une double mission : conduire les opérations militaires, mais aussi enquêter sur les causes de la révolte. À cette fin, il mit en place une commission, dite Commission secrète de Kazan.

C'est à Kazan, en effet, que Bibikov installa son quartier général. Premier objectif : soulager les défenseurs d'Oufa, en pays bachkir, assiégés depuis des semaines. D'emblée, Bibikov mit à prix la tête de Pougatchev, promettant dix mille roubles à qui le livrerait. Encore un temps, et la prime montera à une exonération perpétuelle d'impôt et à l'exemption à vie du service militaire pour le délateur et tous les membres mâles de sa famille. Si l'on sait qu'au début de la révolte la tête du faux tsar ne valait que cinq cents roubles, on constate par là l'importance que le mouvement avait soudain prise aux yeux des autorités. Dès lors, la tentation était grande, pour ceux qui l'approchaient, de trahir Pougatchev, et elle contribua à renforcer la position des gouvernementaux.

Ceux-ci connurent alors une période de succès. Leurs forces recevaient l'appoint de troupes expérimentées encore indemnes, tandis que les partisans de Pougatchev avaient déjà mené de longs et durs combats. Oufa fut vite libérée de ses assiégeants. Puis ce fut le tour de Berda, pris par le général Galitzyne. Enfin, Orenbourg vit se débander les troupes de Pougatchev. Iaitsk et Gouriev tombèrent aussi aux mains des gouvernementaux. En peu de mois, de janvier à avril 1774, le pouvoir semblait avoir gagné la partie.

À ce succès apparemment facile, il est plusieurs explications. La science militaire de Bibikov joua un grand rôle. Ses troupes, si elles étaient en nombre inférieur à celles de Pougatchev, étaient disciplinées et expérimentées, à l'inverse des troupes rebelles où Cosaques et paysans, liés autour d'une même cause, ne se ressemblaient en rien et réagissaient dans le désordre et l'indiscipline aux instructions reçues. De surcroît, les composantes si diverses de l'armée de Pougatchev étaient souvent opposées les unes aux autres. Les Cosaques méprisaient les ouvriers et les paysans, ce dont ceux-ci avaient conscience. Les premiers abandonnaient fréquemment leurs alliés de circonstance dans les situations les plus critiques, quand ceux-ci, mal préparés à la guerre, ne pouvaient résister. Enfin, l'assaut victorieux des troupes gouvernementales, au début de 1774, jeta le trouble dans l'entourage du faux tsar. Les Cosaques en vinrent à s'interroger sur sa capacité à conduire la lutte, voire sur leur propre implication dans cette guerre. L'idée circula d'une reddition, accompagnée de la livraison de Pougatchev aux forces gouvernementales en échange d'une amnistie ; mais Pougatchev, informé, fit échouer le complot à la dernière minute[16].

Tout était cependant loin d'être gagné. Sitôt les positions de Pougatchev enlevées, Bibikov mourut subitement. Or, qui connaissait mieux que lui la situation ? Il disparaissait au moment précis où

l'aventure de Pougatchev allait tourner au soulèvement général, le faux tsar tenant désormais dans les
événements un rôle moindre que le profond
mécontentement d'une large fraction de la population
russe à laquelle il avait fait appel.

Les interrogatoires de Pougatchev ont bien montré
son désarroi après les défaites subies. Une fois encore,
il lui faut décider de la direction à prendre. Le
Kouban, la Perse semblent difficiles à atteindre. Mais
les Bachkirs restent nombreux autour de lui, avant
tout par crainte des représailles. On ne compte plus
en effet les chefs bachkirs dont le nez, la langue, les
oreilles ont été coupés pour impressionner leurs
hommes. C'est donc en pays bachkir que Pougatchev
compte trouver le salut. À marches forcées, avec une
armée réduite, il ravage l'Oural, occupant les usines,
brûlant les forts, pillant et tuant à son habitude.
Bibikov a été remplacé par le général Chtcherbatov,
qui lance plusieurs armées aux trousses des rebelles.
Le lieutenant-colonel Mikhelson, qui dirige cette
traque dans l'Oural, est à plusieurs reprises sur le
point de s'emparer de Pougatchev. Mais toujours
celui-ci s'évanouit au dernier moment dans la nature.
Surtout, il opère soudain un changement de cap qui
déconcerte les gouvernementaux. Faussant compagnie
à ceux qui le pourchassent, il fonce vers Kazan. La
ville n'est guère défendue et, le 12 juillet, elle tombe
aux mains des rebelles. L'armée de Pougatchev n'est
plus désormais qu'une horde de barbares qui pillent,
incendient, s'enivrent et tuent tous ceux qui ont le
menton rasé et portent un habit allemand[17]. Mais ces
succès et les horreurs qui les accompagnent ne vont
pas durer. Les troupes gouvernementales conduites
par Mikhelson délogent Pougatchev de Kazan et le

coupent de la Bachkirie, qui était pour lui une précieuse base arrière.

À Moscou, nul ne triomphe. Les autorités craignent déjà que leur ville ne soit le nouvel objectif du faux Pierre dont les défaites accumulées n'effacent encore ni le prestige, ni les inquiétudes qu'il suscite. Pougatchev a assez répété qu'il marcherait, pour finir, sur Moscou. Que c'est dans l'ancienne capitale de la Russie que sa « personne impériale » reprendrait toute sa dimension. Lorsqu'il était invité à écrire quelques lignes ou à lire un texte, ce qu'il ne savait faire, il répondait toujours : « Tant que je ne suis pas revenu à Moscou, je ne puis. » Mais, au lieu de prendre la direction de Nijni-Novgorod et, au-delà, celle de Moscou, c'est vers l'Oural qu'il dirige une fois encore ses pas – et là, il rencontre un peuple entier en révolte.

Son ultime équipée a toutes les allures d'une fuite devant les forces gouvernementales, mais il va encore les faire trembler. Une dernière fois, sur son chemin, il n'y a plus que des révoltés : paysans qui marchent au-devant de lui parce qu'ils croient que le « tsar » revenu va les libérer ; ouvriers des usines ; mais aussi le clergé qui, partout, se porte à sa rencontre. Pour Pougatchev, le salut doit venir non des petites villes dont il s'empare, mais de la liaison qu'il entend établir avec les Cosaques du Don. Ayant pris Saratov, il avance à marches forcées vers le Don, assuré de trouver parmi les siens le soutien qui le sauvera. Les Cosaques, mais aussi, en très grand nombre, des paysans souvent récemment asservis, ne peuvent, il en est convaincu, que répondre à son appel et embraser une bonne fois la terre russe. La marche sur le Don est l'ultime tentative de celui qui a menacé l'unité de l'Empire et qui n'est plus qu'un fuyard. Il joue sur toutes les sensibilités, en appelle à l'honneur cosaque, aux paysans misérables, aux vieux-croyants. Tout se mêle dans la propagande pougatchévienne de la phase finale de l'épopée. Un manifeste de cette période témoigne de sa volonté de tabler sur les frustrations paysannes, de transformer son mouvement en soulèvement des serfs, d'en faire une immense jacquerie : « Nous accordons à tous ceux qui étaient jusqu'à présent paysans et serfs de propriétaires nobles, de devenir les sujets fidèles de notre couronne [...] et leur accordons possession des terres, forêts, prés, pêcheries sans fermages ni impôts. Et les libérons de toutes contributions et obligations imposées aux paysans et à tout le peuple par les nobles criminels [...]. Nous vous ordonnons de saisir, exécuter et pendre les seigneurs qui seront trouvés dans leurs propriétés... » Cet appel, que la paysannerie russe était certes disposée à entendre et à suivre, arrive néanmoins trop tard pour la soulever. Cette fois, la situation de Pougatchev est désespérée.

La fin de l'aventure

Catherine est d'autant plus décidée à en finir que les circonstances lui sont désormais favorables. Le traité de Kutchuk-Kainardji vient d'être signé et les troupes dégagées du front turc peuvent être déplacées vers la Volga, où tout se joue en cet été 1774. L'impératrice a songé un moment à prendre elle-même la tête des troupes. Mais on l'a convaincue d'y renoncer. Son autorité est nécessaire dans la capitale. Le 29 juillet, elle nomme le général Panine à la tête des régiments qui doivent briser définitivement la révolte. Il s'était

déjà signalé dans d'autres guerres ; son expérience et
son énergie étaient célèbres dans l'armée. Il reçut les
pouvoirs extraordinaires qu'il demandait et les
moyens d'acheminer sur le front les forces nécessaires.
Mais le général Souvorov vint alors à son tour à la
rescousse. L'impératrice avait déjà souhaité le lancer
contre Pougatchev, mais en avait été dissuadée par le
comte Roumiantsev : l'arrivée sur le front intérieur
d'un militaire aussi illustre aurait alerté toute l'Europe
et l'aurait convaincue que l'Empire courait véritablement un grand péril. En définitive, il ne fut envoyé
sur le front de la Volga que dans la dernière phase
des combats[18].

L'arrivée de Panine, celle de Souvorov, la victoire
russe sur la Porte : toutes ces nouvelles réconfortèrent
l'armée engagée sur la Volga et découragèrent ceux
qui s'apprêtaient à rejoindre la rébellion. Par-dessus
tout, elles achevèrent de démoraliser les troupes de
Pougatchev. Sur le Don, les Cosaques fidèles à
l'Empire furent engagés contre lui, tandis que ses
partisans commençaient à rechercher leur salut,
autrement dit à fuir les rangs de la rébellion. Le
25 août, les troupes du lieutenant-général Mikhelson
rencontrèrent les fuyards à Tchernyi-Jar et leur infli-
gèrent une écrasante défaite. Suivi de ses derniers
fidèles – encore quelques milliers –, Pougatchev tra-
versa alors la Volga, espérant s'emparer de Gouriev,
s'installer au bord de la Caspienne et, de là, recruter
des alliés parmi les Tatars. Mais il n'était plus temps
d'échafauder de tels projets. Les troupes russes le
harcèlent et Souvorov, qui s'est joint à la traque, n'a
pas grand mal à le capturer, ses derniers partisans
ayant décidé de le livrer. Ce sont eux, en effet, qui le
désarment alors que la marche désespérée des rebelles

se poursuit. Le 15 septembre 1774, les conjurés qui
ont ourdi le complot contre Pougatchev arrivent sur
le Iaik, où toute l'aventure a commencé, et livrent
l'« empereur », attaché à son cheval, les bras liés, aux
autorités. Il a beau se débattre, menacer les félons de
la colère divine et de la vengeance de son héritier Paul,
tout est terminé[19]. La révolte s'éteint d'un coup.

L'Empire a eu grand-peur. Catherine sait qu'il lui
faudra analyser les causes profondes de ce qui a constitué un véritable ébranlement. Mais l'heure n'en est
pas encore venue. Elle est au châtiment, qui doit être
exemplaire et dissuasif. L'Empire doit montrer sa
force.

Sur les instructions de Catherine, Pougatchev est
ramené à Moscou, enchaîné, enfermé dans une cage.
Avec lui se trouvent sa femme – la vraie, celle qu'il
avait épousée dans sa jeunesse – et son fils, ainsi que
certains de ses proches partisans. À son arrivée, le
4 novembre 1774, il est promené dans la ville, exhibé
devant des foules innombrables, avides de voir celui
qui avait fait vaciller l'Empire, que la noblesse haïssait,
mais que le petit peuple vénérait, se demandant encore
si ce n'était pas là le « vrai tsar ». Il est aussitôt soumis
à des interrogatoires poussés. Mais l'impératrice a
veillé à interdire l'usage de la question et même toute
tentative visant à affaiblir Pougatchev et ses complices
par la faim ou la soif. « La vérité avant tout », a-t-elle
exigé, mais pas à n'importe quel prix ! S'agissant du
jugement qui doit clore le procès, elle a également
insisté : « De la clémence. Pas plus de trois ou quatre
condamnations à mort. »

Le procès se déroula au Kremlin dans les derniers
jours de décembre, devant un tribunal composé pour
la circonstance, présidé par le procureur général, le

prince Wiazemski, et réunissant des sénateurs, des membres du Saint Synode, tous les ministres (présidents des collèges) et les plus hauts fonctionnaires de l'État. Il s'acheva par des condamnations qui tenaient compte de la volonté de relative clémence exprimée par Catherine. Pougatchev fut condamné à être écartelé et à avoir ses membres exposés ensuite aux quatre coins de la ville[20]. Écartelé avec lui, son fidèle compagnon, le vieux-croyant Perfiliev, qui refusa à l'heure du supplice le secours de l'Église, tenue par lui pour « diabolique ». Trois Cosaques furent condamnés à la pendaison ; un autre, Zaroubine – que Pougatchev avait nommé, dans la période fastueuse de la *Pougatchevtchina**, comte Tchernychev –, fut transféré à Oufa pour y être décapité. En outre, dix-huit accusés furent condamnés au knout, à l'arrachement des narines, puis au bagne. Quant aux Cosaques qui avaient livré Pougatchev, ils étaient acquittés.

L'exécution eut lieu le 11 janvier sur une immense place où l'on se battit pour apercevoir les suppliciés. Catherine se manifesta pour adoucir la cruauté d'une sentence qui devait être exemplaire, mais dont elle craignait qu'elle ne fût excessive : le bourreau reçut l'ordre de décapiter Pougatchev – donc de lui ôter la vie – avant le supplice de l'écartèlement, ce qui fut fait. De nombreux témoins crurent alors que le bourreau avait été circonvenu par des partisans du faux tsar qui avaient échappé à la vindicte du pouvoir. Dans son *Histoire de Pougatchev* qui contient un récit très réaliste de l'exécution, Pouchkine affirme que ses particularités – la volonté d'épargner au condamné

---

* Nom donné en Russie à l'épopée de Pougatchev.

une souffrance extrême – furent bien le fruit
d'instructions impériales[21]. Il souligne aussi combien
cette exécution rappelait « celle d'un autre Cosaque
qui, cent ans auparavant, vécut la même aventure, pratiquement dans les mêmes lieux et avec des succès
horribles de même nature » : Stenka Razine. Il relève
enfin que, dans sa prison, Pougatchev fit preuve d'une
telle faiblesse d'âme qu'il fallut lui prodiguer consola-
tions et encouragements pour l'empêcher de mourir
de peur[22]. Après les exécutions, l'impératrice ordonna
que fussent brûlés échafauds et instruments de torture
pour effacer toute trace de ces terribles journées.

Mais les sentences de Moscou ne recouvrent pas
l'ensemble de la répression. Là où la révolte avait été
la plus forte, le général Panine se montra impitoyable.
Il dénombra lui-même ceux qui eurent à subir sa vindicte : trois cent vingt-quatre exécutions capitales ;
trois cent quatre-vingt-dix-neuf condamnations au
knout et à la mutilation d'une oreille ; sept mille
condamnations à divers châtiments corporels. Répression féroce, mais qui répondait à la cruauté déployée
par Pougatchev et les siens durant leur fatale équipée :
près de deux mille nobles, plus de deux cents prêtres
et plus de mille cinq cents officiers avaient été assassinés ; et nul n'a réussi à établir le compte des paysans
et des petites gens massacrés par les troupes de Pougatchev lors de leur passage dans les petites villes et
les villages où ils tuaient, brûlaient, enlevaient et violaient les femmes dans une orgie collective où l'alcool
tenait une grande place. Propriétés et maisons
détruites, villages rasés, usines mises à sac : le désastre
économique était considérable, mais moindre que
l'effet moral des violences subies par des populations
sans défense. Au nom du peuple et de sa liberté,

Pougatchev avait infligé de terribles souffrances à ce
même peuple dès lors qu'il n'était pas avec lui ou ne
lui servait de rien. Dans une lettre adressée à Voltaire
le 22 octobre 1774, Catherine répondait ainsi à la
curiosité du philosophe qui s'inquiétait du « marquis
de Pougatscheff » : « Je crois qu'après Tamerlan, il n'y
en a guère un qui ait plus détruit l'espèce humaine.
D'abord, il faisait pendre sans rémission ni autre
forme de procès toutes les races nobles, hommes,
femmes et enfants, tous les officiers et soldats qu'il
pouvait attraper [...] ; personne n'était devant lui à
l'abri du pillage et du meurtre[23]. »

Les leçons de la révolte

L'ordre rétabli, Catherine II voulut comprendre les
causes et ressorts de la révolte de Pougatchev. Sa première préoccupation portait sur l'origine du mouvement : avait-il été encouragé, voire provoqué par
une puissance étrangère en vue d'affaiblir l'Empire
russe ? Cette hypothèse avait été avancée autour d'elle
dès 1772, quand l'implication dans le mouvement des
peuples musulmans du Sud avait pu laisser penser que
la Porte, en guerre avec la Russie, usait d'un tel biais
pour contraindre Catherine à reporter son attention
vers ces régions troublées, voire à y déplacer des
troupes prélevées sur le front turc. Cette thèse reçut
quelque crédit lorsque le pouvoir entra en possession
de lettres adressées au sultan par la soi-disant princesse Tarakanova, qui se proclamait fille naturelle de
l'impératrice Élisabeth[24]. L'intéressée encourageait le
sultan à ne pas négocier la paix avec la Russie qui était,
écrivait-elle, affaiblie et le serait davantage encore par

la révolte de Pougatchev. Ces conseils, le fait connu que derrière cette aventurière agissaient des Polonais dirigés par le prince Charles Radziwill, qui s'efforçait d'en faire une éventuelle candidate au trône contre l'« usurpatrice », suggéraient que la Turquie, voire des groupes polonais, auraient pu être à l'origine du mouvement*. Mais les soupçons visaient aussi bien la France, qui avait encouragé la Turquie à s'opposer au développement de la puissance russe. Pougatchev fut longuement interrogé sur ses possibles complicités étrangères, mais ses réponses convainquirent ses juges, puis Catherine, que nul pays n'avait contribué à créer ce problème en Russie. L'impératrice s'en ouvrit ainsi à Voltaire, le 22 octobre : « Jusqu'ici, il n'y a pas la moindre trace qu'il ait été l'instrument de quelque puissance que ce soit. Il est à supposer que M. Pougatchef est maître brigand, et non valet d'âme qui vive. »

La thèse de la provocation extérieure écartée, il fallait comprendre pourquoi toute une partie de la Russie s'était embrasée. Même si la révolte n'a tourné en jacquerie que sur le tard, la situation des paysans doit être prise en compte en premier lieu. C'est à cette époque que le passage soudain du statut de paysans encore libres à celui de condamnés au servage prit un caractère massif. Ce changement de condition était d'autant plus intolérable aux paysans concernés que l'espoir de posséder la terre avait été réveillé durant le bref règne de Pierre III. En 1762, on l'a vu, alors que le souverain exemptait de services la noblesse, une

---

* La « princesse » Tarakanova fut enlevée à Livourne par Alexis Orlov, ramenée en Russie et enfermée à la forteresse Pierre-et-Paul où elle mourut de maladie en décembre 1775.

rumeur avait parcouru les campagnes russes : on répétait à tout vent que Pierre III avait rédigé un second oukaze accordant la terre aux paysans, mais que les nobles, rendus furieux, avaient réussi à faire rapporter cette mesure et à jeter en prison l'empereur. L'éviction de Pierre III, sa mort mal expliquée, eurent pour effet d'encourager et amplifier la rumeur dans les campagnes, d'y faire regretter le tsar disparu et, surtout, de suggérer aux paysans que la vérité se situait peut-être plus du côté d'un Pierre III emprisonné que du côté de sa mort. L'extension du servage, la condition misérable de la paysannerie expliquent aisément que celle-ci ait rêvé de son retour et accepté sans méfiance celui qui se faisait passer pour le monarque revenu soulager la misère de son peuple. Quand Pougatchev arriva aux abords d'Orenbourg, il s'engagea, on l'a dit, à donner « les terres, les fleuves, les forêts, les produits de la pêche et celui des récoltes ». Dans son manifeste du 31 juin 1774, il promit la liberté aux paysans. On ne sait ce qu'il eût fait s'il avait gagné. Mais cela explique que des paysans soient venus en masse rejoindre le mouvement en 1773-1774.

À leurs côtés, ce sont aussi les allogènes que l'on retrouve, et d'abord les Bachkirs, déjà malmenés jadis par Pierre le Grand[25]. Celui-ci avait tenté en vain de les soumettre à la capitation, mais avait réussi à leur imposer des corvées. Révoltés en 1735, ils avaient payé le prix fort en répression et en pertes de terres que des colons eurent alors le droit d'acquérir. La création de la province d'Orenbourg limita encore leur liberté[26]. Les conversions, forcées ou non, auxquelles furent soumis à partir de 1740 non seulement les Bachkirs, mais aussi les Tatars, les Tchouvaches et

autres allogènes, provoquèrent une nouvelle révolte
en 1750. Pouchkine notera fort judicieusement que
maints révoltés de 1735 et de 1750 étaient encore
vivants quand Pougatchev fit son apparition sous les
traits de Pierre. Faut-il s'étonner s'ils furent nombreux à répondre à son appel ?

Une fois par siècle, paysans misérables et allogènes
malheureux qui, entre-temps, supportent l'État et son
poids, prêtent l'oreille à celui qui les appelle au soulèvement au nom d'une autre légitimité. Ce fut le cas
avec Stenka Razine en 1670, avec Pougatchev cent ans
plus tard. Les deux révoltes ont eu en commun
d'éclater à la périphérie de l'Empire, dans les terres
peuplées de Cosaques, d'attirer les allogènes, enfin de
gagner comme un incendie les régions centrales où
l'administration était encore faible. Autre trait
commun à ces mouvements : ce n'est jamais contre
l'autorité suprême que les paysans se rebellent et,
parmi eux, nul chef n'invoque un objectif politique.
Si ceux qui conduisent la rébellion luttent contre le
pouvoir, c'est contre un tsar accusé d'usurpation,
auquel ils opposent la légitimité du « véritable » souverain tout en orientant la colère populaire contre
ceux qui les exploitent ou les briment, les propriétaires au premier chef. Tolstoï l'a relevé : « Les
paysans ne se joindront pas à une lutte contre le des-
potisme. Ce qu'ils veulent, c'est la propriété de la
terre. »

Enfin, comment ne pas constater l'opposition entre
l'univers des Cosaques, la *vieille foi* à laquelle ils
adhèrent en majorité, et la Russie moderne qui se
développe depuis Pierre le Grand et à laquelle
Catherine II a imprimé un grand élan ? Les Cosaques
ont leur propre système politique, qui ne saurait

s'accommoder du développement de l'État ni de la centralisation en cours. Le Schisme avait déjà consacré le refus d'une fraction de la société russe – notamment les Cosaques – d'accepter une transformation des rites qui semblait alors aller de pair avec la volonté d'occidentalisation du tsar Alexis, puis de Pierre le Grand. L'intégration des Cosaques – souhaitée par le pouvoir – dans un système commun à toute la Russie, donc leur incorporation dans l'armée, en était un des moyens. Eux-mêmes se voulaient les sentinelles de l'Empire, qui payait leur aide de l'indépendance qu'il leur reconnaissait. Or voici que l'Empire, s'étendant et se renforçant, a prétendu assumer lui-même ses missions de sécurité. Menacés de perdre leur statut singulier, les Cosaques étaient prêts à la révolte.

Leur entrée en scène autour d'un mythe propre à la Russie pré-pétrovienne – le faux tsar – est le symbole de la résistance de l'ancienne Russie, de la Moscovie déjà disparue, à la Russie moderne que Pierre et Catherine se sont donné pour mission de faire triompher. Peu importe que la figure autour de laquelle ils se sont rassemblés ait été celle de Pierre III, imitateur passionné d'un pays occidental, l'Allemagne, et qui haïssait si fort son propre pays. Ce qui est significatif, en ces années où règne une impératrice tournée vers la civilisation française et qui veut en imposer le modèle, c'est que prolifèrent contre elle les faux tsars : il en surgira même un au Monténégro[27] ! Pas moins significatif le fait que lorsque, un demi-siècle plus tard (1836), surgira encore une fois la question du vrai et du faux tsar, le problème se posera en termes nouveaux : Ivan Kouzmitch, en qui le peuple voudra reconnaître Alexandre Ier, mort mystérieusement en 1825, ne revendiquera jamais sa qualité

de monarque, mais la niera même. C'est le rêve populaire du *bon tsar* qui renaîtra alors, même si ce bon
tsar refuse d'exister. La légitimité du souverain ne sera
plus en cause.

L'analyse des causes profondes du soulèvement
achevée, Pougatchev supprimé[28], Catherine devait
encore en tirer les leçons. Que fallait-il faire, que
pouvait-on faire pour que le peuple russe ne se rebelle
plus ? Quelles conclusions tirer aussi de l'attachement
populaire à Pierre III ? Un constat s'imposait en effet
ici : s'il avait été haï dans la capitale, sa popularité
parmi le peuple restait grande et avait perduré dans
les années qui avaient suivi sa mort. Ne fallait-il pas
réfléchir aux réformes qu'il avait décidées ? Du moins
à certaines ? Et peut-être en reprendre le chemin ?

L'Empire avait été profondément ébranlé par ce qui
s'était présenté comme une vraie guerre intérieure.
Partout les traces en subsistaient dans les consciences,
notamment celles de certaines couches sociales et de
certains peuples. Si Pougatchev avait perdu la partie,
c'est qu'il n'avait pas disposé des moyens militaires de
s'opposer aux forces armées de l'Empire. Ce n'était
pas parce que la société lui avait résisté. De cela
Catherine II ne pouvait manquer d'être consciente et
de comprendre qu'il y faudrait des réponses réelles,
non un « replâtrage » venant compléter la répression.
Sa correspondance témoigne sur ce plan de sa lucidité.

Le monde
de Catherine II

CHAPITRE V

Le bonheur d'aimer

À la fin de l'année 1774, Catherine II a tout lieu d'être satisfaite. La paix signée avec l'Empire ottoman, la révolte de Pougatchev brisée, le calme revenu dans l'Empire, sur tous les fronts elle a dominé ses adversaires. Au terme de douze années de règne, elle a prouvé sa capacité à gouverner, et à le faire sinon seule, du moins en restant maîtresse en dernier ressort de la décision.

À quarante-cinq ans, elle est encore belle. Sans doute le corps a-t-il tendance à s'alourdir sous l'effet des années et de maternités soigneusement dissimulées. Mais sa vivacité physique est intacte. Et la force des passions aussi. Sa vie privée va prendre à cette époque un nouveau tour.

Les tourments d'une mère

Au chapitre de la vie privée, il faut d'abord inscrire ce qui sera pour Catherine une source constante d'inquiétude et d'irritation : son fils Paul. Ce n'est pas son fils unique, certes, mais c'est le seul qui soit légitime, même si le doute plane sur cette légitimité.

Tout d'abord, ce fils ne satisfait ni son amour-propre, ni son amour tout court. Elle lui a donné les meilleurs maîtres, mais elle lui trouvera toujours l'esprit borné, fermé à tout ce qui la passionne, en premier lieu à la culture française. Au physique, il rappelle irrésistiblement son père officiel, Pierre III, dont il a l'aspect lourdaud, les yeux globuleux, les traits mal dessinés. Si la rumeur veut qu'il soit le fils du « beau Serge », son physique ne le confirme en rien. Mais c'est surtout au moral qu'il rappelle, et de manière croissante au fil du temps, Pierre III. Et ce, parce qu'il s'efforce de lui ressembler. L'explication est aisée : Paul n'a pu ignorer les circonstances de l'éviction de son père et celles de sa mort. Il sait le rôle qu'y ont joué les frères Orlov ; il côtoie quotidiennement Grégoire, le favori de sa mère. Comment ne revivrait-il pas à chaque instant la tragédie où son père perdit la vie ?

De surcroît, il est conscient d'avoir été privé du trône par les volontés conjuguées de Catherine et des Orlov. Il ne peut oublier que Panine, son ancien précepteur, avait tenté que soit établie une régence préservant ses droits. Le pouvoir, accaparé par Catherine et dont il sait qu'elle ne voudra jamais le lui céder de son vivant, eût dû lui revenir. Cela lui fait ressentir d'autant plus la perte de son père, même si ce dernier, lorsqu'il était en vie, contestait sa paternité et ne lui témoignait guère d'affection. Mais, écarté du trône pour longtemps, Paul se réfugie dans le souvenir d'un père mythique auquel il s'identifie – Catherine ne leur a-t-elle pas volé le trône à tous deux ? –, et il s'efforce d'afficher à la cour l'image du père disparu qu'il oppose à sa mère, symbole du remords que celle-ci devrait éprouver.

Depuis 1762, il a en outre vécu dans une double inquiétude : celle de voir Catherine épouser Orlov, et celle de voir sa mère pousser en avant le fils qu'elle en a eu, Alexis Bobrinski, né en avril 1762, dont elle surveille attentivement l'éducation. La santé de Paul ayant longtemps été précaire, le problème de la succession de Catherine s'est trouvé très tôt posé. L'idée de voir reconnaître leur fils pour héritier obséda toujours Orlov. Paul le savait. Il avait la certitude d'être mal aimé par l'impératrice, en tout cas moins aimé que son demi-frère. Frustré dans ses sentiments filiaux, dépossédé du trône par sa mère, il se pensait aussi menacé par elle.

Les sentiments de Paul envers Catherine avaient pour contrepartie chez elle, outre une indifférence à son endroit dont elle ne se départira guère, une grande défiance. Lorsqu'elle s'empare du trône, son fils n'a que sept ans : il ne peut donc régner. Mais pour ceux, nombreux, qui l'accusent d'avoir usurpé le pouvoir, le problème n'est pas réglé par le couronnement ; il devra être reposé à la majorité du tsarévitch. Dès 1762, Catherine voit en son fils non seulement un successeur, mais un rival d'autant plus dangereux qu'elle sait sa propre légitimité contestée. Plus les années passent, plus croît son inquiétude à ce sujet, en dépit des succès de sa politique extérieure.

Confrontée à ce fils incommode, elle tente parfois de l'amadouer, mais songe surtout à l'écarter au mieux du trône. En le mariant, Catherine espère un temps détourner son attention de la vie publique et le voir se consacrer à la sphère privée. Le mariage a lieu alors que la guerre contre la Turquie bat son plein et que la révolte de Pougatchev devient particulièrement préoccupante. Paul épouse la princesse Wilhelmine de

Hesse-Darmstadt (rebaptisée Nathalie Alexeievna) en septembre 1773 et l'événement donne lieu, malgré la guerre poursuivie et l'embrasement du Iaik, à des fêtes somptueuses. Pour autant, le mariage n'apaise pas les relations entre mère et fils. Par le passé, à deux reprises déjà, des complots déjoués à temps, ourdis dans le milieu des officiers, avaient pris pour mot d'ordre le rétablissement sur le trône de l'héritier légitime. Mais, à l'époque où ces complots se fomentaient – 1768 et 1772 –, Paul, trop jeune encore, n'avait pas été mis dans la confidence, et sa mère ne pouvait lui en tenir rigueur. En 1773-1774, la situation devient plus inquiétante pour elle. Pougatchev, qui assure être Pierre III, clame avec force sa volonté de préparer l'avenir de son fils et héritier, Paul. En un temps où la Russie entière est secouée par cette crise, où les mécontentements sont partout à vif, le nom de Paul rassemble. On se souvient de cet héritier dépossédé de ses droits et à demi oublié. Et il devient populaire.

La méfiance de Catherine se nourrit de cette popularité, même si durant trois ans son mariage, qui fut d'abord heureux, absorbe Paul et lui fait oublier sa condition. Mais ce bonheur est de courte durée : la jeune grande-duchesse se montre peu empressée à apprendre le russe et trop encline à s'intéresser au meilleur ami du tsarévitch, Alexis Razoumovski. Lorsque, en 1776, elle attendra un enfant qui mourra à la naissance, et qu'elle-même ne survivra pas à l'accouchement, l'impératrice en sera doublement réjouie : parce que l'autopsie prouvera que la grande-duchesse ne pouvait plus avoir d'enfant ou ne pouvait avoir d'enfant normalement constitué ; et parce que la rumeur publique attribuait l'enfant mort-né non point à son père légal, mais à l'ami de celui-ci, qui fut

aussitôt éloigné. Déçue par ce mariage et par la fri-
volité de sa défunte belle-fille – Catherine pouvait se
montrer très prude pour les autres –, consciente du
problème dynastique qui se serait posé si la princesse
avait vécu, l'impératrice régla la question sans respecter les délais que la bienséance commandait. Elle
se mit en quête d'une autre épouse pour son fils,
choisit cette fois une princesse de Wurtemberg, jeune
et en bonne santé, qui plut à Paul, et le mariage fut
célébré en septembre 1776 dans un faste remarquable.
Cinq mois à peine séparaient la mort de Nathalie des
épousailles avec Sophie-Dorothée, devenue Maria
Fiodorovna par les vertus de l'entrée dans l'Église
orthodoxe. Cette union convenait politiquement à
Catherine, puisque la mariée était la petite-nièce du
prince Henri de Prusse, lui aussi très favorable à ce
resserrement des liens entre Pétersbourg et Berlin.
Admirateur, comme son père, de Frédéric II, Paul
était d'avance acquis à un mariage qui fut, durant des
années, très heureux. Catherine en profita pour l'encourager à se consacrer à sa vie privée – ce qui fut fait,
mais ne diminua en rien leur méfiance réciproque.

Lorsqu'en 1777 un héritier naquit, Alexandre, suivi
en 1779 d'un autre garçon baptisé Constantin (le
choix des deux prénoms, imposé par Catherine, est
révélateur de ses ambitions), l'impératrice se comporta à l'égard de son fils et de sa belle-fille de la
même manière qu'Élisabeth avait agi à son encontre :
elle leur enleva Alexandre, prétendant être seule en
mesure d'assurer l'éducation du prince héritier. Des
années auparavant, lorsque Paul avait été pris en
charge par Élisabeth, cette décision avait développé
chez Catherine un sentiment d'indifférence envers
un fils qu'elle ne voyait pas. En adoptant à son tour

un comportement qui l'avait blessée, elle heurta profondément le couple princier qui n'accepta jamais d'être ainsi séparé de son fils aîné, puis de Constantin. Couple harmonieux, parents d'une nombreuse famille, les jeunes princes étaient parfaitement aptes à élever leurs enfants, et ils ressentirent le geste de Catherine comme une violence intolérable. De surcroît, Paul pouvait prêter à sa mère le dessein secret de lui substituer un jour son fils comme héritier...

Orlov, dix années heureuses

La vie personnelle de l'impératrice pesait aussi lourdement sur les sentiments que lui portait son fils. Durant les dix premières années de son règne, elle fut fidèle à Grégoire Orlov, même si elle refusa obstinément de l'épouser. Il fut le père non seulement d'Alexis Bobrinski, mais probablement de trois ou quatre autres enfants, même si la preuve n'en fut jamais apportée. Catherine savait pouvoir compter sur l'indéfectible appui de son amant et de ses frères. Elle leur avait une grande dette de reconnaissance et avait besoin d'eux, surtout d'Alexis qui, par sa place dans la Garde, lui servait d'informateur sur toutes les vagues de mécontentement et tous les complots qui pouvaient se tramer contre elle – ce qui fut parfois le cas. Paul supportait de plus en plus mal la présence d'Orlov, d'autant plus que sa majorité approchait. Mais, en dépit de son hostilité, il ne pouvait rien contre l'homme dont Catherine pensait ne pouvoir se passer ni sur le plan personnel, ni sur celui de son intérêt politique. En 1771, lors de la peste de Moscou, c'est Grégoire Orlov qui sut, alors que toute la ville

était soulevée, reprendre la situation en main. Il
interdit les rassemblements populaires, annonça des
mesures répressives visant toute émeute ; mais, dans
le même temps, il se rendait au chevet des malades,
faisait appliquer toutes mesures sanitaires dans les
maisons des morts afin d'empêcher la propagation du
mal. Assisté de médecins, il fut le maître d'œuvre
d'une véritable lutte contre l'extension de l'épidémie
et contre la panique populaire. Lorsque le mal fut
jugulé, c'est lui qui en fut crédité en premier lieu, et
Catherine l'accueillit à Pétersbourg en sauveur de la
vieille capitale.

Mais il avait beau lui être un soutien à toute
épreuve, Grégoire Orlov n'en était pas moins volage
– ce que Catherine ne pouvait supporter. En 1772, elle
le dépêcha à Fokchany pour négocier la paix avec les
Turcs. Durant son absence, tous ceux – Panine en
tête – qu'exaspéraient le favori, sa famille, les faveurs
extraordinaires dont Catherine les avait récompensés,
leur ambition et leur arrogance, saisirent l'occasion
pour ruiner la réputation d'Orlov. On rapporta à
l'impératrice toutes ses infidélités. C'était plus qu'elle
n'en pouvait entendre. Peut-être aussi cette longue
liaison commençait-elle à l'ennuyer. Elle s'était en
tout cas lassée des exigences perpétuelles de son
amant. Pour rompre ce lien, il ne suffisait pas à
Catherine d'en avoir la volonté ; encore fallait-il
trouver un remplaçant à Grégoire Orlov, car la solitude lui eût pesé. Un jeune officier de belle figure,
Vassiltchikov, retint son attention : « Ce fut un choix
au petit bonheur », écrivit-elle plus tard. Le nouveau
favori, nommé aide de camp, reçut une rente mensuelle de douze mille roubles, complétée par un
capital de cent mille roubles, et fut installé dans des

appartements proches de ceux de l'impératrice. Mais, hors sa beauté, ce favori ne répondait guère aux exigences de Catherine qu'une personnalité falote et un manque de curiosité certain ne pouvaient longtemps séduire. Vassiltchikov n'était pas fait pour une femme d'une telle culture et d'une intelligence si aiguë. Dès les premiers moments de cette liaison, il ne fit guère de doute que Vassiltchikov n'était là que pour assurer la transition, aider à limoger Orlov. Quoi qu'il en fût, les ennemis d'Orlov respirèrent, en premier lieu Panine qui n'avait cessé de combattre les projets matrimoniaux et les exigences du favori depuis 1762.

Orlov, cependant, n'accepta pas de bon gré son éviction, même s'il avait quelque peu négligé Catherine. Et il commit un double impair. À Fokchany, trouvant la négociation trop longue et ayant entendu dire que l'impératrice lui avait donné un successeur, il rompit brutalement les pourparlers, quitta le congrès et se précipita à la cour pour tenter d'y reprendre sa place. Pour Catherine, ce comportement était doublement inacceptable : l'abandon des intérêts russes à la table des négociations était assimilable à une trahison ; le retour inopiné à Pétersbourg, en dépit des instructions qui avaient été données à Orlov, relevait de la rébellion. Elle refusa de le revoir et Panine qui, en l'absence du favori, avait repris de l'ascendant sur elle, l'encouragea dans son courroux.

Intraitable dans sa volonté de rupture, Catherine se montra néanmoins généreuse avec l'amant chassé. Il en sera d'ailleurs ainsi avec chacun de ceux qui suivront. Orlov reçut le titre de prince, une somme fort importante pour se faire construire une résidence à Moscou, une rente annuelle, six mille paysans prélevés sur un domaine de la Couronne, quantité d'objets précieux (argenterie et meubles de prix). Une seule condition assortissait ces faveurs : qu'Orlov s'abstînt de paraître à la cour pendant une année pleine. Il s'effaça de la vie de Catherine. Mais lorsque, quelques années plus tard, il sombrera dans la folie, elle s'enquerra de lui à tout instant, et à sa mort, en 1783, elle écrira à Grimm : « Bien que depuis longtemps je fusse préparée à ce triste événement, il n'a pas laissé de m'ébranler jusqu'au plus profond de mon être [...]. Ma douleur est immense. »

Potemkine : l'autre grand amour

Les années qui suivirent le renvoi d'Orlov furent agitées. Vassiltchikov ne pouvait se maintenir longtemps. Il ennuyait Catherine, qui le traitait avec mépris et pensait déjà à un autre homme d'une tout autre trempe. C'est Potemkine qui, même si leur liaison fut brève, allait être le second véritable amour de sa tumultueuse existence.

Au temps lointain de son ascension vers le trône, Catherine avait remarqué une première fois un jeune officier de la Garde qui participait au complot et chevauchait à ses côtés dans la nuit qui allait faire d'elle une impératrice. Il avait aussi escorté l'empereur déchu vers le couvent de Ropcha. Ce jeune homme, Grégoire Potemkine, était pourtant peu fait pour lui plaire, au moins physiquement. Catherine aimait les beaux hommes. Celui-ci était certes un colosse, mais massif et mal proportionné. Sa tête avait une forme étrange : front bosselé, mâchoires trop larges. Surtout, en 1773, il n'était plus le fringant jeune officier de la nuit historique de 1762. Il était borgne : dans une bagarre, Alexis Orlov lui avait crevé un œil. Ses mains – Catherine sera toujours attentive à ce détail – étaient grossières et même laides, ses ongles perpétuellement rongés. L'homme était de surcroît terriblement exigeant sur le plan matériel, d'une gloutonnerie proverbiale, grand buveur et débauché, alors que Catherine, très sobre, ne buvait pas une goutte d'alcool et condamnait ceux qu'elle conviait à dîner à rester sur leur faim. Elle était aussi très attachée à la fidélité. Tout paraissait donc les opposer. Pourtant, la passion qui va les unir n'aura pas de fin.

Potemkine s'était battu en Turquie et avait négocié la paix de Kutchuk-Kainardji, mais ce n'est pas sa valeur militaire qui attira sur lui l'attention de l'impératrice. C'est avant tout son caractère impétueux, contradictoire, insaisissable, mais aussi son infinie curiosité. Étudiant en théologie à Moscou, il avait été présenté à l'impératrice Élisabeth comme l'un des espoirs de la faculté. Mais, peu après, il avait abandonné ses études tout en restant passionné par les affaires de l'Église, son histoire, les schismes et les sectes. Dans la conversation, il s'enflamme quel que soit le sujet, et intéresse toujours son auditrice. Il ne cesse de nourrir d'immenses projets et fait rêver Catherine. Avec lui, tout est démesuré, éloigné de toute réalité, mais cet esprit toujours en mouvement confine au génie. Potemkine est exubérant comme ne l'a été aucun des hommes qu'elle a rencontrés par le passé, mais il sait aussi la faire rire aux larmes. De cela, elle lui sait grand gré. Le palais, d'une extrémité à l'autre, retentit du bruit de leurs querelles, puis est informé avec non moins d'éclat de leurs réconciliations. Avec Potemkine, le comportement de Catherine n'a rien d'impérial : c'est celui d'une femme éperdument amoureuse. À Grimm, qui déplore son inconstance, elle écrit : « Que me reprochez-vous ? D'avoir remplacé un bourgeois, certes excellent homme, mais fort ennuyeux, par l'original le plus comique et le plus amusant de ce siècle de fer ? » Elle est si consciente des contradictions de Potemkine qu'elle les souligne par les noms dont elle l'affuble dans les billets qu'elle lui adresse à tout instant : « Cosaque », « barbare », « Tatar », ou encore « moscovite Pougatchev ».

Catherine l'Européenne, pétrie de culture française, a fort bien compris que Potemkine est le plus russe des hommes qu'il lui ait été donné de croiser. Dans ses excès, sa démesure en toute chose, ses accès de piété et ses repentirs ostentatoires, c'est la vieille Moscovie qu'elle rencontre et dont elle s'accommode. Elle comprend tout : ce qui les sépare et ce que Potemkine peut lui apporter de relations et de liens avec une Russie qu'elle ignore, mais aussi avec une vie plus folle.

La lettre que l'impératrice adresse à Potemkine le 21 février 1774 pour lui narrer son existence, et qu'elle intitule « Confession d'un cœur pur », est bouleversante. Elle y avoue ses excès, les explique, s'attachant à ne rien dissimuler d'un passé orageux : « Alors, Monsieur le Preux, après une telle confession, puis-je espérer être absoute ? Pouvez-vous comprendre qu'il y a là des fautes involontaires ou de désespoir, mais qu'on ne peut les mettre au compte de la légèreté d'esprit ni de la débauche ? »

Potemkine veut tout, exige tout de Catherine : les marques de faveur, mais aussi le pouvoir. Les faveurs, il les obtiendra, sans limites : ordres, décorations, argent, quatorze mille serfs, propriétés, tout lui sera donné. Il veut aussi un pouvoir réel et aspire à partager avec Catherine la charge de gouverner la Russie. Sans doute, sur ce plan, recevra-t-il des symboles d'autorité : il participera au Conseil, deviendra vice-ministre de la Guerre, et ministre de fait. Mais, fidèle à elle-même, Catherine s'en tiendra toujours à la décision prise au début de son règne : elle gouverne seule. Même si elle prend les avis de Potemkine, elle ne partage pas le pouvoir.

On a spéculé sur le mariage secret entre Catherine et Potemkine. Il est possible, et même vraisemblable, qu'il ait eu lieu. Peter Stegnii, l'un des meilleurs historiens contemporains de Catherine, écrit sans hésiter : « Au début de juillet 1774, Catherine épousa secrètement Potemkine en l'église de Saint-Samson, dans les faubourgs de Pétersbourg. » Mais les documents pour le confirmer manquent. L'Histoire n'a donc pas dit son dernier mot.

Quoi qu'il en ait été, Catherine hisse son amant – son mari ? – au faîte des honneurs. En 1776, il est fait prince du Saint Empire. Dans cette fortune grandissante, Potemkine se heurte à l'hostilité constante de Paul, derrière qui se dresse l'incorruptible Panine. Tous deux s'indignent des largesses de Catherine, qui semblent n'avoir pas de fin. Leurs sentiments sont confortés par des comportements qui soulignent combien, dans le cœur de Catherine, son fils compte peu par comparaison avec son favori. Un exemple : en 1774, alors qu'elle célèbre ses quarante-cinq ans, Catherine fait don à Potemkine de cinquante mille roubles – la somme qu'elle vient de refuser à Paul pour acquitter les dettes de sa femme –, et son fils doit se contenter d'une modeste montre. Ce n'est qu'à la naissance de sa première fille, en 1783, que Paul

recevra le domaine de Gatchina – un temps propriété
offerte par Catherine à Orlov – avec ses six mille serfs.

Paul et Panine s'inquiètent aussi de l'influence que
pourrait exercer sur les choix extérieurs de l'impératrice un favori qui ne cache pas son hostilité à la
Prusse, clé de voûte du système d'alliances élaboré
par Panine et auquel le tsarévitch a toujours adhéré.
Frédéric II n'est-il pas son modèle, comme il fut celui
de son père ?

La ronde des amants

La suite de l'histoire du couple n'est pas moins
étonnante que le couple lui-même. Potemkine craint
tout à la fois les foucades de Catherine et les
manœuvres qui se multiplient contre lui. En 1776, il
décide donc de s'éloigner sans rien briser entre eux,
mais en contrôlant à sa manière la vie de l'impératrice : c'est lui qui va lui présenter son successeur,
qu'il a soigneusement choisi, Pierre Zavadovski, de
vingt ans son cadet. Catherine congédiera ce dernier
au bout d'un an après l'avoir, comme il se doit,
couvert de ses bienfaits : pension, quatre mille serfs,
objets de prix...

La ronde des amants, toujours beaux, d'autant plus
jeunes que l'impératrice prend de l'âge, se poursuit.
Un courageux officier qui s'était distingué dans la
guerre de Turquie, Simon Zoritch, succède à Zavadovski. Âgé de trente-deux ans, il n'a pour plaire à
Catherine que sa beauté et sa belle stature, et a donc
tôt fait de l'ennuyer. Un an plus tard, il est à son
tour écarté pour céder la place à un bel adonis dont

Catherine vantera la splendeur à Grimm : Rimski-Korsakov, qui a à peine vingt-quatre ans tandis qu'elle-même approche du demi-siècle. Il est très beau, certes, mais exaspère Catherine, et sa faveur sera éphémère. N'a-t-il pas répondu au libraire qui lui apportait des livres pour sa bibliothèque – dont le favori ne faisait au demeurant guère usage – et qui lui demandait quel mode de classement il devait respecter : « Les grands en bas, les petits en haut ! » Pour l'impératrice, si cultivée, si attachée à la lecture, un physique avantageux ne saurait compenser tant de stupidité et d'inculture. Potemkine juge lui aussi que la liaison a assez duré, et pousse au changement.

Le successeur, Lanskoï, ouvre dans la vie de Catherine une période plus paisible : quatre années de stabilité. Trente ans séparent cette fois les amants, mais elle trouve chez ce jeune officier des raisons de s'attacher à lui : il est modeste, peu exigeant, et ne prétend pas se mêler de politique. Pour l'impératrice qui traite ce jeune favori comme un fils qu'elle peut éduquer, rapprocher de ses goûts, tout autant que comme un amant, ce sont là des années de bonheur tranquille. Elle se consacre à ses activités intellectuelles et, dans le même temps, aux projets de réformes internes. Mais cette période qui, par sa durée, confère quelque respectabilité à la liaison, s'achève dans la tragédie. Brusquement, à vingt-six ans, après une agonie de six jours, Lanskoï meurt probablement de la diphtérie, même si la rumeur impute sa fin à l'abus d'aphrodisiaques imposés, répète-t-on partout, par les exigences d'une femme vieillie, aux sens déséquilibrés. Catherine est effondrée ; jamais encore elle n'avait témoigné d'un si visible et violent désespoir. Elle écrit à Grimm, son éternel confident :

« J'ai cru mourir du chagrin que m'inspire sa mort ; j'avais éduqué ce jeune homme, il était doux, docile et reconnaissant, et j'espérais qu'il serait l'appui de ma vieillesse... »

Durant une année entière, elle s'installe dans le deuil, et la cour s'interroge : serait-ce la fin des excès pour cette femme qui n'a plus l'âge de tels débordements ? Mais, après un temps accordé au chagrin, le goût du bonheur reprend Catherine. D'autres jeunes gens apparaîtront encore dans sa vie, jusqu'au dernier d'entre eux, Platon Zoubov, qui aura le privilège de lui fermer les yeux.

Si cette vie amoureuse si longue – et, sur le tard, scandaleuse par la succession rapide des amants et leur extrême jeunesse – mérite d'être évoquée, c'est moins pour l'intérêt de ses péripéties que parce qu'elle est révélatrice d'un aspect important de la personnalité de Catherine. Çà et là, on a souvent expliqué ses excès par un tempérament débauché. À y regarder de plus près, ce que l'on entrevoit, c'est un intense besoin d'aimer, peut-être nourri par les frustrations dont sa vie a été marquée. Mariée trop jeune à un indifférent brutal, privée de son enfant quand elle eût pu trouver dans la maternité un apaisement, Catherine a été longtemps malheureuse. Son premier amant, Saltykov, ne fait nullement état chez elle d'un tempérament léger ou débauché. Elle a été poussée dans ses bras par Élisabeth, qui voulait à toute force lui voir donner le jour à un héritier et qui désespérait sur ce plan de Pierre III. La solitude, le désert sentimental des premières années russes n'ont fait que prolonger la tristesse de l'enfant mal aimée à qui ses parents en voulaient de n'être pas le garçon qu'ils avaient souhaité.

Mais Catherine savait s'attacher durablement : à Grégoire Orlov elle fut longtemps fidèle et, après lui, seul Potemkine fut l'objet d'un véritable amour, qui dura jusqu'à la mort de celui qui s'était délibérément éloigné d'elle, mais restait si présent dans sa vie. Dans les années où se succédèrent les aides de camp trop jeunes, en général trop indignes de son attention, on la prit volontiers pour une Messaline. Mais on ne saurait oublier que les hommes qu'elle aima l'ont, d'une façon ou d'une autre, abandonnée. La trahison de Saltykov, les infidélités d'Orlov, l'éloignement de Potemkine la laissèrent désespérée. Elle se rabattit alors sur d'éphémères compagnons. Mais à leur égard elle fut, tout autant qu'une maîtresse, une mère. À Grimm elle a souvent confié ses efforts pour éduquer, ouvrir l'esprit de ceux qui, un moment, partageaient sa vie. Cette mère que Paul haïssait, la mère qui ne pouvait au grand jour montrer la fierté que lui inspirait Bobrinski, peut-être aussi d'autres enfants, trouvait là quelques compensations.

On a beaucoup glosé sur les orgies auxquelles elle se livrait avec ses amants successifs, et sur ses exigences sexuelles démesurées. Les commentaires sur la mort de Lanskoï, due à une maladie que l'on ne savait soigner à l'époque, mais imputée à un aphrodisiaque, illustrent la malveillance qui entourait sa vie privée. Certes, elle a distribué sans compter pensions et surtout serfs à ses protégés d'un moment, et cette prodigalité aussi nourrissait la critique. Mais ces dotations, déplorables quand elles avaient pour effet d'aggraver encore le servage, combien d'autres qui ne furent pas ses amants en ont profité ? La générosité de Catherine s'est étendue à ses amis, à un Diderot, à tant d'hommes et de femmes dont elle respectait l'intelligence et voulait encourager les activités...

En public, Catherine ne permit jamais à ceux qui jouissaient de ses faveurs d'adopter des comportements familiers. Elle n'autorisait aucune privauté. Au demeurant, elle était fort prude, attachée à toujours préserver la décence et à se faire respecter. Plus important encore, jamais elle n'accepta qu'un de ses favoris intervienne dans les affaires de gouvernement. Si Potemkine fut associé à ses projets, s'ils rêvèrent ensemble d'une politique, c'est parce qu'elle-même en avait décidé ainsi et qu'elle estimait que son amant pouvait jouer un rôle utile dans sa réalisation. Les Russes avaient inventé un mot pour qualifier les hommes qui traversaient sa vie : *vremenchtchiki* (les éphémères). De fait, tous devaient prendre conscience de la précarité de leur position, de ce qu'ils n'étaient pour l'impératrice que des divertissements, non des partenaires. Il n'y eut jamais de Biron à la cour de Catherine. Le seul homme à peser sur ses choix, encore qu'elle ait toujours su lui trouver des contrepoids, était Panine dont elle respectait la personnalité, mais avec qui ses liens ne furent que de réflexion et d'action communes. Potemkine connut un sort particulier, on y reviendra, mais en un temps où il ne partageait déjà plus la vie de l'impératrice ; une fois encore, la place qu'il y tint s'explique par le génie qu'elle lui reconnaissait, non par leurs relations intimes.

Le bonheur d'être grand-mère

À partir de 1777, le monde de Catherine va
s'enrichir d'une autre dimension où le cœur a toute
sa place : la passion pour son petit-fils Alexandre qui,
pour des années, va dominer sa vie. Passion combien
plus sincère et durable que les attachements éphémères aux beaux éphèbes qui scandalisent alors
l'Europe ! Dès sa naissance, Alexandre, qui doit son
prénom au rêve grec de l'impératrice, est installé à
proximité de ses appartements et soumis au système
éducatif qu'elle juge approprié pour former celui
qu'elle veut déjà pour successeur. Catherine veille aux
moindres détails : des conditions de vie spartiates dès
l'enfance, allant de la dureté des matelas – dont
Alexandre gardera l'habitude sa vie durant – et des
fenêtres ouvertes par tous les temps à l'accoutumance
au bruit, et d'abord à celui des armes (la chambre du
prince est proche de la batterie de canons du palais ;
il y gagnera une légère surdité !). Les exercices physiques les plus difficiles font de lui un adolescent puis
un adulte endurci, bien bâti et robuste. Tout l'opposé
du fils méprisé.

Quand il eut douze ans, le prince fut confié au
Suisse La Harpe qui, avec d'autres précepteurs, lui
dispensa une éducation placée sous le double signe du
libéralisme et de l'attention portée aux réalités de son
pays. Les idées de Rousseau n'étaient pas non plus
étrangères à cette formation destinée à en faire un
homme des Lumières. Les humanités l'emportaient
sur les disciplines scientifiques, mais les langues y
tenaient aussi une place considérable. Alexandre fut
en tout le fidèle disciple de La Harpe, avec qui il

correspondit toujours. Il parlait aisément cinq langues, la plus familière pour lui étant le français, et la moins facile à manier, celle de son peuple. Ainsi l'avait voulu Catherine... Grâce à ses soins, Alexandre fut entouré d'objets d'art et de livres. Tout ce qu'elle aimait passionnément, son petit-fils le partagea dès l'enfance. Isolé à Gatchina, Paul était conscient du dessein de sa mère. C'était bel et bien son successeur que l'impératrice choyait ainsi, et qu'elle exhiba à la cour dès qu'il eut atteint l'âge de treize ans.

Durant toute cette période, l'adolescent n'eut pratiquement pas de contacts avec ses parents, et il resta longtemps inconscient du fossé que Catherine avait creusé entre eux et lui. Pourtant, son père, qu'il ne connaissait guère et dont Catherine répétait à l'envi : « Je vois désormais, si je n'y prends garde, dans quelles mains tombera l'Empire quand j'aurai disparu ! », n'aurait pas été indigne de converser avec ce fils si lointain. Si Gatchina était le lieu d'une étonnante militarisation – un véritable casernement où manœuvraient en permanence, à la prussienne, deux mille quatre cents soldats –, Paul avait aussi le souci de faire de son domaine un modèle culturel et social. En cela, il ressemblait à cette mère qui voulait tout ignorer de lui et de ses ambitions. Il y fit bâtir des chapelles (notamment pour les luthériens), des écoles, un hôpital. La mécanisation de l'agriculture fut expérimentée sur ses terres. Lecteur assidu, il vécut entouré de livres puisés dans une bibliothèque qui ne comptait pas moins de cinquante mille volumes. L'histoire retenait avant tout son attention ; il se passionnait pour les luttes de pouvoir à travers les siècles. Mais son caractère, dominé par la rancœur envers sa mère et par la méfiance à l'égard de tous, gâchait ses

qualités. Le comte de Ségur note à son propos :
« L'histoire des tsars détrônés et assassinés est l'idée
fixe qui obscurcit son esprit. » Comment n'aurait-il
pas ajouté à ses obsessions l'idée que son propre fils
lui était un rival ? Qu'à son tour il serait balayé par la
fatalité des successions irrégulières et brutales ?

Par la suite, lorsque Alexandre fut sur le point de
sortir de l'adolescence, Catherine l'autorisa à voir ses
parents, comptant qu'il constaterait par lui-même
combien son père, par certains traits, était inapte à
régner. Son calcul fut déjoué, car Alexandre apprit
peu à peu à estimer ce père dont il n'avait jamais
entendu parler qu'en termes méprisants. Ces deux
milieux si opposés, la cour et Gatchina, contribuèrent
sans nul doute à façonner la personnalité contradictoire du petit-fils préféré de l'impératrice : « une âme
forte et un caractère faible », ainsi que le décrira Cha-
teaubriand ; ou plus rudement encore, comme le
dépeindra Metternich : l'« étrange mélange des qualités d'un homme et de la faiblesse d'une femme ».

Ce n'était assurément pas le tempérament que
Catherine avait souhaité trouver chez son petit-fils.
Elle aurait voulu un héritier à son image. Alexandre
en restera toujours fort éloigné. Surtout, elle exigea
qu'aucune décision importante pour la vie de l'héritier
de son choix ne fût laissée à la discrétion de ses
parents ; tout devait dépendre d'elle. Elle l'avait pris
en charge dès sa naissance, l'avait formé à son gré,
selon ses principes, sans consulter personne ; de même
elle le maria selon sa volonté, condamnant une fois
encore Paul et sa femme à tout ignorer de ses desseins.

Cette monopolisation de l'enfant de son fils,
réédition du drame qu'elle avait elle-même vécu à la
naissance de Paul, met au jour un trait de son

caractère qu'il n'est pas toujours aisé de déceler dans ses rapports avec autrui : une certaine sécheresse de cœur, voire une dureté indiscutablement réservée avant tout à son fils. Mais, en regard, quelle tendresse, quelle attention prodiguées à celui qu'elle avait choisi pour successeur, ainsi qu'aux autres enfants qu'elle rassembla autour de lui ! Pour qu'Alexandre fût élevé selon les principes pédagogiques auxquels elle était attachée, elle composa elle-même à son intention un alphabet, des contes, des fables. Elle passait des heures à lui lire ou conter des histoires qu'elle avait inventées ou puisées dans le riche folklore russe ; ou bien à jouer, assise par terre, dans la chambre d'Alexandre, conviant autour de lui d'autres enfants à qui elle donnait son temps et témoignait une affection qu'elle avait toujours refusée à Paul.

Cette volonté de se consacrer à l'enfant, de contribuer à le former, de partager avec lui ce qu'elle tenait pour essentiel – avant tout le savoir et une culture française –, voilà un trait que l'on retrouve dans son comportement à l'égard de jeunes amants qu'elle traita souvent en grands enfants, comme elle n'avait jamais traité celui de ses propres enfants qu'elle n'aimait pas. La vie privée de Catherine est révélatrice de cette nature on ne peut plus contradictoire. Elle était passionnée, chaleureuse, généreuse, attentive aux autres dès lors qu'ils occupaient une place dans son cœur. La compassion et l'attention dont elle fit montre durant la longue période où Orlov sombrait dans la nuit de l'esprit impressionnèrent tous ceux qui en furent les témoins. Dure, elle ne l'était pas souvent ; mais, vis-à-vis du couple formé par Paul et la femme qu'elle lui avait choisie, elle fut aussi impitoyable qu'elle l'avait été envers l'enfant dont elle avait repris possession à l'âge de sept ans. Mystérieuse et difficile impératrice ! Double dans la vie privée, combien cette personnalité diffère de la femme équilibrée, remarquable et prévisible, qui déploie ses curiosités et ses passions dans la vie de l'esprit !

CHAPITRE VI

La vie de l'esprit

Le XVIIIᵉ siècle russe fut celui de l'apprentissage de l'Occident. On en a résumé les grandes périodes en attribuant à Pierre le Grand l'importation en Russie des techniques occidentales ; à Élisabeth, celle des modes et des manières ; enfin, à Catherine on reconnut le mérite d'avoir répandu et incarné en Russie les idées de l'Occident. Cette présentation quelque peu réductrice a du moins le mérite de rappeler qu'au cours de ce siècle, le temps de trois règnes, la Russie s'ouvrit à l'Europe pour tout ce qui en faisait la richesse. Dans cette rencontre entre l'est et l'ouest du continent, si Catherine joua le rôle décisif de « passeur » culturel, c'est que, de tous les souverains russes, elle était sans conteste la plus cultivée, la plus avide aussi de s'enrichir l'esprit.

La passion de la lecture

Dans son enfance, Catherine eut une grande chance : née princesse allemande, elle dut à sa gouvernante française une excellente maîtrise de notre langue, qui lui devint très tôt aussi familière que la sienne propre.

Adolescente, elle rencontra à Hambourg, chez sa grand-mère, un Suédois, le comte Gyllenborg, qui, en dépit de la brièveté de leurs conversations, allait exercer une grande influence sur son évolution intellectuelle[1]. Cet homme original, idéaliste, fut impressionné par l'intelligence et la maturité de la fillette au regard triste dont toute l'attitude laissait deviner une enfance solitaire et quelque peu abandonnée. À la mère, il reprocha sévèrement : « Vous ne connaissez pas les qualités d'esprit de votre fille. » Et à l'adolescente il conseilla de lire, de cultiver cet esprit qui l'avait tant frappé, et de le faire méthodiquement.

Quelque temps plus tard, Catherine se retrouvait en Russie, seule encore une fois, délaissée par le prince auquel on l'avait mariée, confrontée à des journées vides. Ce sont les livres qui remplirent alors sa vie. Elle lit d'abord tout ce qui lui tombe sous la main, surtout des romans français dont elle raffole. Elle a toujours un livre près d'elle dans sa chambre, ou dans sa poche dès qu'elle en sort. Mais elle a tôt fait de se souvenir des conseils du comte Gyllenborg. Un jour, une *Histoire de l'Allemagne* publiée en France parvient à la cour où nul ne prête attention à cet ouvrage trop sérieux, sauf Catherine qui s'en empare et, le dévorant, constate qu'elle préfère ce genre d'écrits aux romans dont elle s'est jusqu'alors nourrie. L'Histoire la fascine, elle veut connaître les grands destins que lui révèlent les ouvrages qu'elle choisit désormais. Plutarque, Tacite sont ses auteurs favoris, et elle découvre alors à quel point son éducation a pu être superficielle.

Puis s'ouvre une nouvelle étape de sa formation

littéraire grâce au baron Axel de Mardefeld qui, à la cour de Russie, représente Frédéric II : il lui recommande la lecture du *Dictionnaire historique et critique* de Pierre Bayle. Catherine va le lire scrupuleusement de la première à la dernière ligne, et y découvrir les vertus du doute. Après deux ans de cette lecture approfondie, elle se tourne vers Montesquieu dont l'*Esprit des lois* ne la quittera pas pendant des mois. Elle y apprend à mettre en question le droit divin dont se réclame l'absolutisme.

L'étape suivante la conduit à Voltaire, en compagnie de qui elle constate qu'il est possible de réfléchir de manière personnelle sur Dieu. Jusqu'alors, elle a accepté sans barguigner les enseignements de l'Église luthérienne, puis orthodoxe, sans trop approfondir ni questionner ce qui lui était assuré. Soudain, elle comprend que l'Église est aussi une puissance temporelle, souvent plus puissante que bien des États, et que sa richesse n'est guère en accord avec l'enseignement du Christ. À l'*Essai sur les mœurs* de Voltaire, qui lui devient aussi familier que l'*Esprit des lois*, comment ne pas ajouter la vie d'Henri IV, son monarque favori ? mais aussi les *Lettres* de Madame de Sévigné ? et *La Vie des dames galantes* ?

Captivée par ces lectures qui la forment, développent son intelligence, l'emportent fort loin de tous ceux qui l'entourent, la jeune princesse en oublie sa solitude. Les plus grands esprits du passé aussi bien que ceux de son temps constituent sa société. Le regard qu'elle jette dès lors sur la Russie et sur la cour est celui qu'elle leur doit. C'est à ce miroir de la culture européenne qu'elle jauge le monde dans lequel elle vit. Nul, autour d'elle, ne soupçonne combien cet apprentissage de la culture – surtout française, allemande aussi – modifie sa vision du monde. Mais, dès qu'elle se retrouve sur le trône, en 1762, le patrimoine qu'elle a acquis au fil des ans et ses préoccupations intellectuelles vont devenir des composantes essentielles de son action. Lorsqu'ils ont entrepris de comprendre Catherine et d'expliquer son règne, ses contemporains ont toujours souligné que l'esprit, chez elle, était à considérer en premier. Certains se sont même complu à décrire une intelligence hors du commun. Plus pondéré sur ce point, le grand historien Klioutchevski insiste sur sa « tête bien faite », sur son esprit subtil et sagace, informé de tout, et sur sa parfaite connaissance d'elle-même.

Si l'on veut juger de l'œuvre culturelle de Catherine, quatre champs d'étude s'imposent : ses rapports avec la pensée occidentale, avant tout les philosophes des Lumières, dont elle entendit porter les idées en Russie ; son action pour le progrès de la littérature en Russie ; son œuvre d'écrivain ; son œuvre pédagogique enfin, l'éducation étant, depuis Pierre le Grand, une préoccupation constante des souverains russes.

L'amie des philosophes

On pourrait croire que c'est là le titre d'un roman et, d'une certaine façon, il y eut bel et bien une série de « romans » que l'on pourrait ranger sous ce titre général.

Faut-il commencer par là ? Sans doute oui, car Catherine doit à la philosophie française l'étendue de ses préoccupations, sa compréhension du monde, l'aura dont elle fut entourée. D'Alembert, Diderot et

surtout Voltaire ont tenu dans sa vie une place exceptionnelle. Au cœur du XVIIIe siècle, la figure du philosophe séduit l'Europe entière. Catherine considère
que la cour sur laquelle elle règne doit avoir le sien.
Sitôt assise sur le trône, elle invite d'Alembert en
Russie, le priant de se charger de l'éducation de
l'héritier, Paul. D'Alembert refuse, faisant allusion,
dans sa lettre d'explication à Voltaire, à la mort
de Pierre III : « Je suis trop sujet aux hémorroïdes,
et elles sont trop sérieuses dans ce pays[2]. » Que
Catherine ait été offensée par son refus n'est pas
douteux, même si, durant plusieurs années, elle correspondit avec lui. Il est vrai qu'elle pouvait imputer
le rejet de sa proposition à un motif plus acceptable
pour elle : d'Alembert était proche de Frédéric II, qui
lui versait une pension ; il n'eût pas été décent, pour
lui, de déserter la cour de Prusse dans ces conditions.

S'il inquiétait Catherine, qui désapprouvait nombre
de ses idées et surtout ses principes d'éducation,
Rousseau séduisait Orlov au point que ce dernier,
esprit curieux lui aussi, le convia en 1765 à se rendre
à Pétersbourg. Cette invitation non plus n'eut pas de
suite, mais elle témoigne de l'intense curiosité pour
les idées des philosophes qui caractérise, à l'aube du
règne, non seulement Catherine, mais également ses
proches. La passion de l'impératrice pour les idées
venues d'Europe, sa générosité aussi ayant été très vite
connues, les visiteurs vont se presser à la cour de
Russie pour y proposer leur savoir, leurs projets,
voire tout simplement pour bénéficier d'une invitation : à peine Catherine a-t-elle pris place sur le
trône qu'un Bernardin de Saint-Pierre et un Casanova
se succèdent à Pétersbourg.

Bernardin de Saint-Pierre[3] se rendit en Russie en

1762 pour y chercher fortune. Et il tenta de
convaincre Catherine, tout juste parée du titre
d'impératrice, de soutenir le projet qu'il lui présentait
d'une « Compagnie pour la découverte d'un passage
aux Indes par la Russie ». Il entendait installer cette
compagnie sur la Caspienne et en faire le nœud
principal d'une voie commerciale reliant la Russie à
l'Asie. Catherine fut convaincue par Orlov de ne
point entériner un projet qui aurait assuré à une
colonie d'étrangers une position indépendante aux
confins de son empire. Déçu, Bernardin de Saint-
Pierre quitta la Russie, mais porta à son retour en
France le titre de « capitaine au service de l'impératrice de Russie » et, peut-être en guise de substitut au
projet avorté, demanda qu'elle lui fît don d'une île. Sa
nouvelle requête se heurta au silence de Catherine[4].

Bernardin de Saint-Pierre fut suivi par Casanova,
qui affirme être venu en Russie en 1764 pour y introduire l'industrie de la soie. Il échoua à convaincre
Catherine d'adopter ses vues et son séjour se borna à
multiplier les rencontres d'agrément.

Tout autre, en revanche, fut le voyage russe du
baron Charles Léopold Andreu de Bilistein, un utopiste lorrain qui, venu en Russie proposer ses services
à Catherine II, allait y séjourner dix ans, de 1765
à 1775. Pour lui, « tous les États comme tous les
hommes se ressemblent, à quelques différences près
que l'étude apprend[5] ». Lui aussi avait naturellement
un projet à proposer : relier entre eux les principaux
fleuves d'Europe pour assurer l'union économique du
continent et l'essor de son commerce. C'était certes
un Européen avant la lettre, mais il n'était guère
conscient des spécificités russes, et son long séjour,
s'il lui permit de mesurer, à l'aune de son propre

exemple, la générosité de Catherine envers les étrangers venus frapper à sa porte avec quelque proposition, ne se révéla guère concluant pour la Russie.

En 1767, le visiteur suivant, Mercier de La Rivière – encore un utopiste –, voulait introduire dans l'Empire les principes généraux du droit tirés des modèles français ou anglais[6]. Il suggéra à Catherine d'attendre, pour élaborer son programme éducatif, qu'il lui en eût exposé les principes de base, tout en exigeant des émoluments considérables alors même que l'impératrice avait cru installer à sa cour un philosophe désintéressé. Pis : Mercier de La Rivière prétendit gouverner le pays en invoquant à l'appui ses réussites en Martinique où il avait été gouverneur ! Un seul hiver suffit à ruiner sa position en Russie.

Mais les grands philosophes qui fascinent Catherine ne se précipitent pas à Pétersbourg. À commencer par Voltaire, avec qui elle entame dès 1763 une correspondance qui durera jusqu'à la mort du philosophe. Écrivain le plus influent de son temps, il avait un faible pour les souverains éclairés. Frédéric II lui devait pour une large part cette réputation. Au moment où leur correspondance s'engage, Catherine a appris que la publication de l'*Encyclopédie* pose des problèmes ; elle offre aussitôt son aide, propose d'installer une imprimerie à Riga. De même, informée des soucis financiers de Diderot, elle lui rachète sa bibliothèque au prix qu'il fixe, lui en laisse la disposition à vie, et lui verse une substantielle pension annuelle au titre de bibliothécaire...

Avec Voltaire, les relations de Catherine ne furent qu'épistolaires ; mais combien de centaines de lettres de part et d'autre ! Le philosophe louera à maintes reprises la perfection du français de l'impératrice.

Leurs échanges firent beaucoup pour la réputation de celle-ci. D'un intérêt considérable, ils témoignent de l'habileté de Catherine à utiliser son correspondant à des fins de véritable propagande. Voltaire eut d'abord à ses yeux le grand mérite de l'exonérer de l'événement qui ternissait son image, la mort de Pierre III, qu'il réduisit à une « affaire de famille ». Pirouette verbale, certes, mais qui permit au philosophe de dresser, à partir de là, un monument à la gloire de Catherine. En célébrant la « Sémiramis du Nord », l'« étoile du Nord » ou encore la « reine de Saba », il ne faisait que reprendre des comparaisons qu'il avait déjà utilisées pour Élisabeth[7]. Mais elles étaient oubliées et Catherine ne s'en formalisa point.

Elle eut des gestes qui confortèrent les sentiments de Voltaire à son égard. Elle fit ainsi un don à la veuve de Calas, ce qui inspira cette déduction au philosophe : « Vous voyez bien qu'elle n'a pas fait tuer son mari, et que nous autres, philosophes, nous ne souffrirons jamais qu'on la calomnie ! » À la différence d'autres correspondants de l'impératrice, Voltaire ne fut en revanche jamais pensionné par elle. S'il en reçut des cadeaux, ceux-ci avaient plutôt une valeur symbolique[8]. Sa propre fortune le mettant à l'abri du besoin, il n'avait pas à espérer ces aides financières dont Catherine était coutumière.

Pour celle-ci, l'appui et la caution de Voltaire étaient de toute première importance. Ils comptaient d'autant plus que les louanges du philosophe, dispersées dans maintes lettres à d'autres correspondants, valaient parfois des volées de bois vert à leur auteur. La duchesse de Choiseul l'accusa ainsi de « souiller sa plume de l'éloge de cette infâme [...], de ce monstre ». Mais les critiques adressées à Voltaire, le taxant d'indulgence aveugle ou intéressée, doivent être tempérées par deux remarques. D'abord, dans son récital de louanges, le philosophe introduit aussi des notations qui témoignent de sa lucidité ; ainsi, au détour d'une phrase, il souligne que Catherine est « la puissance la plus despotique existant sur terre », et déplore d'avoir cru naïvement qu'en Pologne elle volait de façon désintéressée au secours des *dissidents*. Par ailleurs, le monument qu'il édifie à la « Sémiramis du Nord » n'est pas sans avantages concrets pour lui et ses amis. Catherine est au courant des difficultés rencontrées par les philosophes en France. À la Comédie-Française, n'a-t-on pas dit de Diderot qu'il se fait « un honneur d'avilir sa patrie » ? n'a-t-on pas vu sur scène un Rousseau marchant à quatre pattes ? Face à la coalition de leurs adversaires, Voltaire ne peut que s'enchanter de voir la place qu'en Russie la souveraine accorde aux philosophes, et son souci d'en appeler à leurs avis pour asseoir sa politique de réformes.

C'est aussi la Russie qui lui fournit des exemples de tolérance : l'aide matérielle apportée par Catherine à Madame Calas, l'adoption de dispositions limitant les prérogatives du clergé, etc. C'est d'une lettre de l'impératrice que Voltaire extrait la phrase : « Malheur aux persécuteurs ! » ; il la diffusera à tous ses correspondants. C'est à elle qu'il dédie en 1765 la *Philosophie de l'histoire* ainsi que maints articles des *Questions sur l'Encyclopédie*, tel celui sur l'Église qui fait référence, là encore, à la Russie de Catherine. Lorsqu'il la loue avec éclat, lorsqu'il répète que sa politique est inspirée de la pensée des philosophes, c'est pour lui un excellent moyen de faire entendre à ses compatriotes qu'en France aussi les philosophes devraient guider l'État et ceux qui le gouvernent. Les relations entre Catherine et Voltaire auront en définitive été fondées sur la conscience d'un intérêt commun tout autant que sur une admiration réciproque. On comprend aisément qu'à la mort de l'écrivain l'impératrice ait voulu, malgré de nombreuses difficultés pratiques, acheter sa bibliothèque.

Dès les débuts de son règne, Catherine s'était mise à l'école de Pierre le Grand. Celui-ci avait appelé en Russie des hommes pour qu'ils y apportent leur savoir et les techniques que ce pays ignorait encore. Comme Pierre, c'est à l'Europe que Catherine demanda de l'aider à transformer son pays ; mais, pour sa part, elle pensait d'abord au monde de l'esprit et des arts. Ses chers philosophes allaient servir son projet. C'est par leur intermédiaire qu'elle put faire venir des penseurs, des écrivains, des artistes en Russie ; dans le même temps, elle leur demanda d'accueillir en France de jeunes Russes pour les aider à se former. En tête de ces correspondants privilégiés, on trouve Diderot et surtout Grimm.

Frédéric-Melchior Grimm occupe une place particulière dans le « réseau » de Catherine. Ils ont échangé quelque quatre cent trente lettres. C'est Grimm qui achetait pour le compte de la souveraine des ouvrages et objets d'art. Lorsque surgirent des difficultés pour l'achat de la bibliothèque de Voltaire, c'est vers lui qu'elle se tourna afin d'obtenir de l'aide. Grimm était l'éditeur de la *Correspondance littéraire, philosophique et critique*, diffusée à un nombre restreint d'exemplaires parmi les têtes couronnées, et Catherine s'y était abonnée dès son accession au trône. Présenté à Catherine qu'il ne rencontra qu'en 1773 – alors que le début de leurs échanges épistolaires remonte à

1764 –, il reçut d'elle, à partir de sa seconde visite à Pétersbourg, en 1776, une rente annuelle de deux mille roubles, « ainsi que le rang et le titre de colonel » qui amusèrent fort Frédéric II[9]. À l'instar de Voltaire, Grimm, non content de servir d'intermédiaire à Catherine dans sa politique d'acquisition d'objets d'art français, fut son propagandiste zélé. N'écrit-il pas en 1768, quand la France s'émeut des menaces pesant sur la Pologne : « La Pologne est aujourd'hui attaquée de cette fièvre dangereuse et convulsive [le fanatisme papiste] dont l'Allemagne et la France étaient si grièvement malades dans les deux siècles précédents ; il faut espérer que les médecins russes abrégeront le cours de cette maladie[10] » ? On peut considérer avec Marc Fumaroli que Grimm fut un véritable agent d'influence de Catherine en France, ce dont on ne saurait accuser Voltaire. Laudateur parfois excessif, certes, jamais celui-ci ne fut un agent stipendié.

Correspondre avec les philosophes était chose plus aisée que de les installer en Russie. Grimm, à qui elle offrit en vain une position stable auprès d'elle, se récusa au terme de son séjour en 1773-1774. Fidèle à sa promesse de revenir visiter sa protectrice, il réapparut en 1776, mais toujours décidé à ne point rester. Catherine n'avait pas été plus heureuse avec d'Alembert et Voltaire, et le déplorait fort. Mais la présence de Diderot à la cour en 1773-1774, et les longs entretiens qu'elle eut avec lui, lui furent une compensation remarquable. Bien avant la venue du philosophe à Pétersbourg, l'impératrice avait pris l'habitude de consulter ses représentants à Paris sur les idées de Diderot et sur ses positions quant à des problèmes qui la préoccupaient. Par ailleurs, dès 1765,

Diderot avait accepté de recruter à sa demande des
artistes et des professeurs qu'elle entendait faire venir
en Russie. Lorsqu'il s'y rendit après bien des hésitations, il y resta cinq mois (d'octobre 1773 à février
1774) au cours desquels il eut avec la souveraine des
entrevues régulières – au moins tous les trois jours –
qui duraient près de trois heures. Lui-même le précisa
à sa femme en ces termes : « J'ai mes entrées tous les
jours dans son cabinet d'études, depuis trois heures
jusqu'à cinq ou six ; je n'en use que tous les trois
jours. » La méthode présidant à ces conversations si
exceptionnelles est connue par des témoignages,
notamment celui de Jacques-André Naigeon dans des
Mémoires écrits deux ans après la mort du philosophe. Il y indique que Diderot répondait librement
aux questions de l'impératrice sur les sujets les plus
variés. Lorsque la réponse devait être plus complexe,
plus élaborée, il la développait par écrit dans un texte
que l'impératrice conservait[11]. Les *Mélanges philosophiques* de Diderot, qui rassemblent ces textes écrits
à l'intention de Catherine II, constituent une œuvre
importante qui témoigne de la volonté du philosophe
non seulement de répondre aux curiosités de l'impératrice, mais aussi de peser sur ses vues, voire sur ses
projets. Si, ne connaissant rien à la Russie, il n'était
guère préparé à lui servir de conseiller, il y avait
cependant longuement réfléchi.

Avant de se rendre auprès de Catherine, Diderot,
dans un texte politique qui figure dans la *Correspondance littéraire* de Grimm, avait sévèrement critiqué
la méthode de modernisation qui prévalait alors en
Russie ; le titre même annonçait son argumentation :
« Il faut commencer par le commencement. » Et la
démonstration suivait : « Vous voulez civiliser des

peuples ; mais vous commencez vos édifices par le faîte en appelant auprès de vous des hommes de génie de toutes les contrées. Que produiront ces rares plantes exotiques ? Rien !... Sachez cultiver la terre, travailler les peaux, fabriquer des laines, faire des souliers, et, avec le temps, sans même que vous vous en mêliez, on fera chez vous des tableaux et des statues, parce que de ces conditions basses il s'élèvera des maisons riches et des familles nombreuses. » Hors ce respect des lois naturelles, avertit Diderot, « vous vous retrouvez presque au même point de barbarie dont vous avez voulu vous tirer [12] ».

Catherine, abonnée à la *Correspondance littéraire* et qui lisait tout, avait naturellement eu connaissance de cette condamnation de ses efforts civilisateurs. Mais, au lieu de s'en indigner, elle y avait répondu en reconnaissant les faiblesses de sa politique et en mettant l'accent sur l'effort qu'elle accomplissait dans le domaine essentiel de l'éducation, où elle pouvait se targuer d'une action remarquable. La véhémente critique de Diderot ne l'empêcha pas de l'appeler auprès d'elle et de dialoguer sans fin avec lui, alors même que les suggestions qu'il lui faisait lui étaient souvent inacceptables.

Première proposition du philosophe : transformer la Grande Commission, déjà dissoute, en instance permanente. Par là, Diderot plaidait en fait pour l'établissement d'un régime représentatif en Russie. Il suggéra aussi que fût limitée la place de la noblesse dans le gouvernement et l'administration par l'instauration de concours destinés à pourvoir à toutes les fonctions jusqu'au sommet. Sans doute cette proposition était-elle conforme à la vision politique de Diderot, mais elle méconnaissait le poids de la noblesse dans l'Empire et la nécessité, pour Catherine, de la ménager de crainte de la dresser contre elle par des réformes trop rapides. L'impératrice s'appuyait sur la noblesse et considérait que l'heure n'était pas venue de perdre son soutien.

Une autre proposition du philosophe n'était pas moins désagréable à l'impératrice, car elle touchait la question si sensible de la capitale. Diderot conseillait son transfert à Moscou, alors que Pétersbourg était le symbole du projet occidentalisateur de la Russie. Comment Catherine, qui tenait obstinément à poursuivre l'œuvre de Pierre le Grand, eût-elle pu accepter ce retour à Moscou, symbole de la vieille Russie rejetée par Pierre ?

Si les propositions du philosophe ne pouvaient recueillir l'adhésion de Catherine, c'est qu'elles ne prenaient pas en compte l'état réel de la Russie en 1773, où tout n'était pas tout de suite possible, et où les exigences de la noblesse d'un côté, l'arriération du pays de l'autre, imposaient la prudence. Par ailleurs, Diderot voulait suggérer une politique concrète, alors que Catherine souhaitait avant tout obtenir de lui des explications sur les institutions de la France, sur la manière dont elles étaient nées et avaient grandi, sur les difficultés qu'elles connaissaient, comme la crise et la suppression des parlements par Maupeou. Par là, elle voulait comprendre comment, avec le temps, dans la longue durée, la Russie pourrait emprunter la même voie. Elle cherchait en France une source d'inspiration, mais n'entendait pas copier aveuglément le modèle que lui présentait Diderot, ni précipiter imprudemment le cours de l'évolution russe.

Au début de son règne, elle avait rêvé un bref moment sinon d'abolir, du moins de limiter le servage. Mais les avantages qu'il lui offrait – distribuer des serfs à ceux qui la servaient était une commodité qui lui assurait bien des fidélités –, l'opposition de la noblesse à toute mesure de ce genre, exprimée lors de la réunion de la Grande Commission, l'eurent vite convaincue d'oublier ce projet. Sur cette question capitale, le dialogue avec Diderot ne pouvait entraîner de changements ; lucide, le philosophe se garda donc bien de l'aborder de front. Mais il évoqua la nécessité pour la Russie d'encourager la propriété paysanne, condition indispensable à la création d'un monde rural prospère et responsable, à l'exemple de celui qui existait en France.

En dépit de ce désaccord fondamental qu'un certain silence adoucissait, Catherine ne cessa de s'entretenir avec Diderot et de requérir son avis sur toute autre question. Ils se séparèrent en mars 1774 dans une grande amitié. L'impératrice continua d'accorder son appui matériel au philosophe. À son retour, celui-ci développa ses idées sur la Russie. Ce sera une sorte de dialogue poursuivi entre Paris et Pétersbourg. Les *Observations sur le Nakaz*, dont il fait part à l'impératrice dans deux lettres écrites après son retour en France, sont une illustration de cette relation. Mais la relation devient ici ambiguë, car la critique se fait bien plus sévère que celle que Diderot s'autorisait dans le face à face. Catherine n'accepta pas de bon gré ces réflexions à distance et n'en tint guère compte, même si pour autant elle ne rompit jamais avec le philosophe. La preuve en est qu'elle lui demanda d'élaborer à son retour le projet d'un système d'éducation pour son pays.

D'autres souverains – Frédéric II en tête – eurent le souci de converser avec les grands philosophes de leur temps. Ce qui est exceptionnel, dans la relation de Catherine avec Diderot, c'est le tête-à-tête, sa régularité, cette longue habitude de l'entretien, le temps que l'impératrice y consacrait. C'est aussi la franchise du ton et du propos, qu'attestent les notes de Diderot, et le fait que la souveraine ait tenu à poursuivre cette relation sans précédent ni exemple dans aucune autre cour. Grimm – il ne fut pas le seul – s'indignait de la familiarité de son ami, de son absence d'égards pour la sensibilité de son interlocutrice. Il pensait que la dévotion – on a parfois dit la flagornerie – que lui-même lui manifestait était la tonalité convenant à de tels rapports. Catherine, elle, ne s'en offusquait pas. Ce n'est que plus tard – lorsque Diderot, après son retour, optera dans leurs rapports pour un style plus direct, parfois violent dans le propos – qu'elle qualifiera ses commentaires et suggestions de « babil vain ».

Si l'on tente d'évaluer les raisons qui incitèrent Catherine à consacrer tant de temps et de patiente attention à ses chers philosophes, que ce soit sous forme de conversations ou surtout de lettres, sans doute faut-il écarter l'hypothèse par trop simpliste d'une entreprise de pure propagande. Qu'elle ait vu avantage à être louée par Voltaire pour ce qu'elle était et faisait, pour être l'amie des philosophes et faire place à leurs idées dans son œuvre civilisatrice, voilà qui n'est guère contestable. Mais s'en tenir là serait passer sous silence la curiosité d'esprit de l'impératrice, le plaisir qu'elle prit toute sa vie – et ce, dès l'adolescence – à être confrontée aux idées d'autrui. Sa longue correspondance avec Voltaire, la qualité de ses lettres, de la réflexion qui les sous-tend, tout témoigne que l'importance attachée par elle à ce dialogue relevait du bonheur de l'esprit tout autant que de l'intérêt. L'aide matérielle qu'elle apporta à Diderot eût suffi à assurer sa réputation d'« amie des philosophes ». Rien ne lui imposait de passer plusieurs heures avec lui chaque semaine, hors le désir qu'il répondît à toutes ses curiosités et le plaisir d'évoluer dans la langue française, dans l'univers culturel français, de confronter sa Russie attardée aux perspectives d'un développement – fût-il très long à venir – selon le modèle français. Ce faisant, Catherine avait déjà l'impression de faire entrer son pays – par une toute petite porte, certes – dans l'Europe civilisée dont la culture française était à l'époque l'élément unificateur.

La protectrice des lettres russes

La passion de la culture française n'a nullement empêché Catherine de s'intéresser à la littérature russe, aux moyens de la diffuser, donc d'encourager une vie littéraire qui lui devra beaucoup. Son rôle en ce domaine a été salué par ses compatriotes, en premier lieu par le grand poète de son règne, Gabriel Derjavine. Il fut sans aucun doute l'un des artisans de sa gloire en Russie. N'a-t-il pas écrit à l'heure où elle disparut :

Mais désormais elle n'est plus.
L'éclat des beautés enchanteresses est terni.
Tout est recouvert de ténèbres, tout est désert,
Tout est tombé en poussière, tout est figé.
D'effroi le sang se glace,
Seul l'amour orphelin pleure...

Le désarroi du poète décrivant une Russie désolée à l'idée que le temps de la grandeur serait révolu rappelle bien ce que Derjavine apporta à Catherine : cette épithète de *Grande* accolée à son nom, qui jalonne son œuvre, et, venue cette fois de l'intérieur de la Russie, sa contribution à l'élaboration du mythe de l'impératrice civilisatrice.

La poésie domine la littérature russe dans la plus grande partie du XVIIIᵉ siècle. Mais, avec le règne de Catherine, la prose y occupe une place croissante à laquelle le mécénat de l'impératrice ne fut pas étranger. À côté du « barde officiel » de Catherine, Derjavine, les deux écrivains les plus célèbres du règne furent sans doute Fonvizine et Karamzine. Si le second appartient davantage au XIXᵉ siècle qu'à l'époque de Catherine, celle de ses débuts, Denis Fonvizine, surnommé « le Molière russe », fut le premier dramaturge russe à connaître une gloire durable. Sa pièce la plus connue, *Nedorosl'* (L'Adolescent), décrit avec précision la vie et les mœurs de la noblesse provinciale russe. Mais, dès 1769, jeune auteur dramatique de vingt-cinq ans, il avait déjà atteint à la célébrité grâce au *Brigadier*, sa première pièce, dans laquelle il tournait en dérision la « gallomanie » de la jeune génération de son pays et moquait maints travers de ses compatriotes. Avec Fonvizine, le théâtre russe trouve tout à la fois sa langue et son genre : ce sont des Russes, des Moscovites, des hommes de son temps qu'il montre aux spectateurs. Cette pièce assura aussi à son auteur un destin public : Nikita Panine, qu'avait impressionné son génie, l'appela auprès de lui comme secrétaire ; il allait conserver cette fonction jusqu'à la chute du ministre, en 1782. L'œuvre de Fonvizine dépasse d'ailleurs le seul genre dramatique :

à la fois journaliste, polémiste, penseur social, il incarne à lui seul tous les genres qui émergent alors en Russie.

S'inspirant de ce qu'elle voyait en France et en Angleterre, Catherine II voulut aussi encourager la création de journaux satiriques – excellents, pensait-elle, pour élever le niveau culturel des Russes. Elle fut directement à l'origine d'un tel organe, *Le Bric-à-brac*, et poussa à la floraison de semblables publications. *Le Faux-Bourdon*, *Le Babillard*, *Le Peintre* relèvent du même modèle. Un très grand nombre des articles qui y furent publiés étaient dus à la plume de Fonvizine. Ils révèlent le penseur social, doublé d'un polémiste. Ce qui l'intéressait au premier chef, c'était le problème social russe par excellence : les rapports entre noblesse et paysannerie, autrement dit le servage qu'il dénonçait avec force et dont il disait qu'il tournait à l'esclavage (*rabstvo*). Avant lui, aucun écrivain n'avait encore ainsi dénoncé les malheurs des serfs ni mis en scène l'arrogance et la cruauté des propriétaires. En 1773, le destin de Fonvizine aurait pu basculer, et sa « vision sociale » disparaître : pour le récompenser, Panine ne lui fit-il pas don de près de douze cents serfs ? Au même moment, visitant la France, il en découvrit les « fausses vertus », se demandant s'il n'existait pas un « mirage français » susceptible de corrompre la Russie. Cette réflexion conféra à son œuvre une tonalité slavophile. Mais, en définitive, la critique sociale l'emporta et le dramaturge resta fidèle à sa vocation de peintre d'une société condamnée à évoluer. En fait, il reflétait bien la pensée contrastée de Catherine : comme elle, il connaît le « mal russe », le retard et les pesanteurs naturelles

mais aussi morales du pays. Familier de la langue française, il en a assimilé et adopté la culture ; pour autant,
il ne peut se couper de sa patrie, même s'il en déplore
les réalités. Ses innovations linguistiques, la liberté de
pensée et de ton de son théâtre, celle de ses articles
ont incontestablement contribué au progrès de la
littérature de son époque.

Les traductions d'œuvres étrangères encouragées
par l'impératrice jouent aussi un rôle notable dans
l'évolution culturelle russe. Le « Cercle de traducteurs
du corps d'infanterie noble », créé en 1762, accomplit
un travail étonnant. Des dizaines de livres sont traduits à son initiative et mis très rapidement sur le
marché. Tous les genres, toutes les cultures y sont
représentés. L'abbé Prévost, Lesage, Fielding, Swift,
des contes de fées, des récits mythologiques, nombre
d'auteurs et d'œuvres ont ainsi contribué à nourrir
une littérature nationale dont le développement pro-
cède alors par imitation ou inspiration, entraînant
dans le même temps un remarquable enrichissement
de la culture russe, même si, au début, un certain
désordre caractérise ce processus. À la prose occidentale que les traductions mettent à leur portée, les
auteurs russes empruntent des sujets, des genres, une
technique narrative qu'ils adaptent à leur langue et à
leur propre environnement culturel. C'est ainsi
qu'apparaît dans la littérature russe le genre de la
« narration ironique », emprunté à Scarron et rendu
dans une langue parlée, émaillée de dictons populaires. C'est Michel Tchoulkov, célèbre auteur du *Per-
sifleur*, véritable « best-seller » de l'époque, qui
illustre le mieux cette tendance. Comme le souhaite
Catherine, il met aussi son talent au service du journalisme, fondant à son tour un hebdomadaire, *Et ceci et*

cela, dont il est le principal mais non le seul collaborateur. En 1769, Tchoulkov remplace *Et ceci et cela*, qui publie essentiellement des récits divertissants, par une revue mensuelle, *Le Scrupuleux Parnassien*, qui ajoute à la prose littéraire des matériaux destinés à une réflexion plus approfondie. Le succès ne sera pas au rendez-vous : le temps des *revues épaisses*, si caractéristiques du XIXe siècle russe, n'est pas encore venu ; mais il est significatif que le projet s'en dessine dès 1770.

Le libéralisme intellectuel de Catherine II dans les deux premières décennies de son règne encourage l'éclosion d'une pensée rationaliste qui puise son inspiration chez les philosophes français. Après la publication du *Nakaz*, des professeurs de l'université de Moscou et de hauts fonctionnaires de l'État se hasardent à exposer leurs vues sur l'avenir de la Russie en se réclamant du voltairianisme. C'est ainsi que le juriste Desnitski émet des propositions de réformes politiques inspirées du système anglais dans son *Mémoire sur l'instauration d'un pouvoir législatif en Russie*. Il en va de même du concours organisé par la Société libre d'économie – dont la création avait été encouragée par l'impératrice –, qui donna comme sujet à débattre « Le droit des serfs à accéder à la propriété terrienne », et dont le lauréat défendit ce droit avec ardeur. Il est remarquable que cette discussion très libre ait eu lieu en 1766, peu avant que la même question ne divise de manière dramatique la Grande Commission législative. Il convient d'inscrire dans le même mouvement d'opinion le roman utopique du prince Chtcherbatov, *Voyage en Ophirie*, composé en 1788 et inspiré en partie du *Télémaque* de Fénelon. L'auteur y mêle, d'une part, la vision nostalgique d'un

âge d'or où l'autocratie se trouvait limitée par la haute
noblesse, où la société était hiérarchisée et ordonnée,
et où la prospérité générale résultait de cette organisation mythique de la société ; d'autre part, des propositions politiques radicalement modernes : principe
électif et instauration d'une monarchie constitutionnelle. Cette relative incohérence reflète un développement accéléré des idées associé à la multiplication
des modèles littéraires et philosophiques soudain
offerts à la pensée russe.

Le journalisme, dont Pierre le Grand avait souhaité
la création dès 1702, était resté jusqu'au milieu du
siècle sous la tutelle de l'État. L'influence libérale de
l'impératrice va jouer un rôle décisif dans son épa-
nouissement. Un premier organe indépendant avait
fait son apparition en 1758 : la revue *L'Abeille indus-
trieuse*, fondée par le poète Alexandre Soumarokov
qui en était aussi le collaborateur le plus fécond.
Dans cette revue, la « gallomanie » ambiante fut pour
la première fois critiquée, et la volonté s'exprima
d'épurer la langue russe d'un excès de mots étrangers,
français notamment. Dès lors, le journalisme va se
développer dans la capitale après avoir connu une
brève tentative d'implantation à Moscou. C'est *Le
Bric-à-brac*, initiative impériale, on l'a dit, qui lance le
mouvement et entraîne la naissance dès 1769 de huit
revues satirico-littéraires. À celles qui ont déjà été
citées, il convient d'ajouter *L'Utile et l'Agréable*, où
parurent de très nombreux textes traduits du français,
et *Le Courrier de l'Enfer* (Adskaïa potchta), publié
par le romancier Fiodor Emine qui s'inspira à la fois
des *Lettres persanes* et du *Diable boiteux*. Entre 1774
et 1778, les périodiques connaissent quelques années
difficiles, mais au même moment *Le Messager de*

Saint-Pétersbourg fait son apparition ; cette publication, l'une des plus intéressantes et des plus riches
du règne de Catherine II, mêle informations et textes
proprement littéraires. Enfin, comment négliger *L'Interlocuteur des amis de la langue russe*, édité par la
princesse Dachkov et encouragé par l'impératrice ?
Revue littéraire avant tout, *L'Interlocuteur* publie les
meilleurs écrivains de l'époque. Grosse d'environ cent
quatre-vingts pages, cette publication va ouvrir la voie
aux *revues épaisses* du siècle suivant.

Enfin, dans les dernières années du règne,
Karamzine, qui revient d'Europe, lance un mensuel,
la *Revue de Moscou* (Moskovskii jurnal), consacré à
la littérature russe et étrangère. Son ambition est de
diffuser, au moyen de cette publication, une culture
humaniste, étrangère à la mode mystico-théosophique
alors en vogue en Russie et que la franc-maçonnerie
ne fait qu'encourager. Il prône aussi une simplifi-
cation de la langue, qu'il voudrait plus authenti-
quement littéraire et moins livresque. Dans une
première période de sa vie littéraire, Karamzine
avait été attiré par la franc-maçonnerie et, sous son
influence, avait cherché des modèles dans la littérature
étrangère ; après avoir rompu avec les maçons, il se
tourna vers la culture russe, s'efforçant d'en alléger la
langue, marquée jusqu'alors par une « solennité sco-
lastique mi-slavonne, mi-latine », ainsi que l'écrira
Pouchkine, lequel lui reconnaîtra le mérite d'avoir
« affranchi la langue du joug étranger » et de l'avoir
ramenée vers les « sources vives du mot populaire ».

Si le journalisme occupe une telle place dans les
lettres russes au XVIIIe siècle, c'est que Catherine l'encouragea de maintes manières : en aidant à la naissance
des publications, mais aussi par des mesures concrètes

favorisant l'impression des livres et des revues. Toute
personne souhaitant fonder une imprimerie y fut
autorisée par un oukaze de 1783, à condition de se
faire enregistrer par la police. Une certaine censure
existait certes : il était formellement défendu de cri-
tiquer la religion, le pouvoir, ou encore d'offenser les
bonnes mœurs. Mais cette censure était généralement
exercée par les imprimeurs eux-mêmes, attentifs à
éviter tout sujet ou tout auteur qui leur eût valu une
mesure d'interdiction. Parfois aussi, des organes de
police locaux, obéissant davantage à leurs propres
convictions qu'à une directive claire, jouaient les cen-
seurs. La censure en tant qu'institution ne sera créée
qu'en 1796 par Paul Ier.

Par le mécénat, qu'elle exerçait volontiers,
Catherine favorisa aussi la naissance d'une profession
littéraire. Elle distribuait des subventions aux écrivains pour qu'ils pussent éditer leurs œuvres. Ou bien
elle les nommait dans le corps des fonctionnaires, ce
qui leur assurait un traitement. Des poètes furent
attachés à l'université de Moscou, se virent attribuer
un poste de traducteur au Cabinet de l'impératrice,
ou encore firent fonction de bibliothécaires. Le
mécénat de Catherine bénéficiait à des écrivains isolés,
mais aussi à des groupes comme la Société des traducteurs, ou encore à des revues comme *Le Peintre* de
Novikov. Dans l'ensemble, bien des hommes de
lettres russes ont été redevables à Catherine d'avoir
pu se livrer à leurs activités littéraires sans que pèsent
sur eux les habituelles contraintes financières[13]. Ce
n'est qu'au début du XIXe siècle que le succès de leurs
ouvrages permettra à des écrivains de s'exprimer en
toute indépendance sans recourir au mécénat du
pouvoir, donc sans devoir jusqu'à un certain point le

ménager. La rupture entre l'impératrice et les écrivains – tout au moins avec certains d'entre eux – n'in-
terviendra que dans la dernière période de son règne,
avec l'affaire Radichtchev sur laquelle on reviendra
plus loin.

Si Catherine fut si attachée à développer les lettres
russes, à les encourager, à soutenir publications et
écrivains, c'est qu'elle-même revendiquait l'honneur
de tenir une place personnelle dans le monde littéraire. Peu de souverains dans l'Histoire ont pu se
glorifier d'avoir, autant qu'elle, écrit, traduit et même
fait jouer des pièces de théâtre. Même si l'on peut
débattre de la qualité de son œuvre, nul ne contestera
que son ambition d'être reconnue comme écrivain
était fondée.

Une femme de lettres

L'œuvre de l'impératrice de Russie se caractérise
par une étonnante diversité des genres adoptés. Sujets
politiques, pédagogie, théâtre, journalisme, traductions : le champ de son activité littéraire est on ne peut
plus étendu.

Un premier groupe, qui touche à la politique,
rassemble trois œuvres d'importance : la *Grande
Instruction* ou *Nakaz*, l'*Antidote*, les *Mémoires*. On a
déjà évoqué ici les sources auxquelles Catherine avait
puisé pour la rédaction du *Nakaz*. L'ouvrage mérite
cependant qu'on y revienne, car il témoigne de l'insatisfaction de la souveraine devant la situation de la
Russie ; il montre aussi qu'elle a compris et su poser
de manière claire les trois grands problèmes de son
pays. Elle s'est d'abord penchée sur la définition

géographique de la Russie, et sa réponse annonce déjà
la conception qui sous-tendra toute son action intérieure et extérieure : « La Russie est une puissance
européenne », affirme-t-elle dès le paragraphe 6 du
premier chapitre. Sa conviction est fort hardie pour
son temps, et loin d'être partagée, même par ses
proches. Le prince Chtcherbatov, historien éminent
de la Russie, contestera ce point de vue[14], soulignant
que l'expansion de la Russie vers l'Asie est une
donnée essentielle de sa définition ; constat historique,
certes, mais aussi vision géopolitique alternative qui
donnera naissance au XXᵉ siècle aux conceptions eura-
siennes. Là-dessus, Catherine ne transigera jamais :
pour elle, allemande d'origine, la Russie est *en* Europe
et elle est *d'*Europe, ce qui déterminera toutes ses
orientations politiques.

Le deuxième problème touche à la nature même du
pouvoir russe. La réponse qu'y apporte l'impératrice
intègre la réalité géopolitique : « Le souverain est
autocrate, car aucun autre pouvoir que celui réuni en
une seule personne ne peut agir dans les conditions
dominées par l'*espace* de ce si grand État » (paragraphe 9). Cette définition s'inspire de Montesquieu,
mais en l'adaptant, car le philosophe qualifiait alors ce
pouvoir de « despotique » ; Catherine y a substitué la
notion d'autocratie.

Enfin, le dernier problème, le plus douloureux, est
celui de la paysannerie. L'analyse qu'en fait l'impératrice rappelle qu'elle est l'élève des philosophes des
Lumières : « L'agriculture ne saurait prospérer là où
nul ne possède rien. » Dans des notes préparatoires,
elle avait écrit : « Transformer des hommes en esclaves
est contraire à la foi chrétienne. » Et encore :

« Liberté, âme de toute chose. Sans toi, tout est mort. »

À confronter ces écrits et la réalité politique, on constate aisément combien la pensée de Catherine est contradictoire. L'inspiration humaniste est réelle, même si, comme le note Klioutchevski, « ce n'étaient que les engouements juvéniles d'une femme de trente-cinq ans[15] » ; mais le poids du réel, l'opposition de ceux qui possèdent et la terre et les paysans, vont s'imposer à Catherine et la contraindre à rejeter ses illusions à l'arrière-plan. Elle a insisté sur l'importance de l'*espace* dans le mode de gouvernement ; elle a aussi compris qu'il faudrait du *temps* pour régler la dramatique question sociale qui est, à son époque, la lèpre qui ronge la Russie : un siècle... Néanmoins, les idées qu'elle a exprimées dans le *Nakaz* ont circulé, ouvert un très vif débat au sein de la Commission législative, nourri la réflexion de tous. L'intelligentsia qui naîtra au siècle suivant et qui ébranlera l'Empire est redevable de son existence au *Nakaz*[16].

L'*Antidote* est aussi une œuvre écrite en français. L'ouvrage fut publié anonymement en 1770 sous la forme d'une réponse au *Voyage en Sibérie* de l'abbé Chappe d'Auteroche, une critique virulente de la Russie parue en France en 1768. Astronome, membre de l'Académie des sciences, l'abbé avait accompli en Russie un voyage d'exploration pour le compte du roi Louis XV. Ce voyage, l'un des plus complets effectués jusqu'alors dans ce pays encore mal connu, fut à l'origine d'une relation peu indulgente sur l'état de la Russie, sa politique, ses habitants, ses mœurs. Chappe d'Auteroche n'épargnait aucune institution, aucune ville, aucune catégorie ; tout lui paraissait caractérisé par l'état de barbarie. Bien qu'il eût visité la Russie du vivant de l'impératrice Élisabeth, et non sous le règne de Catherine, cette dernière en fut indignée. À ses yeux, l'abbé était le représentant d'une France orgueilleuse, malveillante, convaincue de sa supériorité sur tous les autres États. Elle entreprit donc, dans l'*Antidote*, de lui répondre point par point[17]. Ce faisant, à l'arrogance française qu'elle dénonçait, elle opposa le génie russe, ses réussites, les progrès intellectuels et moraux de son pays. Dans l'*Antidote*, la petite princesse allemande qui s'exprime et écrit en français se mue en porte-parole de la fierté nationale russe. Quelque peu pesant à force de trop vouloir prouver les vertus russes, l'ouvrage n'a jamais été compté parmi les chefs-d'œuvre littéraires ; il n'en témoigne pas moins d'un véritable talent de polémiste.

Les *Mémoires*, dans lesquels Catherine montre une fois encore sa fidélité à la langue française, ont été rédigés à des époques différentes. Il ne s'agit pas d'un ouvrage cohérent, continu, mais de notes dispersées, destinées à expliquer et justifier ses actes. Longtemps inconnus, puisque Herzen n'allait en commencer la publication qu'en 1859, ils constituent un instrument précieux pour comprendre les conceptions politiques de Catherine et sa perception du monde qui l'environne.

L'éducation est un autre domaine qui fascina l'impératrice et l'incita à exposer ses vues*. Sans doute n'est-on pas surpris qu'elle ait accordé tant de temps à ces questions. Disciple des philosophes français, elle était d'avance gagnée à l'idée que l'éducation des hommes est un devoir sacré pour ceux qui les gouvernent. À toutes les sociétés d'Europe, les Lumières

---

* Sur la politique éducative du règne, voir *infra*, chapitre IX.

indiquaient la voie à suivre pour sortir de l'obscurantisme et atteindre à l'unité culturelle du continent :
quel autre moyen que l'éducation pour parvenir à ces
fins ? De surcroît, le pays sur lequel régnait Catherine
n'offrait pas une image très encourageante du progrès
des connaissances. Pierre le Grand avait certes indiqué
le chemin, fondé l'Académie des sciences, insisté sur
la formation scientifique et technique. Après lui, des
écoles sont créées et l'université de Moscou ouvre ses
portes en 1755. Mais, lorsque Catherine monte sur le
trône, les effets de cette politique ne sont que mar-
ginaux. La majeure partie de la société est encore
plongée dans l'ignorance. Les pièces de Fonvizine en
font la satire, mais la réalité est bien celle-là : le cocher
français qui sert de précepteur dans *Le Brigadier* rend
compte de situations fréquentes.

Catherine se penche d'emblée sur ce problème et ses
lectures préliminaires sont innombrables : Rousseau,
Locke, Montesquieu, mais surtout Montaigne qui a
marqué le plus profondément ses conceptions en
matière d'éducation. Les *Essais*, dont elle possédait un
exemplaire en français, comptaient parmi ses livres le
plus fréquemment lus et relus. Comme Montaigne
– elle en fera une doctrine à l'usage de son petit-fils
Alexandre –, elle considérait que l'acquisition des
connaissances est le but de toute éducation, mais
qu'on doit lui associer une attention constante portée
au corps : « C'est en revigorant les forces physiques
que se développera la vivacité de l'esprit », écrit-elle
en écho au « *mens sana in corpore sano* » de son maître
à penser. De même que Montaigne recommandait
d'habituer le corps au froid, au vent, au soleil,
Catherine plia la vie de son petit-fils à des conditions
qui répondaient aux préceptes du philosophe français ;

nulle mollesse, nul confort n'entourèrent l'adolescence
du futur empereur. La douceur et la persuasion, et non
la contrainte, pour aider à l'acquisition des connaissances : encore un principe qu'elle emprunte à Montaigne, de même que l'accent mis sur la part des jeux
dans la formation de l'enfant. Guère de punitions,
mais toujours l'explication paisible des erreurs ou des
fautes. Pour l'impératrice comme pour l'auteur des
Essais, le respect de l'enfant et de sa liberté est
essentiel, l'objectif étant en définitive de former son
jugement. La tête « bien faite » – plutôt que la tête
« bien pleine » – si chère à Rabelais est aussi présente
à Pétersbourg et inspire tous les écrits de Catherine.
Pour y atteindre, tout comme Montaigne, elle tient
que les qualités de celui qui enseigne – qualités pédagogiques, mais aussi morales, et d'abord la liberté de
l'esprit – déterminent la relation du maître et de
l'élève, et leur enrichissement mutuel dans cette
relation privilégiée dont le savoir et la formation de
l'être en son entier constituent les enjeux.

Le contenu de l'enseignement est un autre point
de rencontre, mais parfois aussi de divergence, entre
Catherine et Montaigne. Sur les matières fondamentales, l'accord entre eux est total. Les langues
anciennes, le grec en premier lieu, doivent devenir
aussi familières à l'enfant que sa langue maternelle.
Pour qu'il en soit ainsi, la méthode préconisée par
l'un et l'autre est identique : ces langues anciennes
ne doivent pas être mortes, mais enseignées comme
n'importe quelle langue d'usage, c'est-à-dire par la
conversation. Elles doivent donc être utilisées pour
enseigner les autres matières en même temps, dit
Catherine, que l'allemand et le français. Pourquoi

ne pas apprendre la botanique dans la langue de Montaigne, et l'arithmétique en grec ? À ces savoirs, il faut naturellement, écrit-elle, ajouter l'anglais et l'italien, ainsi que la philosophie et l'histoire. Sur deux points, cependant, nos auteurs – car Catherine a aussi composé de véritables traités sur l'éducation – se séparent : en matière religieuse, Montaigne est un sceptique qui tient à une stricte neutralité, alors que Catherine, qu'effraie la poussée de la franc-maçonnerie en Russie, veut encourager cet enseignement ; de même, en morale, Montaigne est partisan d'une approche simple et flexible, mettant l'accent sur le penchant naturel à la vertu, n'impliquant donc ni effort ni crainte, à la différence de Catherine, proche au contraire de la morale chrétienne, faite de tension humaine vers le bien et de maîtrise des sentiments. Cette femme si passionnée dans sa vie privée est, dans son enseignement, proche des stoïciens.

Cette pensée si attachée à développer un projet éducatif cohérent, Catherine l'a inscrite dans son *Instruction au prince Saltykov* lorsqu'elle nomme celui-ci précepteur des grands-ducs[18]. Certes, il s'agit pour elle de donner des orientations précises pour l'éducation de ses petits-fils ; mais, au-delà, cette instruction fait figure de programme général pour l'éducation de tout un peuple.

Pour compléter et illustrer les thèmes généraux de son instruction, Catherine a aussi composé toute une série de textes qui constituent autant de manuels : un alphabet, des contes, des entretiens, des maximes, enfin ses *Mémoires relatifs à l'histoire russe* pour former les esprits à la compréhension du passé, des particularités et des lois qui ont fait la trame de l'Empire. C'est aussi à travers de tels textes que, préconise-t-elle, l'enfant acquerra le sens civique et la capacité de décrypter les phénomènes politiques et sociaux. Les contes qui figurent dans ce programme éducatif – *Conte du tsarévitch Khlor* et *Conte du tsarévitch Fevei* – sont probablement parmi les premiers récits destinés aux enfants écrits en russe : jusqu'alors, une tradition orale véhiculait ce type de contes ; avec Catherine naît en Russie un véritable genre littéraire qui connaît une remarquable postérité[19].

Mais l'impératrice était aussi attirée par le théâtre, auquel Fonvizine donne alors en Russie un éclat particulier. Dans ce domaine, elle s'essaya, et avec succès, à plusieurs catégories de pièces : comédies de mœurs, comédies satiriques dirigées contre des cibles idéologiques, principalement contre la franc-maçonnerie[20]. Elle se lança aussi dans un théâtre d'inspiration shakespearienne, et enfin dans l'opéra-comique. Ses comédies de mœurs, comme *La Fête de Madame Vortchalkina* (Madame la Rouspéteuse), *Le Chaman de Sibérie* ou encore *La Famille détruite*, témoignent d'un grand sens de l'observation qui lui permet de ridiculiser ses contemporains, mais aussi d'un réel talent de dialoguiste. Dans ces pièces, elle s'en prend aux ridicules de la société et n'hésite pas, en particulier, à railler la noblesse et tous ceux qui l'entourent. La satire, telle qu'elle la conçoit, ne doit épargner aucune classe. Molière comme source d'inspiration n'est pas loin ! De même Shakespeare : Catherine a écrit une adaptation des *Joyeuses Commères de Windsor*, mais elle a surtout rédigé, à partir du modèle shakespearien, des drames aux sujets empruntés à l'histoire russe : *Riourik*, qui ne sera jamais joué, et *Oleg à la manière de Shakespeare*, qui fut souvent représenté et rencontra un immense succès. La franc-maçonnerie lui inspira plusieurs pièces, dont *Le Trompeur* et *Le Trompé*, traduites en allemand et en français, et qui furent représentées en Allemagne. Elle traduisit et adapta aussi Sheridan et Calderon, introduisant ainsi en Russie ces auteurs dont nul n'avait encore entendu parler. L'opéra, enfin, l'attirait : elle rédigea des livrets souvent tirés des contes qu'elle avait déjà publiés, ou encore d'histoires empruntées au folklore russe.

Catherine, on le voit, fut un auteur dramatique prolixe. Elle écrivait en russe, mais préparait et annotait ses œuvres en français. Sans doute son théâtre n'a-t-il pas engendré dans son pays une vraie tradition dramatique ; Fonvizine avait déjà imprimé sa marque au théâtre russe, et l'impératrice ne pouvait lui faire concurrence. Mais, à lire ses pièces, comment ne pas constater que les personnages en étaient souvent bien campés, qu'ils parlaient une langue vivante et drue où ne manquaient pas les reparties spirituelles ? Les thèmes développés dans ces pièces étaient de nature à bousculer les idées reçues, car ils soulevaient en général des problèmes qui commençaient à émouvoir une fraction de la société : le conflit des générations, l'obscurantisme, la bigoterie, la gallomanie des élites russes et le mépris des élites françaises pour la Russie. Comme dans le théâtre français du XVIIe siècle, les valets y étaient à la fois les porte-parole d'une révolte implicite des miséreux, les critiques de l'arrogance des maîtres et la voix de la raison. Des valets et soubrettes de Molière et Marivaux aux serviteurs du théâtre de Catherine, la filiation est évidente ; l'impératrice se montre là tout imprégnée de ses lectures françaises.

Catherine fut aussi journaliste. Admiratrice des périodiques anglais – notamment du *Spectator* –, elle se délectait des revues satiriques, et combien d'entre elles publièrent ses articles non signés, mais dont il était aisé d'identifier l'auteur !

Enfin, pour cette femme qui passait si facilement d'une langue à l'autre en parlant ou en écrivant, traduire était une occupation à laquelle elle attachait beaucoup de prix. La traduction dont elle éprouva le plus de fierté est celle, célèbre et qui mérite donc commentaire, du *Bélisaire* de Marmontel ; elle a elle-même décrit l'aventure de cette traduction :

« Lorsque *Bélisaire* arriva en Russie, il se trouva qu'une douzaine de personnes s'étaient proposées de descendre la Volga depuis la ville de Tver jusqu'à celle de Simbirsk [...]. Ils résolurent de traduire *Bélisaire* en langue du pays. Onze d'entre eux partagèrent au sort les chapitres, le douzième, qui vint trop tard, fut chargé de composer une dédicace à l'évêque de Tver que la compagnie trouva digne d'être nommé à la tête de *Bélisaire* [...]. Notre traduction vient d'être imprimée[21]. »

Ce propos, Catherine le tient en fait dans une lettre adressée à Marmontel. Son enthousiasme pour l'œuvre, elle l'a maintes fois exposé, venait d'abord des conditions qui avaient entouré sa parution. Jugé sulfureux, le manuscrit avait difficilement obtenu l'autorisation d'être publié ; mais quand il le fut, en 1767, son succès fut considérable. Condamné par l'Église, l'ouvrage fut défendu par Voltaire. Quelle meilleure recommandation pour sa disciple pétersbourgeoise ! De même que Catherine avait souhaité venir en aide à la veuve de Calas, elle fit de *Bélisaire* sa cause. Marmontel avait envoyé son ouvrage aux têtes couronnées d'Europe, et Catherine fut, de toutes, celle qui lui témoigna la plus vive admiration. Comme elle l'écrivit à l'auteur, elle décida de lancer une traduction collective et, dès mai 1767, put annoncer triomphalement à Voltaire que l'entreprise était achevée, en cours d'impression, et que son résultat ferait l'objet d'un dépôt à la Bibliothèque royale[22]. En fait, le texte imprimé ne devait paraître que quinze mois plus tard et ne fut pas déposé à la bibliothèque du roi de France...

Les récits de Catherine sur les conditions dans lesquelles fut réalisée cette traduction sont empreints de fantaisie. La prétendue promenade sur la Volga fut en réalité une expédition mobilisant deux mille personnes, embarquées à bord de trois galères entourées de nombreux bateaux. Dans sa lettre à Marmontel, Catherine insiste sur les imperfections, voire les incohérences de la traduction, imputables à un travail collectif d'amateurs de bonne volonté. Mais, à y regarder de plus près, on constate que l'équipe rassemblée par l'impératrice comptait plusieurs écrivains ou traducteurs confirmés, qu'elle-même avait revu et re-rédigé l'ensemble du texte, veillant sans doute à lui conférer ce tour spontané, d'un dilettantisme recherché, si caractéristique de son siècle[23].

Marmontel fut conscient du caractère bien particulier de la traduction de Catherine II. Il lui écrivit qu'il avait, ignorant la langue russe, fait retraduire son texte en français : « Je me suis fait expliquer littéralement cette version embellie. » Tout en laissant percer quelques perplexités sur cette version, Marmontel n'en contribua pas moins à la réputation de sa traductrice : « L'amour que Votre Majesté Impériale témoigne pour la philosophie est le plus infaillible

gage de toutes ses autres vertus[24]. » Adapté encore
plus que traduit par les navigateurs de la Volga, l'ouvrage de Marmontel fut largement diffusé, passionnément lu et parfaitement compris en Russie. Par là
aussi, l'initiative de l'impératrice contribua à faire
pénétrer une pensée occidentale contraire à l'ordre
politique régnant dans son pays. Gouverner en se
fondant sur la loi, comprendre que l'arbitraire du
pouvoir verse inéluctablement dans la tyrannie,
comme Bélisaire en avertissait Justinien, un tel
message reçut un large écho. Il inspirera des élites qui
deviendront un jour l'*intelligentsia*, et la dette de
Radichtchev à l'égard de *Bélisaire*, même s'il ne l'a pas
reconnue, est incontestable.

   Écrivain, historienne, Catherine eut la passion des
livres au point de consacrer une attention permanente
à la constitution de sa bibliothèque personnelle.
Elle commença à rassembler des ouvrages dès 1745,
tout juste arrivée en Russie, et pendant trente ans ses
livres furent entreposés dans son bureau ou à sa
portée avant que l'ensemble ne soit regroupé de façon
plus traditionnelle sous la Salle ovale du palais
d'Hiver. Dès 1762, un bibliothécaire fut attaché à la
Bibliothèque impériale (qui resta réservée à l'impératrice) ; en 1790, on y dénombrait déjà quarante mille
volumes. Elle fut enrichie en permanence par des
achats effectués en Russie et à l'étranger ; Grimm,
notamment, en était le fournisseur attitré pour tout
ce qui paraissait à Paris. La bibliothèque de Diderot
(2 900 volumes), celle de Voltaire, celle du marquis
Gagliani, en Russie toute la bibliothèque et les
archives du prince Chtcherbatov achetés à sa veuve
(1 290 volumes en langue russe et 7 340 en langues

étrangères) : autant d'acquisitions massives qui confé-
rèrent à cette bibliothèque un caractère encyclopé-
dique.

Comment ne pas rappeler enfin la correspondance
considérable qu'entretint l'impératrice avec ses
contemporains : les philosophes français, le roi Frédéric II, mais aussi l'historien russe Chtcherbatov et
tant d'autres dans son pays[25]. Pourtant, c'est avec
Grimm que ses échanges furent les plus libres et sans
doute les plus francs. Là s'épanchent les bonheurs
privés et les peines ; là transparaît peut-être le mieux
la nature diverse et flamboyante d'une femme de
pouvoir qui se voulait aussi impératrice dans le
domaine de l'esprit.

CHAPITRE VII

« Pour le salut de la foi
et de la patrie »

Le couronnement de Catherine II fut salué par la frappe d'une médaille portant l'inscription : « Pour le salut de la foi et de la patrie ». D'emblée, la jeune impératrice se posait donc en défenseur de la foi et signalait la place que la religion tiendrait dans ses choix. Ici, le lien entre foi et patrie n'est pas fortuit. Depuis le début du siècle, la société russe avait été troublée par les décisions contradictoires des souverains en matière religieuse. Dès l'avènement des Romanov, le lien entre Église et État était devenu étroit. Le père du premier souverain de la dynastie, le tsar Michel, n'était-il pas un homme d'Église, patriarche* portant le titre de « grand souverain » et cosignant tous les documents officiels de l'État à égalité avec le tsar ? Par ses réformes, Pierre le Grand avait brisé cette union à laquelle les Russes étaient accoutumés. Supprimant en 1721 le patriarcat, il l'avait remplacé par le Saint Synode, qui était une bureaucratie, et avait fait prévaloir une conception moderne des rapports de l'État et de l'Église impliquant la

---

* Le Patriarcat de Russie a été créé en 1589. Le chef de l'Église russe fut alors élevé au rang de patriarche.

soumission du pouvoir spirituel au pouvoir temporel. Après Pierre le Grand, la religion orthodoxe en Russie avait connu de nouvelles périodes d'incertitude concernant son statut. L'entourage allemand de l'impératrice Anne, puis Pierre III avaient favorisé le luthéranisme et fait montre d'un grand mépris envers la religion nationale, poursuivant ainsi, quoique d'une autre manière, la politique de Pierre Ier. La rupture de 1721 entre l'Église et l'État avait en effet été inspirée à ce dernier par l'exemple luthérien de la Réforme et par sa propre volonté de rompre avec la Moscovie orthodoxe et le modèle byzantin, c'est-à-dire avec toute la spécificité russe. Pierre III, pour sa part, haïssait tout de la Russie et entendait donc favoriser toutes les autres religions au détriment de celle qui rassemblait la majorité de la nation...

L'arrivée en Russie, puis sur le trône, d'une princesse allemande élevée dans la foi luthérienne allait entraîner une double révolution : dans les comportements personnels de la souveraine et dans les rapports entre Église et État.

La foi de Catherine

Qui se prononcera jamais sur la foi de Catherine II ? Les appréciations des contemporains et des historiens ont été contradictoires, mais comment eût-il pu en être autrement ? Disciple de Voltaire, amie de philosophes incroyants, parfois athées militants, est-ce là la vraie Catherine ? Ou bien fut-elle avant tout le « chef de l'Église orthodoxe », comme elle aimait à dire ?

C'est à son arrivée en Russie et à sa conversion qu'il faut en revenir pour tenter de comprendre comment

elle entra dans la religion orthodoxe. La princesse allemande de quinze ans qui quitte alors sa famille est
une luthérienne parfaitement informée de sa religion,
certes, mais aussi de l'orthodoxie qu'elle va embrasser.
Son éducation religieuse avait été confiée au prédi-
cateur de la cour, le chanoine Pérard[1], mais surtout au
pasteur luthérien Dowe et à un aumônier militaire, le
pasteur Wagner. Cette formation éclectique – œcumé-
nique, pourrait-on dire – s'explique par la volonté du
prince Christian-Auguste d'Anhalt-Zerbst – esprit
ouvert et juste, écrira sa fille[2] – de donner à l'adolescente les moyens de comprendre la religion et même
d'en choisir une qui lui convînt. Le pasteur Dowe
– que Catherine trouvait, comme tout luthérien, par
trop rigide – lui ouvrit cependant des horizons sur la
religion orthodoxe : « Je lui demandai un jour quelle
était la religion la plus ancienne, et il me répondit
que c'était la grecque, que c'était elle aussi qui
s'approchait le plus de la croyance des apôtres[3]. » De
ce temps, précise-t-elle, datent son intérêt et son
respect pour cette Église orthodoxe qui deviendra
bientôt sienne.

À l'enseignement du pasteur Wagner, elle doit une
autre certitude : la liberté de choisir sa propre
confession. Il lui avait en effet inculqué que, jusqu'à
la communion, chacun était libre de décider de la
religion qui lui conviendrait le mieux. Ainsi l'adolescente était-elle toute prête à se convertir, contrairement à ce qu'avaient redouté ses proches et même
Frédéric II, grand instigateur de son mariage avec le
futur Pierre III.

Sa première formation dans l'orthodoxie fut confiée
à un prélat qui avait étudié la théologie en Allemagne,
l'archimandrite Simon Todorski, qui ne nourrissait

guère de préjugés envers quelque religion que ce
fût, ce qui convenait fort bien à une adolescente
dont l'esprit d'indépendance était déjà affirmé. Sa
conversion, a-t-elle confié, se fit sans états d'âme. Elle
eut lieu le 28 juillet 1744 dans la cathédrale de la Dormition, et si quelque chose l'impressionna, ce fut le
somptueux éclat du rite orthodoxe, aux antipodes du
culte luthérien si dépouillé. Guère douée pour la
musique, Catherine ne fut probablement pas très sensible à la beauté des chants, inséparables de toute cérémonie orthodoxe. En revanche, l'atmosphère de haute
spiritualité, les rituels à la fois si ordonnés et si divers,
de très ancienne tradition, ne pouvaient que la séduire,
elle qui toujours fut attirée par la mise en scène de
chaque moment de l'existence.

Qu'elle se soit convertie sans regret, non seulement
les témoins de l'événement le constatèrent, mais on en
trouve trace dans une de ses lettres, adressée à Grimm
le 18 août 1766. Évoquant la conversion de la princesse de Wurtemberg que le grand-duc Paul devait
épouser, elle notait : « Dès que nous la tiendrons,
nous procéderons à sa conversion. Il faudra bien
quinze jours [...]. Pastoukhoff est allé à Memel lui
enseigner l'*abc* et la confession en russe ; la conviction
viendra après[4]... » Est-ce à dire que, pour Catherine,
la conversion fut un acte de pure forme ? Toute
réponse ne reposant pas sur ses propos serait imprudente, mais force est de constater qu'à peine convertie
elle montra une piété, un attachement à sa nouvelle
foi d'autant plus remarquables que son attitude
contrastait avec les propos irrévérencieux, voire
brutaux, de Pierre envers la religion orthodoxe.

Convaincue ou non, la jeune princesse fut très
proche, à partir de 1757, de l'archevêque Dimitri de

Novgorod qui fut, dix ans durant, son père spirituel et son grand conseiller en matière de politique religieuse. Il importe de souligner que l'archevêque – il deviendra métropolite en 1762 – était l'une des plus intéressantes personnalités de l'Église orthodoxe de ce temps. Bon théologien, esprit plein de lucidité et de courage, il ne craignit jamais de dire son fait à l'impératrice, de défendre la justice et la charité contre le pouvoir et ses excès. Que Catherine l'ait choisi pour guide spirituel et conseiller témoigne à tout le moins d'une grande sagesse. Si l'archevêque, pour sa part, soutint d'emblée la jeune grande-duchesse, c'est qu'il avait été le témoin, voire l'exécuteur obligé des décisions anti-orthodoxes prises par Pierre III dès son accession au trône. C'est lui, Dimitri, qui avait en effet été convoqué par le tsar pour recevoir l'ordre de faire ôter sans délai de toutes les églises les représentations des saints[5]. Il en avait été horrifié, sans être en mesure d'y résister. Comment, à ce comportement étranger, voire foncièrement hostile à la tradition orthodoxe, n'aurait-il pas opposé la volonté de Catherine de se poser en défenseur de son Église ? Comment s'étonner qu'à l'heure du coup d'État de 1762, le prélat ait figuré parmi ceux qui en avaient été informés ? Lorsque Catherine fut intronisée, il prépara son accueil à la cathédrale de Kazan et lui prêta aussitôt serment. L'Église donnait ainsi son aval au brutal changement de souverain. À l'heure où elle monte sur le trône, toute l'attitude de Catherine confirme ses comportements religieux antérieurs et explique l'appui que la hiérarchie lui accorde.

La défense de la foi

Le manifeste du 28 juin qui accompagne cette accession au trône évoque la défense de la confession orthodoxe. Le manifeste du couronnement y insiste plus encore. Et la médaille déjà mentionnée souligne le rôle que Catherine revendique, celui de défenseur d'une foi naguère si malmenée par Pierre III. Mais, dès l'instant où commençait son règne, Catherine ne pouvait se contenter de faire montre de piété, il lui fallait prendre position sur toute une série de problèmes pendants : celui des biens d'Église, celui des rapports avec les autres religions – empire multiethnique, la Russie abrite maintes confessions, chrétiennes ou non, et sectes –, enfin celui des rapports entre l'Église et l'État.

Sur la sécularisation des biens d'Église, on a vu comment Catherine a décidé d'agir avant même de se lancer dans l'aventure législative. En sécularisant les biens monastiques – oukaze du 26 février 1764 –, non seulement elle a poursuivi l'œuvre de ses prédécesseurs, mais elle a mis à profit la crise que provoquaient ses décisions pour décourager toute manifestation, voire toute velléité d'indépendance du clergé. La condamnation et la dégradation de son opposant le plus farouche, Mgr Arsène, démontrèrent à tous les dignitaires de l'Église qu'ils ne pouvaient sans péril se heurter à l'impératrice. Les soutiens dont elle disposait par ailleurs dans l'Église – le métropolite Dimitri en tête – montraient qu'elle n'était nullement isolée. Comme Pierre le Grand, Catherine sut indiquer d'emblée que, pour elle, le pouvoir ne se partageait pas, qu'il était avant tout temporel et que l'Église devait lui prêter appui. « Pour la foi et la patrie » : l'inscription de la médaille prenait ainsi tout son sens.

Sitôt l'Église domestiquée, Catherine lui reconnut un rôle dans l'élaboration de ses projets. Lorsqu'elle réunit la Grande Commission, le métropolite Dimitri fut convié à y représenter le Saint Synode. Son discours, lors de la rencontre entre Catherine et les députés, témoigna de son accord avec les conceptions de l'impératrice. Il affirma que, par sa volonté de mettre de l'ordre dans le Code des lois, Catherine se situait dans la lignée de Justinien, l'empereur d'Orient dont le Code, élaboré en 529, avait tenté d'introduire dans le droit le souci chrétien de justice sociale. La référence était certes excessive, mais se justifiait par le fait que Catherine entendait précisément aborder la réforme législative en y incorporant l'attention aux personnes, conformément à l'enseignement de l'Église.

Lorsque le métropolite Dimitri disparut en 1767, l'évêque de Tver, Gabriel[6], qui deviendra métropolite en 1783, lui succéda à la Commission législative et fut dès lors le plus haut dignitaire du Saint Synode. Le respect que lui témoignait Catherine la conduisit à le consulter régulièrement sur sa politique religieuse, comme elle avait fait avec Dimitri. En signe d'une certaine connivence, c'est à lui qu'elle dédia la traduction du *Bélisaire* de Marmontel. Mais, aux côtés de Gabriel, un autre prélat joua un rôle essentiel auprès de Catherine : l'archiprêtre Jean Panfilov[7], lui aussi membre du Saint Synode, qui devint le père spirituel de l'impératrice après la disparition de Dimitri. Comme il avait toujours accès à elle, ses conseils eurent un poids décisif dans l'orientation de la politique religieuse du règne, d'autant plus que des liens étroits l'unissaient au métropolite Gabriel.

En ce domaine, le comportement personnel de Catherine fut toujours marqué par le respect, le refus d'entendre des propos antireligieux ou des proclamations d'athéisme, en dépit de son amitié avec des philosophes qui parlaient de ces sujets avec désinvolture, voire hostilité. Diderot, qu'elle traitait pourtant avec la plus grande cordialité, fut plusieurs fois rappelé à l'ordre quand son incroyance s'exprimait par trop ouvertement. N'organisa-t-elle pas une rencontre entre le philosophe et le métropolite Platon pour tenter d'intéresser le premier à la spiritualité ? De manière plus générale, elle contrôla en Russie la diffusion des ouvrages des encyclopédistes dès lors qu'ils étaient marqués du sceau de l'athéisme. Elle demanda même à Diderot de lui présenter un projet d'université où la religion figurât en bonne place. Diderot s'y soumit, mais, semble-t-il, avec de telles réticences que son projet n'agréa pas à la souveraine.

Comment ignorer que cette femme curieuse de tout mit aussi son appétit de savoir au service de la religion ? Par ses entretiens avec des dignitaires de l'Église d'une remarquable qualité intellectuelle – il faut y inclure le métropolite Platon, qu'elle avait chargé de l'éducation religieuse de son fils et qu'elle prit pour conseiller de ses projets éducatifs –, par ses lectures, elle acquit une familiarité avec les Pères de l'Église presque égale à celle qu'elle avait développée avec les philosophes des Lumières. Étonnante Catherine, aussi à l'aise avec Grimm ou Diderot qu'avec des théologiens réputés ! C'est peut-être à

l'influence de ces derniers qu'il faut imputer la distance qu'elle prit, dans les dernières années de sa
vie, avec les idées des Lumières. On a trop souvent
expliqué cette évolution spirituelle par l'influence
négative que la Révolution française aurait exercée sur
elle, alors que l'on perçoit chez Catherine les traces
d'une réflexion religieuse approfondie bien avant
1789. L'année de la mort de Voltaire, elle décida de
s'attaquer à une vie de saint Serge de Radonège, la
plus haute figure de la chrétienté médiévale d'Orient.
Choisir pour sujet de livre un saint qui combinait à
un tel degré humilité et spiritualité ne relevait pas du
hasard, mais rendait compte de l'attraction qu'exerçait
sur l'impératrice la religion sous sa forme la moins
mondaine et la moins hiérarchisée. Quel souverain,
avant elle, à l'exception du pieux tsar Michel et du
« très doux » Alexis, avait montré un tel souci de
donner à la vie religieuse une place centrale en Russie,
même si Catherine contestait à l'Église une autorité
politique comparable à la sienne ? Mais, maîtresse du
système politique, elle sut aussi développer, à l'égard
des diverses religions présentes en Russie, une action
marquée du sceau de la tolérance et d'une suprême
habileté.

Réconciliation avec l'islam

Sitôt qu'au milieu du XVIIe siècle commence son
expansion, la Russie, empire multiethnique, fut
confrontée au problème des religions qu'elle allait
rencontrer et absorber dans son espace. Musulmans,
juifs, catholiques, les « peuples du Livre » y ont été
sans cesse plus nombreux au fil des conquêtes.

Catherine ne pouvait élaborer une politique d'ensemble dans la mesure où, avant elle, ses prédécesseurs
avaient déjà adopté des solutions extrêmement
diverses dans le temps ou dans les rapports avec
chaque confession. Elle opta d'emblée pour la tolérance, et ce choix s'exprime dans le *Nakaz* auquel elle
avait travaillé avec ardeur dès les premiers jours de
son règne. Cette ligne de conduite lui était inspirée
par sa formation, par son tempérament curieux de
toutes les confessions, mais aussi par le réalisme
politique.

L'islam avait été pour les souverains russes un problème constant depuis 1552. La chute des khanats de
Kazan (1552) et d'Astrakhan (1556) avait intégré dans
l'État chrétien de Russie de grands peuples, Tatars et
Bachkirs, et de petits groupes musulmans installés
tout au long de la Volga. La conquête de la Sibérie et
l'union avec l'Ukraine renforcèrent encore la population tatare. Catherine, qui gardait à l'esprit l'œuvre
inachevée de Pierre le Grand, pensait qu'aux abords
de la mer Noire, si elle arrivait à l'atteindre et à s'y
maintenir, vivait encore un grand nombre de musulmans que l'Empire se devrait d'incorporer.

La conquête de Kazan avait jadis suscité un grand
élan de prosélytisme orthodoxe. Au lendemain de sa
victoire, Ivan IV (le Terrible), entrant dans la ville,
avait décrété qu'une immense cathédrale serait édifiée
sur l'emplacement d'une mosquée pour marquer
avec éclat la suprématie de la Croix sur le Croissant.
Une politique de conversion systématique s'ensuivit,
Kazan devant servir de point de départ à la conquête
du monde musulman et à l'expansion de la chrétienté
orthodoxe[8]. L'Église russe déploya d'énormes efforts
pour accélérer cette christianisation, envoyant des

missionnaires, ordonnant à tous les diocèses et monastères d'adresser des fonds à Kazan, instituant là en quelque sorte un « impôt de christianisation ».

La volonté d'éradiquer l'islam des terres conquises fut durable. Les moyens seuls évoluèrent. Ils furent plus flexibles au XVIIe siècle, où l'on tenta de convaincre les musulmans de se convertir, et non de les y forcer. Cependant, Pierre le Grand, toujours désireux d'aller vite, mit sur pied une commission chargée de la conversion des non-chrétiens, appelée « Comptoir des néophytes » (*Novokrechtchenskaia Kontora*)[9], dont l'activité se signala par une multiplication des violences : conversions forcées, enlèvements d'enfants pour les baptiser, destructions de mosquées. C'est ainsi que, dans le gouvernement de Kazan, 80 % de ces édifices religieux furent détruits. Ces violences exercées contre l'islam, cette volonté de l'extirper des terres conquises ne découlaient pas d'une quelconque inspiration religieuse, mais faisaient partie du projet modernisateur de Pierre le Grand : à quoi lui eût-il servi de briser la vieille Moscovie s'il conservait dans ses frontières ces populations témoignant d'une civilisation différente ? Cette fureur antireligieuse ne se révéla guère payante : les conversions forcées ne purent venir à bout de l'attachement profond des populations à l'islam, et des vagues de troubles répondirent souvent à une politique d'intolérance et de contrainte.

C'est aux musulmans que Catherine entreprit d'emblée d'appliquer ses principes de tolérance. Elle était consciente de l'échec de la politique de conversion forcée, et des mécontentements qu'elle avait provoqués. Quelques années après son installation sur le

trône, elle aura d'ailleurs loisir de mesurer les conséquences de l'action de ses prédécesseurs en constatant
l'adhésion des musulmans de la Volga et de l'Oural à
la révolte de Pougatchev[10]. En ralliant le rebelle, c'est
la politique anti-islamique conduite depuis le début
du siècle que rejetaient ces peuples. Les dispositions
prises par Catherine à partir de 1764 n'avaient pas
suffi à les convaincre qu'ils pouvaient faire confiance
au pouvoir russe. Pourtant, dès ce moment, elle avait
aboli le « Comptoir » créé par Pierre le Grand et
décrété que les règles fiscales et celles qui organisaient
la conscription s'appliqueraient indistinctement aux
musulmans et aux Russes. Enfin, elle convia les représentants des peuples conquis à la Commission législative. Les députés musulmans y dénoncèrent les
discriminations dont ils avaient souffert et récla-
mèrent le droit de professer leur religion. Il leur fallait
des lieux de culte, que les prédécesseurs de Catherine
s'étaient employés à détruire. Elle autorisa d'abord
l'édification d'une mosquée à Kazan, puis, en 1773,
la construction de mosquées dans tous les territoires
conquis. Elle interdit les conversions forcées. Les missionnaires, de leur côté, furent priés de se montrer
plus discrets. L'oukaze du 17 avril 1773 accordait la
liberté religieuse à tous les musulmans de l'Empire
et leur reconnaissait le droit de construire écoles et
mosquées. Ce texte répondait aux revendications formulées quelques années auparavant par les députés
musulmans devant la Commission législative.

Enfin, Catherine décida de doter l'islam d'un statut
administratif propre – ce qui, après le temps des
persécutions, l'installait comme religion légale de
l'Empire. En 1782, elle créa un muftiat à Orenbourg

(déplacé plus tard à Oufa) et une Assemblée spirituelle des musulmans[11]. Le mufti, nommé par décret
par le gouvernement russe et rétribué par lui, était
ainsi, comme les membres du Saint Synode, un haut
fonctionnaire. Il présidait l'Assemblée spirituelle et
avait autorité sur les Tatars et les Bachkirs en matière
religieuse aussi bien que civile, puisque le droit
musulman était – sauf en matière criminelle – reconnu
dans ces régions.

La politique de tolérance de Catherine ne se limita
pas à la vie religieuse, mais s'appliqua aussi à l'économie par l'octroi de privilèges considérables aux
marchands et entrepreneurs des terres d'islam. Le
libéralisme obéissait ici à une raison stratégique :
l'impératrice cherchait à éliminer de ses possessions
les puissances économiques rivales, c'est-à-dire les
émirats indépendants de l'Asie centrale. Dans le même
temps, en favorisant ses sujets musulmans, elle
entendait conquérir les marchés des émirats. Cette
politique connut un réel succès qui lui assura le
soutien d'une « classe » économique montante,
surtout composée de marchands qu'elle encourageait
à l'action.

Le libéralisme religieux produisit des résultats non
moins heureux dans la mesure où il pacifia les peuples
de la région. Mais il eut aussi un effet prévisible,
quoique bien moins souhaité : l'islamisation reprit de
manière ouverte dans toute la partie musulmane de
l'Empire. Ce retour à l'islam, encouragé par l'ouverture d'écoles et d'universités coraniques, renforça
le caractère traditionnel et religieux de ces régions de
Russie où le conservatisme musulman prévalut jusqu'au milieu du XIXe siècle. On ne peut cependant
tenir cette évolution pour un échec : la Russie y gagna

la fidélité de ses sujets musulmans, le calme intérieur de ses marches, enfin des appuis pour ses conquêtes à venir en Crimée et plus tard au Turkestan.

Intégrer la communauté juive ?

Le problème juif était d'une tout autre nature et bien plus complexe. Sans doute, de Pierre le Grand à Élisabeth, des mesures souvent contradictoires avaient-elles été adoptées. Tantôt les Juifs étaient repoussés hors de Russie (dispositions prises par Catherine Ire en 1727, puis par Élisabeth en 1742 : « Dans tout notre empire, les Juifs sont interdits ») ; tantôt, par acquiescement silencieux ou encore par une volonté clairement exprimée, ils étaient autorisés à venir s'installer en Russie « parce qu'utiles au commerce », ce qui fut le cas durant le bref règne de Pierre II. Plus concrètement, on constate que les Juifs de l'Empire étaient plutôt installés en Ukraine et Petite Russie*, et que l'accès à Moscou leur était toujours difficile. Pour comprendre ces rapports heurtés entre le pouvoir russe et les Juifs, il convient d'ajouter que la conception russe du judaïsme était strictement religieuse. Un Juif converti au christianisme n'était plus considéré comme juif. Ce qui explique certaines carrières exceptionnelles, telle celle du baron Pierre Petrovitch Chafirov, « le Juif de Pierre le Grand », qui fut maître de la diplomatie durant tout son règne ; Chafirov était le fils d'un marchand nommé Isaïe Safir, mais qui se convertit et, expliquait son fils,

---

* Province de l'empire, située entre Dniepr et Don, dite encore « Ukraine de la rive gauche » incorporée à la Russie en 1654.

« mourut en chrétien, gentilhomme moscovite par la grâce du tsar ».

À peine Catherine fut-elle couronnée qu'elle dut se prononcer sur l'opportunité d'autoriser les Juifs à entrer en Russie. La question était posée devant le Sénat, où se dégageait une certaine tendance à y répondre positivement. Catherine craignait en l'occurrence de se retrouver dans une position délicate, car le coup d'État était encore présent à toutes les mémoires et, pour affirmer sa légitimité fragile, il lui fallait se poser en orthodoxe intransigeante. Mais, dans le même temps, elle était personnellement encline à ouvrir aux Juifs les portes de l'Empire, et convaincue qu'une telle décision pouvait être comprise de la société. Hésitant entre les deux termes de l'alternative, elle opta finalement pour une troisième solution : l'attentisme. L'examen du projet fut retardé et, lorsqu'il revint sur le tapis, elle apporta une réponse restrictive à cette question : en décembre 1762, dans le manifeste sur le droit d'établissement des étrangers en Russie, les Juifs étaient exclus de ce droit. Cette décision était pourtant moins radicale qu'il n'y paraissait, car, dans la pratique, Catherine autorisa l'entrée des Juifs dans la *Nouvelle Russie**, terre ouverte à la colonisation, en insistant sur la nécessité de ne désigner ces nouveaux venus que comme « marchands de Nouvelle Russie[12] ».

Le premier partage de la Pologne allait bouleverser les données du problème, puisque l'annexion de la Biélorussie à l'espace russe y fit venir près de cent

---

* Gouvernement de Nouvelle Russie, constitué en 1764 à partir de territoires appartenant à la Petite Russie. Deviendra gouvernement de Novorossiisk.

mille Juifs. Ils avaient vécu en Pologne dans un système d'organisation qui leur était propre ; celui-ci leur avait permis de préserver leur identité et leur mode de vie dans une société très attachée au catholicisme. La communauté juive y était guidée et encadrée par ses rabbins et ses *kehalim* (*kahal* au singulier), ces derniers assurant la liaison avec l'État polonais ; elle possédait en outre ses propres règles juridiques et fiscales. Cette organisation fut préservée par le pouvoir russe, qui ne savait pas grand-chose des aspirations des Juifs pris individuellement, dont un certain nombre eussent sans doute préféré être soumis au droit commun.

Dès 1772, Catherine, au nom du principe de tolérance, assura les populations des territoires nouvellement conquis (Polotsk et Moghilev) qu'elles jouiraient de la liberté religieuse et des mêmes droits et libertés que les autres sujets de l'Empire. Les Juifs étaient compris dans ces dispositions, ce qui les plaçait à égalité avec les chrétiens. Mais une clause particulière conservant aux communautés les libertés dont elles bénéficiaient auparavant, c'est-à-dire en Pologne, avait pour effet de maintenir le système d'organisation propre aux Juifs, celui des *kehalim*. Par là, les Juifs restaient, comme ils l'avaient été avant 1772, enfermés dans une vie communautaire que d'aucuns rejetaient[13]. Sans doute n'était-ce pas là la solution qui eût permis à ces nouveaux citoyens de l'Empire de s'y intégrer réellement. Les Juifs les plus éduqués s'en affligèrent, mais Catherine avait estimé que la tolérance à leur égard impliquait de reconnaître et de maintenir toutes leurs spécificités.

Pourtant, les grandes réformes des années 1770

– surtout le manifeste de 1775[14] –, qui organisèrent
notamment les guildes, permirent au pouvoir de
rompre l'isolement des Juifs les plus entreprenants.
En 1778, ceux qui vivaient en Biélorussie eurent le
droit de s'inscrire dans les guildes dès lors qu'ils rem-
plissaient les conditions énumérées dans le manifeste.
Ils rentraient ainsi dans le droit commun, payaient
l'impôt de 1 %, comme tous les marchands déclarés
tels, et cessaient de dépendre fiscalement du *kahal*.
Progressivement, tous les Juifs vivant dans les villes
empruntèrent cette voie, se déclarant, selon leurs
revenus, bourgeois ou marchands. L'autorité du
kahal, à qui ces Juifs intégrés au système d'organisation commun ne payaient plus l'impôt, déclina rapidement. Ces dispositions étaient de nature à favoriser
une certaine intégration dans la société russe des Juifs
qui ne se définissaient plus comme tels.

La réforme des villes, adoptée en 1785, contribua
encore à cette évolution. Seules les *classes* (ou catégories) auxquelles appartenaient les habitants des
villes définissaient leur statut, et le principe de nationalité – ici, religieuse – disparaissait. Tous les bourgeois et marchands étaient habilités à participer à
l'administration locale et à prétendre y exercer des
fonctions. Lorsque ces droits se trouvaient entravés
par des initiatives locales ou par une interprétation
restrictive des dispositions de la réforme, il n'était
pas rare que l'impératrice intervînt personnellement
auprès des autorités responsables pour imposer le
respect des textes. Ainsi les Juifs des anciens territoires polonais jouirent-ils, dans la Russie de
Catherine, des mêmes droits civiques que les Russes.
Ils furent même souvent plus favorisés que beaucoup

d'entre eux, puisqu'ils bénéficiaient de la liberté individuelle qui ne sera accordée aux serfs russes qu'en 1861...

De fréquents conflits opposant Juifs et non-Juifs pour des motifs économiques entraîneront peu à peu des glissements de statuts. Première source de conflits : le quasi-monopole de la production d'alcool que les Juifs s'étaient arrogé dans les villages, et qui contrevenait aux dispositions gouvernementales destinées à freiner à tout prix l'ivrognerie qui sévissait de manière croissante parmi la paysannerie. Entre les réactions des pouvoirs publics, inquiets d'une activité nocive et difficile à contrôler, et le mécontentement des Russes, qui voyaient d'un œil chagrin les Juifs accaparer une activité particulièrement rentable, les conditions d'une crise étaient réunies. Propriétaires terriens et marchands russes s'adressèrent à l'autorité publique pour faire cesser ce qu'ils tenaient pour un scandale : que des Juifs, marchands ou bourgeois des villes, vinssent se livrer à leurs activités dans les villages. Les délégations de mécontents qui se rendaient dans la capitale pour y exposer leurs griefs exigeaient que les Juifs quittassent la campagne ou cessassent d'y faire commerce d'alcool. Ils furent entendus. Un arrêté de 1783 enjoignit à tous ceux que visaient ces plaintes de se plier à la règle générale, autrement dit de n'exercer leurs activités que dans le cadre prévu par leur statut – ici, la ville. Cette disposition fut aussitôt considérée comme une discrimination religieuse et l'agitation des Juifs visés par l'interdit fut relayée dans la capitale par des délégations de *kehalim*. En 1786, le Sénat rapporta l'oukaze de 1783[15].

Une deuxième source de conflit, tient à la migration des Juifs vers Moscou où leurs activités économiques, de plus en plus importantes, attirèrent l'attention des marchands russes, inquiets de la concurrence qu'ils constataient. La Société des marchands de Moscou se tourna alors vers l'impératrice et, les plaintes se multipliant, le Conseil impérial décida de prendre en compte leurs doléances. Un décret de 1791 stipula que les Juifs devaient s'inscrire comme marchands et bourgeois en Biélorussie seulement, et ne pouvaient séjourner à Moscou de manière permanente. Il est vrai que, pour compenser ces limitations, Catherine les invita à s'installer et commercer dans les espaces nouvellement conquis de Tauride, riches de potentialités commerciales, puisque ouvrant sur la mer Noire et l'Asie centrale. Ces incitations ne suffirent pas à convaincre les Juifs qu'à continuer de vouloir s'installer à Moscou, ils ne sortiraient pas gagnants.

Voilà qui débouche sur un débat qui ne se limite pas au règne de Catherine II, mais concerne les siècles à venir, et qui ne peut être ici passé sous silence. Par ces mesures, le pouvoir n'avait-il pas fait un premier pas vers la création de ces *zones de résidence* où les Juifs seront par la suite assignés ? Si l'on tente de déchiffrer les intentions de Catherine II, la réponse est très probablement négative. Les dispositions de 1785-1786 avaient accordé aux Juifs un statut civique sans équivalent dans l'Europe de l'époque, qui témoignait de sa volonté de les intégrer au mieux. Mais elle était partagée entre les exigences et griefs des marchands russes, acharnés à préserver leur champ d'activités, et les pressions des marchands juifs, désireux de vivre et travailler dans les villes russes. Chez Catherine, la volonté d'éviter les discriminations à l'égard de tous les non-chrétiens, celle d'intégrer au mieux les diverses communautés étaient d'autant plus fortes que l'extension de l'Empire aux terres d'islam et à la Pologne catholique au début des années 1790 accroissait rapidement le nombre des uns et des autres. L'impératrice avait un jour confié à Diderot son intention de prendre des dispositions équitables en faveur de tous les « allogènes », mais en le faisant au moment le plus opportun afin d'éviter des contre-coups qui eussent risqué de remettre en cause certaines de ces dispositions. De la révolte de Pougatchev, dont le souvenir la hantera toujours, elle gardera la conviction que rien n'était plus important que d'instaurer un équilibre entre communautés différentes.

Cette préoccupation de Catherine, et sa volonté constante de traiter les problèmes religieux et nationaux dans un esprit de tolérance, auront produit des résultats que l'on ne saurait contester. Le statut des Juifs comme celui des musulmans leur reconnaissaient à la fois le droit à une identité propre et celui d'être des citoyens à part entière de l'Empire.

En 1794, enfin, Catherine décida de frapper la population juive d'un impôt double de celui qu'acquittaient les chrétiens, mais cette réforme ne s'appliquait pas à ceux qui s'installaient en Nouvelle Russie, où ils jouissaient au contraire d'importants privilèges fiscaux. La mesure avait certes un caractère discriminatoire, mais, pour en mesurer l'exacte portée, il convient de donner deux indications complémentaires. D'abord, cette double imposition n'était pas exceptionnelle : les vieux-croyants la supportaient depuis longtemps. Ensuite, Catherine espérait encore inciter par là un certain nombre de ses administrés juifs à s'établir sur les terres nouvellement ouvertes à la colonisation. Le doublement de l'impôt, comparé à l'exemption fiscale qui leur était accordée dans ces régions, eût dû constituer un argument séduisant. Il n'en fut rien, et l'innovation fiscale elle-même ne fut guère appliquée. Il n'en resta qu'un sentiment de frustration qui prendra une ampleur considérable au XIXe siècle, lorsque des mesures discriminatoires seront réellement adoptées et mises en application par les successeurs de Catherine.

Catholiques et vieux-croyants : le compromis

Les catholiques posaient à Catherine un problème d'une nature bien différente de ceux qu'on vient d'examiner, puisqu'ils se référaient à une autorité extérieure à la Russie, celle du Vatican. L'Église orthodoxe était autocéphale ; État et Église étant étroitement liés en Russie, les souverains russes toléraient mal la moindre intrusion du pouvoir pontifical. Depuis que les Romanov régnaient et étendaient leurs possessions à des territoires souvent peuplés de catholiques, la tradition voulait que l'accent fût mis sur l'existence d'une communauté chrétienne plutôt que sur la division des Églises. Le tsar Alexis s'accommoda ainsi des catholiques ukrainiens, et Pierre le Grand exposa de manière explicite une conception tolérante de la cohabitation entre orthodoxes et catholiques, étant entendu que ceux-ci s'abstiendraient de tout prosélytisme auprès de ceux-là. Au prix d'une attitude discrète, ils étaient libres de vivre au milieu des orthodoxes, voire de convoler avec eux, mais ils devaient alors baptiser leurs enfants dans la religion nationale de la Russie.

Durant ses premières années de règne, Catherine s'en tint à la neutralité de ses prédécesseurs. Si, en 1769, elle prit des dispositions lui conférant autorité sur les nominations d'ecclésiastiques et sur le contrôle des biens d'Église, ce fut par suite de conflits internes qui divisaient la communauté catholique. Les partages successifs de la Pologne feront entrer dans l'espace russe une très importante communauté catholique[16]. Lors du premier partage, Catherine s'était portée garante de la liberté religieuse en Biélorussie. Mais pouvait-elle appliquer aux catholiques un système plus souple qu'aux orthodoxes pour qui l'État, par l'intermédiaire du Saint Synode, organisait la vie de l'Église ? Les mêmes principes, sinon les mêmes règles, leur furent donc progressivement appliqués.

Une question annexe vint brouiller les rapports de Catherine avec le catholicisme : son attitude à l'égard des jésuites. Lorsqu'ils furent chassés de France en 1764, l'impératrice les avait conviés en Russie, où ils eurent tôt fait d'ouvrir des collèges et la noblesse eut à cœur d'y envoyer ses enfants. La dissolution de l'ordre, décidée par le pape Clément XIV en 1773, posa à Catherine un redoutable problème. Elle avait déjà ignoré l'autorité pontificale en installant en Russie, à Moghilev, un diocèse auquel étaient rattachés tous les catholiques russes, et ce, sans en référer à Rome, sans même un semblant de concertation avec le Vatican. À l'heure où le pape ordonnait à toutes les communautés jésuites de se dissoudre, pouvait-elle aller encore plus loin dans le défi qu'elle lui avait lancé ? Un marché implicite s'esquissa alors. Si Catherine donnait son accord à l'arrêt de toutes les activités des jésuites en Russie, le pape pourrait fermer les yeux sur l'illégalité, du point de vue catholique, du diocèse de Moghilev. Dans cette situation éminemment complexe où conflit et compromis marchaient de pair, c'est Catherine qui, par une appréciation lucide du rapport de forces, gagna la partie. En se refusant à donner le moindre écho à la bulle pontificale dissolvant la Compagnie de Jésus, elle signifiait son refus de se séparer des jésuites qui, au lendemain du premier partage de la Pologne et de l'entrée en Russie d'un si grand nombre de catholiques, y trouvaient une multitude de nouveaux fidèles et d'élèves désireux de se rattacher à l'ordre que Rome venait de condamner. Les jésuites ne se contentaient d'ailleurs pas d'instruire la jeunesse dans leurs collèges ; souvent, ils furent aussi d'adroits intermédiaires entre le pouvoir russe et les Polonais.

À ce premier coup de force – Catherine, au nom de la tolérance, se posait en protectrice de l'ordre aboli –, elle en ajouta bientôt un autre en choisissant seule le titulaire de l'évêché de Moghilev[17]. Elle voulait montrer par là à Rome qu'en Russie, le pouvoir temporel s'occupait des problèmes de l'Église sans pour autant intervenir dans ceux du dogme et du rite. De fait, elle avait traité la question des jésuites et la nomination de l'évêque comme autant d'affaires administratives. En 1783, le Vatican, pour ne pas perdre toute autorité sur les importantes communautés catholiques de Russie, se trouva contraint d'accepter un compromis. L'archevêque de Moghilev – de sa propre autorité, ne pouvant obtenir l'accord du Vatican, Catherine l'avait en effet promu archevêque – ne fut consacré par le légat du pape qu'au terme d'un « bras de fer » diplomatique. Non seulement le souverain pontife s'était résigné à ce geste, mais il dut

encore entériner une altération du serment prêté par
le nouveau prélat. Au serment habituel évoquant la
lutte du dignitaire de l'Église « contre les hérétiques,
les schismatiques et ceux qui se rebellent contre Notre
Seigneur », il fallut substituer une formule allégée,
Catherine ayant argué de l'esprit de tolérance qui
inspirait la politique russe et du caractère multiconfes-
sionnel de l'Empire, incompatibles avec les termes
du serment initial. C'est la souveraine russe qui
brandissait contre le pape le drapeau de toutes les religions pour lesquelles elle réclamait un égal respect. À
ses amis les philosophes, elle ne pouvait qu'apparaître
en digne disciple de leur enseignement, et elle flattait
de surcroît leur volonté de porter atteinte à l'autorité de l'Église romaine. Comment n'auraient-ils
pas applaudi à cette démonstration d'indépendance
d'esprit ? Avec Catherine, l'État, dont Pierre le Grand
avait assuré la suprématie sur l'Église orthodoxe,
devenait l'autorité de référence en matière d'organisation et de financement des Églises – et ce, pour
toutes les religions, chrétiennes et non chrétiennes.

Enfin, le règne de Catherine se révéla particulièrement favorable aux « vieux-croyants ». Ceux-ci ne
furent plus accusés d'hérésie, ni contraints de porter
des signes vestimentaires distinctifs. Après 1785,
l'accès aux emplois publics leur fut même reconnu.
L'attitude tolérante de l'impératrice à leur endroit
s'explique à la fois par son approche générale des religions et par le rôle économique des vieux-croyants,
déjà évoqué. Elle encouragea leurs activités et son
règne fut, par voie de conséquence, marqué par un
remarquable essor de tous les lieux de vie de la
« vieille foi », notamment à Moscou. Potemkine, que

l'esprit entreprenant et le courage des vieux-croyants fascinaient, les exhorta de son côté à s'installer dans ses possessions du Sud pour y apporter leur savoir-faire et leur énergie. Nombreux furent ceux qui répondirent à son appel. Comment ne pas citer, parmi eux, les Cosaques qui étaient très fréquemment des adeptes de la « vieille foi » et que Potemkine rassembla autour de lui dans l'armée du futur royaume qu'il rêvait de constituer ?

Pour prix de la reconnaissance de leur foi, les vieux-croyants durent accepter un simple droit de regard du Saint Synode, qui ne se mêlait par ailleurs ni de leurs rites, ni même de leur attitude envers le clergé. Sans doute le pouvoir russe préférait-il les communautés de vieux-croyants qui reconnaissaient l'autorité d'un prêtre ; les groupes qui récusaient tout prêtre, surtout importants à la campagne, parmi les plus pauvres des paysans, lui semblaient bien moins contrôlables. Il n'empêche que tous furent libérés des mesures discriminatoires, quels que fussent leurs principes d'organisation.

En définitive, malgré des différences dues à la multiplicité des confessions et des situations historiques, comment ne pas constater la grande cohérence de la politique religieuse de Catherine II ? Deux traits la caractérisent. D'abord, la volonté impériale de mettre fin à tous les statuts discriminatoires dont pâtissaient les fidèles de certaines confessions : juifs, musulmans, mais aussi vieux-croyants. Par ailleurs, Catherine fit toujours montre de respect et de curiosité envers toutes les croyances. C'est ainsi qu'elle se glorifiait à juste titre d'avoir autorisé la publication du Coran dans la capitale. Opposée aussi à toute forme de prosélytisme elle tint à placer ses sujets sur un pied d'égalité civique, quelles que fussent leurs convictions ; ce qui lui importait, c'était que la religion et les religions fussent honorées en Russie, et que les peuples de son empire fussent religieux. En même temps, si elle organisait tous les aspects de la vie pratique des religions, elle n'intervenait pas dans les dogmes et les rituels qu'elle tenait pour extérieurs à son autorité, conformément aux principes régissant les relations entre pouvoirs spirituel et temporel en Russie, dont l'orthodoxie était le modèle.

Une conversation rapportée dans le journal de son secrétaire Khrapovitski illustre bien la complexité d'une conception qui mêle tolérance et souci de préserver l'autorité de l'État, mais aussi volonté de maintenir le lien entre orthodoxie et Russie. Les protagonistes de cet échange sont un serf du prince Troubetskoï et un paysan de la Couronne. « Pourquoi votre maître a-t-il été exilé ? demande le second au premier. – Parce qu'il cherchait un autre Dieu. » Et le paysan de la Couronne de rétorquer : « Il a eu tort. Peut-on trouver meilleur Dieu que le Dieu russe[18] ? » Faut-il rappeler que le prince Troubetskoï fut « exilé » (assigné à résidence) sur ses terres pour avoir « comploté avec Novikov afin d'attirer le grand-duc dans les rangs de la franc-maçonnerie » ? On reviendra plus loin sur cette affaire Novikov. Il suffit de souligner ici que l'« autre Dieu » n'était autre que celui que cherchaient – du moins les en accusait-on – les francs-maçons...

S'agissant du sort fait aux religions et aux fidèles de toutes confessions, le règne de Catherine fut en fin de compte marqué avant tout par une volonté de justice et de tolérance qui n'était pas toujours aussi manifeste dans le reste de l'Europe. Plus on avance dans ce règne, plus ces tendances seront accentuées. Pour les croyants, chrétiens et non chrétiens, le règne de l'élève de Voltaire fut une période bénie !

Troisième partie

Les années Potemkine : changements intérieurs

Lorsque Grégoire Potemkine, surnommé « le Cyclope » par Grégoire Orlov, emménagea en avril 1774 au palais d'Hiver dans les appartements que Catherine avait fait décorer à son intention, une nouvelle période commença dans la vie de l'impératrice. Deux années de vie commune, puis le temps de l'éloignement, mais, presque jusqu'à sa mort, Potemkine restera son véritable compagnon, celui dont la faveur ne souffrira jamais de l'apparition de tel ou tel éphémère amant.

L'entrée en scène de ce favori n'était pas un fait nouveau, car, depuis 1762, Potemkine faisait partie de l'entourage impérial. Mais son arrivée officielle dans la vie de Catherine avait été précédée d'une curieuse mise en scène. Potemkine s'était réfugié dans un couvent dédié à Alexandre Nevski et proclamait son intention d'en finir avec le monde, jusqu'à ce que l'impératrice l'appelât auprès d'elle, prête à satisfaire toutes ses exigences. Celles-ci n'étaient pas minces : il voulait certes l'amour de Catherine, mais aspirait aussi au pouvoir. Sa retraite au couvent avait les allures d'un chantage et fut d'ailleurs comprise ainsi par certains représentants étrangers en Russie, tel l'Anglais Sir Robert Gunning.

D'emblée, Potemkine désira trouver sa place dans les instances du gouvernement. Exception faite de la lutte contre la révolte de Pougatchev, les problèmes intérieurs ne lui étaient pas familiers et il ne prendra guère part au débat sur les réformes que Catherine va engager au cours de cette période. La correspondance des deux amants – car ils n'ont cessé de s'écrire à tout propos, souvent plusieurs fois par jour – témoigne de l'orientation des intérêts et ambitions de Potemkine. Ce qu'il réclame en 1774, c'est le portefeuille de la Guerre – n'a-t-il pas vaillamment combattu dans la guerre russo-turque ? – détenu par Zakhar Tchernychev, président du collège de la Guerre, dont les exigences du nouveau favori vont précipiter la chute.

Outre les sentiments que lui portait l'impératrice, Potemkine disposait d'un sérieux avantage sur bien des hommes politiques : son aptitude à comprendre les rapports de force et à ménager ceux qui risquaient d'entraver sa marche au pouvoir. Lorsqu'il devient le favori en titre, il lui faut tenir compte de l'influence politique de Panine. Il va alors savoir gagner la confiance du ministre des Affaires étrangères et de son frère, le général, en jouant de leur hostilité envers le clan Orlov. Pour Panine, à ce moment-là, l'ascension de Potemkine dans la faveur de l'impératrice ouvre en effet l'espoir d'écarter définitivement de l'entourage de Catherine, Grégoire Orlov, un homme qui fut toujours hostile à l'« alliance du Nord ». Le ministre n'était pas totalement conscient du fait que Potemkine avait, en politique étrangère, ses propres idées, et désapprouvait les liens trop étroits noués avec Frédéric II. Potemkine était aussi – Panine ne le comprit que tardivement – hostile à l'héritier légitime, Paul, dont il critiquait la prussophilie, mais dont il craignait surtout un éventuel mouvement vers le trône. À l'heure où apparaît un nouveau favori dont l'emprise sur Catherine semble grande, les clans qui se pensent menacés par ce dernier sont enclins, une fois de plus, à rêver d'un changement de souverain. Or un tel événement ne signifierait-il pas, pour Potemkine, le terme de ses ambitions ?

Peu de temps après son installation au palais d'Hiver, Potemkine va inciter l'impératrice à infléchir quelque peu ses orientations internationales. Jusqu'à ce que le « Cyclope » s'installe dans sa vie, Catherine avait refusé à Orlov tout droit d'interférer dans les affaires du pouvoir. Allait-elle à présent le partager avec le nouveau favori ? À considérer leur étrange relation – deux ans de folle passion, puis des rapports indéfinissables mais constants –, on constate que si Catherine couvrit cet amant d'honneurs et de richesses au-delà de tout ce qu'elle avait concédé avant lui ou concédera par la suite à d'autres, si elle l'aida à devenir un homme puissant, elle ne lui donna aucunement le pouvoir.

Les honneurs : Potemkine avait voulu siéger au Conseil d'État, instance consultative, certes, mais prestigieuse. Il y fut installé par Catherine peu avant de devenir responsable du collège de la Guerre et général en chef. L'impératrice le nomma plus tard gouverneur général de la Nouvelle Russie, c'est-à-dire des régions limitrophes du khanat de Crimée et de l'Empire ottoman. Toutes les décorations, russes aussi bien qu'étrangères, lui furent attribuées, et en 1776 Catherine obtint d'un Joseph II réticent que fût conféré au favori le titre de prince du Saint Empire, ce qui en fit un « sérénissime ».

Mais Potemkine voulait aussi régner. Il craignait qu'à l'avenir, Paul succédant à sa mère, sa disgrâce prévisible ne le conduisît jusqu'en Sibérie. Où lui trouver un royaume ? Catherine n'entendant pas partager le sien, il fallait donc que ce fût hors de Russie. La Courlande fut un moment l'objet de sa convoitise ; mais, estima l'impératrice, il n'était pas encore mûr pour gouverner un pays, et la Courlande était stratégiquement trop importante pour faire courir à la Russie les risques d'une telle aventure. Ce n'est qu'après l'annexion de la Crimée que Potemkine y devint un véritable vice-roi. Maître de la seule région dont il avait la charge, il ne gouverna pas la Russie : jusqu'au bout, Catherine aura su préserver le rôle prééminent et exclusif qu'elle avait exprimé l'intention de tenir en s'installant sur le trône.

On reviendra plus loin sur les entreprises et les succès du « Cyclope ». Rappelons d'emblée que durant les quinze années de l'ère Potemkine, et passé les deux ans d'intimité et de passion, la faveur dont il jouissait resta inentamée. Le favori devint alors le meilleur ami de l'impératrice, son conseiller fidèle, qui fit sans aucun doute figure de deuxième personnage de l'État. Sa fortune, qui résista aux évolutions du cœur, tenait à l'art de Catherine d'utiliser les talents de ceux qui l'entouraient, et d'abord de ceux qui, à un moment ou à un autre, entraient dans son intimité. Pour autant, elle fut toujours hantée par la volonté de ne pas être débordée par ses conseillers ou favoris, mais de les maintenir à leur juste place.

CHAPITRE VIII

« Avons-nous bien travaillé ? »

Dans une lettre datée du 11 juillet 1781, Catherine II présente à son correspondant fidèle, Grimm, le bilan de dix-neuf années de règne. Bilan impressionnant : institution de gouvernements, fondation de villes, victoires remportées, traités signés, textes fondant un nouveau système judiciaire ou destinés à améliorer la condition sociale – le tout donne, écrit Catherine, quatre cent quatre-vingt-douze innovations dessinant une nouvelle Russie ; et elle interroge Grimm : « Avons-nous bien travaillé ? »

La *législomanie* dont Catherine s'enorgueillissait, et qu'on lui opposera parfois[1] marque les années qui suivent les grandes conquêtes et la crise pougatchévienne. Une décennie de profondes réformes au cours de laquelle Catherine s'efforce de parachever l'œuvre commencée par le seul prédécesseur auquel elle veuille s'identifier, Pierre le Grand. Comme lui et plus encore que lui, elle consacre ces années à doter l'Empire, dont elle a étendu l'espace, d'un pouvoir central fort et d'une économie développée, tout en assurant un progrès de la condition matérielle et intellectuelle de ses administrés et en réunissant les moyens financiers d'une politique extérieure active.

Un temps propice aux réformes

Avec la paix de Kutchuk-Kainardji s'est achevée une époque du règne de Catherine, difficile quoique marquée de nombreux succès. Quand elle jette un regard en arrière sur les années 1772-1774, l'impératrice peut rétrospectivement trembler. Outre la menace que Pougatchev a fait peser sur le pouvoir, outre les périodes d'incertitude liées aux guerres, une sourde crise intérieure a paru un instant remettre en cause sa présence sur le trône.

Le 20 septembre 1772, son fils et héritier, Paul, avait atteint sa majorité légale – dix-huit ans. De nombreux partisans du jeune prince avaient attendu ce moment et espéraient pouvoir poser le problème de son droit à accéder au trône. Çà et là, des groupes complotaient et le roi Frédéric II, qui en était informé, conseilla à Catherine d'éloigner la Garde de la capitale : n'avait-elle pas toujours été la cheville ouvrière des coups d'État et des brutaux changements de monarque ? Le conseil fut suivi et le comte de Solms, envoyé de Frédéric II en Russie, informa son roi que, « sans bruit, on a éloigné tous ceux que l'on pouvait soupçonner de vouloir exciter le mécontentement ». La rumeur courait aussi que les ambassadeurs de France et d'Espagne, tout juste envoyés en Russie, s'étaient installés dans la capitale avec le secret espoir d'assister à une nouvelle révolution. Catherine avait pourtant multiplié les mesures de prudence, célébré dans la plus grande discrétion la majorité du tsarévitch, omis à cette occasion de distribuer récompenses et nominations qui, en général, accompagnaient de tels événements.

Le fidèle Panine, qui n'oubliait pas le temps et les

efforts qu'il avait lui-même consacrés à l'éducation du tsarévitch, avait espéré que l'impératrice associerait quelque peu ce dernier à son pouvoir, ou accepterait tout au moins de lui donner un aperçu des affaires de l'État. Il n'en fut rien. Catherine réussit à traverser cette difficile étape de son règne sans rien concéder ni rien montrer non plus de ses craintes. Il est vrai qu'elle y fut aidée par son propre fils, qui accueillit sa majorité avec une indifférence rapportée non sans étonnement à Londres par l'ambassadeur d'Angleterre, lequel en conclut que peut-être, en raison des « conditions si particulières de son existence, le tsarévitch avait développé une nature dissimulée, donnant l'impression de ne porter intérêt à rien, sinon à de puérils amusements ».

Mais le pire était encore à venir. À l'hiver 1773, Kaspar von Saldern, un curieux intrigant venu du Holstein, et qui intervenait fréquemment dans les affaires russes, tenta de convaincre Panine, puis directement l'intéressé, que le grand-duc, devenu majeur, devait obtenir de sa mère un partage du pouvoir. L'exemple autrichien n'était-il pas là pour l'y inciter ? Il soutira même à Paul une lettre dans laquelle celui-ci s'engageait à suivre les conseils de son ami Saldern. Affolé, Panine finit par arracher au Holsteinois ce document compromettant. Mais l'impératrice lui garda rancune de cette affaire, confondant dans sa colère son fils et son ministre.

L'année 1772 fut enfin marquée par la décision d'éloigner Orlov, ce qui ravit le comte Panine, toujours soucieux d'empêcher le favori de conseiller l'impératrice ou, pensait-il, de s'opposer à ses propres conseils. Mais, Orlov éloigné, Panine, même s'il restait à la tête de la politique étrangère, perdit à son tour sa position privilégiée au palais d'Hiver. Il y demeura comme précepteur du tsarévitch, en dépit du fait que son pupille avait atteint l'âge d'homme. En septembre 1773, le mariage de l'héritier avec une princesse allemande rendit encore plus étrange la présence du précepteur aux côtés de son grand élève. Panine fut alors invité à s'installer hors du palais, classé au même rang qu'un feld-maréchal*, assorti du traitement correspondant : une pension annuelle, dix mille serfs et maints autres avantages.

Disgrâce ou simple réorganisation de la vie du palais ? Certains ambassadeurs étrangers reprirent dans leurs dépêches la première hypothèse, en annonçant l'éviction prochaine de Panine. Le temps les démentit : dès cette époque, il fut désigné dans les comptes rendus du Conseil d'État (Gosudarstvenoi Sovet) comme ministre des Affaires étrangères, et non plus simplement comme président du collège. (Seul lui manquait, et lui manquera toujours, le titre de chancelier.) Son éloignement ne constituait donc pas une disgrâce, mais traduisait sans doute les sentiments ambivalents de l'impératrice à son égard. En 1773, elle n'envisage pas de se séparer de celui dont elle partage les vues internationales et qu'elle estime utile à la conduite des affaires. Mais, dans le même temps, elle n'ignore rien des intrigues nouées autour de son fils par Saldern et ne sait pas jusqu'à quel point Panine y a trempé[2]. Les liens étroits unissant le maître et l'élève subsistent, et subsisteront toujours. Lorsque, en 1781,

---

* La « Table des rangs », promulguée le 14 janvier 1722, situait au premier rang des civils le chancelier (ce que Panine ne fut jamais) et au premier rang des militaires le feld-maréchal, ce qu'il n'était pas, mais auquel il y fut assimilé.

l'impératrice imposera au tsarévitch et à sa seconde
épouse de se rendre à l'étranger pour « comprendre
le monde », c'est à Panine, nommé « son véritable
ami », que Paul confiera avec angoisse le soin de
veiller sur ses enfants : « Je vous demande [...] de vous
installer au palais et de veiller à tout ce qui touche à
la sécurité de mes enfants » ; de même, c'est lui qu'il
chargera, « dans le moment du malheur possible [la
mort de l'impératrice], de rassembler le contenu de
son bureau, de tous ses papiers, de les garder, de les
sceller et d'avertir le Conseil suprême* de ma volonté
que nul n'y touche jusqu'à mon retour[3] ».

Étant donné cette confiance que Paul voue à son
précepteur, et alors qu'elle-même craint les ambitions de son fils, voire un complot ourdi à son profit,
comment s'étonner que Catherine ait souhaité voir se
distendre les liens entre les deux hommes sans pour
autant se priver de son indispensable ministre ?

Enfin, l'événement considérable de cette période est
l'entrée en scène de Potemkine. Son installation au
palais d'Hiver date du début de février 1774. Durant
deux ans, il ne quittera pas l'impératrice. La valse des
favoris semble achevée au moins pour un temps. Tout
contribue à donner à Catherine un sentiment de
confiance : la paix intérieure et extérieure revenue ;
l'héritier marié, heureux, désintéressé des affaires politiques ; après la crise provoquée par l'accession de Paul
à la majorité, les relations entre mère et fils apaisées.

Pendant plus de dix ans, l'impératrice va oublier
les guerres et se pencher, dans un grand sentiment de
sécurité, sur les structures politiques de son pays.
L'historien russe Milioukov a fort justement noté ce

---

* *Cf.* p. 327.

qui différencie la volonté de réforme de Catherine telle qu'elle se manifesta après 1762 et en 1775. Au début de son règne, écrit-il, « elle connaissait les gens, mais elle ne connaissait pas la Russie[4] ». En 1775, elle a appris à connaître son pays, elle sait la nécessité de le moderniser et a réfléchi de longue date aux réformes qu'elle tient pour indispensables. De surcroît, elle sait qu'à ce moment les circonstances lui sont favorables. Au début des années 1760, elle devait encore ménager cette part de la société qui était capable de remettre en cause son pouvoir : la noblesse. En 1775, celle-ci ne peut oublier le soulèvement de Pougatchev, la peur qui l'a habitée et qui l'a conduite à faire bloc autour du trône. Cette épreuve lui a appris qu'un pays agité a besoin d'un pouvoir fort, et que Catherine a su l'incarner. Dès lors, comment la noblesse pourrait-elle empêcher sa volonté de réforme d'aller à son terme sans provoquer un conflit dont l'impératrice toute-puissante, auréolée de ses succès extérieurs et intérieurs, sortirait obligatoirement vainqueur ?

Une vision globale du changement

Dans un ouvrage très profond, *La Monarchie légale de Catherine*[5], Omeltchenko écrit que, dans les années 1774-1775, l'impératrice élabora un plan général d'organisation légale de son pays, exposant à la fois les décisions qui devaient être prises dans l'immédiat et l'ensemble des lois à préparer pour l'avenir. C'est, selon lui, une véritable stratégie légale, destinée à faire de la Russie un État fondé sur le droit, qui ressort des innombrables textes, instructions, commentaires rédigés par Catherine au cours de cette période. On sait qu'elle avait coutume de marquer chaque anniversaire de son accession au trône par la promulgation d'un texte légal. On peut aussi constater que, si l'activité législative a caractérisé tout son règne, les dispositions les plus importantes datent des années qui suivirent la paix de 1774.

Le manifeste du 17 mars 1775 inaugure cette période d'activité législative tournée vers les organes du pouvoir, l'économie et l'éducation. La méthode de travail de l'impératrice mérite que l'on s'y arrête. Tous les papiers consultables dans les archives russes témoignent qu'elle réfléchissait d'abord seule au problème qu'elle entendait faire avancer, ou en correspondant à ce propos avec certains de ses proches. Elle rédigeait elle-même ses positions, puis le projet de loi ou de décret, et à ce stade-là seulement saisissait l'organe qu'elle avait créé le 17 janvier 1769, le Conseil près la Suprême Cour*, qui préfigure déjà le Cabinet des ministres de 1801. Ce Conseil consultatif était appelé à débattre des propositions de l'impératrice, mais la décision finale revenait toujours à cette dernière. Sans doute avait-elle pris auparavant l'avis de divers conseillers (notamment lorsqu'il s'agissait de réorganiser l'administration locale : on y reviendra), mais son rôle personnel n'était en dernier ressort limité par aucune instance, aucun conseiller, aucun favori. Le système légal mis en place entre 1775 et 1787 est celui que l'impératrice aura voulu et conçu.

Destiné à célébrer la fin de la guerre, le manifeste du 17 mars 1775 avait pour thèmes centraux la liberté d'entreprendre et l'allégement du contrôle de l'État sur la vie économique. Déjà, en 1767, Catherine avait

---

* *Sovet pri vysotchaichem Dvore* (en russe).

remis un mémoire au collège des Manufactures, accompagné d'un ensemble de remarques[6] qu'elle avait, à son habitude, rédigées de manière très précise. En ressortait avec netteté sa pensée économique, imprégnée de la certitude que le développement économique devait être naturel, non soumis à des contraintes ou à un projet étatique. « Il n'est rien de plus dangereux que de vouloir établir un règlement pour tout », note-t-elle à ce propos. « Ne pas interdire, ne pas contraindre » : cette maxime qui revient systématiquement dans ses remarques résume probablement sa conception du développement économique. Elle dit espérer que le collège des Manufactures n'aura plus de travail dans l'avenir, ce qui conduira à le supprimer et consacrera la liberté d'entreprendre. C'est ce qui adviendra en 1779.

Confirmant les propositions énoncées par l'impératrice huit ans plus tôt, le manifeste de 1775 consacre beaucoup d'attention aux marchands (*kouptsys*), auxquels il tend à accorder un véritable statut. Le monde des marchands – et entrepreneurs – est distingué du reste de la société urbaine par des privilèges spécifiques (exemption de la capitation et de la conscription en échange du paiement d'un impôt de 1 % sur le capital)[7]. La catégorie à laquelle le manifeste fait ainsi référence est clairement définie : pour en faire partie, il fallait disposer d'un capital égal ou supérieur à cinq cents roubles, ce qui eut pour effet de réduire le nombre des marchands déclarés, puisque seuls vingt-sept mille, soit 12 % de ceux qui se tenaient pour tels, purent s'inscrire dans les corporations. Les avantages de cette réforme étaient multiples : elle favorisait d'abord une différenciation de la population urbaine et constituait un pas en direction de la formation d'une bourgeoisie marchande d'autant plus active qu'elle serait organisée et reconnue. Outre l'incitation à une activité économique plus dynamique et rationnelle, elle présentait pour l'État un intérêt financier : la substitution d'un impôt unique sur le capital à des taxes dispersées et mineures devait rapporter, selon les calculs effectués par P.G. Ryndziunski, plus de cent treize mille roubles au Trésor public.

Enfin, le manifeste tentait de répondre à un problème difficile : celui du mouvement des paysans libérés. Un certain nombre de paysans – d'État, surtout – venaient en ville pour commercer et s'y établir. Leur urbanisation caractérise le grand courant de mobilité des hommes et des échanges matériels qui se développa en Russie au XVIIIe siècle. Sur ce point, la position de l'impératrice était particulièrement ambiguë : d'un côté, elle voyait dans cette installation en ville, grâce à leurs activités commerciales, un moyen d'intégrer peu à peu les paysans libérés à la vie économique et de les écarter définitivement du statut de servage ; mais, de l'autre, elle avait le souci inverse de ne pas léser les droits de leurs propriétaires. Cette contradiction était aggravée par les lois qu'avait promulguées l'impératrice Élisabeth, prévoyant le retour des paysans émancipés à leur condition de serfs. Catherine voulait au contraire éviter un tel retour en arrière, et les dispositions du manifeste de 1775 avaient aussi pour but de consolider la situation juridique des paysans libérés. À cette fin, le texte précisait que les paysans émancipés devaient être inscrits d'office parmi les marchands, s'ils en avaient les moyens matériels, ou parmi les citadins ordinaires (*mechtchani*). En toute réforme ou presque, comme

on le verra, Catherine se heurtait au problème du
servage où ses convictions propres et les réalités russes
du XVIIIe siècle entraient en conflit.

L'État et ses institutions remodelés

Le texte qui allait le plus profondément modifier
l'organisation de l'Empire est l'*Institution des gouvernements*, publiée peu après le manifeste et qui allait
bouleverser l'organisation régionale du pays, lui
donnant la forme qu'il connaîtra jusqu'aux bouleversements décidés en 1870 par Alexandre II.

À l'origine de ce texte, probablement le constat fait
par Catherine II, durant la révolte de Pougatchev, du
caractère incontrôlable d'un espace immense, mal
organisé, et des graves défauts – des hommes aussi
bien que des institutions – décelables à chaque
niveau : incapacité, corruption, indifférence.

En le préparant, l'impératrice avait consulté tout à
la fois ses collaborateurs immédiats, le procureur
général Wiazemski, des secrétaires d'État, mais aussi
des gouverneurs, notamment ceux qui étaient à la tête
des régions enlevées à la Pologne après le premier
partage et où l'on avait déjà expérimenté les institutions inscrites dans la réforme. Si, au début de son
règne, Catherine s'était largement inspirée de ses lectures françaises, pour entamer cette nouvelle phase
des réformes, elle avait élargi le champ des auteurs
appelés à nourrir sa réflexion et médité tout particulièrement sur le *Commentaire des lois anglaises* de
Blackstone, publié à Bruxelles, qu'elle avait pu lire
en français et qu'elle fera traduire en russe en 1780,
ce qui indique l'importance qu'elle attachait à cet

ouvrage. En 1776, elle écrit à Grimm qu'elle étudie attentivement Blackstone, qui lui devient une source d'inspiration. Il influera notamment sur les réflexions qui conduiront à la réforme du Sénat[8].

La réforme des gouvernements passait d'abord par une refonte de leur dimension – entre trois et quatre cent mille habitants –, ce qui fit plus que doubler leur nombre entre 1776 et 1790. Eux-mêmes devaient être divisés en districts de vingt à trente mille habitants. Les institutions de ces gouvernements étaient soumises pour partie à élection. Trois niveaux institutionnels caractérisaient la vie de ces grandes entités territoriales : au sommet, le gouverneur et le vice-gouverneur, ainsi que les chambres, représentaient le pouvoir central et étaient nommés par lui ; ensuite venait le niveau local, avec les institutions représentatives des ordres locaux – guildes, tribunaux de conscience, *prikaz** de l'assistance publique – dont les présidents étaient nommés par le pouvoir central, mais leurs assesseurs élus pour trois ans ; enfin, tout en bas, on trouvait les institutions de districts dont tous les responsables – présidents et assesseurs – étaient élus par les ordres locaux. Cette réforme présente plusieurs traits caractéristiques. En premier lieu, elle permet au pouvoir central d'exercer une surveillance directe et efficace sur les affaires locales. (La révolte de Pougatchev hante encore tous les esprits !) Pour être fonctionnelle, elle exige un personnel

---

* Commission, conseil, administration. À l'origine *prikaz* désignait soit des administrations territoriales (ex. : *prikaz* de Kazan) soit des secteurs administratifs : le *posol'skii prikaz*, qui fut – au XVIe-début du XVIIe – l'ancêtre du collège des Affaires étrangères.

beaucoup plus nombreux qu'auparavant ; les effectifs
de fonctionnaires vont croître à vive allure. Mais le
système étatique est ainsi mieux régulé, l'autonomie
régionale commence à exister pour de bon sans
tourner au désordre ou à l'anarchie, et les droits des
individus sont enfin définis.

Pour que le système étatique pût s'articuler au
mieux avec la société, l'impératrice estimait qu'une
organisation sociale claire, divisée en *ordres* ou
états, s'imposait. Les *états* de la société étaient la
noblesse, les marchands répartis dans les guildes, les
citadins et les paysans libres (terme recouvrant les
paysans de la Couronne et ceux qui sont émancipés).
La réforme reconnaissait une primauté aux membres
de la noblesse qui « gouvernaient la région et la province en qualité de fonctionnaires de la Couronne »
– et qui gouvernaient aussi en province en tant que
« représentants de leur ordre », a pu écrire Klioutchevski. Deux composantes de ce système lui
confèrent ses traits spécifiques.

D'abord les « tribunaux de conscience » (*sovestnoi
soud*), appelés à juger les conflits mineurs entre particuliers. Spécificité de ces tribunaux : ils jugeaient en
se référant à la conscience du juge et à la notion
d'équité, non aux lois en vigueur. Ce système, si différent de celui qui prévalait en Angleterre et que
Catherine avait appris à admirer, découlait de l'état
d'arriération juridique de la Russie. Dans ce pays, pas
de droit codifié, pas de pouvoir judiciaire fort et
respecté. Sans doute Catherine s'efforçait-elle de
remédier à ce retard, mais, en l'absence d'un système
cohérent, le recours à la notion d'équité constitue un
substitut à la fois nécessaire et dommageable à la
création d'un véritable système judiciaire et surtout à

l'instauration d'un véritable État de droit. Là aussi, la
souveraine était enfermée dans les contradictions de
la Russie. Bien qu'elle souhaitât fonder cet État de
droit au plus tôt, la réalité dont elle avait hérité la
contraignait à opter pour des formules pragmatiques,
peu propices à la réalisation de l'objectif qu'elle
s'était fixé.

La réforme de 1775 organisait par ailleurs le
système judiciaire sur la base de la division en états.
La noblesse réglait ses problèmes à son niveau, la paysannerie disposait de ses propres instances. Les cours
civiles et criminelles étaient aussi séparées, et indépen-
dantes du pouvoir administratif. Cependant, le gouvernement gardait le droit de casser les décisions de
justice, ce qui jetait une ombre sur la notion de séparation des pouvoirs qui sous-tendait la réforme.

En dépit des critiques que l'on peut adresser à
l'*Institution des gouvernements* – confirmation du
centralisme, confusion à certains moments de l'administratif et du judiciaire, satisfaction donnée avant
tout à la noblesse –, ce texte n'en constitue pas moins
un progrès notable dans l'organisation de l'État, sa
rationalisation et sa contribution au développement
d'une société plus différenciée, donc plus consciente
d'elle-même.

En 1785, deux réformes viennent compléter la
construction institutionnelle de 1775 : la Charte de la
noblesse et la Charte des villes. Promulguée le 21 avril
1785 par Catherine, la première voit son titre assorti
d'une curiosité : le qualificatif *blagorodnago*[9] (bien
né) accolé au mot « noblesse ». L'article premier de la
charte précise : « Le titre de noblesse est héréditaire
et provient des qualités et vertus d'hommes qui, par
le passé, dirigèrent et se distinguèrent dans le service

dont ils firent un honneur, acquérant le titre de noblesse pour leurs descendants. » Le texte confirme les dispositions prises par Pierre III en 1762, émancipant la noblesse : le service n'est plus obligatoire, c'est un choix, celui que dicte le sentiment de l'honneur, et le titre *héréditaire* récompense les mérites de ceux qui ont fait un tel choix.

Cette charte a eu pour rôle de fixer les droits de la noblesse, d'en préciser ou d'en créer certains, de faire en définitive de la noblesse un état ou ordre que rien ne pourrait venir altérer. Outre la liberté de service affirmée en 1762 et l'hérédité, elle précisait les garanties juridiques dont devait bénéficier cet ordre. En fait, elle entérinait des privilèges déjà connus (interdiction d'appliquer des châtiments corporels aux nobles, de confisquer leurs biens, droit pour eux de n'être jugés que par leurs pairs), mais elle confirmait surtout que les droits des états et des individus étaient désormais assurés, dans la Russie de Catherine, de la garantie formelle des engagements pris par le pouvoir suprême. C'est l'arbitraire du pouvoir qui était condamné.

À cette occasion, Catherine revint une fois encore sur le problème paysan. En 1782, alors que la Charte de la noblesse était en préparation, le manifeste du 28 juin avait indiqué ce qu'étaient les droits de cet ordre sur la propriété immobilière, laquelle était par là même singulièrement élargie. Mais, en analysant ces possessions immobilières, le texte restait muet sur les paysans, qui n'étaient cités nulle part. De même la charte, tout en évoquant le droit de la noblesse à procéder à des acquisitions dans les campagnes, ne parlait pas des paysans qui s'y trouvaient ni de leur sort à l'issue de ces transactions. De ce silence réitéré, on ne peut qu'induire une volonté impériale de ne pas inclure les *âmes* dans les « propriétés non aliénables » de la noblesse, et ce, parce que Catherine souhaitait dans le fond de son cœur que le servage soit à terme condamné. On pourra certes objecter – on y reviendra – que le nombre de serfs se sera considérablement accru durant son règne. Mais, dans le même temps, toutes les dispositions légales prises au cours de cette période attestent une conception où cette forme d'exploitation des hommes est appelée à disparaître. En fait, la persistance et la croissance du servage, pour réelles qu'elles aient été, sont surtout remarquables, compte tenu de l'effort législatif de l'impératrice, par leur caractère *non légal*[10]. Nul n'a encore pu trouver trace d'un texte, maintes fois évoqué, aux termes duquel Catherine entendait décréter que tout enfant de famille serve, né après 1785, serait libre[11] ; mais le fait même que la rumeur en ait été répandue, et de manière si tenace, témoigne de l'état d'esprit qui prévalait en Russie à cette époque et du sentiment que le servage était dès ce moment atteint de précarité.

Dans la pratique, la volonté impériale rejoint celle de la noblesse, qui trouve dans ce statut les satisfactions et garanties qu'elle souhaitait. Le règne de Catherine est, pour cet ordre, un âge d'or. Si c'est Pierre III qui a pris la décision radicale de l'émanciper de tout devoir envers l'État, la noblesse doit en revanche à Catherine une reconnaissance explicite de ses droits et sa consécration d'ordre premier au sein de l'État, statut qu'elle conservera jusqu'à la révolution de 1917.

La Charte des villes fut promulguée le même jour que celle de la noblesse, soit le 21 avril 1785, jour

anniversaire de la naissance de l'impératrice. Elle
abordait des questions plus complexes que celles qui
avaient trait à la noblesse, puisqu'elle définissait les
droits individuels et collectifs des citadins, organisait
les corporations, enfin mettait en place l'autonomie
de gestion des villes.

À bien des égards, le statut des citadins était traité
par référence à celui de la noblesse, s'agissant principalement des marchands et entrepreneurs les plus
aisés, dont le rang social était fixé par rapport à celui
de la noblesse de service. Les droits définis sont
d'abord ceux des villes elles-mêmes, puis ceux des
habitants des villes, considérés en définitive comme
société urbaine dotée de droits politiques propres
(participation aux élections aux diverses fonctions de
la ville, par exemple). Tous les habitants des villes
relevaient de cette société urbaine, mais la part qu'ils
pouvaient prendre à la vie des institutions dépendait
de leur situation matérielle et de leur état civil. Les
citadins composaient – la charte le précise – un *tiers
état* reconnu comme tel dans la société russe.

Les villes étaient gouvernées par une assemblée
(*douma*) et par un exécutif, tous deux élus à divers
échelons de la société. Les corporations, enfin, étaient
partie prenante à cette organisation urbaine.

En conférant une charte aux villes, Catherine nourrissait une grande ambition : créer à terme, en Russie,
une vie urbaine développée et une bourgeoisie de type
occidental, moteur du progrès économique. Elle souhaitait aussi apporter des réponses au problème lan-
cinant de la paysannerie figée dans son statut, rebelle
à l'occasion, mais capable de développer, dans le cadre
du servage, une industrie. Des villages peuplés de
paysans d'État, ou de serfs à qui leurs propriétaires

accordaient un large degré de liberté, se transfor-
maient ainsi en centres industriels. Dans tout cela,
l'impératrice entendait mettre un certain ordre en
essayant de canaliser les énergies vers le développement urbain et une industrialisation mieux organisée. Elle-même portera au crédit des dispositions
ainsi prises l'accroissement notable du nombre des
villes durant son règne : deux cents villes nouvelles
enregistrées entre 1775 et 1785[12]. Mais Richard Pipes
objecte que ce progrès des villes est dû avant tout à
une certaine – quoique faible – urbanisation des villages, ce qui ôte une grande portée aux statistiques
dont se louait Catherine. Quant à Gilbert Rozman,
qui a soigneusement étudié cette ère d'urbanisation, il
insiste sur la remarquable fluidité des rapports villes-
campagnes, des bourgades se ruralisant dès lors
qu'elles ne pouvaient développer une vie industrielle
viable et, inversement, des villages s'urbanisant
(parfois de manière transitoire). Mais le plus remarquable, dans l'esprit qui inspira la Charte des villes,
c'est la volonté, concrétisée jusqu'à un certain point,
de fixer dans un statut social – donc bientôt dans de
nouvelles mentalités – la population très hétérogène
des centres urbains.

Les réformes inabouties

Bien des chefs d'État se seraient satisfaits d'avoir
produit en quelques années des réformes redessinant
les modes de gouvernement et les contours de la
société. Mais la passion législative de Catherine n'était
pas épuisée. Trois problèmes la hantaient, qui lui

inspirèrent des projets non promulgués mais impossibles à négliger : le sommet de l'État, la succession et, encore et toujours, les paysans.

La réflexion sur le sommet de l'État et ses organes fut inspirée elle aussi par la lecture de Blackstone. Aux yeux de l'impératrice, deux organes semblaient indispensables au gouvernement de la Russie : l'un représentant l'échelon suprême du pouvoir judiciaire ; l'autre, le sommet du pouvoir exécutif, le Sénat. Au premier, Catherine consacra plusieurs esquisses d'où émergeait une institution inconnue en Russie, la Haute Chambre de justice (*Glavnaia raspravnaia palata*)[13], comportant trois instances : l'une affectée à la justice criminelle, la deuxième aux problèmes relevant du système des « tribunaux d'équité », la troisième dotée de fonctions législatives. Dans chaque section, des présidents et conseillers nommés, des assesseurs élus dans chaque gouvernement par les représentants des divers ordres, feraient fonctionner cette chambre de justice aux compétences insuffisamment définies dans les projets. Au-dessus de la Haute Chambre de justice, le Sénat constituait l'instance suprême du système. Les historiens ont tenté de rattacher cette chambre aux diverses institutions occidentales que Catherine avait si soigneusement étudiées au fil de son existence. Isabel de Madariaga propose plusieurs références : le Parlement anglais, les parlements français avec leur droit de remontrance, voire les assemblées de la terre (*zemskie sobory*) de la Russie du XVIIe siècle[14].

Peut-être le trait le plus caractéristique de cette chambre de justice, en tout cas le plus révélateur des intentions impériales, était-il lié à sa représentativité sociale : les assesseurs (un représentant par ordre)

étaient en effet élus pour trois ans dans chaque gouvernement, et parmi eux devaient figurer des paysans
d'État.

Des projets, mais pas de lois

Le *nakaz* sur le Sénat occupe l'attention de
Catherine en 1787, surtout lors de son voyage en
Crimée. Elle ordonne à son secrétaire, Khrapovitski,
de préparer à son intention ses notes de lecture et ses
diverses ébauches de texte. On en connaît peu de
chose, sauf qu'il prévoyait la division du Sénat en
quatre sections, deux agissant en cours d'appel pour
les affaires criminelles et celles relevant du droit civil,
une contrôlant le fonctionnement de l'administration,
et la dernière se consacrant aux problèmes économiques. Si le projet qui aurait dû devenir manifeste
cette année-là ne vit pas le jour, c'est que les circonstances ne s'y prêtèrent guère.

Avant d'en venir à ce qui changea alors le climat
politique, si propice aux réformes jusqu'en 1787, il
faut encore s'attarder sur un projet lui aussi abandonné et qui répondait pourtant à une nécessité politique indéniable : il s'agit du projet d'organisation de
la succession au trône. Lorsque Catherine y travaille,
au milieu des années 1780, ses relations avec l'héritier
sont devenues quelque peu moins préoccupantes pour
elle. Malgré les inquiétudes suscitées, l'épreuve de la
majorité a été dominée. La grande-duchesse Nathalie
– ex-princesse Wilhelmine de Hesse-Darmstadt –
étant morte en couches le 15 avril 1776, Catherine
avait décidé sur-le-champ de lui trouver une rempla-
çante : toujours le même souci de ne pas laisser Paul

rêver du pouvoir, en l'enfermant dans le bonheur privé. Le choix fut vite fait et Sophie-Dorothée de Wurtemberg, devenue Maria Fiodorovna, épousa Paul quelques mois après la disparition de la défunte. Les naissances successives, sur vingt et un ans, de neuf enfants tous viables, une longue période de bonheur domestique, apaisèrent Paul et le conduisirent au repli sur son monde familial.

Sans doute a-t-il – encore et toujours – quelques raisons d'en vouloir à sa mère. Celle-ci enlève au jeune couple les deux premiers-nés – Alexandre et Constantin –, convaincue que leurs parents sont incapables d'élever des héritiers à la couronne. Si elle leur laisse les suivants, c'est qu'il s'agit de cinq filles qui viennent compléter leur foyer. Deux garçons enfin, Nicolas et Michel, verront le jour en 1796 et 1798, lorsque Catherine ne sera plus là pour s'y intéresser. Mais son obstination à arracher au couple des grands-ducs les héritiers potentiels peut suggérer à Paul qu'il n'est peut-être pas assuré de régner après sa mère.

Consciente des rancœurs de son fils, consciente aussi des possibles effets sur lui de l'exemple autrichien – Joseph II partage le pouvoir avec sa mère Marie-Thérèse depuis le milieu des années 1760 et leur coopération est jalonnée de crises à l'issue desquelles le fils gagne de plus en plus de terrain sur sa mère –, Catherine n'imagine pas de confier la corégence ni même une once de pouvoir à Paul. Toujours pour le distraire d'une quelconque ambition, elle prend l'initiative – conseillée d'ailleurs par Joseph II lorsqu'il séjourne en Russie en 1780 – d'envoyer le couple grand-ducal visiter l'Europe. Ce voyage triomphal, attentivement suivi par l'impératrice, jalonné par une correspondance nourrie de conseils, détourne l'héritier de ses griefs, et le ton des lettres échangées entre mère et fils en témoigne.

Mais, pendant ce temps, Catherine réfléchit à l'avenir et rédige un projet qui ne verra pas le jour, mais que Paul, succédant à sa mère en 1796, reprendra dans ses grandes lignes. L'influence de la tradition anglaise – Blackstone, toujours... – s'y fait sentir. L'héritier doit être de sexe masculin et de religion orthodoxe ; le trône passe du père au fils aîné et, en cas d'absence d'héritier dans la lignée du souverain défunt, au frère de celui-ci. Ce n'est qu'avec l'extinction des lignées masculines que la succession prend en compte la sœur aînée du souverain, puis, comme pour les lignées masculines, celle qui propose un héritier au trône. Le cas de l'héritier mineur est attentivement étudié dans ce projet : la régence est décidée par le Sénat ou la Haute Chambre de justice, mais sans que soit évoqué le problème des droits de la mère de l'héritier mineur à l'exercer.

Dans le *nakaz* sur le Sénat de 1787[15], la question de la succession est traitée de manière quelque peu différente. Si le souverain conserve le droit de désigner son héritier, celui-ci doit lui être proche par le sang. C'est le Sénat qui proclame le souverain et celui-ci doit lui prêter serment. Le Sénat est ainsi placé très haut dans le système impérial, et le serment du souverain introduit dans ce système la notion de responsabilité du monarque.

Les projets de Catherine témoignent à cet égard de son intérêt pour le principe de la *monarchie de droit*. Dans ces textes rédigés au cours des années 1780, l'impératrice manifeste sa volonté de limiter l'arbitraire de la succession et la toute-puissance du

monarque. À l'heure où elle les rédige, elle ne pense
pas à bousculer l'ordre de succession, même si Paul
n'est à aucun moment nommé dans ses notes – mais
celles-ci ne comportent pas non plus de références à
elle-même. C'est un système stable, aux règles clairement définies – s'agissant notamment de la régence
et des empêchements à prétendre à la succession – et
placées sous la garantie du Sénat. Le progrès politique
qu'eût entraîné la promulgation de ces règles ne peut
être contesté.

Dans ces divers projets, l'impératrice a consacré
une grande place à définir la nature et les pouvoirs de
l'autorité impériale, ainsi que le remarque justement
Kamenski[16] qui analyse ses trois types d'attributs en
se référant aux divers textes. En premier lieu, c'est un
pouvoir *personnel* dont le titulaire peut se prévaloir
de « l'onction des saintes huiles et de la cérémonie du
couronnement », définition qui est celle du Roi Très
Chrétien de la monarchie française. Ses sujets lui sont
liés par le serment de fidélité. En deuxième lieu, le
monarque détient le pouvoir de légiférer, de déclarer
la guerre et de conclure la paix, de distribuer des
dignités, des grades et des propriétés, enfin d'user du
droit de grâce. Dernière catégorie d'attributs liés à la
fonction impériale : les droits régaliens de battre
monnaie et de définir à l'échelle du pays les poids et
mesures. L'auteur qui a énuméré ces attributs constate
qu'ils semblent de prime abord conférer au monarque
une autorité sans limites et un pouvoir total. Pourtant,
précise-t-il, « le fait même d'inscrire ces attributs dans
un texte de loi implique leur limitation ». L'existence
de ce texte implique que le pouvoir impérial n'est plus
d'essence divine, mais émane de la loi, et le serment

prêté par le souverain devant le Sénat en fait le représentant de la loi. En d'autres termes, « le monarque n'est monarque que pour autant qu'il agit pour le bien public dans le cadre des principes énoncés ; dans le cas contraire, il est un despote qui se place hors du droit et de la loi ».

Sans doute ces derniers projets ne furent-ils pas promulgués, et cette carence interdit de trop vite conclure aux changements que leur mise en application eût introduits dans la vie politique russe. Mais les idées avancées par Catherine d'un projet à l'autre – sur la nécessité de conférer au Sénat le rôle de garant du droit, sur la stricte définition des pouvoirs, sur un système successoral stable – ont été suffisamment débattues dans la sphère du pouvoir pour constituer autant d'éléments de réflexion pour l'avenir. Dès 1861, les réformes d'Alexandre II prolongeront à bien des égards la volonté modernisatrice de l'impératrice. De surcroît, on peut imaginer que sa mort en 1796, à soixante-sept ans, interrompit un effort réformateur qui n'avait pas encore été conduit à son terme.

Au chapitre des innovations, il faut aussi inscrire les dispositions financières prises par Catherine, dont certaines constituaient une vraie révolution dans la pratique russe. Une réforme des finances s'imposait : sitôt installée sur le trône, Catherine ne put en effet que constater le désordre qui régnait en ce domaine et l'absence de données précises sur les revenus et dépenses de l'Empire. Cette carence était aggravée par la dimension de la Russie et par la disparité des modes de gestion économique au centre et dans les régions. Créer un système d'information et de décision centralisé était indispensable. Le Sénat, ou plutôt son premier département, fut chargé de cette tâche.

S'agissant d'instaurer un contrôle sur les finances pro-
vinciales, la réforme de 1775 mit en place un réseau
d'instances financières dans les gouvernements et les
districts. À la tête de tout le système, le procureur
général Wiazemski fit fonction de véritable ministre
des Finances. Mais la grande innovation du règne fut
le budget de l'État, qui n'avait jamais existé jusqu'alors. La monnaie-papier (les assignats) fit son
apparition en 1769 et connut jusqu'aux années 1780
un vif succès. Les dispositions destinées à créer un
véritable système financier permirent aussi à
Catherine de contracter des emprunts à l'étranger
– grande nouveauté de l'histoire russe –, et la dette
extérieure devint dès lors une des composantes du
budget nouvellement établi.

Quel jugement porter sur ces réformes ?

Si l'on tente de dresser un bilan de cette période de
réformes, de la cohérence des projets adoptés et de
ceux qui restèrent dans les cartons de l'impératrice,
peut-être faut-il souligner en premier lieu à quel point
la part de ce qui fut promulgué et mis en pratique est
capitale pour la vie de l'État. Les réformes mûries et
décidées au cours de cette période ont profondément
modifié le mode de gouvernement et d'administration
du pays. Elles ont changé les rapports du pouvoir
central et des régions, et tendu à une certaine unification de l'espace russe ; le système judiciaire a été
en partie libéré des contraintes du pouvoir politique ;
le système financier a été centralisé et rationalisé ;
l'administration territoriale est devenue homogène.
La plupart de ces innovations dessinent une Russie

qui persistera jusqu'à la Révolution ou serviront de point de départ aux grandes réformes du XIXᵉ siècle.

À la cohérence des projets de Catherine, il faut ajouter une autre caractéristique : c'est le lien qui la rattache à la vision générale de Pierre le Grand. Comme lui, elle a voulu consolider et réguler l'État, dont les principes de fonctionnement n'ont cessé de la préoccuper. Mais, à la différence de Pierre le Grand, les rapports entre État et société tiennent une place centrale dans le projet de Catherine, en conformité avec son inspiration initiale : l'esprit des Lumières. Pour Pierre le Grand, la société devait être radicalement transformée, occidentalisée ; celle-ci n'y étant pas prête, l'État devenait *ipso facto* l'acteur privilégié de tout le projet modernisateur. Pour Catherine, la relation entre État et société était décisive et celle-ci – du moins certains de ses ordres – tenait toute sa place dans les réformes. Mais si elle put réformer dans une telle perspective, c'est aussi, il est vrai, que la volonté passionnée de Pierre le Grand avait déjà produit des résultats et que la société russe, au temps de Catherine, était davantage prête à participer à ses projets.

Analysant l'effort des deux monarques et les mettant en parallèle, Kamenski propose deux conclusions auxquelles on ne peut qu'adhérer[17]. À l'instar de Pierre, Catherine fut engagée dans un effort permanent de modernisation et d'européanisation de la Russie ; dans le processus qu'elle mit en route, maints éléments peuvent être comparés à des efforts semblables entrepris en d'autres pays d'Europe à la même époque, notamment en matière de régulation financière. À la différence de Pierre cependant, Catherine, tout en optant pour un modèle européen, s'efforçait dans chaque domaine de l'adapter quelque peu à la réalité russe, ou du moins de prendre en compte cette réalité.

Enfin, comment ne pas constater que les deux souverains réformateurs achoppèrent de la même manière sur le problème du servage, qui les empêcha souvent d'aller au terme de leurs projets ? À regarder attentivement les réformes de Catherine II, on se rend compte qu'elle s'est attaquée à tous les domaines relevant de l'État et de la vie sociale, et qu'elle a probablement rénové tout ce qui pouvait l'être dans la mesure où subsistait, voire se développait, le servage[18]. L'impossibilité où elle s'est trouvée – du moins fut-ce la conviction qui brisa telle ou telle velléité d'aborder ce problème – d'étendre son projet réformateur à une transformation du statut paysan tient aussi à la puissance accrue de la noblesse et des propriétaires moyens, dont elle renforça les droits et qu'elle encouragea par là dans leur volonté et leur capacité de s'opposer à tout changement. Qu'il ait fallu encore un siècle pour poser le problème de l'abolition du servage confirme combien, au XVIIIe siècle, il était difficile, voire prématuré, compte tenu de l'état des mentalités, d'introduire cette dimension dans tout projet de modernisation.

Là réside peut-être la limite de l'esprit modernisateur de Catherine II. Elle était convaincue tout à la fois de la nécessité de remettre en cause le servage et de l'impossibilité de le faire. Elle assura à la noblesse un statut privilégié dont celle-ci n'avait jamais bénéficié jusqu'alors et repoussa par là toute possibilité de toucher à son droit de posséder des serfs. Pis encore, pour la satisfaire et la récompenser, elle lui distribua à tout va des paysans, aggravant considérablement le servage qu'elle condamnait en son for intérieur. Cette contradiction majeure dans le comportement de l'impératrice ne suffit cependant pas à effacer ni à entamer un bilan de réformes qui justifie amplement le propos qu'elle tint à Grimm : « Nous avons bien travaillé. »

CHAPITRE IX

Éduquer l'homme nouveau ?

L'éducation des hommes est indissociable de l'esprit des Lumières ; elle fut donc indissociable des préoccupations et des ambitions de Catherine II, fille des Lumières. Mais lorsque celle-ci accéda au pouvoir, elle mesura l'immensité de la tâche qui l'attendait : la Russie n'était en rien un pays des Lumières, mais le royaume de l'ignorance et de l'obscurantisme. Dans ce domaine encore, c'est à Pierre le Grand qu'elle dut se référer, car c'est avec lui que ceux qui dirigeaient la Russie avaient pris conscience de l'état d'arriération de leurs compatriotes.

Le bilan du XVIIe siècle, c'est à Alexandre Souma-rokov, poète sans doute le plus illustre sous le règne de Catherine, qu'il faut l'emprunter. N'a-t-il pas écrit, dans son *Éloge de notre souverain Pierre le Grand* (1759), ces lignes terribles : « Avant Pierre le Grand, la Russie n'avait reçu de lumières ni d'une claire conception des choses, ni des plus bénéfiques des sciences, ni d'une instruction en profondeur ; notre pays était plongé dans les ténèbres de l'ignorance[1]. » Pierre le Grand avait pris le problème à bras-le-corps, mais il lui fallait tout faire en même temps. Il choisit d'envoyer de jeunes Russes par centaines à l'étranger, là où existaient déjà les écoles absentes de Russie. Il créa en même temps des établissements d'enseignement d'un type nouveau : en 1701, une école de mathématiques à Moscou, complétée par deux écoles élémentaires préparant les adolescents à y entrer (cinq cents élèves fréquentèrent cette école de mathématiques dès 1715) ; trois académies (écoles, en réalité) destinées à la formation militaire : académie navale, créée à Saint-Pétersbourg en 1715 pour trois cents élèves, académies d'artillerie et du génie à Moscou ; deux écoles de médecine naquirent dans chacune des capitales en 1706 pour former quelques centaines d'élèves par an. En matière d'enseignement général, Pierre le Grand encouragea la formation d'écoles d'État et pesa pour que fussent améliorés les cours de celles qui dépendaient de l'Église. Enfin, des écoles privées firent alors leur apparition.

L'effort avait été considérable, mais combien inférieur aux besoins de la Russie ! Pierre le Grand disparu, le système d'État – que la volonté politique ne soutenait plus – déclina, les élèves le désertant. Les écoles dépendant de l'Église résistèrent mieux, mais elles avaient pour finalité première de former des desservants du culte. Catherine II trouvera néanmoins dans son héritage l'université de Moscou, créée par Lomonossov en 1755. Si elle ne compte pendant quelques années que peu d'étudiants – mais d'où sortiraient-ils, vu la faiblesse du système scolaire ? et, jusqu'en 1767, seraient-ils à même de suivre un enseignement en latin ? –, les professeurs, souvent formés à l'étranger, lui confèrent un prestige certain et leur nombre va croître rapidement.

Tel est le système d'enseignement que découvre l'impératrice en 1762. Elle sait que ce qui a été fait l'a

été par Pierre le Grand ; c'est son œuvre qu'elle doit
poursuivre en s'attaquant à la base ; l'éducation première de ses sujets. Elle sait aussi que pour la majorité
des Russes, en 1762, l'état d'ignorance n'est pas une
plaie. Il lui faut les éveiller à la volonté d'apprendre
et, avant tout, à souhaiter le faire pour atteindre
au progrès. Sa méthode n'est pas celle de Pierre,
qui décidait et imposait sans souci de convaincre.
Catherine, au contraire, s'adresse à la raison : les
Lumières, toujours ! Elle multiplie d'emblée les écrits
sur l'éducation – le *Nakaz* en trace les finalités et les
voies – et prêche d'exemple pour montrer ce que
signifie le progrès.

Sa décision de se faire inoculer la variole en 1768
relève de son projet pédagogique. C'est la science qui,
ce jour-là, est proposée à la Russie. L'hygiène dans le
pays est déplorable et cette carence aggrave les épidémies qui ravagent périodiquement villes et campagnes. Au printemps 1768, une épidémie de variole
s'est ainsi déclarée et inspire à Catherine l'idée, révolutionnaire pour son temps, de faire vacciner ses
sujets. Ses conseillers y sont hostiles : comment faire
admettre un vaccin dont la découverte est récente, et
le principe même déconcertant ? Inoculer à des individus sains les germes d'un mal qui « répand la
terreur » est une idée qui révulse les esprits, hormis
quelques personnalités hardies telles que les philosophes, amis de Catherine. Même Frédéric II, si
ouvert au progrès, traite de pure folie le projet que
lui confie sa correspondante. Et pourtant, comment
mieux convaincre son peuple des vertus de la méthode
qu'en se proposant pour cobaye ? Catherine fait
venir de Londres un médecin qui prône l'inoculation
afin de suppléer les praticiens russes, dont aucun

n'ose commettre ce qu'ils tiennent pour un crime de lèse-majesté. C'est « le fameux docteur Dimsdale », écrit-elle à Voltaire, et elle ajoute : « Je vais tout de suite faire inoculer mon fils unique. Le grand maître de l'artillerie, le comte Orlov [...], est à présent entre les mains de notre Anglais [...]. Nombre de courtisans ont suivi son exemple et beaucoup d'autres s'y préparent. Outre cela, on inocule à présent à Saint-Pétersbourg dans trois maisons d'éducation et dans un hôpital établi sous les yeux de Monsieur Dimsdale[2]. » À ce compte rendu enthousiaste des progrès de la médecine en Russie, Voltaire répondit sur le même ton : « Quelle leçon Votre Majesté Impériale donne à nos petits-maîtres français, à nos sages maîtres de la Sorbonne, à nos esculapes des écoles de médecine ! Pour nous autres, nous avons été sur le point de ne pouvoir être inoculés que par arrêt du Parlement. Je ne sais ce qui est arrivé à notre nation qui autrefois donnait des exemples en tout ; mais nous sommes bien barbares en certains cas[3]. »

Si l'exemple de Catherine est suivi par quelques courtisans lors de cette intervention, la Russie retient son souffle. Et si la souveraine venait à succomber à ce que ses compatriotes tiennent pour une expérience inconsidérée ? Neuf jours plus tard, délai d'incubation, Catherine se porte toujours comme un charme, et toute la cour manifeste son soulagement en participant aux prières d'action de grâces.

Pédagogue comme toujours, l'impératrice entendit persuader les Russes que l'adhésion au progrès – celui de l'hygiène, dans ce cas – pouvait aussi modifier leur sort. Un jeune enfant inoculé au même moment fut anobli, et tous les siens avec lui. Ils reçurent le nom d'Ospienny (d'*ospa*, variole). Quant au docteur

Dimsdale, il fut lui aussi anobli, élevé au rang de conseiller d'État actuel*, et pensionné pour le restant de ses jours[4].

Le temps des grandes ambitions

Mais l'exemple d'un comportement rationnel et scientifique ne pouvait suffire à élever le niveau intellectuel des Russes. En réfléchissant au problème de la sécularisation des biens de l'Église, Catherine II avait noté l'incapacité des serviteurs du culte à dispenser à leurs élèves un enseignement de qualité. Le faible niveau atteint dans les écoles de paroisse était l'un des griefs qu'elle opposait aux dignitaires de l'Église pour justifier sa politique. L'enseignement en Russie était par trop dispersé, insuffisant quantitativement et qualitativement.

Catherine avait lu attentivement Montaigne, Rousseau, Locke, les encyclopédistes, on le sait, et pensait avec eux qu'il était possible et nécessaire de transformer l'homme par l'éducation. Son conseiller en ce domaine, Ivan Betski, était, comme elle, partisan de la philosophie des Lumières et convaincu de la possibilité de créer un homme civilisé d'un type nouveau. Mais, pour y réussir, encore fallait-il, estimaient l'impératrice et son conseiller, soustraire les enfants à leur milieu et les soumettre à une éducation intellectuelle et morale conforme au but recherché.

---

* Dans la « Table des rangs », c'est le deuxième *Tchin* (rang) de la hiérarchie civile en ordre descendant. Le véritable titre est « conseiller privé actuel », mais Waliszewski le baptise « conseiller d'État ».

Comme toujours, Catherine aimait s'entourer de conseillers et de commissions ; celles qu'elle installa dès 1763 étaient censées contribuer à l'éclairer sur tous les aspects des réformes qu'elle envisageait. Au nombre de ces instances, il faut citer la Commission pour l'instruction publique, composée de cinq membres[5], chargée de proposer un système éducatif d'ensemble pour la jeunesse russe (à l'exception des serfs). L'un des membres de cette commission, l'historien Miller, publia en 1764 un projet pour l'« organisation des écoles dans l'Empire ». Mais c'est le projet de Betski élaboré la même année – « Plan général pour l'instruction de la jeunesse des deux sexes[6] » – qui allait guider la politique de Catherine.

Betski y posait les principes à partir desquels allait être développé le système éducatif, et dessinait les grandes lignes des institutions préconisées. Les *maisons d'éducation* furent le produit immédiat de sa réflexion. Il s'agissait en réalité d'hospices-écoles destinés aux orphelins ou aux enfants abandonnés, totalement pris en charge par l'État : non seulement ils bénéficieraient d'une bonne éducation, mais encore ils devraient à la sollicitude du système leur liberté future. C'est là l'un des traits les plus intéressants de cette innovation pédagogico-politique. Le statut de ces enfants abandonnés était en définitive privilégié, puisque les textes fondateurs stipulaient que les adultes sortis de ces établissements seraient *libres* à jamais et formeraient un troisième ordre au sein d'une société qui en comptait déjà deux, constitués clairement en 1764 – la noblesse et les serfs –, mais qui manquait encore d'un véritable tiers état. Ainsi Catherine, par cette disposition, montrait sa volonté de pousser, au moyen de l'éducation, au développement d'un troisième ordre social et d'une force de travail libre[7]. Se heurtant sans cesse au problème du servage et aux oppositions à toute émancipation des serfs, elle cherchait par divers moyens à élargir l'organisation de la société en créant les germes de ce troisième état encore dans les limbes. Elle promettait d'ailleurs la même liberté à ceux qui intégreraient l'Académie des sciences, « pour eux et leurs descendants », précisant que « même un serf pouvait espérer devenir membre de l'Académie des sciences ». Pour cela, une seule voie : celle du savoir, donc de l'effort sans relâche pour s'instruire.

En attendant, deux établissements pour enfants abandonnés furent successivement créés, d'abord à Moscou dès 1764, puis dans la capitale en 1770, rapidement suivis d'autres créations en diverses villes. Au terme de leur scolarité, les pupilles de ces établissements devaient soit avoir été formés à l'exercice d'un métier, soit, s'ils s'étaient révélés particulièrement doués pour les études, être envoyés à l'université de Moscou.

Sans doute Klioutchevski, dans son *Histoire de Pierre le Grand*, relève-t-il qu'en 1724 déjà l'empereur avait « ordonné d'enseigner aux enfants illégitimes des arts divers dans des maisons spécialement aménagées à Moscou et dans d'autres villes. On voit que l'idée de faire des enfants illégitimes un des fondements d'une bourgeoisie nouvelle ne fut pas exclusivement celle de I.I. Betski, auteur du projet de création en Russie d'une classe moyenne à partir d'enfants trouvés[8] ». Que Catherine et Betski se soient inspirés de Pierre le Grand est incontestable. Mais comment ne pas constater que l'intérêt de l'impératrice pour cette voie d'élargissement de la structure sociale russe s'insère dans une vision d'ensemble ? En 1764, alors qu'elle cherche désespérément à desserrer l'étau du servage, l'éducation est à ses yeux décisive pour modifier un ordre social si contraire à l'esprit des Lumières.

L'éducation des filles préoccupait aussi Catherine II. Après avoir soutenu la création de l'Institut Smolny, réservé aux jeunes filles de la noblesse, elle encouragea celle d'un établissement similaire, mais destiné aux adolescentes de familles non nobles. Il est significatif qu'aux unes et aux autres était donnée la même éducation, inspirée des idées de Madame de Maintenon : éducation générale incluant notamment langues étrangères, éducation morale, mais aussi arts d'agrément. La danse, le chant faisaient partie intégrante du cursus, et des représentations semi-publiques permettaient aux familles et aux proches de constater l'aisance et les dons que cette éducation développait.

Le Corps des cadets avait été créé par l'impératrice Anne le 29 juillet 1731. Il était destiné à former des jeunes gens de la noblesse – deux cents, dont cent cinquante Russes et cinquante Baltes –, censés y recevoir une éducation générale et une formation militaire. L'originalité de cet établissement tenait à ce que ses anciens élèves entraient ensuite dans l'armée avec le rang d'officier, en opposition totale avec les directives de Pierre le Grand pour qui nul ne pouvait être officier sans avoir été au préalable simple soldat. Par ses pressions, la noblesse avait obtenu cette revanche sur le souverain qui, en créant la « Table des rangs », avait fait du mérite et des services rendus à l'État une voie d'accès à la noblesse aussi importante que la naissance. Depuis sa création, le Corps des cadets n'avait cessé d'élargir ses rangs. Il les avait déjà triplés en 1762, et il n'est pas étonnant que Catherine II ait voulu à son tour sinon réformer, du moins améliorer cette institution dont le prestige était considérable. En 1766, de nouvelles règles furent édictées[9] ; les changements apportés au Corps des cadets étaient de deux sortes : la scolarité était allongée, puisqu'elle couvrait désormais seize ans, de la petite enfance à vingt et un ans, alliant ainsi enseignements primaire et secondaire ; par ailleurs, les matières enseignées étaient diversifiées, incluant l'histoire, la philosophie, le droit, etc., et le niveau requis devenait beaucoup plus élevé. Établissement de formation militaire par tradition, le Corps des cadets allait, grâce aux progrès de l'enseignement dispensé, fournir aussi de hauts fonctionnaires à l'État.

Si, au départ, Catherine avait imaginé son action dans le domaine éducatif comme un moyen de former un « homme nouveau », elle dut vite déchanter en constatant l'extrême difficulté de réaliser une pareille ambition. Trop de problèmes se posaient à elle en même temps. Le développement du réseau d'enseignement général exigeait d'immenses efforts. Les guerres et révoltes intérieures allaient momentanément la distraire de ce projet. Quand elle y reviendra, ce sera avec un plus grand pragmatisme, en s'inspirant d'expériences concrètes plutôt que des théories des philosophes. Mais les réalisations de la première phase, loin d'être négligeables, s'inscrivent, en ce qui concerne la volonté de développer un tiers état, dans la lignée de Pierre le Grand. L'attention portée dès cette époque à l'éducation féminine est aussi à mettre au compte, sinon des projets accomplis, du moins des points de départ pour l'action à venir, qui sera reprise à partir de 1775.

Le modèle autrichien

La réforme de l'administration locale relança en 1775 une politique de l'éducation. À cette époque, Catherine veut insérer ses projets de développement de l'enseignement dans le cadre régional afin d'implanter progressivement un véritable réseau scolaire dont les autorités locales, administratives, ou encore la noblesse, assumeraient la responsabilité. Aux termes de ces dispositions, il revenait aux instances de protection sociale d'organiser l'ouverture des écoles. Leur financement reposait à la fois sur la contribution des autorités locales et sur l'aide que devaient y apporter la noblesse et les marchands. Cette combinaison d'initiative publique et de mécénat privé allait produire dans les années 1775-1780 des résultats incontestables, mais que Catherine jugera vite insuffisants, impropres à fonder un ensemble éducatif digne de son pays.

Pourtant, les initiatives privées étaient souvent remarquables. C'est ainsi que Novikov décida en 1777 de consacrer les revenus de sa publication *Utrennii Svet* (La Lumière du matin) à la création dans la capitale de deux écoles rattachées à des églises, en dépit des convictions maçonniques de leur fondateur. Elles étaient ouvertes aux filles comme aux garçons, payantes, et accueillaient des internes tout autant que des élèves en externat. Le succès de ces établissements fut d'emblée considérable. Les donateurs se pressaient pour contribuer à leur développement, et les élèves y affluaient.

L'impératrice elle-même joua les mécènes, fondant pour sa part une école dans la capitale, rattachée à la cathédrale Saint-Isaac. Progressivement, son initiative fut imitée par divers nobles qui, sous l'égide de quelque église, ouvraient des établissements d'enseignement et finançaient de manière continue leur fonctionnement. Des marchands de Saint-Pétersbourg firent de même et la capitale leur fut redevable d'une école où l'on formait pour la première fois au commerce et à l'économie. Le mouvement gagna bientôt les villes de province. Au cours de ces années, une certaine « fièvre » éducative anima les élites des capitales et des gouvernements pour participer au projet de Catherine II, dont celle-ci répétait sans relâche à quel point il était essentiel à la transformation de la Russie. Toutes ces écoles nouvelles avaient en commun d'être ouvertes aux filles, même si leur proportion restait relativement faible ; d'être fréquentées par les enfants de groupes déterminés – fonctionnaires, militaires, personnels de la noblesse – et naturellement urbains.

À la campagne, en dépit des incitations répétées de l'impératrice, la situation scolaire ne changeait que très lentement. La paysannerie n'était pas vraiment touchée par cette politique de scolarisation. Les serfs en étaient exclus. L'Église, qui avait pour l'essentiel la charge de l'enseignement en milieu rural, n'y déployait pas de grands efforts, et les seuls enfants à bénéficier alors d'un véritable enseignement étaient ceux que les nobles des domaines où travaillaient leurs parents envoyaient à leurs frais dans les écoles des villes. À l'autre extrémité de l'échelle sociale, les enfants de la noblesse était très souvent éduqués à domicile dans des conditions qui laissaient parfois à désirer, tant la qualité des précepteurs était inégale.

En 1780, Catherine souhaita faire le bilan de la politique suivie au cours des années précédentes. Elle n'était plus aussi assurée de l'excellence des idées de Betski sur la formation de l'homme idéal par l'école. De surcroît, les réformes administratives des années 1775-1780 donnaient la mesure des besoins des institutions russes en personnel instruit, et poussaient à réfléchir sur l'adaptation du système scolaire à ces nouvelles orientations. Tout vint encore une fois de l'impératrice qui, toute sa vie durant, plaça au cœur de sa réflexion sur le progrès le lien entre pouvoir et éducation. En février, elle demanda à l'Académie des sciences de procéder à une évaluation d'ensemble des écoles de la capitale, privées ou publiques. Saint-Pétersbourg, elle en avait conscience, était mieux pourvue en écoles que le reste de la Russie ; vitrine et lieu d'expérimentation de tout le système scolaire du pays, c'était aussi le miroir des réussites et des échecs du système. L'évaluation commandée confirma ses doutes. Mais Catherine n'avait pas pour habitude de céder aux premières difficultés entrevues. En même temps qu'elle voulait connaître le résultat réel des efforts entrepris, elle cherchait déjà des solutions nouvelles, et c'est sa plus récente « coqueluche », Joseph II, empereur d'Autriche, qui les lui apporta.

En 1774, une ambitieuse réforme scolaire avait été mise en chantier dans son pays par ce souverain. Elle s'imposait d'autant plus que la condamnation des jésuites par Rome, suivie de leur expulsion, avait privé l'Autriche d'un remarquable réseau d'enseignement. C'est alors que Marie-Thérèse avait fait appel à l'abbé

Johann Felbiger, supérieur de l'abbaye de Sagan, en Silésie prussienne, qui avait élaboré des propositions novatrices en ce domaine[10]. Aussitôt mises en pratique, ses idées avaient produit des résultats dont Joseph II confia à Catherine, lors de leur rencontre de 1780, qu'il se louait sans réserve. L'impératrice s'enflamma pour le modèle qui lui était proposé et mit aussitôt au travail un membre de l'Académie des sciences, F. Aepinus, éminent mathématicien qu'elle avait un temps chargé d'enseigner sa discipline au grand-duc Paul. Elle lui demanda d'étudier de près le système autrichien et les moyens de l'adapter à la Russie, puis, ayant reçu son long rapport, elle nomma à l'automne 1782 une commission chargée de préparer un plan destiné à le mettre en place dans son pays. Pour réussir cette réforme, Catherine pria Joseph II de lui prêter son conseiller et, sur l'avis de Felbiger, elle convia le grand pédagogue tchèque Jankovitch de Mirievo à participer aux travaux de la commission[11]. Comme l'avait fait Pierre le Grand en son temps, comme elle n'avait cessé de le faire elle-même, Catherine faisait une fois encore appel à un étranger pour l'aider à moderniser son pays. La commission de réforme, assistée d'un expert si prestigieux, ne chôma pas et, en peu de mois, fut en mesure de soumettre à l'impératrice un « plan pour la création d'écoles publiques dans l'Empire[12] », lequel sera confirmé en 1786 par un texte impérial définissant le statut et les règles de fonctionnement du système.

En adoptant le modèle autrichien, Catherine rompait avec les conceptions qu'elle avait faites siennes au milieu des années 1760 sous l'influence de Betski et sans doute aussi de ses lectures assidues de Montaigne, voire de Rousseau en dépit des sentiments négatifs qu'elle lui portait. Marquée par ses auteurs favoris et par la vision ambitieuse de Betski, elle avait cru pouvoir doter son pays d'un « homme idéal ». En 1782, ce n'est plus cette utopie qui l'anime, mais la volonté plus pragmatique de former en grand nombre des hommes instruits qui soient des citoyens utiles à l'État, sûrs et enclins à épouser les idées et modes de comportement qui leur seraient proposés. Plus que l'homme idéal, c'est le citoyen futur, mais accordé à l'ordre social établi, qui devient l'objectif du système mis en place.

Une autre préoccupation de Catherine, liée à l'extension de l'Empire qui agrège peu à peu des populations différentes, est de disposer d'un système éducatif propre à contribuer à l'unité de la Russie. Les territoires arrachés à la Pologne, les tensions au Sud : autant de facteurs d'hétérogénéité qu'il convient de combattre. Les ambitions extérieures de Catherine et ses succès ne l'empêchent pas de comprendre qu'à étendre ses frontières, elle risque d'affaiblir l'Empire si elle ne réussit pas à faire évoluer tous les peuples qui le constituent d'un même pas et selon les mêmes normes. La tâche n'est guère aisée, puisque se bousculent dans l'espace russe des civilisations et des traditions bien éloignées les unes des autres. Le principe premier du système scolaire adopté en 1782 est celui de l'uniformité de la formation des enfants : telle est bien la réponse aux problèmes que se pose Catherine. Unité, mais non effacement de certaines traditions – et c'est là un autre trait caractéristique de la réforme de 1782.

Le réseau scolaire doit être constitué de deux types d'établissements : écoles de deux classes dans les districts, de quatre dans les villes. Dans l'enseignement primaire, la scolarité de chaque classe ne dure qu'une année. Dans le secondaire, elle est en tout de cinq ans : une année pour les trois premières classes, deux pour la dernière. Une fois encore, le monde rural, qui préoccupe pourtant Catherine et à la scolarisation duquel elle a consacré plusieurs projets, reste à l'écart de cette transformation ambitieuse.

L'enseignement primaire est tourné vers l'acquisition des savoirs de base : lire, écrire, compter, et complété par une initiation à la religion et à la morale. L'enseignement secondaire, plutôt étendu, inclut l'histoire, la géographie, la langue et la littérature russes, mais aussi les langues étrangères. C'est là que Catherine montre l'attention qu'elle porte aux différentes composantes de l'Empire : elle exige que le choix des langues étrangères enseignées tienne compte de l'origine culturelle des élèves et leur fournisse une ouverture sur le monde extérieur des régions où ils vivent. Si les élèves russes se voient volontiers proposer l'étude des langues anciennes, ceux qui résident dans les provinces du Sud, en *Nouvelle Russie*, sont orientés vers le grec, alors que dans les territoires enlevés à la Pologne, où la population est souvent catholique, c'est le latin qui est imposé ; l'arabe et le tatar sont enseignés dans la région de Kazan, et le chinois dans celle d'Irkoutsk. Soumis à un enseignement général uniforme, les enfants de l'Empire doivent retrouver leurs racines par le biais des langues étrangères et par une meilleure connaissance des civilisations aux abords desquelles ils vivent. En 1782, Catherine est encore jeune, et ses ambitions extérieures loin d'être éteintes : en formant des enfants de Sibérie à la langue chinoise, c'est aussi à l'avenir qu'elle songe.

Cette formation unifiante ne dépendait pas seulement de l'organisation du réseau scolaire, mais avant tout du matériel d'enseignement, des méthodes et des contenus. Catherine ordonna que toutes les écoles utilisent les mêmes manuels ; ceux-ci furent rapidement rédigés pour toutes les disciplines ; l'usage de tous manuels choisis librement par l'école ou par les maîtres fut interdit. En outre, les directives pédagogiques devaient s'appliquer partout uniformément. Dans chaque discipline, un enseignement rigoureux, faisant appel à la mémoire, à des contrôles fréquents des progrès accomplis, à une parfaite connaissance du contenu des manuels : la méthode était simple et supposait que tout élève, à l'issue de chaque année scolaire, avait acquis la totalité des connaissances inscrites au programme.

Un autre point important de la réforme touchait au contenu spirituel, sinon de l'enseignement, du moins de la formation des maîtres. Deux ouvrages de Felbiger, dont les préceptes étaient suivis à la lettre, servirent à fixer les objectifs moraux du nouveau système. Un « guide du maître » fut traduit en 1783. Même si Catherine ne l'avait pas encore lu, il dessinait le portrait de celui qui enseigne tel qu'elle l'avait toujours imaginé. Chrétien, nanti de hautes qualités morales et – hommage à Montaigne ! – conscient que son devoir était avant tout de *former* celui qui lui était confié, d'en tirer le meilleur, et naturellement de le doter du savoir. L'autre ouvrage de Felbiger dont Catherine et Betski, associé à la réforme, surveilleront attentivement et corrigeront la traduction, s'adressait aux élèves ; intitulé *Des devoirs de l'homme et du citoyen*, ce petit livre fut publié sous deux formes pour être distribué dans une variante au corps enseignant,

dans l'autre aux enfants. Ouvrage étonnant qui
prônait certes la foi, mais, comme le souligne Isabel
de Madariaga, pas obligatoirement l'adhésion au Dieu
des chrétiens[13] ; qui expliquait l'organisation de la
société humaine et requérait du lecteur son adhésion
aux distinctions sociales, à la répartition par états, à la
reconnaissance de l'utilité de chacun à la place qui lui
était échue, maître ou serviteur, à l'acceptation du
destin. Dans ce texte curieusement nourri de rationa-
lisme, les références spirituelles semblaient avoir été
introduites par nécessité plus que pour suggérer des
convictions. Il était en tout point conforme au projet
général de Felbiger : il s'agissait en définitive de
former un citoyen conscient, mais acceptant le monde
dans lequel il vivait.

Un tel système ne pouvait donner de résultats sans
qu'une organisation rigoureuse en contrôlât le fonctionnement. Dès 1786, la Commission des écoles
publiques fit fonction de ministère de l'Instruction.
Elle se chargea d'intégrer dans un réseau d'État, de
manière souple, tous les établissements privés qui pro-
liféraient ; et de créer un véritable corps enseignant
doté d'un statut, ce qui constituait encore une remarquable innovation.

Les écoles privées furent soumises à des inspections
portant sur les programmes et la qualification des professeurs. À l'issue de ce processus qui visait principalement les établissements privés de la capitale, ceux-
ci furent fermés et leurs élèves conviés à s'inscrire
dans les écoles publiques. Même l'Institut Smolny fut
soumis à un tel contrôle et, des défauts y ayant été
constatés, on lui imposa de travailler selon les normes
fixées pour l'enseignement public en termes de programmes et de méthodes. La langue d'enseignement y

posait problème, car le français y était à l'honneur ;
or toute la réforme avait imposé le russe comme
langue de base, et relégué le français au domaine
des cours particuliers pris à domicile ou dispersés
dans de petites structures étrangères au système scolaire. Autre victime du mouvement d'unification :
Novikov, dont les deux écoles furent fermées à
l'instar des autres établissements privés. En revanche,
l'ouverture d'écoles publiques fut imposée partout
– sauf, une fois encore, dans les campagnes...

Mais le pas le plus important fut franchi avec la
mise en place d'un véritable statut du corps enseignant, dont les salaires furent uniformisés et adaptés
au niveau des écoles (primaires ou secondaires) et évoluèrent même avec la hiérarchie des classes. Les professeurs furent à leur tour placés sur la « Table des
rangs », et, après des années d'enseignement, ceux qui
atteignaient un certain niveau accédaient à la noblesse
héréditaire. Mais pour éviter que, parvenus à ce stade,
ils ne quittent alors leurs fonctions pour en rechercher
de plus prestigieuses au service de l'État, ils devaient
s'engager à demeurer là où ils avaient été anoblis.

L'œuvre accomplie durant ces années pour améliorer le niveau d'instruction de la jeunesse russe ne
peut être sous-estimée. Sans doute, dans la phase
d'importation du modèle autrichien qui restera en
vigueur bien au-delà du règne de Catherine, le rêve
utopique de l'école chargée de façonner un « homme
nouveau » s'effaça-t-il au profit d'une vision plus réaliste combinant la volonté de dispenser des connaissances relativement étendues et le souhait que l'école
forme des sujets utiles à l'Empire, qui ne contestent
ni son idéologie ni son organisation. Quant au vœu
de Catherine que l'enseignement brasse les diverses

composantes sociales et rassemble les deux sexes, il fut loin d'être exaucé : si les écoles publiques attirèrent réellement les enfants de la société urbaine non noble, la noblesse préféra en général recourir à des structures privées et maintint largement l'habitude des précepteurs et gouvernantes à domicile, exception faite évidemment du Corps des cadets et des écoles préparant à l'armée de terre ou aux forces navales.

L'école ne put donc être un lieu de brassage social, mais en avait-elle vraiment la vocation ? On peut se le demander, à lire le petit livre de Felbiger, bible du système éducatif, qui stipulait que la hiérarchie sociale et les cloisonnements qu'elle implique obéissaient à une logique qui ne pouvait être mise en question[14]. La part des filles dans les écoles ne fut certes pas remarquable, même si elle connut quelque progrès jusqu'à la fin du règne ; mais l'impulsion donnée encouragea les jeunes filles à étudier. Au siècle suivant, la pression de ces élites féminines pour accéder à l'enseignement supérieur fut une conséquence des perspectives qui leur avaient été ouvertes dans les dernières années du règne de Catherine II ; ne pouvant souvent satisfaire leurs ambitions en Russie, les jeunes filles iront alors étudier à l'étranger.

Le bilan chiffré de l'effort accompli n'est pas négligeable. Le réseau des écoles primaires fonctionnant dans les districts ne cessa de grandir et, à la fin du règne, on en comptait plus de trois cents, accueillant quelque vingt mille élèves. Il en alla de même des écoles secondaires. Une École normale destinée à former les maîtres ouvrit ses portes à Saint-Pétersbourg en 1783 ; la première promotion de cent élèves fut diplômée en 1786. En l'espace de quatorze ans, soit jusqu'à la mort de Catherine, près de six cents maîtres furent ainsi encadrés et formés de manière à porter dans les écoles le « modèle autrichien ». C'est sur ce personnel nouveau que le gouvernement se reposa pour ouvrir de nouveaux établissements. Par une sorte d'émulation, les écoles de l'Église que contrôlait l'administration s'alignèrent sur les programmes et méthodes de l'enseignement public, et leur niveau s'éleva à l'instar de celles qui naissaient de la volonté de la souveraine.

Les contrôles, les directives pédagogiques, les avantages de carrière ont-ils favorisé la naissance d'un corps enseignant de qualité, propre à réaliser les ambitions de l'impératrice ? Peut-être pas dans les proportions qu'elle avait espérées, mais le comportement des maîtres s'améliora. Ils n'avaient plus le droit de s'adonner à la boisson, tendance fort courante en Russie, ni celui de maltraiter leurs élèves. Probablement ne respectèrent-ils ces interdits que pour partie ; il n'en demeure pas moins que les dispositions adoptées en 1783 donnèrent naissance à un véritable corps enseignant, et que les avantages attachés à leur statut incitaient ses membres à se plier aux règles et exigences qui leur étaient imposées.

Même au temps où elle opta pour une approche plus pragmatique, Catherine ne pouvait oublier ce que lui avaient apporté les philosophes français dont elle restera toujours inspirée. N'avait-elle pas demandé à Diderot – en dépit des jugements réticents que celui-ci porta, à son retour en France, sur la pensée politique et l'œuvre législative de sa protectrice – de lui préparer un plan de création d'une université[15] ? Si elle ne suivit pas ses suggestions – pas davantage qu'elle n'adopta les projets similaires qu'elle avait commandés à des conseillers russes –, c'est que les besoins dans les domaines primaire et secondaire étaient si grands qu'elle préféra concentrer sur eux ses efforts. Elle fit son possible pour que l'université de Moscou fût en mesure d'accueillir un plus grand nombre d'étudiants et dans de meilleures conditions. Et elle favorisa l'envoi de jeunes Russes doués dans les universités étrangères. En cela, elle était fidèle à Pierre le Grand, mais aussi à Pierre III qui, durant son règne écourté, avait caressé cette idée[16].

Pour finir, comment ne pas rappeler que ce qui inspirait largement Catherine, c'étaient encore et toujours les idées des Lumières, résumées par Diderot dans les notes rédigées à son intention et qui devaient sous-tendre toutes ses entreprises ? Évoquant ce qu'il avait compris de la pensée de son interlocutrice, le philosophe écrivait :

> « Votre Majesté Impériale tend sourdement à la formation d'un tiers état.
>
> En conséquence, que ceux qu'elle fait élever au tiers soient tous tirés des basses conditions ; partout cette classe fournira les hommes éclairés.
>
> Qu'elle étende l'objet du *Concours* le plus qu'elle pourra.
>
> Qu'elle se garde bien d'anoblir [...].
>
> Qu'elle se hâte de fonder les petites écoles et qu'elle force par la loi les parents à y mener leurs enfants.
>
> Qu'elle fonde des bourses dans ses grandes écoles ou collèges publics, et qu'elle les accorde aux enfants du peuple qui promettent.
>
> Mais, surtout, qu'elle rende la Commission permanente[17]. »

Sans doute Catherine ne suivit-elle pas tous les conseils que lui prodigua Diderot : elle anoblit et distribua biens et privilèges, mais elle resta fidèle à l'essentiel : la volonté de fonder ce tiers état qui n'existait pas, et de le faire en éduquant ceux à qui leur naissance ne garantissait ni l'acquisition des connaissances, ni des chances de promotion sociale. Dans la Russie du XVIIIe siècle, la perspective était on ne peut plus ambitieuse, et Catherine y réussit partiellement, tout en posant des jalons pour l'avenir. L'intelligentsia, celle des *raznotchintsy*, c'est-à-dire issue de milieux divers et non plus de la noblesse, donc celle du tiers état en développement, sera fille de la politique de l'éducation de cette impératrice visionnaire, obstinée à mettre en œuvre ses conceptions.

CHAPITRE X

L'économie pour l'État
et pour la société

La Russie d'avant 1917, notamment celle du XVIII⁰ siècle, est toujours perçue en termes de retard historique. Pourtant, au fil du temps, une vision plus nuancée a tendu à substituer au trop simple concept d'arriération l'idée d'un développement rapide mais déséquilibré. Ce jugement s'applique tout particulièrement à la seconde moitié du XVIII⁰ siècle, dominée par le règne de Catherine II. Boulyguine, spécialiste soviétique – les études consacrées au passé étaient alors fort négatives dans leurs appréciations –, définit ainsi l'état et l'évolution du pays au temps de l'impératrice : « Ce fut une période compliquée et contradictoire de l'histoire russe. D'un côté, le joug des propriétaires féodaux atteignit alors son apogée, et les paysans serfs furent réduits à la situation d'esclaves [...]. Mais, d'un autre côté, ce fut le temps où, grâce à un essor sans précédent de la production commerciale, une structure capitaliste commença à se former. Tous les secteurs de l'économie, y compris l'agriculture, connurent alors un profond changement. Les propriétaires furent contraints de restructurer leur

économie afin de s'adapter à ces nouvelles conditions[1]. »

On ne peut nier que cet essor économique caractérisa en Russie non seulement la seconde moitié du
XVIIIe siècle, mais ce siècle en son entier, marqué
par deux périodes particulièrement significatives :
celles où régnèrent Pierre le Grand et Catherine. Car
c'est Pierre qui donna l'élan initial en s'efforçant dès
1710 de développer des industries – pour l'effort de
guerre, mais aussi sans lien avec lui – et de stimuler
les échanges internationaux. Les manufactures se multiplièrent sous son règne, à l'initiative de l'État ou
d'entrepreneurs privés. Il créa de toutes pièces une
industrie textile, encouragea la métallurgie et les mines
de l'Oural, favorisa diverses « filières », dont celles de
la porcelaine et du verre. Pour protéger la production
russe, il fit adopter en 1724 un tarif douanier. Sur le
plan fiscal, il remplaça l'impôt sur les feux et sur les
terres cultivées par la capitation, qui fut une de ses
réformes les plus durables. En dépit de certaines
faiblesses des règnes précédents – principalement
ceux des deux Anne –, Catherine trouvait donc, en
montant sur le trône, une situation et des pratiques
économiques qui rapprochaient déjà la Russie de ce
qui existait en Europe occidentale, tout en l'éloignant
des traditions de la Moscovie.

La population :
une préoccupation permanente

Un indicateur important des progrès accomplis par
la Russie au cours du siècle est celui de la population.
L'évolution de la population russe au XVIIIe siècle est

très proche de celle des autres pays d'Europe. Stationnaire pendant près d'un siècle avant Pierre le Grand, elle connut même une certaine chute durant son règne, sans doute due aux guerres et à la brutalité de ses méthodes ; mais, dès 1725, la croissance la fait passer d'environ seize millions à dix-huit millions en 1744, puis vingt-trois millions en 1762. Dans la seconde moitié du siècle, elle double plus ou moins et, même si ce bond doit être partiellement imputé aux territoires annexés par Catherine, cette croissance est néanmoins spectaculaire, compte tenu des événements – guerres et révoltes – qui ont coûté cher en vies humaines à la Russie.

Population accrue, mais aussi progrès de l'urbanisation qui, en 1782, atteint 8 à 9 % de la population. Les villes augmentent en nombre et Catherine se flatte qu'en l'espace de dix ans – de 1775 à 1785 – leur nombre a doublé. Cette remarque doit toutefois être nuancée : on a vu que, pour des raisons administratives, des villages ont souvent été reclassés comme villes[2]. Mais, parfois aussi, des mesures de sens contraire ont ôté à des bourgades leur statut urbain pour les reléguer au rang de villages. Malgré cette relative anarchie dans la définition des agglomérations, il convient de retenir un léger progrès de la vie urbaine, et surtout la fluidité d'une population qui, pour un temps, put passer aisément de la campagne à la ville. À quoi il faut ajouter un développement notable des liens entre ville et campagne.

Catherine II s'attacha à encourager le développement urbain – les réformes de 1775-1785 eurent aussi cette finalité – et se passionna pour les problèmes de population. Elle montra pour la démographie un vif intérêt, qu'elle conserva tout au long

de son règne. Cet intérêt était naturellement dû à sa
fréquentation des œuvres des physiocrates, mais aussi
à sa connaissance du double problème qui affectait la
Russie : sous-peuplement d'une part considérable des
terres de l'Empire ; distribution très inégale de la
population dans l'espace russe. Un savant anglais de
l'époque, qui séjourna vingt ans en Russie, notait dans
ses écrits : « Aucune tête couronnée de notre temps
n'a davantage placé le problème de la population au
centre de sa politique que l'impératrice[3]. »

Sa politique en ce domaine fut novatrice.
Consciente de la nécessité de peupler les terres d'acquisition récente – le sous-peuplement de la Sibérie
n'avait cessé de préoccuper les souverains russes
depuis un siècle – et de l'utilité de recourir aux
étrangers pour leur savoir ou leur efficacité, Catherine
voulut faire venir en Russie des colons. Le manifeste
du 4 décembre 1762 ouvrit les portes du pays à tous
les étrangers souhaitant s'y installer (exception faite
des Juifs). Mais ce texte s'adressait aussi à ceux qui
avaient fui leur patrie pour des motifs divers,
notamment en raison de leur fidélité à la « vieille foi ».
Pour convaincre les candidats à l'immigration en
Russie, l'impératrice multiplia les dispositions séduisantes : facilités matérielles d'abord, puisque le voyage
leur était offert ; prêt sans intérêt pour l'acquisition
de terres et de biens ; exemption d'impôts durant
trente ans, et dispense d'obligations militaires. À quoi
s'ajoutait le droit de conserver sa religion ainsi que les
usages et traditions du pays dont on était originaire.
Enfin, on indiquait avec précision aux candidats où il
était souhaitable pour eux de s'installer en fonction
des terres disponibles. La Russie n'en manquait pas !
Une administration chargée de veiller dans le pays aux

intérêts de la population étrangère fut mise en place dès 1763 et confiée à Grégoire Orlov.

Les propositions de Catherine rencontrèrent un large écho, d'abord en Allemagne d'où partirent, pour les seules années 1763 et 1764, plus de trente mille émigrants qui s'installèrent à la campagne, surtout dans le gouvernement de Saratov et tout le long de la Volga. Cette émigration se caractérise par son caractère définitif : les colons allemands étaient bien décidés à rester en Russie, et l'on retrouvera leurs descendants, deux siècles plus tard, ayant fondé un véritable « pays allemand » avec sa langue, sa religion, ses traditions.

Des Français, mais en moins grand nombre, vinrent aussi s'employer dans les industries de la soie. La Russie, qui développe alors ce secteur industriel, est désireuse d'y attirer des travailleurs compétents, capables d'aider à l'implantation et à l'essor de nouvelles usines et d'enseigner leurs techniques aux Russes.

Mais c'est la colonisation allemande à la campagne qui impose de réfléchir aux effets de cette présence à la campagne, étrangère non seulement par la nationalité, mais aussi par son statut. Ces colons sont des paysans libres qui s'installent dans un univers caractérisé par le servage. Travaillant dans leur propre intérêt, ce sont naturellement des producteurs plus actifs et plus inventifs que les paysans russes. Leur présence peut inciter les serfs à méditer sur la condition du paysan libre et sur les avantages liés à la possession de la terre. Par ailleurs, leur réussite économique n'est-elle pas de nature à nourrir la réflexion des élites sur les mérites de la liberté et de la propriété ? Rien ne prouve que Catherine, en conviant des étrangers à venir exploiter des terres en Russie, ait pensé les utiliser comme exemples d'un meilleur mode de relations sociales. Mais, en même temps, on ne saurait oublier qu'elle avait mis au concours de la Société libre d'économie la question du servage...

Des conceptions économiques libérales

À l'aube de son règne, de même qu'en politique étrangère, Catherine II avait en économie des vues bien arrêtées. Ses lectures – notamment Montesquieu – l'avaient convaincue des bienfaits du libéralisme dont les principes étaient en honneur en Europe occidentale. Ses idées ont été exposées en 1767 dans un curieux mémoire, *Considérations sur les manufactures*, complété par des *Remarques* sur divers points qu'elle jugeait nécessaires de développer, l'un et l'autre textes constituant une sorte de programme économique[4].

Conformément aux directives de l'impératrice, le mémoire fut transmis au collège des Manufactures pour y être étudié, puis pour servir de base à diverses instructions. L'idée qui y prévaut et qui se dégage aussi des *Remarques* est le refus de tout réglementer, la conviction qu'une économie saine et dynamique repose sur un développement naturel. Ce sont les besoins de la population qui déterminent en dernier ressort les évolutions des diverses branches de l'économie – ou encore, comme le note Catherine : « Toute chose, en ce domaine, adopte d'elle-même la forme qui lui est propre » (remarques 1 à 3). Ainsi du développement industriel, dont elle écrit : « Il ne faut pas craindre que le mouvement crée une pléthore d'usines [...]. L'insuffisance de la demande arrêtera tout naturellement le développement » (remarque 6). C'est aux entrepreneurs qu'elle fait confiance pour prendre les initiatives que leur suggérera la perspective du profit, « mais il ne faut ni les contraindre à agir, ni les en empêcher ». Cette formule, véritable mot d'ordre, revient maintes fois dans les écrits économiques de 1767 et représente une pensée bien ancrée. « Nous ne faisons rien mieux que librement, hors de toute contrainte », lit-on encore dans la remarque 19, et la même phrase réapparaît dans l'instruction (*Nakaz*), ce qui est révélateur de la volonté de l'impératrice d'en faire la ligne de force de ses propositions économiques.

Au collège des Manufactures, elle recommande de n'intervenir dans la vie des acteurs économiques qu'en cas d'absolue nécessité : « La règle fondamentale du collège est de ne pas créer d'obstacle à ceux qui gagnent honnêtement leur pain. Chacun sait de lui-même ce qu'il a à faire » (remarque 31). « Tout autre contrôle [que celui qu'impose la protection d'intérêts légitimes] est selon moi superflu [...]. Le collège des Manufactures n'a pas été créé pour gêner l'industrie, ce qui arrivera si on se mêle de tous les soucis des entrepreneurs » (remarque 73). D'où la conclusion : « Moins le collège s'immiscera dans les affaires de l'industrie, mieux ce sera » (remarque 4).

L'avenir, le progrès accompli, Catherine l'imagine symbolisé par la disparition pure et simple du collège des Manufactures, celui-ci n'ayant plus rien à faire. Une perspective qui se trouve réalisée en 1779.

Catherine ne voulait ni multiplication des règle-
ments, ni prolifération des organes administratifs,
qui tous auraient pour effet d'« importuner les entrepreneurs ». Elle ne voulait pas davantage de conceptions planificatrices qui eussent paralysé l'initiative et
les évolutions naturelles : « Il ne faut jamais accepter
l'idée que la richesse puisse être également répartie
entre les différents milieux comme le pain au réfectoire
des moines » (remarque 5). De même condamnait-elle
l'idée que l'État soutienne certaines entreprises en leur
attribuant un monopole. À ses yeux, l'État ne doit
intervenir qu'en informant et en accordant çà et là une
aide financière.

Le collège des Manufactures respecta avec soin les
directives contenues dans le mémoire et les diffusa
auprès de tous les représentants des instances économiques. Les thèmes qu'il développa font largement
écho aux propres thèses de Catherine II sur la supériorité – en termes économiques – du travail libre sur
le labeur asservi[5].

L'entreprise privée encouragée

Pour l'impératrice, la liberté d'entreprendre est une
condition essentielle du progrès de la société. Si la
campagne reste le lieu principal d'occupation de la
population russe, Catherine attache une très grande
importance aux activités industrielles ou artisanales,
non seulement comme domaine économique en soi,
mais aussi parce que la main-d'œuvre excédentaire à
la campagne doit s'y occuper. Même les paysans
peuvent trouver à s'y employer durant leur temps
de liberté imposé par le climat ou encore par leurs

conditions de travail. D'où les encouragements de la souveraine au libre développement, fruit d'initiatives privées, des industries et artisanats divers.

Mais pas dans n'importe quelles conditions géographiques ou sectorielles. Catherine II n'est pas favorable aux grandes concentrations industrielles dans les villes : elles mobiliseraient trop de ressources qui gagneraient à être mieux réparties, et elles se constitueraient au détriment de villes moins importantes, alors que le progrès général de la Russie requiert un équilibre entre les diverses villes et régions. À son accession au trône, Catherine s'est trouvée confrontée à une situation encore très insatisfaisante : peuplement dense et stable dans certaines régions centrales de la Russie d'Europe, mais très insuffisant et irrégulier dans le Sud et l'Est, notamment en Sibérie. L'essor industriel et artisanal de petites villes encore assoupies doit, pense-t-elle, contribuer à rééquilibrer l'occupation humaine du pays. C'est pourquoi elle s'indigne de la concentration industrielle qui profite à Moscou, alors que « tant de petits centres urbains dépérissent ».

Un autre thème sur lequel elle insiste constamment est la nécessité d'orienter le développement industriel vers des secteurs fondés sur les ressources propres de la Russie, plutôt que vers ceux qui requièrent l'importation de matières premières coûteuses pour le Trésor russe. Voilà pourquoi elle préfère une industrie textile qui repose sur le coton ou le lin plutôt que sur la soie.

Le développement économique voulu par Catherine se fonde sur la liberté d'entreprendre qu'elle entend reconnaître à tous ses sujets, nobles, marchands, voire paysans à certaines conditions. Créer une entreprise, mais surtout un commerce : cet axe

figure déjà dans l'oukaze du 31 juillet 1762 qui suit
de peu l'accession au trône[6]. Ce décret a eu pour effet
d'accélérer la création de petites entreprises. Les
paysans, qui avaient pour habitude de quitter leurs
hameaux pour louer leurs bras dans les usines, profi-
tèrent souvent de la liberté qui leur était proposée
pour créer leurs propres ateliers. Cette reconnaissance
de la liberté d'entreprendre eut deux conséquences :
elle accrut la mobilité paysanne, et donc la main-
d'œuvre disponible ; elle concourut à la croissance de
la population urbaine. Le nombre de passeports*
accordés aux paysans demandant à quitter leurs
villages en hiver pour travailler à la ville ne cessa
d'augmenter au cours de ces années, ce qui témoignait
de la portée des dispositions libérant la création
d'entreprises.

L'orientation des paysans vers le travail industriel
était aussi source d'enrichissement pour leurs propriétaires, qui la favorisaient, mais elle provoqua en
retour le mécontentement des marchands, qu'inquiétait l'activité rivale de cette paysannerie indus-
trieuse. En effet, les paysans ne payaient pas d'impôts
pour leurs occupations urbaines, contrairement aux
marchands. De surcroît, ces derniers ne pouvaient
faire appel au travail des serfs, alors que les nobles se
trouvaient à même de disposer d'une main-d'œuvre
abondante pour produire des biens dans les villes ou
sur leurs terres, ceux-ci étant ensuite commercialisés
en ville.

Ces dispositions, qui ouvraient déjà à la noblesse

---

* Document permettant aux paysans de circuler d'un lieu à un
autre, la finalité du passeport était d'interdire aux serfs de
s'échapper.

d'immenses possibilités économiques, furent renforcées. Depuis le milieu du siècle, la noblesse bénéficiait du privilège de la distillation de l'alcool, dont
la vente constituait une remarquable source de
revenus pour l'État, même si la corruption et divers
autres biais favorisaient une forte évasion fiscale.
Pour permettre à l'État de mieux contrôler la vente
d'alcool et éviter les ventes directes du producteur au
consommateur, un véritable monopole d'État sur le
commerce des spiritueux fut institué en 1767, et la
perception des taxes devint un privilège que se partagèrent les nobles et certains paysans riches agissant
comme *agents de la Couronne*, responsables de la
rentrée de ces revenus. Peu à peu, cependant, le
Trésor, ayant mis la main sur ces taxes, prit en charge
l'organisation de leur collecte, tandis que des règle-
ments nouveaux (1781) répartissaient les normes ou
quotas de production achetées par l'État entre les
divers groupes sociaux. Le prix de l'alcool monta, le
taux de taxation aussi ; la production grimpa, de
même que l'ivrognerie. Le Trésor public y gagna, ainsi
que les distillateurs – les nobles en premier lieu.

Ceux-ci bénéficiaient aussi des dispositions libérales de Catherine reconnaissant de manière plus
étendue que par le passé le droit de propriété. Sur le
plan juridique d'abord, puisque le mémoire adressé
au collège des Manufactures posait le principe d'une
indemnisation au cas où, pour des raisons d'utilité
publique, l'État se verrait dans l'obligation d'expro-
prier. Le droit civil prenait ainsi le pas sur le droit
public et, sur ce point, c'est la Russie qui va se trouver
en avance. La Charte de la noblesse de 1785 confir-
mera cette évolution, mais, trois ans plus tôt[7], Catherine avait, par deux textes de loi, accordé à la noblesse

et aux propriétaires non nobles le droit de propriété
sur les richesses du sous-sol, ainsi que celui de les
exploiter dans le cadre d'entreprises privées. Entre-
temps, les propriétaires furent autorisés à vendre les
produits de leur sous-sol à des organismes d'État au
prix du marché, mais, libéralisme oblige, interdiction
leur était faite de tenter de constituer des monopoles...

Pour aider la noblesse à développer ses entreprises,
Catherine fonda en 1786 la Banque de prêt de l'État,
qui absorba la Banque de la noblesse créée en 1754.
Le nouvel établissement disposait aussi des avoirs
de la Banque commerciale, intégrée à la Banque de
la noblesse en 1782. Cet instrument financier, permettant à la noblesse et aux autres entrepreneurs
d'emprunter, n'était pas seul de son espèce : des établissements d'épargne furent aussi ouverts, même si
les conditions attachées à leurs crédits étaient moins
favorables que celles de la Banque de prêt. Ce développement du réseau bancaire eut deux effets remarquables : l'ampleur des moyens mis à la disposition
des entreprises privées, mais aussi, parce que ces
moyens étaient fort attrayants, l'endettement spectaculaire de certains secteurs de la population (aux
deux extrémités de l'échelle sociale : noblesse et
marchands).

Quel qu'en ait été le prix en termes d'endettement,
on ne peut néanmoins mésestimer l'effort de
Catherine pour stimuler le développement des entreprises privées. Les effets en furent très importants sur
le plan économique, mais aussi sur les mentalités. Jusqu'alors, c'est l'État qui détenait l'initiative économique. Avec les réformes de l'impératrice, l'esprit
d'entreprise s'étend à tous les milieux, de la noblesse
aux paysans. L'encouragement à l'initiative privée

s'inscrit lui aussi dans le projet impérial de créer en Russie une classe moyenne ou un tiers état qui n'existe pas encore. C'est ce changement à venir, ou cet élargissement de l'organisation sociale, qui est censé permettre d'instaurer en Russie une véritable liberté civile, condition *sine qua non* de la transformation politique du pays.

Une fois encore, on voit Catherine, prisonnière du problème du servage et dans l'incapacité de s'y attaquer de front, tenter de le réduire par des dispositions supposées conduire progressivement à sa disparition. La liberté d'entreprendre étendue aux paysans les plus actifs, qui les urbanisait partiellement, montrait la voie : la possibilité qui leur était offerte – même si la porte était étroite – de s'agréger au tiers ordre naissant[8].

Financer les besoins de l'État

La Russie de Catherine eut de grands besoins d'argent. Les guerres étaient certes coûteuses. Mais les projets de réforme intérieure l'étaient tout autant. Une source de dépense non négligeable résultait d'un progrès politique et social considérable : la volonté de Catherine de mettre de l'ordre dans le statut des serviteurs de l'État. La corruption, vieille habitude russe, était encouragée par les disparités sans nombre affectant la rémunération des fonctionnaires. De même, ce fait pesait sur toutes les pratiques des organes d'autorité à tous les niveaux. Jusqu'en 1763, les fonctionnaires jouissaient de statuts particuliers dépendant des régions où ils exerçaient leurs fonctions et de l'autorité dont relevaient celles-ci. Le manifeste du 15 décembre 1763 liquida le *prikaz* de Sibérie[9]. Peu après, l'hetmanat d'Ukraine[10] subit le même sort. Cette politique, appliquée de même manière dans l'Ouest et dans l'Est, avait un objectif unique : établir un seul système administratif dans tout l'Empire et mettre fin aux privilèges locaux, jugés exorbitants par Catherine. Les règles générales devaient s'appliquer partout, afin que tous les territoires relevant des mêmes instances soient plus aisément contrôlables. Mais demeurait le fait que les fonctionnaires n'étaient pas payés, ou l'étaient irrégulièrement, et dans ce cas l'étaient selon des normes inégales et incompréhensibles à tous. La conséquence en était que, pour vivre, ils s'en remettaient aux pots-de-vin et à toutes sortes de prétendus présents extorqués à leurs administrés.

Catherine considérait que la lutte contre la corruption passait par l'octroi de traitements réguliers à tous les fonctionnaires, quel que fût leur grade. Elle écrivit en 1764 que seule une telle mesure – « un traitement leur permettant de vivre » – les ferait renoncer aux pots-de-vin exigés de leurs administrés et aux brimades destinées à les leur imposer.

L'adoption du principe d'allocation d'un traitement à tous les fonctionnaires entraîna par nécessité la définition des conditions d'accès aux fonctions ainsi que des promotions. Ce qui compte, écrivait Catherine II, c'est de considérer les mérites et les compétences. Pour marquer la fermeté de ces principes, elle ordonna des inspections et l'élaboration de systèmes d'évaluation des fonctionnaires.

Outre la généralisation des traitements et l'établissement des liens entre fonction et Table des rangs, l'impératrice décida la création d'un système de pensions pour les fonctionnaires ayant à leur actif trente-cinq années de service, ces pensions représentant la moitié du traitement perçu[11]. On a vu que le corps enseignant avait déjà été doté d'un tel statut. Ce qui valait pour les fonctionnaires en général et pour les enseignants en particulier s'appliquera de même aux plus hauts postes de l'État. Par ces dispositions, Catherine créa une véritable bureaucratie. Ce fut une incontestable réussite, mais pour autant elle ne put venir à bout du problème de la corruption. Les habitudes étaient trop bien ancrées. Elle ne put non plus imposer pleinement le principe du mérite prévalant sur l'ancienneté. Au sommet de la hiérarchie, les grands serviteurs de l'État se battaient en effet pour que les promotions fussent décidées en fonction de la durée du service dans un grade donné. « L'empereur de Russie, écrit un grand seigneur russe en 1760, est privé du droit de choisir ses fonctionnaires. En Russie, pour accéder à une position, il faut avoir le *rang* qui y correspond. Si le souverain rencontre un individu honnête, capable de remplir une fonction déterminée, mais qui n'est pas placé au rang qui y correspond, il ne peut le nommer. Cette institution [le *Tchin* ou Table des rangs] est la meilleure protection pour la nullité, la servilité, la corruption. Mais sa réforme révulse la toute-puissante bureaucratie. De tous les abus, le *Tchin* est le plus difficile à supprimer[12]. »

En dépit de ces faiblesses, la réforme de la bureaucratie coûtait cher. Pour la financer, diverses taxes furent relevées ; on introduisit surtout une taxation des mouvements sur la Table des rangs, progressive selon le rang occupé, allant de vingt-cinq kopecks pour un petit fonctionnaire à cent roubles pour un feld-maréchal[13].

De manière générale, le système fiscal devait être adapté aux projets de réorganisation administrative locale qui impliquaient l'appel à un grand nombre de fonctionnaires. Comme toujours, cette réorganisation était synonyme de hausse des taxes existantes et d'invention de taxes nouvelles. Un débat divisa à ce sujet les conseillers de l'impératrice lorsque le poids des réformes et des charges extérieures déséquilibra par trop le budget.

En 1783, Alexandre Bezborodko, alors conseiller écouté de Catherine et protégé de Potemkine, plaida qu'à trop augmenter les impôts, on risquait de diminuer la capacité des individus ou collectivités taxables à acquitter leur dû. Mieux vaut, disait Bezborodko, accroître la production, donc la richesse. À cela, le procureur général Wiazemski objectait que les moyens de trouver de l'argent ne manquaient pas, et qu'à l'augmentation de taxes diverses on pouvait ajouter un autre procédé : transférer les dépenses des administrations locales aux gouvernements afin d'alléger d'autant les charges du budget général de l'État. Aux gouvernements de trouver à leur tour les sources de financement nécessaires. Ayant, à son habitude, pris tous les avis, Catherine opta pour la thèse de Bezborodko : il fallait créer de la richesse. Mais comment ? C'est ici qu'intervient la grande innovation monétaire de 1768, c'est-à-dire le recours à l'impression quasi incontrôlée de papier-monnaie.

Les assignats n'étaient pas une nouveauté en Russie lorsque Catherine II monta sur le trône, mais leur usage restait très limité. Élisabeth en avait autorisé l'utilisation pour des transactions entre marchands de ville à ville, mais là s'était arrêtée leur circulation. C'est le prince Wiazemski qui suggéra à Catherine, en novembre 1768, de faire imprimer des assignats, et la décision fut prise quelques semaines plus tard[14]. Dans un premier temps, l'engouement pour le papier-monnaie fut d'autant plus grand qu'il était à la mode – symbole, considérait-on, du progrès économique – bien plus maniable que la lourde monnaie métallique – et que son cours était haut et stable. Mais, progressivement, le budget de l'État se trouva déséquilibré par les dépenses internes et les guerres. Les revenus n'avaient certes cessé d'augmenter, passant de dix-neuf millions de roubles en 1764 à plus de quarante millions en 1794 ; mais les dépenses, hélas, suivaient la même courbe ascendante, et dépassèrent en 1794 les revenus de neuf millions de roubles. Dans les années 1780-1796, la répartition des dépenses était relativement constante : 46 % pour l'armée et la marine (la construction navale, obsession de Potemkine, était une source d'exigences permanents de sa part en matière d'investissements) ; 20 % pour l'économie dépendant de l'État ; 12 % pour l'administration et la justice ; 9 % pour la cour. Comment, et sur quel chapitre, comprimer les dépenses ? Une fois encore, le choix était simple : augmenter les sources de revenu intérieur, c'est-à-dire les impôts, ou bien « fabriquer de la richesse » sous forme d'assignats et recourir à l'emprunt.

C'est à partir du début des années 1780 que la « fabrication » de richesses, selon la formule de Bezborodko, prit de l'importance. Jusqu'alors, les finances de l'État russe avaient résisté aux événements exceptionnels, guerres et révoltes, y compris même celle de Pougatchev dont l'extinction avait imposé des dépenses considérables. Les années qui suivirent le traité de Kutchuk-Kainardji avaient permis de réduire les effectifs et les dépenses de l'armée, et les moyens financiers de l'État furent dès lors largement consacrés au développement interne. La stabilité internationale, le climat pacifié en Russie, tout inspirait l'optimisme – d'où les grands investissements opérés dans les projets de réforme. L'argent nécessaire vint de la production massive d'assignats et de l'emprunt intérieur, mais aussi – fait nouveau – d'emprunts à l'étranger. Sans doute, dès 1768, Catherine en avait-elle déjà contracté deux aux Provinces-Unies et à Gênes[15], mais la guerre imposait alors un tel choix. Dans les années 1780, cet expédient devient une méthode courante pour « fabriquer de la richesse », et les Provinces-Unies demeurent les prêteurs favoris de Catherine. En 1794, le remboursement de la dette absorbera jusqu'à 4,5 % du budget russe. Dans le même temps, les assignats perdent de leur valeur.

Est-ce à dire que la politique économique de Catherine déboucha, pour des raisons budgétaires, sur un échec ? Ce serait oublier que l'organisation des finances de l'Empire faisait partie intégrante d'un projet plus général : le développement économique du pays, notamment par le progrès de l'industrie et par l'expansion commerciale.

De nombreuses mesures favorisèrent alors un essor commercial sans précédent. Les facteurs en furent l'abrogation des douanes intérieures et, plus tard, une rigoureuse politique de contrôle des tarifs douaniers. Les conquêtes et la diversification des activités économiques permirent la multiplication des échanges commerciaux : le Sud, à la production agricole abondante, ravitailla le Centre et le Nord en échange de

leurs biens manufacturés, et les campagnes se révélèrent de plus en plus liées aux villes par l'approvi-
sionnement de ces dernières en céréales, produits
alimentaires et fabrications artisanales. Toute une
série de villes, véritables centres du commerce intérieur, se développèrent tandis que Moscou jouait le
même rôle pour les échanges avec le monde extérieur.

On peut prendre la mesure de ces activités croissantes, sous le règne de Catherine, en jetant un regard
sur les foires qui, par tradition, occupaient une très
grande place en Russie. Leur importance tenait à la
fois à l'espace russe et au mode de vie des travailleurs,
lié au climat. Dans cette étendue immense, les populations de régions souvent inaccessibles ne pouvaient
compter que sur les foires pour accéder aux biens qui
leur étaient nécessaires. Celles-ci répondaient aussi à
la nature du travail, des productions et des demandes
des diverses régions. Elles constituaient l'événement
annuel ou pluriannuel dans toutes les villes ou régions
importantes, mais souvent aussi dans les villages,
même si elles n'étaient pas alors désignées comme des
foires. Durant les années 1760 à 1790, leur nombre ne
cessa de croître au même rythme que la population.
En 1775, deux mille cinq cents foires étaient officiellement recensées – sans y inclure les modestes foires
villageoises –, et plus de quatre mille à la fin du siècle,
témoignage d'une très intense activité commerciale[16].

Le commerce extérieur fut aussi l'une des grandes
réussites de Catherine. Son règne vit tripler le
montant annuel en roubles des échanges – exportations et importations. Si la liberté du commerce était
l'un de ses mots d'ordre, elle institua de nouveaux
tarifs douaniers dont la finalité était de faciliter
l'importation des matières premières ou des biens

indispensables à la Russie en les frappant de faibles droits d'entrée, mais aussi de protéger la production nationale et d'alimenter le Trésor en imposant fortement tout ce qui entrait en concurrence avec la production russe ou qui, par trop luxueux, était jugé non nécessaire au bien-être de la population. La même souplesse fut appliquée aux exportations, notamment de céréales dont la Russie devint un très gros exportateur après la conquête de la Russie méridionale, et qui n'étaient pas frappées de droits de sortie. La construction d'une flotte qui faisait jusque-là défaut à la Russie et dont le manque obérait sa politique commerciale, l'aménagement des ports de la mer Noire, furent de puissants stimulants pour les échanges.

Tout au long du règne, les exportations resteront plus importantes en valeur que les importations. Le principal partenaire de la Russie, jouissant d'un statut privilégié, sera la Grande-Bretagne, même si les étrangers jouant le rôle d'intermédiaires demeureront les grands acteurs des transactions. Le commerce extérieur russe s'orientera aussi vers l'Asie centrale, la Chine et même l'Inde, et une colonie d'Indiens, marchands pour la plupart, s'installera à Astrakhan.

En raison de cette activité continue et croissante, le règne constitue aussi une véritable école de commerce pour les marchands russes, jusqu'alors plus habitués aux échanges intérieurs. Si les Anglais resteront maîtres du commerce avec l'Europe, les Russes vont alors s'emparer du marché oriental.

Tous les efforts de Catherine convergent : la liberté accordée à l'initiative privée, la flexibilité des tarifs douaniers, les conquêtes qui ouvrent de nouvelles voies de circulation – les bateaux russes accèdent à la mer Noire et, au-delà, à la Méditerranée –, enfin la formation des hommes à la science du commerce, aux langues étrangères, tout aura contribué à mobiliser une classe marchande qui fera preuve d'un grand dynamisme pour s'imposer à l'extérieur. En ce domaine, l'impératrice aura beaucoup changé les habitudes de ses compatriotes.

À comparer les politiques économiques de Pierre le Grand et de Catherine, on constate d'emblée les similitudes et une différence réelle. Ce qui est semblable chez l'un et l'autre des deux grands souverains russes du XVIIIe siècle, c'est l'ambition politique – conquêtes et réformes – qui a conduit à une explosion des dépenses et, progressivement, à une situation de crise. C'est aussi le recours constant à l'impôt sous toutes ses formes : la société a dû payer le prix des ambitions impériales, et l'inventivité en matière fiscale a toujours été fertile. Dans les dernières années du règne de Catherine, maintes nouvelles voies de prélèvements fiscaux furent explorées, souvent empruntées à l'étranger, telle la taxation des fenêtres qui sévissait en France. Autre similitude : l'envol des dépenses a moins couvert les exigences de la cour – même si celles de Potemkine pesèrent lourdement sur le budget – que les projets de modernisation et de développement de la puissance russe, et ces dépenses furent tout de même compensées par nombre de succès. Mais là gît une différence notable entre la politique de Pierre le Grand et celle de Catherine II : la part dévolue aux dépenses militaires par rapport à l'effort de transformation interne n'a pas été identique, loin de là ! Si le règne de Catherine a été jalonné de guerres et de conquêtes qui modifièrent la place de la Russie dans le monde et ses capacités économiques, le pourcentage des dépenses consacrées à l'armée ne

fit que baisser durant tout le règne, bien qu'en temps
de guerre il eût connu quelques remontées. La tendance générale de la politique de Catherine fut
d'accorder avant tout les moyens qu'exigeait la
transformation intérieure du pays. L'administration
réformée, progressivement dotée de fonctionnaires
payés selon des normes connues, le système éducatif
développé et pris largement en charge par l'État, mais
aussi les besoins liés à l'expansion de l'autorité russe
sur les territoires nouvellement conquis, tout mobilisa
continuellement une part considérable du budget au
détriment de l'armée.

La pensée libérale de Catherine II en matière économique (refus de laisser l'État intervenir à tout
propos et en tout domaine ; encouragements à la
liberté d'entreprendre ; volonté de voir, grâce aux
réformes administratives, entrer en scène de nouveaux
acteurs économiques, notamment paysans) accompagne et sous-tend deux préoccupations quasi obses-
sionnelles : pousser à la création d'un tiers état et,
par des mesures latérales, non provocantes, attaquer
la citadelle du servage. Nombre de biographes critiques ont reproché à l'impératrice un comportement
hypocrite, associant un discours libéral – dans le
Nakaz, notamment – et la réalité d'un servage
alourdi[17]. Sa politique économique prouve au
contraire que Catherine II avait compris que, la
grande révolution sociale ne pouvant être inscrite à
l'ordre du jour, il lui restait à transformer la Russie
en d'autres domaines, à la moderniser, à assurer la
prospérité du pays dans son ensemble, et par là, peu à
peu, à préparer les mentalités à des changements plus
radicaux. Sa pratique économique fut sans doute, à
certains égards, dénuée de prudence. À trop actionner

la planche à billets, à multiplier les emprunts, elle entraîna une dépréciation du rouble au début des années 1790. Mais Catherine II, lorsqu'elle disparaîtra, ne laissera pas son pays dans une situation économique aussi catastrophique que celle qu'elle avait trouvée en 1762. Les erreurs commises, les déséquilibres qu'elles engendrèrent, ne sauraient faire oublier les fondements de sa politique : en ce domaine, elle fut avant tout guidée par une logique politique et sociale, la volonté de moderniser son pays, et c'est à cela que servit l'incontestable progrès économique qui marqua son règne.

Quatrième partie

Les années Potemkine : l'expansion

CHAPITRE XI

La fin du « système du Nord »

Pour toute l'Europe, et pas seulement pour Catherine, 1774 fut une année marquante. La mort de Louis XV, vieil adversaire de la Russie, et l'accession au trône de Louis XVI faisaient d'emblée naître l'espoir qu'à Versailles on allait entériner un ordre européen où la Russie, forte de ses victoires sur l'Empire ottoman, de ses frontières occidentales « arrondies », pesait d'un poids nouveau. Ce qui avait été intolérable à Louis XV, il sembla que Louis XVI, parvenu au pouvoir dans ce contexte, n'allait pas le contester. Le comte de Vergennes fut nommé aux Affaires étrangères et l'un de ses premiers actes consista à refuser aux confédérés polonais les subsides qu'ils demandaient pour continuer à harceler les forces russes. Bariatinski en rendit compte aussitôt à Panine, qui y vit le signe d'une détente entre Versailles et Pétersbourg[1]. La décision prise par Vergennes de rappeler Durand de Distoff, trop lié à une politique antirusse, et de le remplacer par le marquis de Juigné, allait dans le même sens. Enfin Vergennes, cherchant les moyens d'écarter la Russie de la Prusse, donc de mettre fin au « système du Nord » hostile aux Bourbons et aux Habsbourg, chargea Juigné de convaincre Catherine que la France acceptait et les conquêtes sur l'Empire ottoman et les agrandissements au détriment de la Pologne, mais que le moment était venu de freiner les ambitions de Frédéric II, ce qu'un rapprochement de Pétersbourg avec Versailles et Vienne permettrait de réaliser. Pour être mieux entendu de l'impératrice, il fallait, dit Vergennes à Juigné, plaider le dossier auprès du nouveau favori, Potemkine, peut-être le seul capable de faire contrepoids à l'influence si durable de Panine. Toujours pour mieux convaincre Catherine, l'ambassadeur lui remit une lettre de son ministre précisant ce qui, dans l'attitude française, était changé : « Le roi considère que l'influence russe en Pologne n'est pas contraire à la paix ni à l'équilibre européen, et même que cette influence est un des plus sûrs moyens de calmer les ambitions d'autres voisins de la Pologne. » Le message était limpide : la France trouvait acceptable que la Russie défendît ses intérêts en Pologne, mais elle n'acceptait pas qu'y fussent avancés les intérêts de la Prusse. Cette main tendue à la Russie, l'invitant à un changement d'alliance et à l'abandon des priorités dessinées par le « système du Nord », les problèmes internationaux qui surgissent à compter de 1775 vont contribuer à y donner crédit et à réorienter, avec le temps, la politique étrangère de la Russie.

Trois questions vont être alors à l'ordre du jour : l'indépendance des colonies d'Amérique, la succession de Bavière et l'avenir de la Crimée.

Le tournant américain
et la neutralité armée

Au printemps de 1775, les colonies américaines de l'Angleterre se sont soulevées et le mouvement débouche sur la déclaration d'indépendance du 4 juillet 1776. Se souvenant du « système du Nord », le roi George III demande alors à Catherine II des hommes et des vaisseaux pour l'aider à vaincre la rébellion. C'est oublier que Londres a toujours opposé une grande réserve au souhait russe de conclure une alliance, laquelle se réduisit en définitive à un simple accord commercial paraphé en juin 1766. C'est surtout oublier que l'Angleterre n'a pas répondu à la demande d'aide russe lors de la guerre menée contre la Turquie.

La rumeur de cet appel de George III à l'aide russe est d'autant plus mal perçue à Versailles que l'on s'y apprête à voler au secours des insurgés. L'inquiétude française se fonde non seulement sur la rumeur rapportée de Londres par Beaumarchais, mais aussi sur un propos de Potemkine dont le marquis de Juigné s'est fait l'écho auprès de son ministre. Au début de la révolte américaine, Potemkine aurait dit : « Si l'Angleterre a besoin de vingt mille soldats, la Russie pourrait fort bien les lui fournir[2]. » Mais Catherine répond au roi d'Angleterre qu'à peine sortie d'une guerre, elle ne saurait envisager de s'engager, même de manière indirecte, dans un nouveau conflit.

On touche ici à la question de l'influence respective de Potemkine et de Panine sur les choix personnels de Catherine. En 1775, en dépit de l'ascension fulgurante du favori, Panine reste le grand conseiller en politique

étrangère. N'ayant pu obtenir de George III les engagements qui auraient permis au « système du Nord »
de dépasser le cadre d'une simple alliance russo-prussienne, il a cessé de miser sur Londres. La proclamation de l'indépendance américaine, qui jette une
ombre sur la puissance anglaise, l'incite à oublier
son rêve d'alliance avec ce pays. De surcroît, dès 1775,
il commence à s'inquiéter de la volonté de Potemkine
d'intervenir dans la définition des grands axes de la
diplomatie russe, et de ses efforts pour inciter Catherine à répondre positivement à George III. Cela suffit
à le convaincre d'exposer ses réticences, d'autant que
l'attitude plus bienveillante de Louis XVI à l'égard de
la Russie le conduit à réfléchir à une réorientation de
la politique russe.

Plus se développe le conflit anglo-américain, plus
se précise la position française avec la conclusion d'un
accord avec les États-Unis, et plus se renforcent les
pressions anglaises exhortant la Russie à s'engager à
ses côtés. Pour la cour de Saint James, Potemkine est
l'homme qui peut aider l'Angleterre. Ne fait-il pas
montre d'une anglophilie à toute épreuve et d'une
anglomanie non moins évidente ? C'est ce dernier
trait qui le pousse à acheter des tableaux de peintres
anglais et à inciter Catherine II à faire de même. La
fortune de Reynolds en Russie est due à Potemkine.
Dès que se pose le problème des choix à faire, celui-
ci multiplie les contacts avec les représentants anglais,
notamment avec Sir James Harris, arrivé à Pétersbourg à la fin de 1777. Harris a été chargé par son
ministre, le comte de Suffolk, de négocier avec la
Russie une alliance offensive et défensive assurant à
son pays une aide sur mer. Panine, à qui il a rendu
d'abord visite, s'y est montré hostile, et Harris se

retourne alors vers Potemkine, bien décidé à jouer
de la rivalité entre les deux hommes. Potemkine se
comporte ainsi que l'Anglais l'a escompté, faisant
pression sur l'impératrice et laissant entendre à son
interlocuteur qu'elle finira bien par se rallier au projet.
Le chevalier de Corberon, secrétaire de l'ambassadeur
puis chargé d'affaires, qui surveille ces contacts avec
anxiété rapporte à Versailles toutes les rencontres
organisées par Potemkine avec la partie anglaise. Mais,
peu à peu, il perçoit que Catherine ne semble pas le
moins du monde ébranlée par les propos de son
favori. Elle écoute tout autant Panine et Osterman,
le vice-chancelier, et dit partager leurs conclusions :
l'indépendance américaine est inéluctable, et peut-être
même conforme aux intérêts russes.

Alors que Harris espérait toujours que Potemkine
l'emporterait, arrachant l'adhésion de l'impératrice à
l'alliance proposée, il fut convoqué par Panine qui lui
annonça le rejet pur et simple du projet anglais. Il se
précipita alors chez Potemkine pour l'interroger : qui
avait été acheté par Versailles pour pousser l'impératrice à prendre une telle décision – Panine ou bien
lui-même ? Ce qu'il n'avait pas perçu ou ne pouvait
comprendre, c'est que Catherine avait sur l'affaire ses
propres vues. Et que, si grande que fût sa confiance
en Potemkine, elle n'entendait pas pour autant céder
à ses pressions. Sans doute Panine était-il plus éloigné
d'elle que par le passé ; mais, si elle se libérait de son
influence, ce n'était pas pour se soumettre à celle de
son favori.

De surcroît, au même moment, l'idée de *neutralité
armée* s'impose et constitue dans l'esprit de l'impératrice une réponse au dilemme dans lequel elle se
débattait jusqu'alors. La notion de neutralité armée

est définie dans le rescrit du 27 février 1780. À l'origine de ce qui sera considéré comme une révolution dans le droit maritime international, il y eut un incident : la saisie en Méditerranée de deux vaisseaux russes par l'Espagne. L'« insulte faite au drapeau russe » imposait des représailles ; elles prirent la forme de l'envoi en Méditerranée de quatre bâtiments de guerre chargés de protéger la liberté de navigation. Cette péripétie maritime déboucha sur une déclaration définissant les droits et devoirs des « neutres » en temps de guerre. Toutes les puissances européennes étaient conviées à souscrire aux quatre principes énumérés dans cette déclaration : les navires neutres étaient libres de continuer à commercer avec les États belligérants ; la cargaison des navires neutres était inviolable, sauf si elle était qualifiée de contrebande de guerre ; la définition de la « contrebande de guerre » (armes, munitions, etc.) était celle donnée aux articles 10 et 11 de la convention russo-anglaise de 1776 ; le blocus d'un port était effectif dès lors qu'il y avait péril à y entrer[3].

Lorsqu'il eut pris connaissance de cette déclaration, le comte de Vergennes constata qu'elle était proche du règlement maritime français de 1778 qui avait pour but de s'opposer à l'impérialisme anglais sur les mers. Après quelques années d'hésitation au cours desquelles Catherine II s'était contentée de refuser toute aide à George III sans pour autant encourager ouvertement la France, la déclaration sur la neutralité armée témoignait que la Russie, comme la France, n'entendait plus laisser la maîtrise des mers à l'Angleterre. Cette convergence de vues contribua au succès du texte russe, dont l'effet sur le droit international demeurera profond. Un grand nombre de pays – Danemark, Suède, Provinces-Unies, Prusse, Autriche, Portugal, royaume des Deux-Siciles – y adhérèrent à la suite de la France et de l'Espagne, qui y avaient souscrit dès qu'elles en avaient eu connaissance. L'Angleterre se trouvait ainsi isolée, contrainte de tenir compte de la coalition qui se formait contre elle. Par cette déclaration, la Russie, si longtemps tenue pour une puissance de second rang, réagissant plutôt qu'agissant sur la scène internationale, se hissait au niveau des grands pays et affirmait son statut de puissance maritime. Les efforts de Catherine étaient ainsi reconnus par la coalition que ses idées rassemblaient et qui allait devenir la « Ligue des neutres ».

Dans le même temps, un constat s'imposait : le « système du Nord », dont l'Angleterre avait été ou aurait dû être l'un des principaux piliers, n'existait plus. C'est une tout autre politique qui venait d'être définie par l'impératrice.

Ici se pose la question de la paternité et de la déclaration, et du tournant politique qu'elle impliquait. Qui en fut l'auteur : Panine ou Catherine ? Cette dernière en revendiqua la conception. Il semble plus juste de considérer que cette réorientation résulta de l'effort conjugué de Panine et de ses collaborateurs, mais que Catherine souhaita personnellement l'affirmation d'une posture nouvelle de son pays. Le chevalier de Corberon (qui, après le départ du marquis de Juigné, géra la représentation française en Russie) rapporte que, dans ses entretiens avec Panine, et avec Potemkine – critique à cet égard –, il perçut la volonté russe d'un changement d'orientation, mais qu'il y vit également une tentative pour assurer une médiation entre les belligérants[4]. Lorsque, dans les dernières semaines de 1779, Corberon fut à son tour remplacé par le marquis de Vérac, Panine, le recevant, lui proposa un plan de règlement du contentieux anglo-américain qui ne pouvait que correspondre aux vues de Versailles. Mais le règne de Panine s'achevait, et ces longues négociations firent moins pour le prestige de la Russie en France que son refus de se ranger aux côtés de l'Angleterre et que la déclaration sur la neutralité armée.

Lorsque s'acheva en 1783 la guerre anglo-américaine, la Russie était déjà engagée depuis quelques années sur deux autres terrains diplomatiques : en Bavière et en Crimée. Sur ces terrains aussi, l'abandon du « système du Nord », une orientation pro-française ou pro-autrichienne confirment que l'ère Panine est bien terminée. Ce sont les propres idées de Catherine qui guident désormais ses décisions.

La « guerre des pommes de terre » ou « guerre des prunes »

La guerre provoquée par la succession de Bavière, qui éclate en 1777, va fournir à Catherine un nouveau champ d'action propre à satisfaire son souhait permanent de jouer les arbitres en Europe. Cette étrange guerre, baptisée par les Prussiens « guerre des pommes de terre », par les Autrichiens « guerre des prunes » ou encore « guerre du lait[5] » – expressions censées traduire l'inactivité des soldats, condamnés à des tâches plus rurales que militaires, et la souffrance des paysans dont le sol était occupé par des troupes peu efficaces –, va être l'occasion d'une valse des alliances en Europe et d'une révision des orientations russes.

À l'origine, la Russie était, semble-t-il, peu concernée par la crise bavaroise qui se dessinait et qui était avant tout une affaire autrichienne. En 1777, à la veille de cette crise, l'impératrice Marie-Thérèse est déjà âgée et souffrante, et ce sont les visées de Joseph II qui influent sur le cours des événements. Ce dernier n'a jamais dissimulé son intention de s'emparer de la Bavière et cherche, pour ce faire, à obtenir le soutien de son beau-frère, Louis XVI, lors du long voyage qu'il effectue en France en avril-mai 1777. Le comte de Falkenstein – nom sous lequel Joseph II s'est rendu à Versailles – propose alors au monarque et à son ministre Vergennes un partage de l'Europe en zones d'influence françaises et autrichiennes, offrant à Louis XVI les possessions autrichiennes dans les Provinces-Unies en échange d'un soutien français à l'annexion par Vienne de la Bavière. Le comte de Vergennes a le plus grand mal à contenir les élans de son interlocuteur, dont l'audace risque fort de provoquer une crise générale dressant contre un accord austro-français l'Angleterre, la Prusse, voire la Russie. Le moment d'une telle confrontation est d'autant plus mal choisi que la France est occupée en Amérique et que, comme le souligne Vergennes, les extensions territoriales en Europe ne sont pas indispensables à la France et ne pourraient que compliquer ses relations avec les autres États du continent.

Déçu par Louis XVI, Joseph II avança néanmoins ses pions en Bavière en traitant avec plus de succès – il disposait ici des arguments de la puissance – avec l'électeur palatin Charles-Théodore, héritier certes éloigné mais légitime de l'électeur de Bavière, Maximilien-Joseph. Charles-Théodore nourrissait aussi une ambition dont Joseph II tira profit alors que

la question bavaroise n'était pas encore ouverte.
L'électeur palatin, qui aspirait à construire autour du
Palatinat une puissance réelle, s'était emparé des
duchés de Juliers et de Berg, provoquant la fureur de
Frédéric II. Pour contrer l'hostilité prussienne, il
entendait alors s'appuyer sur l'Autriche et obtenir son
soutien en échange de la cession d'une partie de la
Bavière. Lorsque, le 30 décembre 1777, l'électeur de
Bavière meurt, Joseph II et Charles-Théodore sont
parvenus à un accord, paraphé dans la précipitation
le 8 janvier 1778[6]. L'Autriche y gagne la Basse-
Bavière, et surtout la perspective de futurs échanges
de territoires.

Le rêve de Joseph II d'« arrondir » l'espace des
Habsbourg par une union avec le pays bavarois, et
d'occuper ainsi une place prééminente au sein du
Saint Empire, semble sur le point de se réaliser.
Malgré les mises en garde de Marie-Thérèse, inquiète
de ce qu'elle tient pour un mouvement imprudent,
Joseph II lance ses troupes en direction de la Bavière
qu'elles occupent sans résistance apparente. Mais
les États européens ne tardent pas à manifester un
désaccord que Frédéric II va s'employer à orchestrer.
À Versailles, l'on fait savoir à Joseph II que le soutien
français n'est pas acquis à des conquêtes territoriales
si tardives. Le duc des Deux-Ponts, neveu et autre
héritier potentiel de Maximilien-Joseph de Bavière,
annonce que la convention austro-palatine ne le lie
pas. George III, électeur de Hanovre en même temps
que roi d'Angleterre, s'insurge. Et Frédéric II se
trouve fort à l'aise pour s'opposer au coup de force
de Joseph II.

À son habitude, ce dernier lui propose un
compromis : que la Prusse accepte l'intégration de la

Bavière à l'Empire habsbourgeois et, en échange, elle
récupérera les margraviats d'Ansbach et de Bayreuth.
Frédéric II repousse la proposition avec hauteur ; il
récuse l'argument juridique avancé, selon lequel il ne
s'agirait pas d'une annexion, mais de l'application
d'un accord conclu avec l'électeur palatin. Les troupes
prussiennes envahissent la Bohême le 5 juillet. C'est
la guerre à laquelle Joseph II se refusait à croire, qu'il
affronte en situation d'isolement et sans y être
vraiment préparé.

À Pétersbourg, Catherine observe cette guerre dont
Marie-Thérèse va essayer de sortir son pays, et
entrevoit que les circonstances sont propices à une
entrée en scène de la Russie. Depuis le début de son
règne, on l'a dit, l'impératrice a rêvé de jouer les
arbitres en Europe. Elle l'a tenté sans succès à la fin
de la guerre de Sept Ans, puis, forte cette fois de sa
position de chef de file de la « neutralité armée », elle
a renouvelé ses propositions de bons offices en 1775
pour apaiser le conflit né de l'indépendance américaine. En 1778, les circonstances s'y prêtent vraiment,
les belligérants quêtant chacun de son côté son appui :
Frédéric II au nom de l'alliance russo-prussienne exis-
tante, Joseph II au nom d'une possible connivence
dans les affaires ottomanes.

En 1778, la Russie est liée formellement à la Prusse
puisqu'elle a prorogé en mars 1777 pour une durée de
huit ans le traité d'alliance qui les unissait et qui était
censé venir à expiration en 1780. La base de cette
amitié renouvelée était le règlement du différend
russo-prussien sur la Pologne. Sous prétexte de préciser le tracé des frontières, mais avec la ferme volonté
d'obtenir le contrôle de Dantzig, Frédéric II était
décidé à arracher à la Pologne tout ce qu'il était

encore possible de lui prendre. Catherine, pour sa
part, entendait empêcher tout nouvel empiétement ou
démembrement du territoire polonais. En échange de
la prorogation du traité, elle obtint que Frédéric II
mît un frein à ses ambitions polonaises.

Lorsque la guerre éclate, Frédéric II se tourne vers
la Russie, invoquant les clauses de soutien inscrites
dans le traité ; Catherine ne souhaite pas se laisser
entraîner dans le conflit bavarois, mais est prête à
proposer sa médiation.

Une situation très particulière se développe ainsi
tout au long de l'année 1778. En dépit de ses liens
avec l'Autriche et des pressions exercées par Marie-
Antoinette sur Louis XVI, la France se refuse à soutenir Joseph II. En Russie, où Panine continue à
défendre l'alliance russo-prussienne, Catherine ne
cesse d'exprimer ses doutes dans ses lettres à Grimm,
et tergiverse habilement tout en opposant un refus
réitéré à toutes les demandes d'aide de son allié. Elle
n'en est pas encore à changer d'alliance, mais la
situation en Crimée et ses relations avec la Porte lui
suggèrent qu'il est nécessaire d'apaiser Vienne et de
l'aider à sortir d'un conflit où l'Autriche se retrouve
piégée. En juillet 1778, faute d'obtenir le soutien de la
France, Joseph II se résigne à accepter une médiation
à laquelle il a déjà mis pour condition que la Russie y
soit associée.

Cette fonction médiatrice avait été préparée par
toute une série de contacts entre Pétersbourg et Versailles à l'issue desquels un double accord s'était
esquissé, portant sur les affaires ottomanes et sur la
« guerre des pommes de terre ». Il suffit alors de
quelques mois de tractations pour aboutir à la paix
de Teschen, signée le 13 mai 1779. La Russie avait

accepté comme base de discussion le plan proposé par la France, stipulant que Vienne restituerait au Palatinat la plus grande partie de la Bavière et ne conserverait qu'un petit territoire compris entre Rhin et Danube, tandis que Frédéric II se verrait promettre les margraviats d'Ansbach et de Bayreuth à l'extinction des dynasties régnantes.

Pour la Russie, l'essentiel résidait dans le fait qu'elle était, avec la France, cogarante de la paix conclue à Teschen et de l'exécution de ses clauses. Au-delà, surtout, elle devenait cogarante de l'organisation internationale issue du traité de Westphalie* depuis 1648, qui avait jusqu'alors permis aux Bourbons de jouer les arbitres dans les affaires allemandes. C'est cette innovation, confirmée par le traité de Teschen, qui explique que Catherine ait accepté sans hésiter les propositions de paix élaborées par Vergennes. Ce succès diplomatique était considérable : jusqu'à la paix de Teschen, la Russie était restée aux marges de la politique européenne et, pour y jouer un rôle, elle avait dû se reposer sur son allié prussien. À partir de mai 1779, son droit à intervenir dans les affaires du Saint Empire est consigné par traité. Elle est désormais en mesure d'occuper sur la scène centre-européenne la place que la Suède y tenait précédemment.

Ayant contribué à rétablir la paix, Catherine pouvait aussi réfléchir aux relations qu'elle entretenait avec les États européens et réévaluer ses liens avec les uns et les autres. La Prusse perdait soudain de son

---

* Nom donné aux deux traités qui mirent fin en 1648 à la guerre de Trente ans et posèrent les bases d'une organisation de l'Europe centrale qui durera jusqu'à la Révolution et aux guerres de Napoléon.

importance à ses yeux puisqu'elle n'était plus l'alliée
indispensable et qu'elle avait montré sa faiblesse,
acceptant pour finir la médiation russe au lieu
d'en obtenir un soutien militaire tant réclamé. Cette
médiation avait achevé de réconcilier Pétersbourg et
Versailles, où l'on se louait des efforts russes pour
imposer à Frédéric II l'acceptation des conditions de
paix. Le comte de Vergennes souligna dans sa correspondance l'apport russe à la conclusion de cette paix,
notamment celui du neveu de Panine, le prince
Repnine, qui avait été sur place le négociateur de
Catherine[7]. Cette satisfaction française permet de
mieux mesurer l'ampleur du succès russe. Ce que
l'on salue à Versailles, c'est le recul de l'hégémonie
autrichienne dans les affaires de l'Europe centrale telle
qu'elle avait été établie par le traité de Westphalie.
Mais si la France avait dû concéder à la Russie cette
place nouvelle en Europe, c'est qu'elle n'eût pu
imposer seule un règlement, et eût même risqué de
s'en trouver écartée. L'influence et les moyens
d'action de Louis XVI dans les affaires allemandes
étaient moindres que ceux de ses prédécesseurs. De
surcroît, la guerre d'Amérique pesait assez sur la
France pour qu'on s'y souciât d'éviter à tout prix une
implication militaire sur le vieux continent. Enfin,
le prestige de Catherine, sa politique couronnée de
succès aussi bien en Pologne qu'en mer Noire lui
conféraient un poids nouveau qui ne pouvait que
servir ses desseins lors de la crise bavaroise.

Consciente de cette puissance nouvellement acquise,
Catherine allait non seulement esquisser de nouvelles alliances, mais amorcer une réorientation de
toute sa politique étrangère. Dans le conflit bavarois,
parce qu'elle nourrissait déjà le projet de mettre fin à

l'alliance privilégiée de la Russie avec la Prusse, elle
s'était sentie libre de ne pas répondre aux appels à
l'aide de Frédéric II et, le tenant à distance, elle avait
été mieux à même de lui imposer ses volontés. Cette
assurance nouvelle, Catherine la ressentait avec force.
Au moment de la paix de Teschen, elle s'en ouvrit
à Grimm en se définissant dans sa lettre comme
« Madame la médiatrice ». Ce jeu d'équilibre entre
Berlin et Vienne allait bientôt la faire basculer dans
une alliance avec l'Autriche.

De son côté, dans le bilan de la crise qu'il tira alors,
Joseph II fut contraint de conclure à la nécessité d'une
alliance avec la Russie envers laquelle il avait contracté
une grande dette : Catherine n'ayant pas soutenu la
Prusse, Frédéric II avait été incapable de se poser en
protecteur des libertés germaniques. C'est Versailles
et Pétersbourg qui pouvaient revendiquer ce titre, et
au premier chef la Russie. Non seulement la France
n'avait pas répondu aux espoirs autrichiens, mais elle
avait profité de la guerre pour rééquilibrer sa position
entre Vienne et Berlin. Comment Joseph II, qui
s'émancipait de plus en plus de la tutelle de Marie-
Thérèse à qui il ne restait que quelques mois à vivre,
n'aurait-il pas décidé de se tourner vers Catherine ?
N'avaient-ils pas des sujets à débattre, des intérêts
communs à négocier, surtout dans l'Empire ottoman
où, ayant désormais le champ libre, la triomphante
impératrice de Russie risquait fort de mettre un terme
définitif aux ambitions des Habsbourg ?

Le renversement des alliances

En mars 1780, Joseph II décide de se rendre en Russie pour y rencontrer Catherine. L'entrevue a lieu le 24 mai 1780 à Moghilev qui, huit ans plus tôt, se trouvait encore en territoire polonais. Catherine accueille avec chaleur le comte de Falkenstein – Joseph II continue à se déplacer incognito – et l'entente entre les deux monarques est immédiate. Au comte Roumiantsev – héros de la guerre russo-turque, gratifié par Catherine du nom de « Zadunaiski » pour célébrer sa victoire sur le Danube[8] – qui lui demandait si la rencontre allait déboucher sur une alliance, l'impératrice répondit : « Ce serait utile dans l'hypothèse d'une guerre avec la Turquie. » Puis les deux souverains se retrouvèrent dans la capitale russe, où leurs entretiens contribuèrent à les pousser davantage encore vers la conclusion d'une alliance.

Pour Catherine, séduite par Joseph II, la décision n'était pas simple à prendre. Rompre avec l'orientation nordique de la politique élaborée par Panine et poursuivie dix-huit ans durant était certes une grande tentation, que la « guerre des pommes de terre » avait encouragée. Mais, autour d'elle, les pressions se multipliaient. Panine et l'héritier du trône tenaient à l'alliance prussienne et Frédéric II, conscient de la menace pesant sur celle-ci, tenta de séduire l'impératrice en lui dépêchant son neveu et héritier Frédéric-Guillaume. Catherine le prit aussitôt en grippe, opposant sa lourdeur au charme de Joseph II à qui elle prêtait alors toutes les qualités. Elle surnomma Frédéric-Guillaume « le Gros Gu » et le moqua sans

relâche, lui refusant l'accueil triomphal qu'elle avait
réservé à Joseph II.

Ce dernier, rentré en Autriche, envoya à Catherine
le prince de Ligne pour mener à bien la suite des
pourparlers. Elle s'enticha d'emblée de cet homme si
semblable à elle, ami de tout ce que l'Europe des
Lumières comptait de personnalités, charmeur, subtil,
toujours capable de l'entretenir des sujets qui la fascinaient. Entre le prince de Ligne et le « Gros Gu », la
compétition est par trop inégale : Catherine voit l'un
tous les jours et dédaigne ostensiblement le second.
Seul le grand-duc Paul, toujours coiffé de Frédéric II
et des manières prussiennes, réserve bon accueil à
l'envoyé de son idole, ce qui ne contribue pas peu à
irriter sa mère. Auprès de Catherine, Potemkine, pour
contrer l'influence déclinante de Panine, mais aussi
parce que ses propres ambitions le portent à soutenir
une réorientation méridionale de la politique russe, la
presse de céder aux sollicitations autrichiennes.

En novembre 1780, Marie-Thérèse disparue,
Joseph II est seul maître de la politique de son pays et
peut enfin négocier avec Catherine sans avoir à tenir
compte des réserves maternelles. Mais les pourparlers
achoppent soudain sur un problème de protocole qui
révèle bien l'assurance prise par Catherine, et qui
rappelle les difficultés de même type ayant par le
passé opposé Pétersbourg à Versailles. Au moment de
signer le traité défensif entre les deux États, Catherine
exige, au nom du statut acquis par son pays, que
Joseph II lui accorde l'*alternative*, c'est-à-dire que le
traité soit signé en portant sur un des deux exemplaires le paraphe de l'un des monarques en premier,
de l'autre en second, et que cet ordre soit inversé
sur l'autre exemplaire. L'empereur du Saint Empire

estime qu'il lui appartient, comme souverain du plus ancien État d'Europe, de parapher en premier les deux exemplaires. Catherine s'y refuse, arguant que la puissance russe n'a rien à envier à celle de l'Autriche et que le statut de son pays ne saurait être inférieur. Les négociations entrent alors dans une impasse et, durant cinq mois, aucun des deux monarques ne fait mine de vouloir céder sur ce point de protocole.

Catherine était pourtant soumise aux pressions de Potemkine, qui craignait qu'un abandon de l'alliance austro-russe ne mît en péril ses propres visées dans le sud de la Russie. Mais l'impératrice, généralement encline à entendre les arguments de son favori, refusa cette fois tout accommodement.

Ce fut toutefois elle qui imagina la solution permettant de régler le problème sans céder sur la question protocolaire. Elle proposa de substituer aux documents officiels un échange secret de lettres où chaque partie énumérerait les points sur lesquels elle était d'accord et s'engagerait. La crise ayant fait grand bruit, le secret ainsi décidé avait pour but de donner un coup d'arrêt à toutes les discussions et spéculations autour de l'accord. Le traité fut donc constitué de ces deux lettres manuscrites échangées hors de tout tapage.

Il s'agissait d'un accord de défense mutuelle aux termes duquel les deux partenaires s'engageaient à protéger leurs territoires respectifs, et incluant dans la définition de ces territoires ceux qui avaient été enlevés à la Pologne en 1772. Seules en étaient exclues les acquisitions russes en Asie. L'accord prévoyait aussi la garantie de la constitution polonaise et de l'intégrité du territoire polonais. L'avenir jettera sur ces clauses une lumière bien crue... Par ailleurs, des textes additionnels étendaient la garantie d'assistance mutuelle aux traités existant entre les signataires et la Porte : que cette dernière ne respecte pas les obligations qu'elle avait contractées ou qu'elle en vienne à déclarer la guerre à l'une des parties prenantes au traité défensif, et l'autre devait lui porter secours dans un délai de trois mois.

Grosse de conséquences, l'alliance russo-autrichienne marquait en fait un tournant radical de l'ensemble de la politique extérieure russe. Grâce aux lettres additionnelles consacrées à la Porte, Catherine était libre d'agir en direction de la Crimée et de l'Empire ottoman. La menace autrichienne qui l'avait toujours dissuadée d'aller trop loin vers ces objectifs n'existait plus. Quant au traité russo-prussien reconduit en 1777, il n'avait plus de sens ; l'alliance prussienne ainsi que tout le « système du Nord » avaient vécu. La « guerre des pommes de terre », si insignifiante sur le plan militaire, avait en définitive bouleversé l'ordre politique européen et ouvert à la Russie la voie de l'expansion si longtemps rêvée vers le sud.

Si Panine reste encore auprès de Catherine un bref moment, ses orientations et son œuvre sont rejetées ; il a dû assister impuissant à ce qu'il tient pour un choix désastreux. Prié peu après de s'effacer, il le fera sans réticence. Il n'ignore pas que Catherine, même si Potemkine continue à jouer auprès d'elle le rôle du conseiller favori, entend assumer seule ses choix. Elle ne veut plus d'autre ministre des Affaires étrangères qu'elle-même, et Potemkine a pu mesurer, dans l'affaire de l'*alternative*, sa résistance aux pressions et sa capacité à imaginer seule des solutions aux problèmes qu'elle rencontre. L'alliance autrichienne, qui consacre la fin de l'époque Panine et celle du « système du Nord », clôt la période d'apprentissage de Catherine en politique extérieure.

La Crimée : une autre Pologne ?

Le traité de Kutchuk-Kainardji avait consacré l'indépendance de la Crimée. Mais, à cette indépendance, nulle puissance ne croyait. L'Empire ottoman avait été contraint d'y souscrire, mais espérait créer assez de difficultés dans cet État pour pouvoir y intervenir et imposer de nouveau sa tutelle. La Russie conservait des troupes dans les territoires que le traité lui avait accordés et était par là en mesure d'intervenir à tout moment. En France et en Grande-Bretagne, les chancelleries observaient la situation, convaincues que de l'indépendance de la Crimée voulue par la Russie à son annexion par celle-ci, le chemin serait vite parcouru.

Les rivalités entre chefs locaux et tribus contribuèrent rapidement à créer une conjoncture favorable à l'intervention des deux puissances – Russie et Empire ottoman – qui interprétaient chacune à leur manière le statut de la Crimée. D'abord certains peuples, Abazas et Tcherkesses notamment, qui n'avaient pas été associés aux négociations, prétendirent ignorer la décision qui les intégrait au nouvel État indépendant. Ils se considéraient toujours comme sujets du sultan. Catherine avait bien recommandé à ses représentants d'adresser des copies du traité à tous les peuples ou tribus qui se sentaient liés à la Porte, mais la démarche avait eu peu d'effets. Une seconde difficulté tenait au mode de désignation du

khan de Crimée, exposé de façon fort contradictoire
dans le traité de 1774. L'indépendance, était-il précisé,
concernait les domaines politique et civil, tandis que
le sultan ottoman conservait son autorité en matière
religieuse ; mais la conception ottomane de l'investiture du chef politique la classait parmi les affaires
religieuses. La Russie opposa à ce point de vue que
l'autorité religieuse de la Porte ne pouvait interférer
avec l'élection ou la déposition d'un khan[9]. Le
désaccord allait vite déboucher sur un conflit politique majeur en Crimée.

Les traités signés, on avait pensé que tout était dit,
que le khan serait élu à la fois dans la péninsule et
dans le Kouban, et, au nord, dans l'espace séparant le
Boug du Dniestr. Mais, avant même la signature des
traités, Sahip Giray, le khan reconnu par les Russes,
avait étonné ses protecteurs en faisant arrêter le
résident russe nommé par Catherine, Veselitski, et
en lui confisquant tous ses biens. Le même Sahip
Giray reçut l'investiture du sultan ottoman, ce qui le
conduisit à reconsidérer la signification de l'indépendance de la Crimée, dont il demanda la révocation à
la Porte. La Russie était, semble-t-il, condamnée soit
à perdre le contrôle de la Crimée, soit à inventer une
solution de rechange.

En fait, deux solutions opposées s'offrirent en
même temps. Devlet Giray, qui avait été élu khan en
1769, puis déposé au bout d'un mois de règne pour
avoir refusé de se porter au secours des Turcs, réapparut, gagna des tribus à sa cause et, avec des troupes
abazas et tcherkesses, pénétra en Crimée en 1774. Son
intention était d'obtenir une reconnaissance conjointe
de la Russie – dont il avait commencé par libérer le
résident – et de la Porte. Catherine s'empressa de le

reconnaître comme khan, mais elle ne lui faisait guère confiance et chercha une solution plus sûre pour la Russie, d'autant que, comme l'avait déjà demandé Sahip Khan à la Porte, Devlet réclama à son tour que le traité de Kutchuk-Kainardji fût dénoncé comme contraire à la loi islamique.

Conviée par ses conseillers à mettre fin à une indépendance qui se retournait finalement contre la Russie, l'impératrice conservait encore une carte qu'elle joua rapidement, déconcertant par là et la Porte et Devlet Giray. Elle recourut à son protégé, Shahin Giray, dont elle avait par le passé vanté les mérites à Voltaire. À l'heure des manifestations anti-russes de Sahip Giray, elle avait résolu de protéger le jeune prince en lui faisant quitter la Crimée et en l'établissant à Poltava. En octobre 1774, Shahin Giray fut ramené non dans la péninsule, mais dans le Kouban où Catherine décida la création d'un second État indépendant de Crimée, l'État nogaï. Nikita Panine fut chargé de mettre en place ce nouvel État, auquel il donna le même statut que celui de la péninsule. Shahin Giray fut élu khan par les Nogaï, désignation facilitée par les subsides dispensés aux chefs des tribus. Dès lors, la Porte et la Russie s'accusèrent mutuellement d'interférer dans les affaires de Crimée et de condamner à la ruine l'indépendance de l'État dédoublé.

L'existence de l'État du Kouban, le soutien très ferme – financier et militaire – que lui apporta Catherine, eurent tôt fait de rendre la position de Devlet intenable. Pour y remédier, il écrivit au sultan, lui demandant de lui accorder le titre de *khan héréditaire*. Requête irrecevable pour la Porte : l'investiture était en effet pour elle un attribut de son autorité et un moyen de préserver son influence en Crimée[10]. Devant le refus de la Porte, Devlet insista, exigeant une nouvelle investiture ainsi que l'envoi des symboles de sa fonction. Ses exigences excédaient d'autant plus ses interlocuteurs que le sultan ne pouvait envoyer de troupes au secours de Devlet Khan, résolu à obtenir le ralliement des Nogaï pour préparer l'unification de la Crimée.

Un moment, ses appels à l'unité et l'assurance répétée que la Porte allait lui envoyer des renforts entraînèrent en effet des défections dans l'État du Kouban. De son côté, Catherine était pressée par les uns d'user de la force et d'annexer au plus vite cette Crimée si difficile à gouverner. Mais les autres, Panine en tête, lui répétaient qu'il fallait avant tout gagner la confiance populaire pour apaiser[11] le pays. Elle décida de combiner les deux approches. En 1776, ayant enfin réussi à vaincre la révolte de Pougatchev, elle disposait de nouvelles troupes. Le 21 novembre, quinze mille hommes conduits par le général Prozorovski s'emparèrent d'Orkapisi, la forteresse qui, au bord de la mer d'Azov, commandait au nord l'accès à la péninsule. La route de Bahcesaray, capitale de la Crimée, était désormais ouverte. Les Tatars furent invités à comprendre que l'indépendance véritable de la Crimée dépendait d'eux, de leur respect du traité que Devlet avait voulu faire annuler pour revenir sous la tutelle ottomane.

Devlet appela désespérément les Ottomans au secours, mais ne reçut d'eux aucune réponse. Les Tatars qui l'entouraient tantôt fuirent vers Istanbul, tantôt attendirent sa destitution et que Shahin Giray, dont le nombre de partisans gonflait, fût proclamé khan afin que l'unité de la Crimée fût restaurée. En

avril 1777, après de longs atermoiements des appels
réitérés à un sultan indifférent, Devlet dut enfin
accepter de quitter la Crimée et de se réfugier lui aussi
à Istanbul, tandis qu'à Bahcesaray Shahin montait sur
le trône. La Russie sortait victorieuse de cette première crise de la Crimée indépendante. En jouant des
désaccords internes, elle avait su replacer tout l'État
sous son contrôle. Mais cette stratégie subtile était
loin d'avoir résolu les problèmes pendants...

Shahin Giray régnait, mais sur quelle Crimée ? Un
État faible, ravagé par des luttes de clans et de tribus
toujours réticents à accepter l'autorité du khan. Durablement dépendante de la générosité ottomane, la
Crimée vit cette source de revenus se tarir dès lors que
la Porte avait été évincée. Le khan comprit d'emblée
combien sa situation était précaire et, réfléchissant aux
solutions possibles pour la consolider, il résolut de
suivre l'exemple de sa protectrice Catherine, c'est-à-
dire d'instaurer l'autocratie en Crimée en l'accompagnant de grandes réformes. Il reprit d'abord à son
compte le projet de Devlet Khan et décida que le
khanat serait héréditaire afin de le soustraire aux pressions des notables et des religieux qui élisaient jusqu'ici le khan. Puis il s'attaqua à l'administration et à
l'armée, qu'il voulut moderniser et organiser à la
manière russe[12]. Il provoqua par là la fureur des
Tatars qui n'acceptaient ni l'occidentalisation des
tenues militaires (vêtements des infidèles), ni l'intégration dans l'armée, à égalité avec les musulmans, des
Criméens chrétiens. La réforme économique comportait elle aussi deux dispositions qui soulevèrent
l'indignation de divers groupes : la redistribution de
terres waqf (appartenant à des institutions religieuses)
aux paysans qui y travaillaient mobilisa les oulémas,

tandis que la création d'un impôt payable par tous les Criméens sans exception parut inacceptable à ceux qui en étaient jusqu'alors exemptés et qui constituaient une puissante élite. Shahin Khan adopta aussi des mesures de tolérance à l'égard des minorités chrétiennes, ce qui le fit accuser d'être un chrétien dissimulé et d'attenter aux règles de l'islam.

La conséquence de cette vision réformatrice que le khan, au demeurant, n'avait pas les moyens de faire prévaloir, fut une impopularité croissante, débouchant sur une révolte qui embrasa la Crimée et le Kouban. Les seuls soutiens de Shahin Khan dans cette crise étaient les minorités chrétiennes, ce qui ne pouvait suffire à le sauver. Une fois encore, Ottomans et Russes décidèrent d'intervenir. Les troupes russes, conduites par Prozorovski, aidèrent Shahin Khan à défaire les rebelles, couvrant une répression d'une rare violence. Les forces navales ottomanes furent pour leur part incapables d'intervenir, l'armée russe les empêchant de débarquer. Aux protestations ottomanes, Prozorovski répondit paisiblement que si les troupes russes étaient sur le terrain, c'était que le gouvernement de Crimée les avait appelées à l'aide pour réduire la rébellion[13]. Un argument qui sera réutilisé bien des fois au cours de l'Histoire par les troupes russes dans leur conquête des confins...

Le calme revenu, Catherine II hésita sur les leçons à tirer de cette crise. Sans doute Shahin Giray avait-il pâti de sa volonté d'implanter le modèle réformateur russe dans une société qui ne pouvait s'y prêter. Mais, dans le même temps, il s'était montré un protégé peu commode pour la Russie, avant tout soucieux de proclamer son indépendance vis-à-vis d'elle autant que face à la Porte. Les conseillers de Catherine, et avant

tout Bezborodko, soutenaient que l'indépendance
avait assez duré, et qu'il était temps pour la Crimée de
s'intégrer à l'Empire[14]. Mais Catherine tenait encore à
préserver l'État de Crimée. Elle espérait qu'instruit
par le soulèvement général où il avait failli perdre son
pouvoir, Shahin Khan saurait se souvenir que celui-ci
dépendait de la Russie, et d'elle seule.

Alors s'ouvre la dernière période de l'indépendance
de la Crimée. En février 1778, rentré dans son palais,
le khan doit recenser ses soutiens et choisir une politique propre à ne pas lui aliéner une nouvelle fois l'ensemble de son peuple. Sur qui peut-il compter ? Sur
les troupes russes et surtout sur Catherine, toujours
décidée à préserver l'indépendance du pays. Sur
place, les plus sûrs appuis du khan lors du soulèvement ont été les chrétiens arméniens, grecs, géorgiens, ainsi que les Juifs karaïm*. Pour ces minorités
non musulmanes, la Crimée est leur patrie. Actives
dans le commerce, les transports maritimes, les
échanges monétaires, elles y tiennent une place économique considérable. Leur fidélité à Shahin Khan
répond aux gestes amicaux qu'il leur a prodigués,
notamment sur le plan fiscal. Durant la rébellion de
1777-1778, ces minorités l'ont donc soutenu ; mais,
après son retour, elles ont commencé à craindre les
représailles des Tatars et, de ce fait, elles ont été
tentées de quitter la péninsule pour s'installer au nord,
dans des territoires contrôlés par la Russie. Inquiet
de leur sort, le général Prozorovski, qui commande
toujours les troupes russes dans la région, souhaite les
aider à sortir de Crimée, mais l'impératrice n'y est pas

* Minorité convertie au judaïsme, vivant en Crimée, parlant le
turc et ayant adopté les traditions turques.

favorable. Elle a compris que, privé de ces communautés entreprenantes, privé aussi des ressources fiscales qu'elles lui assurent, le khan se retrouverait notablement affaibli, livré à un peuple hostile à ses projets de modernisation et toujours enclin à en appeler aux Turcs. Mais elle ne peut ni raisonner le sentiment de peur qui pousse les chrétiens à partir, ni ordonner à ses chefs militaires en Crimée de les forcer à rester sur place. L'exode commence et le khan, se sentant abandonné, décide de quitter le pouvoir. Il disparaît soudain dans l'inconnu.

Ce qui se joue alors en Crimée est en réalité une comédie. Le khan n'entend nullement abdiquer, mais il veut obtenir des garanties. Il sait que les troupes russes venues à son secours ne peuvent rester éternellement sur place. Il attend de Catherine qu'elle arrache à la Porte une nouvelle reconnaissance de son droit – à vie – au trône, et qu'elle en devienne la garante. Dans les deux camps, russe et ottoman, la question posée par le khan qui règne en Crimée est désormais la suivante : quel empire obtiendra d'exercer une influence totale sur l'État encore indépendant ? de qui ce khan sera-t-il le client ?

Catherine a longtemps protégé Shahin parce qu'elle avait été séduite par lui. En 1778, son principal mérite à ses yeux est qu'il dépend complètement d'elle. S'il vient à être déposé, elle n'ignore pas que les Turcs disposent de nombreux candidats à sa succession qui, venus d'Istanbul, accorderont à la Porte plus de moyens d'intervenir sur place. Un moment, en août 1778, une progression ottomane en Crimée paraît même possible. Une flotte imposante de quarante vaisseaux, sous les ordres de l'amiral Gazi Hassan

Pacha, se lance à l'assaut du port d'Aktiar, à l'extrémité sud de la péninsule. Mais l'espoir nourri par les Ottomans d'une revanche navale sur la Russie est de courte durée. Massées en grand nombre sur les côtes qui ont été au préalable fortifiées, les troupes russes empêchent tout débarquement. La flotte ottomane doit se replier sous le feu nourri des batteries russes. Grâce au contrôle de la Crimée, la mer Noire est devenue aussi zone d'influence russe.

C'était peine perdue de crier, comme on le fit à Istanbul, à la violation des traités signés avec la Porte, interdisant à la Russie l'accès à la mer Noire : la présence russe en Crimée avait créé une situation de fait qui n'aurait pu être inversée que par un considérable effort militaire. Pour la Porte, en 1778, se battre pour la Crimée n'était pas concevable. La puissance croissante de la Russie, la faiblesse militaire turque, démontrée à maintes reprises, mais aussi les désordres en Anatolie, un conflit grandissant avec l'Iran, tout incitait Istanbul à la prudence. Mieux valait traiter et, en janvier 1779, les deux puissances signèrent la convention d'Aynali-Kavak, fixant une fois de plus leurs positions respectives en Crimée[15]. La Russie acceptait de céder sur deux points : retrait de toutes ses troupes de Crimée – péninsule et Kouban – et restitution à l'Empire ottoman des terres situées entre le Boug et le Dniestr, occupées depuis 1774. En échange, la Porte reconnaissait Shahin Khan comme khan à vie et promettait la reconnaissance immédiate et inconditionnelle de tous ses successeurs.

Si l'on compare les deux accords, celui de Kutchuk-Kainardji et celui d'Aynali-Kavak, comment ne pas constater les progrès accomplis entre-temps par la Russie ? Même si la Porte conservait le privilège de la reconnaissance du khan, elle devait accepter un souverain soutenu par la Russie, et admettait implicitement le droit de celle-ci à régenter la politique de la Crimée. Shahin Khan semblait cette fois bien en place, à condition d'accepter une domination russe qui éclairait la notion d'indépendance d'un jour bien singulier...

Mais, une fois encore, ce prince acharné à réaliser de grandioses projets sans en avoir les moyens s'engagea dans une politique qui allait le conduire définitivement à sa perte. Deux objectifs le mobilisèrent : la poursuite de réformes « occidentalisantes » et l'élimination de toute influence ottomane en Crimée. Ces deux visées étaient irréalistes et, à ce stade, ne rencontraient aucune adhésion ou sympathie chez Catherine. Moderniser sans l'aide des chrétiens, fût-ce avec d'importants subsides russes, était impossible et risquait de susciter de surcroît une hostilité croissante parmi la population de Crimée. Pour maintenir l'ordre et tenir tête aux Turcs qu'il prétendait chasser des territoires récupérés grâce à la convention d'Aynali-Kavak – mais à qui il voulait au surplus arracher des possessions caucasiennes[16] en arguant de la sécurité de son État –, il fallait au khan une armée puissante et modernisée, conçue sur le modèle de l'armée russe. C'est de Pologne que lui vinrent en définitive quelques secours, des armes et la promesse faite par le comte Vincent Potocki, vétéran de la confédération de Bar, de lever pour lui des régiments de mercenaires.

Ces rêveries grandioses de conquêtes territoriales et de modernisation n'eurent qu'un effet : précipiter une nouvelle crise intérieure, notamment chez les Nogaï dont la soumission au khan n'avait jamais été totale.

Les troupes russes durent intervenir pour rétablir l'ordre, mais ni leurs pressions ni l'octroi de nouveaux subsides ne furent de la moindre utilité. La péninsule, désorganisée économiquement, se rebellait contre le khan. Conscients de son échec, ses frères décidèrent qu'il était temps de le remplacer. L'un d'eux se fit élire khan dans le Kouban, tandis qu'un autre membre du clan Giray obtint l'investiture dans la péninsule. Une société partout soulevée, trois khans en concurrence – en comptant Shahin Giray, encore protégé par les Russes –, l'État divisé entre ces divers prétendants : ce n'est plus seulement l'indépendance, mais l'unité même de la Crimée qui vole en éclats[17]. Catherine avait-elle encore intérêt à soutenir son protégé ? La réponse n'allait pas tarder à venir.

Dans le « Grand Jeu » de la Russie qui, depuis 1768, la tourne vers la mer Noire et l'oppose à l'Empire ottoman, la Crimée a été une arme décisive entre les mains de Catherine pour pénétrer dans des eaux jusque-là interdites, y consolider des acquis toujours contestés, et affaiblir la Porte. Plus que dans les guerres déclarées et les affrontements fameux, c'est en Crimée que le déclin de la puissance turque apparaît le plus nettement. Il était donc naturel que les deux puissances tentent de s'y imposer en s'appuyant sur des princes à leur dévotion. L'Empire ottoman avait pour lui l'ancienneté des liens avec la Crimée, la proximité géographique, l'autorité religieuse qui lui conférait le privilège de reconnaître les khans. Pour la Russie, il se révéla vite que la péninsule était la place forte permettant à celui qui la dominait ou y exerçait son influence de contrôler la mer Noire. Catherine en fit rapidement un objectif prioritaire de sa politique d'expansion. À certains égards, la Crimée évoquait la

Pologne : comme le roi de ce pays, le khan devait être élu et les conditions de sa candidature – exception faite, en Crimée, de l'obligation de descendre de Gengis Khan – étaient imprécises. S'y ajoutait une grande confusion intérieure, due à l'opposition entre clans ou tribus. En Crimée comme en Pologne, Catherine comprit qu'il importait de « faire un roi » qui, dépendant d'elle, mettrait son pays à sa disposition. Dans l'un et l'autre cas, elle avait d'abord pensé que l'indépendance formelle pourrait suffire à préserver ses intérêts. Dans les deux cas, la pression des autres puissances et les tensions internes la conduisirent à mettre fin à l'indépendance.

Dans la Crimée, Potemkine, qui avait placé sous son autorité la *Nouvelle Russie* voisine[18], voyait l'une des composantes du royaume qu'il tentait de se constituer. Il n'est guère de problème international où il se soit montré plus présent auprès de Catherine, plus habile conseiller, car bon connaisseur du terrain. Mais ses conseils et ses pressions trouvaient une limite[19] dans le rêve nourri par l'impératrice elle-même. Pierre Ier avait échoué dans son projet d'atteindre la mer Noire et de s'y installer. Catherine, qui se voulut durant tout son règne la continuatrice du grand empereur, estima que c'était en mer Noire qu'elle allait donner corps au projet inachevé de son prédécesseur. De là sa volonté d'agir au gré d'une intuition qui sembla parfois la tromper.

En 1780, quand la Crimée sombre dans le chaos, *son* khan, désavoué par le peuple, se révèle incapable d'affirmer son autorité face à ses frères revendiquant pour eux-mêmes le khanat, Catherine n'a plus de roi à sa dévotion. Elle saura promptement changer de stratégie, abandonner la carte de l'indépendance, étendre là aussi son empire. La russification des territoires situés au nord de la Crimée, l'affaiblissement de l'Empire ottoman – autant d'effets de sa politique des années 1774-1780 – ouvraient la voie à cette nouvelle expansion. Au « système du Nord » succédait la marche vers le Sud.

Réorganisation du collège des Affaires étrangères

Une nouvelle politique étrangère impliquait qu'y fussent associés des hommes nouveaux. Panine prit les devants, mais il n'existait déjà plus aux yeux de l'impératrice. Le marquis de Vérac, qui avait remplacé à Pétersbourg le chevalier de Corberon, informa son ministre, en mai 1781[20], que le fidèle conseiller de Catherine avait sollicité un congé de plusieurs mois, et conclut : « Reviendra-t-il jamais ? »

Quelques mois plus tard, quand il fut avéré que la disgrâce de Panine était définitive, le marquis de Vérac proposa au comte de Vergennes cette analyse de l'événement : « Quand elle [l'impératrice] se persuada qu'elle pouvait prendre en main seule sa politique extérieure, sans accepter quelque influence que ce soit, ce ministre lui devint objet de jalousie et sans utilité aucune[21]. » Panine, de fait, ne fut pas remplacé, mais Potemkine jouera le rôle d'un conseiller spécial, tandis qu'au collège des Affaires étrangères trois hommes prendront en charge l'application de la politique voulue par Catherine : Bezborodko, Bakounine et Osterman.

Le rôle de Potemkine mérite d'être étudié avec

attention. Évoluant depuis 1762, on l'a vu, dans le sillage de l'impératrice, il a été promu au rang de favori en février 1774, puis remplacé dans le cœur de sa maîtresse – ou épouse ? – deux ans plus tard. Mais il est resté auprès de Catherine, ne la quittant que pour aller batailler, conquérir un statut et des terres qui en feront presque un monarque – on y reviendra –, puis réapparaître dans la capitale pour y défendre ses projets. Présent ou absent, Potemkine a toujours tenté de faire partager ses vues à Catherine ; il n'a eu de cesse de lui imposer des exigences politiques et matérielles considérables. Un biographe récent[22] en a conclu que le vrai tsar, le vrai maître de la Russie pendant près de vingt ans, ce fut lui, et que Catherine le suivit en tout. S'il est vrai qu'elle lui témoigna toujours une profonde tendresse, si leur volumineuse correspondance manifeste une grande compréhension mutuelle sur les choix politiques à faire, si elle prêta l'oreille à ses avis, tout atteste que leur relation resta cependant inégale, et que le seul monarque à régner, ce fut elle.

Si elle laissa Potemkine conquérir le sud de la Russie et s'y tailler un véritable royaume, c'est qu'elle comprenait l'angoisse qui ne cessa de tenailler l'homme dont elle avait un temps fait son favori. Il avait dix ans de moins qu'elle – elle avait quarante-quatre ans au début de leur idylle, ce qui, au XVIIIe siècle, était déjà la grande maturité – et s'inquiétait pour son avenir à l'heure où elle disparaîtrait. Il était haï de l'héritier, et le restera toujours ; connaissant la nature ombrageuse et vindicative de Paul, il savait qu'au moment où la protection de Catherine cesserait de s'étendre sur lui, il devrait craindre pour ses biens et même pour sa vie. Le royaume qu'il tenta de construire pour assurer son avenir était éloigné de la capitale, habité de peuples relativement indépendants dont il espérait pouvoir s'entourer pour garder à distance ce tsarévitch qu'il n'avait jamais été capable d'amadouer. Percevant et admettant ses craintes, l'impératrice accepta qu'il se constituât un domaine politique éloigné. Ce choix lui était au demeurant favorable, car il ne suffisait pas de conquérir de nouvelles terres, encore fallait-il les administrer pour les garder définitivement à la Russie. En cela, l'intérêt immédiat de Potemkine et l'intérêt à long terme du pays coïncidaient. Mais, une fois encore, c'est la volonté de Catherine qui permit à Potemkine de bénéficier de ce compromis. Grâce à lui, par-delà les orages du cœur qui, dès 1776, les avaient séparés, Catherine put conserver un auxiliaire incomparable pour l'expansion de l'Empire. Elle ne lui accorda pas pour autant la place de Panine au collège des Affaires étrangères, mais il resta dans ce domaine son principal et plus sûr conseiller.

Au sein du collège des Affaires étrangères, la première place revint alors au comte Ivan Andreievitch Osterman, fils de diplomate que cette hérédité n'avait pourtant pas préparé à exercer de manière efficace les responsabilités qui lui furent confiées. Décrivant à son ministre le successeur (du moins en titre) de Panine, le marquis de Vérac insiste sur son absence de personnalité et sur l'impossibilité de lui soutirer la moindre idée, d'en obtenir la moindre conversation : « En résumé, Monsieur le Ministre, l'impératrice après Panine n'a pas de ministre... », déplore-t-il.

Si le comte Osterman n'impressionnait aucun de ses interlocuteurs, l'homme qui venait en deuxième position au sein du collège avait bien meilleure réputation. C'était le comte Alexandre Andreievitch Bezborodko, âgé alors de trente-quatre ans, qui s'était battu en Turquie sous les ordres du général Roumiantsev avant que celui-ci ne le recommande à l'impératrice. Chargé des négociations délicates avec l'Autriche, il y avait réussi, ce qui incita Catherine à lui confier le rôle d'un véritable conseiller au sein du collège. Il lui plaisait aussi par son incontestable culture littéraire et artistique ainsi que par ses qualités personnelles, peu répandues parmi les serviteurs de l'Empire. Connu pour sa probité, pour son refus de se laisser corrompre – en cela, il rappelait Panine –, il mit sa fortune au service des écrivains et artistes, pour qui il se montra un généreux protecteur. Le marquis de Vérac, qui dans un premier temps s'était senti peu attiré par ce nouveau conseiller, conclut au bout de quelques mois qu'il était l'un des hommes les plus cultivés et efficaces qu'il eût jamais rencontrés.

Enfin, auprès de Bezborodko, Pierre Vassilievitch Bakounine, proche et protégé de Panine qu'il s'empressa d'abandonner à l'heure de la disgrâce, essaiera toujours de s'imposer en recherchant les faveurs de Potemkine, mais n'en retirera nul bénéfice.

Ainsi pourvu de nouveaux conseillers, le collège des Affaires étrangères était préparé à affronter une nouvelle fois la Turquie, et surtout à assumer la réorientation au sud de la politique extérieure russe.

CHAPITRE XII

Le « projet grec »

En 1780, considérant les succès remportés au cours de la décennie écoulée, Catherine II et Potemkine s'enchantent du *projet grec* qui va inspirer la politique russe des années à venir. Au cœur de ce projet, un objectif de taille : la conquête de Constantinople. Déjà, en 1779, lorsque la grande-duchesse Marie met au monde son second fils, il est, selon le vœu de sa grand-mère, prénommé Constantin, en manière d'hommage à l'Empire byzantin dont la chute a inspiré aux souverains russes la certitude qu'un devoir de réparation leur incombait, qu'un vide devait être comblé. La « Russie, troisième Rome » traduira ce sentiment profondément ancré dans leur pensée politique depuis Ivan III. Dès 1777, Potemkine a exhorté Catherine à se préparer à conquérir Constantinople ; mais Panine, alors encore aux affaires, a tourné l'idée en ridicule[1]. Quatre ans plus tard, le grand ministre écarté, le rapprochement avec l'Autriche en cours, le dépeçage de l'Empire ottoman va être au cœur de l'accord négocié entre Pétersbourg et Vienne. Le « projet » gagne du terrain et la recomposition de l'Empire grec sous l'égide de la Russie est alors largement débattue. Grimm n'hésitera pas, dans sa correspondance, à qualifier Catherine d'« impératrice des Grecs », même si c'est à Constantin que le trône de cet empire serait en principe réservé.

Le marquis de Vérac mande à son ministre que l'empereur Joseph II, informé par Catherine de ce projet, « a exprimé son enthousiasme devant un plan si grandiose ». Et d'ajouter que s'il estime enfin nécessaire de rapporter l'idée à Versailles, c'est que l'impératrice en est réellement habitée. S'il a gardé jusqu'alors le silence sur elle, précise le subtil diplomate, c'est qu'il la jugeait stupide[2].

Dans la lettre du 10 septembre 1782 adressée par l'impératrice à Joseph II, le « projet grec » est exposé en son entier. Le point de départ en est un constat : la Russie n'a pas besoin de territoires nouveaux, hormis la forteresse d'Otchakov nécessaire à sa sécurité, quelques terres situées entre le Boug et le Dniestr, peut-être encore quelques îles pour faciliter son commerce. En revanche, la Moldavie, la Valachie et la Bessarabie, qu'il lui est parfois arrivé de revendiquer, devraient être réunies pour former un État indépendant, la Dacie. Sur le trône de ce nouvel État serait placé un prince de religion grecque, attentif aux intérêts et à la sécurité de ses deux puissances protectrices, la Russie et l'Autriche. Par ailleurs, c'est l'alliance de ces deux empires contre la Porte qui devrait permettre d'évincer d'Europe cet « ennemi du monde chrétien » en conquérant Constantinople. Sur les ruines de l'État turc renaîtrait l'ancien Empire grec, là encore sous la forme d'un État indépendant qui serait gouverné par un souverain issu de la dynastie Romanov.

Ce projet ne pouvait que heurter les puissances européennes tant il renforçait la Russie, en dépit de l'assurance répétée que la Dacie et l'État grec resteraient à jamais indépendants. Mais la Russie y gagnerait une influence certaine dans les Balkans et la liberté de passage dans les Dardanelles, confortant ainsi son statut de puissance maritime et ses capacités commerciales au Levant. Bezborodko savait quelles oppositions ce projet allait soulever et il s'efforça d'y répondre par des propositions destinées à amadouer les critiques. À l'Autriche, il énuméra lesquelles de ses revendications la Russie soutiendrait : la Bosnie, une partie de la Serbie avec Belgrade, le Banat de Kraïova. La France pourrait bénéficier de l'effondrement turc en Égypte. L'Angleterre elle-même n'était pas oubliée.

Moins prudente que son ministre, Catherine, qui depuis 1781 s'était fort entichée de Joseph II, était convaincue que leur amitié suffirait à satisfaire l'empereur, ignorant les regards que celui-ci portait déjà vers la Dalmatie et surtout la Valachie qu'elle inscrivait dans les frontières de la future Dacie. L'alliance russo-autrichienne, dont Catherine avait fait à cette époque le pilier de sa politique étrangère, était-elle par ailleurs assez forte pour permettre une liberté d'action totale aux coauteurs du « projet grec » ?

Potemkine, pour sa part, pensait que la sagesse commandait d'ajouter aux liens tissés avec la cour de Vienne des garanties du côté anglais, afin de contrebalancer l'éventuel soutien offert à la Porte par la France, que ni lui ni Catherine n'espéraient pouvoir faire basculer du côté russe. L'alliance anglaise avait un grand partisan, Simon Vorontsov, neveu de l'ex-chancelier*, qui représentait la cour de Russie à Londres. Inlassablement, il plaidait que les puissances russe et anglaise étaient complémentaires et non rivales, que seule l'amitié avec un État aussi présent sur les mers pourrait freiner les velléités françaises de se porter au secours de la Turquie. Mais, pour traiter avec Londres, la Russie devait renoncer au concept de *neutralité armée* que l'Angleterre avait ressenti comme un coup porté à sa capacité de se déployer sur les mers. Vorontsov répétait à l'envi dans ses dépêches que l'Angleterre n'avait aucun souci de la sauvegarde de l'Empire ottoman, pas plus que de la Suède. C'était là une assertion hardie, quelque peu oublieuse des véritables intérêts anglais. À cela, Catherine et son ministre Bezborodko objectaient que les intérêts de la Russie et l'accroissement de la puissance russe ne pouvaient être tenus par Londres pour des objectifs acceptables. Les efforts de Vorontsov restèrent donc vains.

Catherine ne fut pas plus heureuse dans ses tentatives pour séduire Louis XVI, qui refusa de croire que chasser les musulmans d'Europe était un devoir dicté par la religion et la morale. Bezborodko suggéra bien à Versailles qu'une quadruple alliance rassemblant la Russie, la France, l'Autriche et l'Espagne pourrait instaurer en Europe un nouvel équilibre favorable aux intérêts de tous les signataires. Le roi ne voulut rien entendre et le comte de Ségur fut seulement autorisé à signer un traité de commerce en janvier 1787. Versailles considérant que la France ne s'était politiquement engagée à rien, envoya en Turquie des

---

* Le comte Michel Vorontsov fut chancelier durant le règne de l'impératrice Élisabeth.

ingénieurs et des officiers pour renforcer l'armée turque et la préparer aux conflits à venir. L'analyse du marquis de Vérac dénonçant la stupidité du « projet grec » ne pouvait que conforter la politique française de soutien à la Porte – n'était-ce pas le plus sûr moyen d'enrayer l'expansionnisme russe en direction de la Méditerranée ? – et incitait à conclure qu'il fallait réduire au strict minimum les relations avec la Russie.

Même si Catherine ne trouve pas en Europe les encouragements escomptés pour son projet, elle multiplie les signaux indiquant sa ferme volonté de le réaliser. Constantin est entouré de servantes et de précepteurs grecs, il est nommé dans sa famille « Étoile du Sud », l'on frappe une médaille le représentant au bord du Bosphore avec Sainte-Sophie en arrière-plan.

Si ce « projet grec » devint public au début des années 1780, notamment par le biais d'une longue note adressée par Bezborodko à l'impératrice (qui semble d'ailleurs en être le coauteur[3]), les étapes jalonnant son élaboration ont été perceptibles dès le milieu des années 1770. Tout a commencé par la consolidation des acquis russes dans la steppe après la première guerre russo-turque et le traité de Kutchuk-Kainardji.

La Nouvelle Russie :
aux portes de la Crimée

Il appartenait à Potemkine de donner une cohésion aux espaces annexés après la guerre et d'assimiler les peuples ou tribus qui y vivaient.

Le premier problème auquel il fut confronté en 1775 était celui des Cosaques zaporogues. Le traité de Kutchuk-Kainardji avait donné à la Russie les steppes situées entre le Dniepr et le Boug, mais c'était là le territoire historique de la *Setch* (république franche des Cosaques zaporogues). De tout temps, les Cosaques zaporogues avaient été en guerre contre les Tatars de Crimée, mais ils avaient aussi perpétuellement refusé l'autorité du pouvoir russe, à l'ère moscovite comme après. Les Cosaques zaporogues n'hésitaient même pas à attaquer et piller les troupes russes lorsqu'elles guerroyaient dans la steppe. Durant les années de lutte contre les khans rebelles, Catherine II les avait tolérés parce qu'ils lui étaient utiles. Mais, sitôt la Crimée dominée, elle décida de leur ôter toute existence politique. Les Cosaques s'appuyaient sur des chartes pour revendiquer un statut privilégié. Catherine leur répondit en mobilisant un savant, membre de l'Académie russe, Gerhardt Friedrich Miller, pour démontrer que les documents produits par eux étaient des faux et que les Cosaques zaporogues étaient tout bonnement des Cosaques ukrainiens dont les prétentions particularistes étaient dénuées de fondement. Aux yeux de l'impératrice, ces Cosaques gênaient l'implantation du pouvoir russe en Nouvelle Russie, et un manifeste du 5 août 1775 décréta : « La *Setch* zaporogue est démantelée, l'appellation de Cosaque zaporogue est abolie à jamais[4]. » Elle décida en outre de supprimer tous les noms patronymiques ou géographiques cosaques dès lors qu'ils avaient quelque rapport avec la révolte de Pougatchev. Ainsi le Iaik cessa-t-il d'exister pour devenir le fleuve Oural. Les Cosaques zaporogues se voyant imposer l'incorporation dans l'armée régulière, nombre d'entre eux s'enfuirent à destination de l'Empire ottoman.

Pour devenir cette pointe avancée de l'Empire dont Potemkine prétendait faire son royaume, la Nouvelle Russie ne pouvait s'accommoder de l'esprit d'indépendance des Cosaques. Nommé gouverneur général, Potemkine élabora pour elle des projets grandioses qu'il proposa à Catherine en 1778. Une ville portuaire serait édifiée non loin de la mer Noire : Kherson, en souvenir de Chersonèse*. Le premier gouverneur en serait le fils du prince abyssin acheté par Pierre le Grand et adopté par lui, Hannibal, ancêtre de Pouchkine.

La situation de cette ville est complexe : elle est reliée à la mer Noire par un estuaire du Dniepr, le Liman, étroit couloir au débouché duquel Potemkine a construit une forteresse ; mais en face, de l'autre côté du delta, les Turcs contrôlent tout depuis leur place forte d'Otchakov. Autre difficulté pour la ville phare de Potemkine : elle est située aux confins de la steppe torride, hors de toute facilité de ravitaillement en armes et en vivres. Cette situation fit douter du succès du projet, mais Potemkine mobilisa des ouvriers venus de loin, employa la troupe, et l'ingénieur anglais Bentham fut invité en 1780 à visiter les chantiers qui se multipliaient partout.

Pour Catherine qui accepte, voire encourage la folle

---

* Mot grec signifiant presqu'île et ancienne ville de Crimée assurant les communications commerciales entre l'empire byzantin et les peuples d'Ukraine et de Russie. Justinien y fut emprisonné en 695. Kherson passa au XIIIe siècle sous la domination de Trébizonde.

entreprise de son ex-favori, Kherson évoque aussi Pierre le Grand : quand celui-ci eut conquis les rives de la Baltique, ne construisit-il pas une flotte et un port, Pétersbourg ? Kherson ne serait-il pas le Pétersbourg de Catherine ?

Quelques années plus tard, Potemkine décida de doter la Nouvelle Russie d'une capitale destinée à être une « nouvelle Athènes » : ce sera Ekaterinoslav (« la gloire de Catherine »), bâtie sur le site d'un petit village des Zaporogues. Il la voulut sur le modèle d'une cité grecque, dotée en son centre d'une cathédrale aux dimensions de Saint-Pierre de Rome. Les ennemis de Potemkine riaient de lui, soulignant la distance entre ses projets et ce qui en était réalisé. Quant à Catherine, elle applaudissait, indulgente, à la folie des grandeurs de son ex-favori, retenant avant tout que, sans la Crimée, la Nouvelle Russie resterait enfermée dans la steppe, et la route de Constantinople toujours barrée. Les villes et la flotte créées par Potemkine imposaient le pas suivant : l'annexion de la Crimée.

La Crimée, province de Russie

Chaque retour dans sa capitale du khan protégé de la Russie fut marqué par une opposition croissante à son pouvoir, se transformant bientôt en soulèvement quasi général. Il en alla ainsi à l'été 1782 quand, les troupes russes s'étant retirées après avoir rétabli l'ordre et réinstallé le khan, la rébellion éclata, conduite par le clan de Shirin, le plus puissant des clans criméens. Il avait soutenu le khan en 1777, mais, lassé de ses excès, il s'était depuis lors rangé du côté de son frère rival. Autre élément important dans la révolte : les oulémas, qu'exaspéra longtemps le comportement du khan, jugé étranger à l'islam : confiscation des biens appartenant aux mosquées, appel à des maîtres « infidèles » pour l'enseignement des enfants, usage d'une langue des « infidèles » pour l'instruction. Après avoir multiplié les mises en garde à Shahin Khan, ils proclament en 1782 la légitimité de la rébellion. À ce moment, Catherine hésite encore et tente une ultime fois de sauver et son protégé et le statut de la Crimée. Contre l'avis de tous ses conseillers, qui s'acharnent à lui démontrer qu'elle ne peut espérer rendre au khan quelque popularité ni quelque légitimité que ce soit, et qui prônent la suppression pure et simple du problème par une annexion immédiate, Catherine confie à Potemkine le soin de rétablir l'ordre le 3 août 1782 : « Nos troupes doivent pénétrer en Crimée sans plus attendre, briser la rébellion, rendre le pouvoir à Shahin Khan, parce qu'il est le khan légitime. »

Mais ces dispositions dissimulent le processus d'annexion déjà en préparation. Sans doute Potemkine obéit-il et réussit-il à ramener le khan dans sa capitale, tandis que son frère et rival, chef des rebelles, Bahadir Khan, fuit à Constantinople. Tout paraît répéter la crise précédente : intervention russe, retour du khan, répression effroyable à laquelle celui-ci se livre sans retenue, au grand scandale de Catherine. Mais, à Pétersbourg, l'impératrice a commencé à évaluer le coût de l'indépendance de la Crimée. En subventions, on atteint au minimum le chiffre, considérable pour l'époque, de sept millions de roubles, et quant aux vies humaines perdues, impossible même d'en établir le bilan. Dans l'autre plateau de la balance,

Catherine considère les résultats de tels investissements : la Crimée livrée à l'anarchie, un khan sans
autorité et haï de ses sujets, le discrédit qui frappe la
Russie pour une si pitoyable entreprise.

Sa réflexion désabusée est perçue par Potemkine,
qui comprend que l'heure est venue de la presser
de changer de cap. À l'hiver 1782, ils échangent
leurs constats, Potemkine dans un mémorandum,
Catherine dans un rescrit rédigé à l'intention du gouverneur de la Nouvelle Russie.

Dans ce texte du 14 décembre, l'impératrice, ayant
constaté le prix payé par la Russie pour sauvegarder
l'indépendance de la Crimée, en vient à examiner une
série d'hypothèses justifiant que « nous prenions possession de la péninsule ». De toutes, la première – « si
les ennemis du khan se débarrassent de lui », ce qui
témoigne de son manque total d'autorité – est celle
qui s'est déjà pleinement réalisée, et ce à deux reprises,
et suffirait donc, à elle seule, à justifier l'annexion.

De son côté, Potemkine a préparé un long mémorandum dont la date exacte est difficile à préciser – il
est remis entre le 23 octobre et le 14 décembre 1782[5] –
et dans lequel, sans tergiverser, il dit l'urgence de
l'annexion. Tout est possible et aisé dans la situation
présente, assure-t-il ; plus tard, ce sera difficile et
« vous serez jugée pour avoir manqué la chance qui
se présentait à vous ». Les arguments qui justifient
l'annexion sont multiples. Le plus important est la
nécessité de « rationaliser » les frontières russes qui,
telles quelles, ne sont sûres ni du côté turc, ni du côté
du Kouban ; la sécurité de l'espace russe, et d'abord
de la Nouvelle Russie, impose de remédier à cet état
de fait. Y aura-t-il un prix à payer pour cette
annexion ? Non, répond d'emblée Potemkine, car la

Russie ne fera là qu'imiter la France annexant la Corse, ou Vienne s'emparant de la Bucovine. Enfin, qui sera atteint par l'annexion ? L'Empire ottoman. Or, c'est le devoir sacré de la Russie de l'affaiblir pour s'installer sur les rives de la mer Noire et commercer librement avec l'Europe et le Levant.

Analysant ce mémorandum, Pierre Tcherkassov, l'un des meilleurs historiens de la période, insiste aussi sur l'argumentation « idéologique » de Potemkine rappelant à Catherine que c'est à Chersonèse (le Kherson construit par lui) qu'en 987 Vladimir devint chrétien, un an avant de baptiser tout son peuple dans les eaux du Dniepr[6]. L'argument ainsi mis en lumière est significatif : en insistant sur le devoir « chrétien » de l'impératrice, Potemkine montre bien comme elle s'est identifiée à la Russie et à ses racines chrétiennes ; combien, aussi, le mythe de la « Troisième Rome », d'un devoir historique pesant sur les souverains russes après la chute de Byzance, fait partie de la conception impériale de Catherine.

Effet produit par le mémorandum ou rencontre entre des réflexions si proches ? Catherine réagit en rédigeant le rescrit analysé plus haut. Dès la fin de 1782, la décision est donc prise d'annexer la Crimée, mais l'impératrice, plus prudente que son conseiller, tient à s'assurer que le pas qu'elle s'apprête à franchir ne suscitera pas de trop fortes oppositions de la part des puissances. Les réactions de deux États la préoccupent plus particulièrement : la Turquie et la France. De la première, elle craint qu'elle ne se lance dans une nouvelle guerre. De la seconde, qu'elle n'encourage la Porte à riposter.

Sans doute, en 1782, la Russie peut-elle constater l'existence d'éléments favorables à son projet dans

le contexte international. L'Autriche, qui dans un
passé récent menaçait de se joindre à la Porte contre
la Russie, est liée depuis 1781 à Pétersbourg, et
Catherine n'a cessé, depuis la signature de l'accord
entre les deux pays, de consulter Joseph II sur l'affaire
de Crimée. Le voyage du grand-duc Paul en Europe,
son séjour de deux semaines à Vienne ont probablement permis de multiplier les contacts avec
l'empereur, quelque peu réticent, malgré tout, à l'idée
de voir la Russie s'installer en mer Noire. Mais
l'accord de 1781 le lie, et son intérêt pour la Pologne
l'incline aussi à garder un silence prudent.

Du côté de la France, dont le représentant en
Russie tient son ministre informé en détail de l'évolution de la situation en Crimée, l'attention est
grande, mais, comme l'a calculé Potemkine, la guerre
d'Amérique paralyse la politique française. Il est vrai,
Catherine le perçoit, que cette guerre tire à sa fin – les
pourparlers de paix vont commencer en janvier 1783 –
et que le temps laissé à la Russie pour agir en Crimée
sans craindre une vive réaction française se réduit dan-
gereusement. Toutefois, en dépit de l'hostilité permanente de Versailles à toute progression russe en mer
Noire, la politique de Louis XVI est prudente. Son
envoyé à Constantinople, le comte de Saint-Priest,
loin de chercher à attiser l'ire des Turcs, s'emploie
à convaincre la Porte du danger qu'il y aurait à se
lancer dans un conflit. « Les instructions du roi sont
d'écarter autant que possible toute possibilité de
rupture entre la Russie et la Porte[7]. » Le marquis
de Vérac, qui à Pétersbourg observe les hésitations
impériales, conclura longtemps à la difficulté pour
Catherine de prendre le risque d'un conflit : l'armée
russe lui paraît mal préparée à affronter l'ennemi, et

le prix d'un tel effort militaire serait considérable. Il en déduit la possibilité pour la France de jouer de part et d'autre un rôle pacificateur.

Mais les observateurs ont sous-estimé la résolution de l'impératrice et l'ampleur des préparatifs militaires qu'elle a ordonnés. Dès 1782, des fortifications sont construites à Aktiar, port situé sur le littoral criméen de la mer Noire, destiné à devenir la principale base de la flotte russe – il prendra ultérieurement le nom de Sébastopol. Le 8 avril 1783, Catherine promulgue le manifeste annonçant l'annexion, qui commence en ces termes :

> « Notre dernière guerre contre l'Empire ottoman, ayant été accompagnée des succès les plus marqués, nous avait certainement acquis le droit de réunir aux domaines de notre Empire la Crimée dont nous étions en possession. Nous n'avons cependant pas hésité à en faire le sacrifice, et celui de tant d'autres conquêtes, à notre ardent désir de rétablir la tranquillité publique et d'affermir la bonne intelligence et amitié entre notre Empire et la Porte ottomane. Ce motif nous porta à stipuler la liberté et l'indépendance des Tatars que nous avions fournis par nos armes [...]
>
> L'inquiétude naturelle des Tatars, fomentée par des insinuations dont nous ne connaissons pas la source, les a fait tomber facilement dans un piège tendu par des mains étrangères qui ont semé parmi eux le trouble et la confusion au point de les porter à travailler à l'affaiblissement et même à la ruine totale d'un édifice que nos

soins bienfaisants avaient élevé pour le bonheur de cette nation. »

Tout était dit dans ces lignes qui débouchaient sur la phrase décisive :

> « Nous prenons la ferme résolution d'en finir une fois pour toutes avec les troubles de la Crimée et à cette fin nous réunissons à notre Empire la presqu'île de Crimée, l'île de Taman et tout le Kouban. »

Le manifeste mit aisément fin à la crise ouverte depuis des années en Crimée, qui divisait le pouvoir russe et agitait les puissances. L'armée russe était sur place depuis 1782 : nul besoin d'opérations militaires. La flotte russe s'installa à Aktiar, des détachements russes occupèrent les territoires désignés dans le manifeste, et la population tatare fut invitée à prêter serment à l'impératrice. Catherine déclara que ceux qui refuseraient d'entrer dans l'Empire et de prêter serment pourraient librement quitter leur pays pour l'Empire ottoman. Dès la fin de juin, la procédure des serments d'allégeance étant achevée, Potemkine se chargea de l'organisation administrative de la nouvelle province qui deviendra peu après la région de Tauride.

Potemkine réussit sans peine à convaincre le khan de renoncer à son khanat, puis de quitter la Crimée pour s'installer en territoire russe, à Kalouga, avec ses partisans ; Catherine lui alloua une très substantielle pension.

Si l'impératrice avait appréhendé les réactions étrangères, celles-ci, à son grand étonnement, furent fort modérées. En juillet, Catherine adressa un rescrit à son ambassadeur en France, le prince Bariatinski, l'informant de l'annexion et le priant d'assurer la cour et le comte de Vergennes que la réunion de la Crimée, de Taman et du Kouban à l'Empire ne devait en rien compromettre le maintien de la paix avec la Porte. À ce stade, Vergennes, oublieux du sort de la Crimée, s'inquiéta de savoir si l'annexion ne préludait pas à une attaque contre la Turquie, soulignant que celle-ci se trouvait désormais à courte portée des vaisseaux russes. À quoi l'ambassadeur de Catherine répondit que les territoires russes du Sud étaient dans la même situation par rapport à la Turquie. Constatant le fait accompli, Louis XVI adressa à l'impératrice un message compréhensif auquel elle répondit non moins chaleureusement, l'un comme l'autre insistant sur leur volonté de paix[8].

Les apparences étaient sauves, mais, au-delà, le roi de France nourrissait un profond sentiment d'insatisfaction, teinté d'inquiétude. Il comprenait que l'équilibre international se trouvait bouleversé et il ne se résignait pas à la perspective de l'éviction des Turcs d'Europe. La France avait trop longtemps soutenu la Turquie pour imaginer une Europe sans elle. Contrepoids à la progression russe vers le sud, donc à l'accroissement de la puissance russe, elle présentait à ses yeux l'avantage d'être faible et dépendante du soutien français. Enfin, l'on craignait à Versailles que l'entrée de la Russie en mer Noire ne se révélât préjudiciable aux intérêts du commerce français au Levant.

Ajoutons à cela que la diplomatie française eut le sentiment d'avoir été bernée par Catherine. La longue période de soutien à l'indépendance de la Crimée avait convaincu Versailles que la Russie n'entendait pas y substituer un jour une annexion. Après le 8 avril 1783, on commença à soupçonner Catherine de duplicité, d'avoir joué le jeu de l'indépendance pour endormir les opposants, puis, le jour venu, annexer sans drame. S'il est certain que Catherine hésita longtemps à suivre les conseils annexionnistes de Potemkine et de Bezborodko, il n'est pas moins avéré que la solution alternative de l'annexion était présente dans son esprit, même si elle souhaitait atteindre ce stade avec un maximum de précautions.

Mais c'est de la Porte que l'impératrice craignait le plus les réactions. Or la situation qui se développait au même moment dans le Caucase contribua à inciter les Turcs à la prudence. À l'est du Kouban, entre la mer Noire et la mer Caspienne, le Caucase offrait un tableau ethnique et politique des plus composites où les grands États voisins – Russie, Perse, Turquie – organisaient leur domination sur les petites principautés. Deux États chrétiens, la Kartvélie-Kakhétie* et l'Imérétie, étaient l'objet de tentatives annexionnistes de la part des deux États musulmans voisins, contre lesquels leurs rois recherchaient la protection russe. Jusqu'en 1783, trop occupée en Crimée, la Russie négligea ces pays ; mais, une fois celle-ci annexée, le général Potemkine, cousin du favori, signa avec le roi Irakli II le traité de Georgievsk qui plaçait la Géorgie orientale sous le protectorat et l'autorité suprême de la Russie. Cette dernière reconnaissait le roi Irakli et ses héritiers comme monarques légitimes du pays et laissait la gestion de toutes les affaires intérieures au souverain. Mais l'Église de Géorgie fut incorporée au système administratif-religieux russe, autrement dit subordonnée au Saint Synode, et le

---

* Ou Géorgie orientale.

quatrième fils du roi fut porté à sa tête par les autorités russes.

Déjà, dans les montagnes du Nord-Caucase, les troupes russes harcelaient Tchétchènes et Daghestanais, tandis que Potemkine engageait des pourparlers à Ispahan avec le souverain perse pour le convaincre de céder à la Russie les territoires du khan du Karabakh, peuplés d'Arméniens. Ces négociations devaient échouer.

Les Ottomans sondèrent les puissances européennes sur leur possible opposition à l'expansion russe en Crimée et au Caucase. À Versailles, à Londres, mais aussi à Vienne, nul ne voulut s'y engager. Les Ottomans durent tirer les conséquences d'une solitude qu'ils n'avaient encore jamais connue. L'Autriche étant passée du côté russe, ils comprirent la nécessité de s'incliner, pressés qu'ils étaient de le faire par Vienne et Versailles. Sans doute Vergennes insista-t-il auprès de la diplomatie russe pour qu'elle se satisfît d'une reconnaissance informelle et non écrite de l'annexion par la Porte. Mais, à Pétersbourg, la volonté d'obtenir une reconnaissance officielle du fait accompli était entière. De même la Russie rejeta comme inacceptable, compte tenu de la situation existant en 1783, la proposition de Vergennes l'exhortant à renoncer à entretenir une flotte en Méditerranée et même à rendre son indépendance à la Crimée tout en étant assurée de pouvoir la contrôler. Ces suggestions, faites en septembre 1783, incitèrent Catherine à douter des bonnes dispositions de la France et à tenir pour négligeables toutes les propositions émanant de Versailles. L'annexion était un fait acquis, la Russie n'avait aucune raison de reculer et elle était en mesure d'imposer à la Turquie d'y adhérer.

Pour la seconde fois, une convention fut signée à Aynali-Kavak, le 9 janvier 1784, reprenant les dispositions du traité de Kutchuk-Kainardji et de la convention d'Aynali-Kavak de 1779, mais en éliminant les articles qui garantissaient l'indépendance de la Crimée. Par cette seconde convention d'Aynali-Kavak, la Porte entérinait l'annexion de celle-ci. La région de Tauride, ainsi nommée en février 1784, fut divisée en sept districts et organisée sur le modèle des régions de la Russie proprement dite. C'est la théorie de l'assimilation qui prévalut alors dans l'Empire. Nombre de Tatars – environ deux cent mille[9] – quittèrent la Crimée, tandis que la colonisation décidée à Pétersbourg y conduisit entre cinquante et cent mille colons (le chiffre exact reste difficile à préciser[10]).

Sa réflexion sur l'islam, son passage d'une politique initialement intolérante envers les musulmans à une attitude de tolérance, sont caractéristiques de l'attitude de Catherine dans la période qui suit l'annexion. Déjà, en 1773, elle avait publié une déclaration, *Tolérer toutes les religions*, qui visait en premier lieu l'islam et enjoignait aux autorités orthodoxes de ne pas intervenir dans les affaires des musulmans. Durant les années d'indépendance de la Crimée où elle avait pu constater l'opposition des autorités religieuses tatares à toute politique de modernisation, Catherine se persuada que, pour assimiler la société musulmane, il importait d'associer ces autorités religieuses à la nouvelle administration au lieu de s'opposer à elles comme cela avait été fait par le passé. Aussi, dès 1784, le mufti, autorité religieuse suprême de Crimée, fut nommé, et ses pouvoirs sur les dignitaires, sur les écoles et les mosquées ainsi que, sur la société furent largement définis. Mais c'est le Trésor russe qui assurait son existence et celle de son administration. Ce muftiat de Crimée deviendra par la suite un modèle pour les autres régions musulmanes de Russie.

Si, durant quelques années, Catherine parut se contenter des acquis du traité de Kutchuk-Kainardji, son adhésion au « projet grec », sa volonté de tirer les bénéfices des progrès déjà accomplis, dominent sa politique à partir de 1783. Dans les Balkans, ses représentants interviennent toujours plus dans les affaires de Moldavie et de Valachie. Au Caucase, le protectorat de Géorgie semble promis au rôle de poste avancé dans la perspective d'une progression vers le nord. Les craintes à ce sujet furent renforcées par la réaction russe au mouvement de Cheikh Mansour qui appela en 1785 les montagnards du Caucase à résister à la pénétration militaire russe et sollicita l'aide de la Porte. Catherine réagit en chargeant son ambassadeur d'informer Istanbul qu'elle protégerait les Géorgiens « par tous les moyens[11] ». Cet avis fut perçu à Istanbul comme l'annonce d'un nouvel assaut russe contre la Porte. Dès lors commencèrent les préparatifs destinés à endiguer les ambitions russes que les Turcs assimilaient au « projet grec », c'est-à-dire à leur élimination. Préparatifs militaires, mais aussi diplomatiques : les Ottomans plaidèrent auprès de la Grande-Bretagne et de la Prusse, déjà très irritées par le changement d'alliance décidé à Pétersbourg, que la puissance croissante de la Russie mettait tous les États européens en danger. La guerre était en vue ; restait à en trouver le prétexte.

CHAPITRE XIII

La deuxième guerre russo-turque

La Crimée annexée, une partie du Caucase sous protectorat russe, Catherine pouvait une fois encore interroger ses correspondants : « Avons-nous bien travaillé ? » Les Ottomans étaient cependant loin de partager son enthousiasme et la tension entre les deux empires, jamais apaisée, s'exacerba au milieu de l'année 1786. De part et d'autre se multiplient alors les récriminations contre les violations des accords conclus. Autour de l'impératrice, ses conseillers lui prodiguent des conseils contradictoires. Bezborodko prône une attitude prudente ; imbu de ses succès et de sa position de quasi-souverain du Sud, Potemkine, pour sa part, est désireux d'aller au terme de la victoire. Mais, dans le même temps, comme Bezborodko, il sait la nécessité d'éviter une guerre, du moins dans l'immédiat : les semaines qui suivent doivent en effet être pour lui celles de l'apothéose, marquées par le voyage de Catherine qu'il a entièrement organisé afin de lui faire l'hommage de l'empire dont il se veut le fondateur. Pour un temps, la paix est donc nécessaire, et la souveraine, qui veut voir par elle-même les

prodiges dont elle a été si longuement bercée, auxquels elle a aussi consacré des sommes considérables,
partage ce souhait : découvrir le Sud d'abord ; quant
à guerroyer contre les Turcs, on verra après.

La « féerie » Potemkine

Le 7 janvier 1787, une étonnante caravane quitte
Tsarskoié Sélo, saluée par les tirs d'une batterie de
canons. Quatorze grands traîneaux – en réalité, il
s'agit de véritables maisons –, cent vingt-quatre plus
petits et quarante autres tenus en réserve forment ce
convoi. À chaque relais attendent cinq cents chevaux
(trente-sept mille cinq cents en tout). Des maréchaux-
ferrants et des menuisiers sont mobilisés, prêts à parer
à tout dommage[1]. Le premier traîneau est celui de
Catherine qu'accompagnent Mamonov, son favori
depuis l'été 1786, et sa dame d'honneur. Pour financer
le voyage, un impôt spécial a été levé, qui a rapporté
deux millions de roubles, somme notoirement insuffisante. Aux dires de l'envoyé anglais en Russie,
Allayne Fitzherbert, l'expédition aura en définitive
coûté le double au Trésor. Un historien russe contem-
porain, Pierre Stegni, ayant bien fouillé les archives,
conclut que même ce montant est fort loin de traduire
la réalité des dépenses[2].

Les grands traîneaux sont remarquables par leur
dimension et leur confort. Celui de Catherine comprend une chambre à coucher, un salon, un bureau et
une bibliothèque. Il est suivi des traîneaux tout aussi
confortables des invités dont l'impératrice a souhaité
s'entourer : le comte de Ségur, dont toute la cour
vante l'habileté – ne vient-il pas de faire signer le traité

de commerce avec la France ? – et le charme ; Allayne Fitzherbert, qui deviendra Lord Saint-Helens, et le comte Cobenzl. Comme Catherine, tous ces diplomates sont férus de philosophie et de littérature, et sont pour elle des commensaux plaisants. Mais, si elle les a conviés pour son plaisir, c'est aussi et avant tout pour deux autres raisons : ambassadeurs de grandes puissances, elle attend d'eux qu'ils fassent part à leurs gouvernements de ce qu'ils auront vu, afin que ceux-ci soient davantage conscients du progrès de la Russie ; elle en escompte également qu'ils jouent auprès des opinions publiques de leurs pays respectifs le rôle que tiennent à notre époque les journalistes. Car, tout comme elle, ces diplomates étrangers sont des correspondants infatigables et, grâce aux lettres qu'ils adressent à leurs compatriotes, elle espère voir se former une opinion européenne attentive à ses succès. Comme Grimm, comme Diderot à d'autres moments, ce sont des « propagandistes » de son image de souveraine éclairée qu'elle a priés de l'accompagner, ne perdant jamais de vue que les plaisirs peuvent aussi servir des fins politiques.

Pour son projet de propagande, l'impératrice n'a rien négligé : tout est mis au service de ses invités ; il faut tout leur montrer, tout leur expliquer, leur fournir un maximum d'informations, voire de documents sur ce qu'ils verront, sur les perspectives d'avenir, sur sa politique. Elle-même continue à travailler dans son traîneau, comme elle a l'habitude de le faire, plusieurs heures par jour, recevant ministres et conseillers, puis consacrant les soirées à ses invités, aux fêtes splendides organisées par Potemkine à chaque étape importante. Elle ne perd aucune occasion de s'enquérir de ses hôtes, des intentions de leurs gouvernements dans l'hypothèse d'un conflit avec la Turquie, car les préoccupations politiques ne la quittent jamais. De Saint-Pétersbourg à Smolensk, puis à Kiev, la caravane file, ne s'arrêtant que pour les réceptions. Mais à Kiev, atteint à la fin de janvier 1787, l'arrêt va durer près de trois mois : le Dniepr, que Catherine et ses invités vont emprunter pour la seconde partie du voyage, est en effet gelé, et il faut attendre le dégel.

Passent alors trois mois féeriques, car Potemkine n'a rien omis pour éblouir l'impératrice et sa suite. Chacun trouve à se loger dans des palais somptueux. Celui du comte Cobenzl devient à certaines heures le lieu de rendez-vous de toute la suite ; il est si réputé pour la qualité de la réception et le brillant des conversations qu'on le baptise « Café de l'Europe ». La société qui entoure Catherine s'enrichit alors de nouveaux venus : le prince de Ligne, le prince de Nassau-Siegen, mais aussi des Russes illustres dont le héros des guerres récentes, Souvorov, tout auréolé de ses victoires.

Grand ordonnateur du voyage et des plaisirs, Potemkine reste néanmoins à l'écart. Loin des palais et de l'agitation mondaine, il est allé chercher refuge dans le couvent de la Laure de Petchersk (ou des Grottes), où il mène une vie étrange. Il reçoit ceux qui souhaitent le visiter avec nonchalance et souvent arrogance ; mais il est aussi entouré de ses nièces, dont certaines sont ses maîtresses. Ce n'est pas un reclus réfugié dans la paix monacale, mais un acteur soucieux de toujours souligner son originalité. Tout Potemkine est rassemblé dans ce comportement si singulier. Il a tout organisé jusqu'au moindre détail, il s'inquiète des faits et gestes de chacun. Mais il réfléchit aussi à ce qui suivra ce voyage : le choc avec la Turquie. Il veille enfin à l'équilibre de ses relations avec l'impératrice. La confiance politique qu'elle lui porte est certes totale ; mais Bezborodko est tout autant que lui consulté. Les anciens amants, les époux séparés se sont retrouvés à Kiev, mais Catherine est accompagnée d'un jeune favori sur le choix duquel lui-même n'a pas eu à se prononcer. Or la faveur de ce Mamonov est suffisamment récente pour qu'il puisse s'en inquiéter. Il n'ignore pas non plus que les critiques déjà ne lui manquent pas et que les projets mirifiques qu'il est si fier d'avoir accomplis vont rencontrer beaucoup de scepticisme – pour le prix qu'ils ont coûté, voire pour leur réalité.

Mais revenons à l'expédition. À la fin d'avril, le Dniepr est de nouveau navigable. C'est alors l'embarquement sur sept galères impériales, peintes en rouge et or, étincelantes au soleil, aussi confortables que les traîneaux. Chacune d'elles dispose de son propre orchestre, le service y est assuré par un personnel innombrable, et elles sont suivies de quatre-vingts bâtiments. C'est sa flotte, objet de sa fierté, que Potemkine offre ainsi un moment à celle qu'il identifie non à Sémiramis, mais à Cléopâtre. « C'est un conte de fées », commente Ségur ; et le prince de Ligne d'écrire en effet qu'il a vu la « flotte de Cléopâtre ».

Après trois jours de cette navigation somptueuse, d'un luxe presque barbare par le déploiement de richesses et les festivités qui l'accompagnent, l'expédition arrive à Kaniev, aux frontières de la Pologne, où le roi Stanislas attend celle qu'il aime toujours et qu'il n'a pas revue depuis des années. Potemkine avait au préalable réglé avec le monarque les détails de la rencontre. La manière dont elle se déroula témoigne des limites de son influence sur l'impératrice. Stanislas souhaitait lui proposer une alliance dirigée contre la Turquie et obtenir son accord sur une réforme de la constitution qui eût consolidé son trône et prévenu, espérait-il, de nouvelles atteintes à l'intégrité polonaise. Il en avait débattu pendant deux jours avec Potemkine, probablement coauteur du projet. Rencontrant l'impératrice, il ne trouva chez elle que froideur à son endroit et esquive vis-à-vis de ses propositions. En dépit des pressions de Potemkine, furieux du refus de Catherine[3] de prêter la moindre attention à son initiative, celle-ci n'assista pas même à la grande réception offerte en l'honneur de son ex-amant. Humilié, déçu politiquement, Stanislas dut quitter Kaniev sans avoir rien obtenu de ce qu'il avait espéré.

La dureté de l'impératrice envers le roi de Pologne n'a alors d'égale que la chaleur qu'elle témoigne à Joseph II qui, toujours sous le nom de comte Falkenstein, vient à ce moment la retrouver à Kaidak, près de Krementchouk, où la « flotte de Cléopâtre » a accosté. Ici l'intraitable Catherine, pressée de rejoindre l'empereur dont elle s'est « toquée » depuis quelques années, bouleverse le protocole et toute l'organisation réglée par Potemkine. Ensemble, Catherine et Joseph se rendent à Ekaterinoslav pour voir les fondations de la ville rêvée par Potemkine, puis à Kherson où le cortège passe sous un monumental arc-de-triomphe portant l'inscription : « Ceci est la route de Byzance. » Enfin ils atteignent la steppe, et là débute la marche triomphale à travers la Crimée.

Partout Potemkine, metteur en scène de ce spectacle digne d'Hollywood, a su régler les mouvements de foule et les manifestations d'enthousiasme : Cosaques autour de leur ataman, Kalmouks, cavalerie tatare, des milliers d'hommes à cheval surgissent à chaque étape, défilent, chargent en fantasias interminables, chatoyantes, propres à éblouir les spectateurs les plus blasés.

Ultime étape, la plus grandiose et la plus chargée de symboles : l'arrivée à Bahcesaray, capitale des khans déchus, où les deux monarques logent dans le palais – et même, pour ce qui est de Catherine, dans les appartements – des derniers Giray. La revanche de la Russie sur les Tatars est ainsi totale. Kazan conquise en 1552, l'impératrice de Russie installée dans le palais des khans de Crimée deux cent trente ans plus tard : le souvenir des siècles de domination tatare sur la Russie est effacé, et le triomphe de la Croix sur le Croissant, indéniable. Catherine n'est pas encore à Constantinople, mais elle peut considérer que le chemin lui en est désormais largement ouvert. Néanmoins, au cours de cette halte symbolique, tandis que les spectacles se succédaient, Catherine en profita pour recevoir les autorités religieuses de Crimée afin de leur témoigner son respect pour l'islam.

Deux jours plus tard, ce fut Sébastopol d'où, en trente heures, la flotte de Russie pouvait atteindre Constantinople. Au terme du voyage, Catherine et ses invités étaient physiquement confrontés au progrès de la puissance russe et au choc qu'elle pouvait représenter pour l'Empire ottoman. Cependant, pressentant les ennuis à venir, Joseph II, selon les témoins, faisait grise mine.

Le comte de Ségur résuma l'impression générale en déclarant à l'impératrice : « À Sébastopol, vous avez achevé au sud ce que Pierre le Grand avait commencé

au nord[4]. » Catherine rendit justice à Potemkine de
ce qu'il avait accompli pour la gloire de son pays,
tandis que, pour tous les assistants, l'ombre de la
guerre avec les Turcs planait déjà.

Au milieu des fêtes, l'impératrice s'entretint avec
Joseph II des réactions probables de la Prusse à un tel
conflit. « Le Gros Gu [Frédéric-Guillaume, successeur de Frédéric II, mort l'année précédente] est
trop médiocre pour peser sur les Turcs », conclut-elle
avec mépris ; quant à la France, « elle protestera, mais
en fin de compte on l'apaisera en lui donnant sa part
du gâteau », ajouta Potemkine.

Après ces journées en Crimée, marquées de fêtes
ininterrompues et de démonstrations de la puissance
russe, la caravane prit le chemin du retour, mais en
suivant un itinéraire différent de celui qu'elle avait
emprunté à l'aller, car il y avait encore beaucoup à
voir dans le royaume de Potemkine. L'imagination
de ce dernier était sans limite. À Poltava, pour le
bonheur de l'impératrice, il reconstitua la bataille
de 1709 où Pierre le Grand avait enfin vaincu
Charles XII. Cinquante mille hommes prirent part à
ce spectacle qui permit à Catherine de s'identifier plus
encore, si possible, à son devancier.

Rentrée dans sa capitale, l'impératrice put faire
à loisir le bilan de l'expédition et en remercier
Potemkine, récompensé par le titre de prince de
Tauride et par un don de cent mille roubles qui vint
grossir une fortune déjà considérable. L'expédition,
qui avait sans conteste ébloui ses participants, est
cependant restée dans l'Histoire sous des couleurs peu
aimables. On accusa Potemkine d'avoir impressionné
Catherine en lui montrant des villes inexistantes, des
monuments factices, des foules pimpantes rassemblées

pour l'occasion mais composées en réalité de serfs, bref, d'avoir présenté des façades de carton-pâte pour dissimuler du vide. Un simple décor de théâtre, ces *villages Potemkine* : l'accusation ruinera la réputation du favori et fera durablement peser sur l'impératrice le soupçon de légèreté et de crédulité.

Résumé malveillant de l'œuvre de Potemkine, ou critique fondée ? La vérité est sans doute plus nuancée et Catherine, toujours attentive aux moindres détails, ne fut en rien l'admiratrice naïve et dupée que l'on a décrite à cette occasion. Durant des années, les adversaires de Potemkine avaient seriné à l'impératrice qu'il n'était qu'un charlatan inventant le monde qu'il prétendait créer. Visitant ce monde, Catherine garda son esprit critique en éveil. Elle vit tout à la fois Sébastopol, qui n'était pas une chimère, Kherson, qui sortait de terre, et la flotte russe qui croisait sur la mer Noire. Tout cela n'existait pas dix ans plus tôt. Mais elle comprit aussi que certains projets grandioses – tels, à Ekaterinoslav, l'université, le conservatoire de musique, l'usine pour la transformation des vers à soie – mettraient des années, voire des décennies à fonctionner pour de bon. Mais l'essentiel à ses yeux était ailleurs : à Sébastopol, la Russie était un danger pour la Porte, et la Crimée, d'où tant de fois la Russie avait été menacée, était devenue province russe. Au regard de ces conquêtes, les façades fraîchement repeintes des maisons de villages, les paysans qui l'acclamaient, fussent-ils des serfs hâtivement rassemblés, pesaient de peu de poids.

La thèse des « villages Potemkine » (*Pötemkinsche Dörfer*) fit à la charnière des XVIIIe et XIXe siècles la fortune de l'Allemand Georg von Helbig. Il la propagea dans toute l'Europe[5] sans avoir jamais vu lui-même ces villages, mais des témoins oculaires, tel le prince de Ligne, lui apportèrent d'emblée un démenti : « J'ai vu bien des choses [...] des établissements superbes commencés, des manufactures, des villages bâtis en rues bien alignées [...]. Tout ce que j'ai vu est vrai[6]. » Plus pertinente fut la critique de Joseph II, qui déclara à Ségur : « Tout semble facile lorsqu'on gâche des vies humaines. Nous autres, en France et en Allemagne, ne pourrions nous permettre ce qu'ils ont fait ici sans obstacles : le seigneur commande, les hordes d'esclaves obéissent. »

Que Potemkine ait réalisé des prouesses architecturales, parfois très éphémères, pour un coût exorbitant, est certain. Son goût immodéré du grandiose et du spectaculaire – tout fut de ce tonneau dans l'équipée du printemps 1787 – a contribué à brouiller son image et à le désigner comme un manipulateur soucieux au premier chef de flatter l'impératrice. Accepter cette thèse du faux-semblant, oublier qu'il y eut des témoins, que des voyageurs se rendirent à cette époque en Crimée et en rapportèrent des relations équilibrées, qu'enfin les commentaires de la souveraine ne l'étaient pas moins, serait juger superficiellement l'œuvre accomplie. Catherine II avait regardé le double spectacle que lui avait offert Potemkine – celui des réjouissances accompagnant le voyage, celui de la Crimée – en tenant compte du tempérament excessif, porté à la démesure et à l'ostentation, de son conseiller favori, mais en étant aussi consciente qu'en dernier ressort c'est l'Empire que ce génie incontrôlable avait servi. Enfin, comment ne pas ajouter que si les témoins de l'expédition s'étaient montrés avant tout attentifs à ce qui leur était présenté

de l'expansion russe, ainsi qu'aux festivités extraordinaires qui accompagnèrent leur périple, Catherine
avait été sensible à un tout autre aspect, combien plus
important : une démonstration de la puissance militaire et navale russe dont l'Empire ottoman avait déjà
eu à pâtir. Peu auparavant, l'impératrice avait déploré
que « les Turcs aient oublié la leçon de Tchesmé* ».
Le déploiement de forces navales et terrestres à Sébastopol lors de son voyage était bien destiné à rappeler
la Porte à une vision plus lucide de ses rapports avec
Pétersbourg. Telle fut d'ailleurs la manière dont toute
l'équipée méridionale de Catherine fut perçue et
comprise par les Turcs. La « féerie Potemkine » faisait
partie en dernier ressort et de façon décisive de la stratégie russe au sud, combinant avancées et intimida-
tions. Au demeurant, au terme du voyage, il n'était
plus temps d'en peser les diverses composantes ni de
jauger l'œuvre du prince de Tauride : la guerre était
là, il fallait y faire face.

La deuxième guerre russo-turque

Bezborodko, l'homme prudent, prétendait que
« pas un coup de canon en Europe ne pouvait être tiré
sans l'accord de la Russie ». Dès l'été 1787, alors que
Catherine vient d'achever son périple méridional, les
Turcs démentent ce bel optimisme. Les démonstrations de la flotte russe à Sébastopol, la présence de
Joseph II aux côtés de Catherine sur les rives de la
mer Noire, ont alarmé la Porte au point de la conduire

---

* Voir *supra*, chapitre III.

à prendre l'initiative plutôt que d'attendre une attaque russe jugée inéluctable.

Juillet 1787 : un ultimatum est remis à Boulgakov, qui représente la Russie à Constantinople, exigeant l'évacuation immédiate de la Crimée. Sur son refus, il est – vieille habitude turque – arrêté et enfermé à la forteresse des Sept-Tours. Quelques jours plus tard, les Turcs attaquent deux vaisseaux russes et provoquent en retour une déclaration de guerre.

La guerre commencée, Catherine croit pouvoir compter sur l'appui de Joseph II : ne sont-ils pas alliés ? n'ont-ils pas contemplé ensemble Constantinople depuis Sébastopol en débattant de la manière d'évincer les musulmans d'Europe et de se partager leurs dépouilles ? Mais, en 1787, l'attitude de Joseph II est loin d'être aussi nette. En Russie, il avait confié au comte de Ségur qu'il n'était nullement enclin à contribuer à de nouveaux progrès de l'Empire russe, surtout pas à Constantinople, l'Empire ottoman lui semblant utile pour contrebalancer la puissance grandissante de Catherine. Mais de cela, bien sûr, il ne s'était pas ouvert à son amie durant leur rencontre en Crimée. Au vrai, le cœur de ses préoccupations était son projet d'extension territoriale en Allemagne même, en réalisant l'opération manquée lors de la « guerre des pommes de terre » : acquérir la Bavière et le Haut-Palatinat en échange de l'abandon des Pays-Bas autrichiens. Catherine s'était engagée en 1784 à le soutenir, y compris dans l'hypothèse d'un conflit armé avec la Prusse. Peu lui importait l'hostilité de la France, inquiète d'un agrandissement de l'empire des Habsbourg. Frédéric II réussit alors à ruiner ce projet et à humilier Joseph II, mais aussi

Catherine, en invoquant le traité de Teschen*, et surtout en rassemblant la Ligue des princes allemands, à laquelle se joignit le Hanovre, ce qui incluait l'Angleterre dans l'opposition aux alliés austro-russes.

Pour sauver son projet bavarois, Joseph II, en 1785, envisagea brièvement un retournement d'alliance : un rapprochement avec le roi de Prusse, à qui il était prêt à proposer des compensations territoriales en Pologne en échange de son accord sur la Bavière. Le chancelier Kaunitz empêcha l'empereur d'aller au bout de ses intentions, arguant que Catherine ne serait pas disposée à laisser mêler la Pologne à ce marchandage. Mieux valait donc s'en tenir à l'alliance russe, même si Kaunitz, comme Joseph II, considérait que la guerre russo-turque ne rapporterait rien à l'Autriche, sinon le désagrément de voir son alliée progresser en Orient.

L'épisode bavarois donnait en tout cas la mesure de l'appui que Joseph II allait désormais apporter à la Russie. Si le voyage de Crimée avait paru dissiper arrière-pensées et dissentiments, les conseillers de Catherine étaient néanmoins enclins à la prudence, se sentant peu sûrs de l'entente conclue avec Vienne. Leur méfiance était fondée.

Dans la perspective d'une guerre, les autres grands États européens – Prusse, Angleterre, France – représentaient eux aussi autant de problèmes pour la Russie.

La Prusse, où régnait le successeur de Frédéric II, Frédéric-Guillaume, se rapprocha de l'Angleterre, signant avec elle un traité d'alliance à la veille même du déclenchement du conflit. Dès lors, une intervention anglo-prussienne destinée à freiner la menace

---

* Voir *supra*, p. 408.

que la Russie faisait peser sur la Porte devenait plausible. Les querelles anglo-russes portant sur les échanges commerciaux des deux pays, l'adhésion du Hanovre à la Ligue des princes, qui avait tant irrité Catherine, eurent un effet désastreux sur les relations entre les cours de Pétersbourg et de Saint James. Le traité de commerce russo-britannique de 1766, qui avait expiré au printemps de 1786, ne fut pas renouvelé. De part et d'autre, l'hostilité prévalait et Catherine en conclut que l'Angleterre contribuerait à pousser la Porte à des provocations conduisant à la guerre[7].

De la même manière, en dépit des protestations répétées du comte de Montmorin*, elle soupçonnait la France de rester fidèle à sa politique traditionnelle de soutien à l'Empire ottoman. L'impératrice estimait que Versailles, pour être un adversaire moins déclaré que la Prusse ou l'Angleterre, pratiquait un double jeu qui pouvait le faire passer pour plus inquiétant. À Pétersbourg, le comte de Ségur s'appliquait pour sa part à détourner les soupçons russes vers la coalition anglo-prussienne, et plaidait pour une action médiatrice de son pays[8] que Catherine persistait à soupçonner de sympathies pro-ottomanes.

Ainsi, à l'exception de l'allié autrichien, la Russie ne comptait que des adversaires dans son conflit avec la Porte. La guerre qui éclate en septembre 1787 menace d'être moins heureuse pour elle que sa première confrontation avec les Turcs.

Pour des raisons intérieures, d'abord. L'été 1787 est marqué par un désastre agricole dans la Russie centrale, où la famine s'installe. L'impératrice prend des

---

* Ministre français des Affaires étrangères.

dispositions pour assurer le transport du blé du Sud
vers le Centre – toujours la crainte des soulèvements
causés par la misère –, elle doit interdire la distillation
d'alcool à partir du blé et organiser dans le même
temps la conduite du conflit. À la déclaration de
guerre turque, Catherine réagit en publiant un manifeste, le 9 septembre 1787, dans lequel elle dresse un
historique des relations avec la Porte depuis la guerre
de 1768, pour en déduire que le nouvel affrontement
armé est la conséquence d'actions ottomanes contrevenant aux accords passés, alors que la Russie n'aspire
qu'à la paix.

À l'heure où débute cette guerre, le rapport des
forces en présence semble favorable aux Ottomans. Ils
disposent d'une armée de deux cent mille hommes,
d'une flotte puissante, et ont élaboré une stratégie
offensive : s'emparer de la forteresse russe de
Kinburn, puis de Kherson, pour ensuite envahir et
reconquérir la Crimée ; le Nord-Caucase, le Kouban,
jusqu'à la Bessarabie, constituaient les objectifs suivants. En déclarant les hostilités, le sultan Abdul
Hamid espérait ainsi repousser la Russie en deçà des
lignes qu'elle occupait avant 1768. Catherine le souligne sans relâche dans ses entretiens avec Potemkine :
c'est le traité de Kutchuk-Kainardji que la Porte
entend annuler. Pour atteindre cet objectif, le sultan
compte en 1787 sur l'aide des puissances européennes
non alliées à la Russie.

Du côté russe, deux armées sont déployées : l'une,
sous les ordres de Potemkine, compte quatre-vingt-
deux mille hommes ; l'autre, dirigée par le feld-
maréchal Roumiantsev, vétéran de la guerre contre
les Turcs, rassemble trente-sept mille hommes.
S'y ajoutent des régiments répartis au Caucase et au

Kouban. La flotte de la mer Noire est sur place et, pour la renforcer, l'impératrice projette d'envoyer en Méditerranée la flotte de la Baltique pour prendre les Ottomans à revers.

Le plan de Catherine et de Potemkine est avant tout concentré sur la forteresse d'Otchakov, qui contrôle l'embouchure du Dniepr. Des forces doivent être dirigées sur cet objectif en même temps qu'une offensive sera lancée vers les territoires situés entre le Boug et le Dniestr. Pour affaiblir les Turcs, le plan prévoit de soulever les populations chrétiennes de l'Empire ottoman en Moldavie, en Valachie, en Grèce, dans le reste des Balkans. Encore faut-il atteindre la Méditerranée et bénéficier sinon du soutien, au moins d'une certaine neutralité de Londres. L'Angleterre refusant son aide, l'intervention dans la presqu'île devient problématique. Par ailleurs, les troupes rassemblées en Crimée ne sont pas préparées à la guerre et la flotte de Potemkine est davantage destinée aux parades qu'aux combats. Le conseiller favori en est conscient, qui traverse alors une phase de découragement et propose à Catherine de lui rendre son commandement. Ce qu'elle refuse, lui enjoignant avec force de s'emparer d'Otchakov. Il y faudra du temps, alors qu'à l'autre extrémité de l'Empire les nuages s'amoncellent.

Contemplant dans les semaines suivantes la flotte russe en partance vers la Méditerranée, le roi de Suède se souvient fort opportunément qu'un vieux traité d'alliance le lie à la Turquie. À ses yeux, le moment est propice pour attaquer la Russie en Baltique et en Finlande. Avant de s'y décider, il adresse à l'impératrice des demandes inacceptables, donc destinées à être rejetées et à donner prétexte à la guerre. Ce que

Gustave III réclame alors est assez exorbitant : que la Russie accepte la médiation suédoise dans la guerre avec la Porte, qu'elle renonce à la Crimée et qu'elle cède la Carélie à la Suède. C'est un ultimatum qui rejoint pour partie les exigences de la Porte, mais qui témoigne aussi de la piètre idée que l'on se fait à Stockholm de la capacité russe à lutter sur deux fronts. On y reviendra.

En septembre 1787, les premiers combats entre les flottes russe et ottomane sont déconcertants. Otchakov servant de base aux Turcs qui tentent de s'emparer de Kinburn, la première phase de la guerre est donc purement défensive pour les Russes. Un premier assaut turc contre Kinburn a lieu dans les derniers jours de septembre, suivi le 1er octobre par une nouvelle tentative. Souvorov réussit par deux fois à repousser les Ottomans, mais ses troupes sont décimées, et la faiblesse russe en sort démontrée.

Potemkine écrit alors à l'impératrice que les expéditions turques contre Kinburn ont été préparées et conduites par le baron de Tott, ce qui témoigne une fois encore de la duplicité française[9] ! Au vrai, lorsque le prince de Tauride rejette ainsi sur la France la responsabilité du désastre russe, c'est qu'il commence à s'affoler. Contrairement à ses assertions, le baron de Tott n'y est pour rien. Il n'empêche que, dès ce moment, les relations franco-russes sont empoisonnées.

Si la forteresse russe est provisoirement sauvée, la voie de la Crimée coupée pour les Turcs, le tribut payé par la Russie aux premières semaines de guerre est très lourd : pertes humaines considérables pour repousser les assauts contre Kinburn, destruction

d'une partie de la flotte lors d'une tempête qu'elle a
essuyée devant Sébastopol. En octobre, la situation
paraît d'autant plus bloquée que, l'hiver s'annonçant,
les fleuves et l'estuaire du Liman commencent à geler.
Jusqu'au printemps, les opérations pour prendre
Otchakov ou pour défendre Kinburn sont arrêtées.

Et Joseph II ? pouvait s'enquérir Catherine en ces
semaines troublées. Quelle part prenait-il à la guerre ?
D'emblée, il se montra hésitant. Sans doute, dès le
19 août, annonça-t-il à Catherine qu'il se tenait à ses
côtés, mais il s'abstint d'abord de déclarer la guerre à
la Porte, pensant lancer à l'improviste un assaut
contre Belgrade. Il le tenta, et ce fut un échec. Il finit
par déclarer la guerre en février 1788, mais gardait
toujours à l'esprit les visées prussiennes sur la
Pologne. En mars, son inquiétude ne fit que croître
lorsque la Prusse proposa à Pétersbourg sa médiation,
et surtout de ressusciter le traité russo-prussien. Sans
hésiter, Catherine repoussa l'offre et s'engagea à agir
de concert avec Vienne pour s'opposer à toute tentative d'empiétement prussien en Pologne. Une fois
encore réapparaissait le lien entre affaires polonaises
et problèmes de la mer Noire. Mais, cette fois,
Catherine se montra disposée à faire entrer la Pologne
dans son jeu. À Kaniev, quelques mois plus tôt, le roi
Stanislas, plaidant pour une alliance, avait été traité
par elle avec dédain. Au printemps de 1788, quand la
guerre avec la Turquie devient si rude et ouverte sur
d'autres fronts, l'impératrice reprend à son compte le
projet qu'il a élaboré. Une alliance russo-polonaise lui
convient désormais et elle négocie avec Stanislas la
mise sur pied d'une confédération dont il prendrait la
tête pour combattre les forces ottomanes aux côtés

des Russes. Accord certes favorable à la Russie, mais par lequel la Pologne ne se voyait guère reconnaître d'avantages – aucune acquisition territoriale prévue, refus russe de laisser le roi amender la constitution –, sauf à considérer que la contrepartie serait la garantie russe donnée à son intégrité. Cette garantie, du reste, la Russie la comprenait comme s'appliquant aux ambitions prussiennes, nullement aux siennes propres.

Pour avantageux qu'il ait paru à Pétersbourg, cet accord fut payé d'un prix élevé : le roi de Prusse en conclut qu'il devait s'opposer par tous les moyens à l'alliance russo-polonaise s'il ne voulait pas voir disparaître toutes ses chances d'extension territoriale en Pologne. Pour y parer, une solution : fomenter un front antirusse composé de la Prusse, de l'Angleterre et des Provinces-Unies. Une triple alliance redoutable pour Pétersbourg.

Catherine pouvait à bon droit s'inquiéter. Son allié Joseph II n'était pas très heureux dans les combats où il se trouvait engagé. Plus grave, Potemkine, en ce printemps 1788, fut si démoralisé qu'il suggéra à l'impératrice d'abandonner la Crimée, de retirer toutes les troupes russes des terres conquises, et d'attendre un meilleur moment pour les reprendre. Catherine montra alors un sang-froid remarquable. À cette proposition défaitiste, elle n'opposa qu'une réponse : « Occupez-vous d'Otchakov : prenez cette forteresse par n'importe quels moyens ! » Cette énergie eut finalement raison des idées noires de Potemkine qui, en juin, mit le siège devant la forteresse. En face de lui, une imposante flotte turque semblait capable de mettre les Russes en déroute. Mais ceux-ci, mieux équipés, étaient décidés à en finir, et après un affrontement, le 7 juin, la flotte turque, qui avait subi de lourdes pertes, se mit en position de défendre Otchakov, bloqué par les assaillants. Dans le même temps, le prince de Cobourg, lancé à l'assaut de la Moldavie, échoua devant Khotin ; Potemkine, qui avait repris courage, détacha des troupes de celles qui assiégeaient Otchakov afin de les faire se porter au secours de l'armée autrichienne. La prise de Khotin fut le résultat de cette coopération austro-russe. Dans les Balkans, cependant, les troupes conduites par Joseph II en personne ne purent résister aux Turcs, qui furent sur le point de s'emparer de l'empereur. Mais l'essentiel se passait à Otchakov : après une succession d'attaques infructueuses ou peu décisives, l'assaut final fut donné le 6 décembre, et la victoire russe fut totale. Avec les défenseurs du fort, de nombreux civils tombèrent aux mains des Russes qui les massacrèrent sans l'ombre d'une hésitation. Ce fut un triomphe, mais un triomphe sanglant.

Catherine manqua de temps pour s'en réjouir, car le problème suédois venait de surgir. Le 2 juillet, Gustave III lui déclarait la guerre et envahissait la Finlande. En peu de temps, les troupes suédoises menacèrent Pétersbourg et le secrétaire de Catherine, Khrapovitski, note mélancoliquement dans son journal : « Pierre le Grand a fait sa capitale bien près. » Le comte de Langeron* renchérit : « Les hasards de cette guerre et la position de Pétersbourg étaient tels que le roi de Suède pouvait y venir sans risquer beaucoup [...]. Il pouvait même faire débarquer son infanterie [...] car l'impératrice ne

---

* Volontaire français se battant avec les troupes russes en Suède, puis à Izmaïl. Il deviendra par la suite gouverneur général de Novorossiisk.

pouvait lui opposer la moitié des troupes qu'il avait[10]. »

Condamnée à se battre sur deux fronts, entendant depuis son palais la canonnade suédoise, Catherine avait quelques raisons de s'affoler. Si elle fut sauvée, ce fut moins par ses propres efforts défensifs que par le caractère de Gustave III. Hâbleur, il perdit du temps à parader, à multiplier les proclamations réclamant la Finlande et le désarmement de la Russie. Catherine, pendant ce temps, travaillait à lui créer des difficultés dans son propre pays et ses agents y réussirent, puisque la confédération d'Anjala, ainsi encouragée de l'extérieur, en vint à menacer son trône.

Cette confédération rassemblait des nobles suédois et surtout finlandais opposés pour les premiers à l'autorité accrue de Gustave III, partisans pour les seconds d'une autonomie sous protection russe. Largement fomentée par la Russie, elle prit la forme d'un pacte signé le 1er août 1788. Au printemps, Bezborodko avait présenté à l'impératrice un mémoire lui suggérant de jouer du mécontentement de la noblesse finlandaise, prête à se rapprocher de la Russie contre son souverain. Au lendemain de la déclaration de guerre, il proposa en outre à Catherine d'offrir aux Finlandais la constitution d'une Diète indépendante sous protection russe. Gustave III réagit par un coup d'État, le second de son règne. Lors de la réunion de la Diète, le 6 février 1789, il lui impose un *acte d'union et de sécurité* qui accroît ses pouvoirs et réduit ceux de la noblesse. Surtout, fort de ce succès intérieur, il décide de poursuivre la guerre.

Pour les Turcs, il est décisif que le front du Nord reste ouvert. C'est pourquoi, le 30 juin 1789, Abdul

Hamid signe avec Gustave III un accord financier aux
termes duquel la Porte s'engage à verser une aide
substantielle à la Suède, à condition que celle-ci ne
signe pas de paix séparée avec la Russie.

Les combats se poursuivirent et prirent en 1790 un
tour dangereux pour la Russie. De surcroît, autour
des deux belligérants, trois États intervinrent, compli-
quant encore le conflit. Se souvenant du traité d'alliance signé avec la Russie en 1773, le Danemark
envoya des troupes au secours de Catherine, tout en
proclamant sa volonté de rester neutre. Neutralité de
courte durée : à la fin du mois d'août, pressés d'intervenir par la Russie, les Danois déclarèrent la guerre
à la Suède ; leurs troupes envahirent le sud du pays,
marchant à vive allure sur Göteborg. Mais, afin de
sauver la Suède, la Triple Alliance menaça le Danemark d'une intervention armée et le contraignit à
accepter un armistice le 28 septembre. Fin de l'expédition danoise et salut pour Gustave III : la Prusse et
l'Angleterre intervenant aux côtés de ce dernier,
Catherine sembla un moment perdue. Une fois
encore, le canon tonna aux abords de Pétersbourg où
l'on s'affola. Mais l'amiral Tchitchagov aida le prince
Charles de Nassau-Siegen, à la tête d'une flottille à
rames, à bloquer Gustave III. Victoire russe suivie
d'une défaite à Svenskund, particulièrement doulou-
reuse pour Catherine en raison des pertes humaines.
La Suède aussi y laissa un grand nombre de vaisseaux.
Des deux côtés, à l'été 1790, on reconnut qu'il était
temps de négocier.

La paix fut signée le 14 août 1790 à Werälä, sur la
base du *statu quo ante* territorial. Mais Catherine dut
reconnaître le changement institutionnel opéré par
Gustave III en renonçant à garantir la constitution

suédoise. Par là, la Suède échappait à la menace permanente d'intervention russe, qui coûta si cher à la Pologne.

Catherine considéra avant tout les avantages de cette paix. Elle n'aurait plus à se préoccuper que du seul front turc et pourrait y concentrer tous ses moyens. Par ailleurs, elle se flattait que Prussiens et Anglais, malgré leur volonté de s'immiscer dans ses relations avec la Suède, n'avaient pas été en mesure de jouer les médiateurs, comme ils le souhaitaient. C'est un Espagnol, Galvez, qui sut proposer à temps et avec succès ses bons offices. Et Bezborodko d'ajouter à sa satisfaction en soulignant que la paix signée à Werälä avait le grand mérite d'épargner à la Russie une réédition de la situation de 1739 où, par peur des Suédois, l'impératrice Anne avait conclu la paix avec les Turcs dans la précipitation, renonçant à la plupart de ses conquêtes[11].

Mais la guerre russo-turque est loin d'être achevée. À Constantinople, un grand changement se dessine alors. Abdul Hamid meurt le 27 mars 1789 et Selim III lui succède. Fort jeune – dix-huit ans –, le nouveau sultan est d'humeur belliqueuse et n'envisage pas de traiter. La Prusse l'encourage dans son intransigeance, mais, ayant eu vent du plan Hertzberg*, Selim se refuse tout autant à entendre les propositions prussiennes. Il proclame la guerre sainte, mettant ainsi fin à tout projet de négociations.

---

* Proposé par la Prusse en décembre 1787, il prévoyait de céder la Moldavie et la Valachie turques à l'Autriche ; la Galicie autrichienne à la Pologne ; Dantzig et Thorn, villes polonaises, à la Prusse ; la Bessarabie et Otchakov à la Russie. Enfin, les possessions turques du sud du Danube iraient à la Prusse.

Malgré cela, les semaines qui suivent l'accession au
trône du nouveau sultan sont riches en propositions.
Potemkine met au clair la position russe[12] ; son pays
est disposé à faire la paix à plusieurs conditions : la
reconnaissance par la Turquie des traités antérieurs,
notamment ceux qui réglaient le sort de la Crimée, et
l'abandon à la Russie des territoires situés entre le
Dniepr et le Dniestr ; la création du royaume de Dacie
telle que prévue dans le *projet grec* ; enfin, la signature
de la paix avec l'allié autrichien. De son côté, le chancelier Hertzberg propose son propre plan, et le sultan
répond que tant qu'il n'aura pas récupéré la Crimée,
il se refusera à toute discussion.

Pourtant, la situation des armées turques en 1789
n'est pas fameuse. Le 1er août, l'armée du Sud,
commandée par le général N.V. Repnine et à laquelle
a été adjointe la division placée sous les ordres de
Souvorov, bat les troupes du sultan à Fokchany ; puis,
en novembre, Potemkine s'empare de Bender et
d'Akerman. Les Autrichiens connaissent eux aussi
une période de succès, couronnée par la prise de
Belgrade en octobre. Les défaites accumulées convain-
quent les Ottomans de faire un geste : ils libèrent de
la prison des Sept-Tours Boulgakov, l'envoyé russe
dont l'incarcération a marqué le déclenchement de la
guerre[13].

Mais l'année suivante va se révéler bien plus difficile. La France, du fait de la Révolution, s'est
absentée de la vie internationale. Le marquis de Ségur
a quitté la Russie ; le départ de cet intermédiaire habile
et bien connu d'elle chagrine l'impératrice. Surtout, ce
repli français laisse sur le continent les mains libres au
roi de Prusse dont Catherine n'a cessé de se méfier.

Toujours hanté par le plan Hertzberg, Frédéric-Guillaume décide de prendre une part plus active aux événements de la mer Noire. Tandis que Catherine, dans la position de force que lui ont conférée les victoires de l'année précédente, souhaite aller vers une négociation, le « Gros Gu » cherche, par la poursuite de la guerre ou par une tractation, à gagner des avantages que son soutien à la Turquie lui assurerait. Le 20 janvier 1790, son représentant à Constantinople conclut une alliance prusso-turque qui engage son pays à entrer en guerre et à garantir le retour de la Crimée à la Turquie. Il semble toutefois que les termes de cet accord aient excédé les clauses que Frédéric-Guillaume avait envisagées, et il en retarda la ratification jusqu'en juillet. Mais Catherine ressent d'autant plus vivement la conclusion de cette alliance qu'elle sait – les pourparlers que Potemkine poursuit avec la Porte le lui confirment – que la Turquie, sous le coup de ses défaites successives, souhaite engager pour de bon des négociations. En quelques mois, l'humeur belliqueuse de Selim s'est heurtée à maintes difficultés militaires et en a été apaisée. De son côté, Catherine est prête à quelques concessions : elle suggère à Potemkine de passer sous silence le point concernant la Dacie, et les chances de paix semblent s'en trouver grandies.

L'activité prussienne met fin à cet espoir. Le 20 février, Joseph II meurt et Catherine ressent avec inquiétude la disparition de cet allié, parfois incertain, mais qu'elle a toujours apprécié. Son frère et successeur, Léopold II, a été en désaccord avec les choix de politique extérieure du défunt. L'alliance avec la Russie lui paraît contraire aux intérêts autrichiens, et il place alors au premier plan de sa politique la

reconquête des Pays-Bas autrichiens, qui figure dans
le plan Hertzberg et dépend donc de l'aide prussienne. Quitter l'alliance russe pour l'alliance prussienne : tel est l'objectif de Léopold II. Catherine en
mesure d'emblée toutes les conséquences : la Russie
isolée, une coalition austro-prusso-anglaise volant au
secours de la Turquie, ou encore une paix séparée
austro-turque. À ces sombres perspectives s'ajoute le
traité de défense polono-prussien, signé le 18 mars
1790. On comprend, dans ces conditions, la hâte russe
à signer le traité de paix avec la Suède, et l'accord
donné à Gustave III pour qu'il agisse à son gré à
l'intérieur de ses frontières. Les conquêtes au sud sont
bien plus importantes pour la Russie.

Catherine veut désormais la paix, mais à ses conditions et sans médiateur intéressé, alors que la Triple
Alliance lui offre avec insistance ses services. Pour y
résister, la Russie doit confirmer sa position de force
militaire et continuer à négocier en secret, ce que
Potemkine s'attache à faire tout au long de l'année.

Quant à la guerre, elle se poursuit, d'abord
marquée par des batailles navales sans victoire pour
aucun des adversaires, jusqu'à l'hiver où Souvorov, au
terme de lourds combats, emporte le 10 décembre
1790 le fort d'Izmail, situé sur le Danube. Cette victoire russe est remarquable, car il s'agit d'une des plus
puissantes places fortes d'Europe. Les Turcs se sont
défendus rue après rue, maison après maison, laissant
sur le terrain vingt-six mille morts et abandonnant
neuf mille prisonniers aux mains des Russes. La politique prônée par Potemkine – épuiser les Turcs, mais
en même temps négocier en tenant compte des dissensions croissantes dans l'entourage du sultan sur la

poursuite de la guerre – porte incontestablement ses fruits[14].

Devant les succès russes, les Ottomans tentent un changement de stratégie et s'attaquent au Caucase, mais Potemkine leur y inflige une série de défaites en septembre. Au même moment, la Porte et l'Autriche négocient une paix séparée qui sera signée quelques mois plus tard, le 4 août 1791, sur la base du *statu quo*. Mais, depuis la mort de Joseph II, la Russie n'a plus d'allié autrichien et cette paix de Reichenbach n'en est que la confirmation officielle.

Pour Catherine, les événements de 1790, les victoires militaires, surtout celle d'Izmail, la fin des hostilités avec la Suède permettent de songer à la paix. Mais, pour y atteindre, encore lui faut-il trouver des appuis. Inquiète de l'hostilité croissante du couple anglo-prussien – Londres menace même d'expédier une flotte en Méditerranée pour protéger l'Empire ottoman des visées destructrices de la Russie –, Catherine se souvient soudain de la France. Sans doute Louis XVI, qui lui fut parfois bienveillant, n'est-il plus en mesure de peser personnellement sur le cours des événements. Les relations avec la France sont par ailleurs compliquées par l'hostilité de Catherine au pays de la Révolution. Les idées de 1789 la révulsent. Elle s'étonne de l'attitude de Louis XVI, incapable, dit-elle, de « disperser la canaille », et estime que le poids de cet État dans les affaires du monde est voué à décroître. Mais la Russie accueille alors des émigrés dont certains, tels le comte de Langeron, vétéran de la guerre d'Amérique, ou encore Armand Emmanuel Du Plessis, duc de Richelieu, sont venus se joindre aux forces de Potemkine pour combattre les Ottomans. Et le représentant français à

Constantinople, le comte de Choiseul-Gouffier, se révèle d'une aide précieuse en fournissant à l'impératrice de Russie des informations sur les débats qui agitent le Divan sur la question controversée de la paix. Entre un grand vizir favorable à la paix et un sultan intransigeant, le consul français suggère qu'il y a place pour manœuvrer et traiter.

Au printemps 1791, Catherine doit décider d'urgence de la stratégie à adopter. Les rumeurs persistantes d'une attaque prussienne, anglaise, voire suédoise – Pitt propose à Gustave III de se joindre à la coalition antirusse – impliquent que les victoires remportées contre les Ottomans ne suffisent pas à la Russie pour engager des négociations de paix en position de force. Elle se sent toujours menacée, même si, sur le terrain, elle est presque partout victorieuse. C'est alors que Potemkine quitte son « royaume » et l'armée, pour venir en débattre avec l'impératrice.

Au vrai, son arrivée n'est pas seulement motivée par le souci de la conseiller au mieux. Il a d'autres soucis immédiats, qui concernent son statut. Catherine a depuis peu un nouvel amant, Platon Zoubov, dans le choix duquel Potemkine n'est pas intervenu. Celui-ci est conscient des ambitions du nouveau favori et de son hostilité à son endroit. Autour de Zoubov s'est organisée une coterie acharnée à évincer le prince de Tauride. Quand il arrive à Pétersbourg, les rumeurs vont bon train. L'ancien favori voudrait, dit-on, éliminer le nouveau, et son voyage est destiné à « extraire la dent » (jeu de mots sur le nom du nouvel amant de Catherine, que le mot *zoub* [dent] évoque naturellement). Il est certain que Potemkine, habitué jusqu'alors à choisir et contrôler des favoris qui lui devaient leur fortune, se retrouve, avec le nouveau venu, dans une position peu confortable. Elle est aggravée par deux facteurs : d'abord, l'éloignement (ses apparitions dans la capitale sont brèves et ne lui laissent pas le loisir d'exercer son influence comme il l'entend) ; ensuite et surtout, l'âge de l'impératrice : à soixante-deux ans, elle conserve une énergie inentamée, mais sa santé lui donne souvent du souci et l'attrait d'un très jeune amant, fût-il comparable à une « gravure de mode[15] », peut lui faire perdre le contrôle de ses sentiments les plus profonds.

Si Zoubov, que Potemkine ne sera pas capable d'écarter de Catherine, mérite d'être mentionné ici, c'est qu'en ce printemps 1791 ces deux derniers se heurtent souvent. Le prince de Tauride reste le principal conseiller de l'impératrice, mais lorsque ses propos vont à l'encontre de la volonté de Catherine, celle-ci, moins encline que par le passé à lui donner raison en toute circonstance, campe volontiers sur ses positions.

À l'ordre du jour de leurs entretiens figurent naturellement la guerre, les éventuels pourparlers de paix, la menace que la Triple Alliance fait peser sur la Russie. Autant de questions sur lesquelles Catherine doit prendre position et souhaite écouter son conseiller, quitte à ne pas suivre son avis en tout.

Le printemps 1791 est pour elle un temps de difficultés extrêmes, non sur le terrain de la guerre, mais sur la scène internationale. Si, jusque-là, le roi de Prusse a prétendu guider la Triple Alliance et s'est posé en chef de file du camp hostile à la Russie, la situation s'est soudain modifiée. Frédéric-Guillaume continue certes à presser Catherine de négocier, d'accepter pour ce faire le patronage prusso-anglais et de se soumettre à l'exigence de la Triple Alliance : le *statu quo ante bellum* comme base de négociation. Mais, dans le même temps, Frédéric-Guillaume commence à proposer en sous-main à Catherine, à l'insu de ses alliés, de soutenir un arrangement plus conforme aux vues russes : Otchakov à la Russie, Thorn et Dantzig à la Prusse. La Pologne, qui a pris sa place dans la Triple Alliance, est ainsi introduite par la Prusse dans le marchandage clandestin.

Au double jeu prussien correspond un changement brutal de l'attitude britannique. William Pitt s'inquiète d'un nouvel équilibre des forces trop favorable à la Russie. La prise d'Izmail l'a bouleversé et il craint que, dans le commerce international, ce pays ne se révèle un redoutable concurrent, présent sur la route de la Méditerranée et celle des Indes. Du coup, il se pose en champion d'une négociation censée endiguer les progrès russes. Pour briser la résistance de Catherine qui refuse obstinément de céder quoi que ce soit de ses conquêtes, il lui présente un ultimatum : la paix aux conditions de la Triple Alliance, ou la guerre. Et il donne instruction à la flotte de Sa Majesté de se déployer là où se trouve la flotte russe, en Baltique et en mer Noire.

L'ultimatum est aussi celui de l'allié prussien qui, si le besoin s'en fait sentir, est appelé à déployer ses troupes en Livonie. La Suède est par ailleurs l'objet des sollicitations de Pitt : qu'elle s'associe à la Triple Alliance, qu'elle lui ouvre ses ports, et elle en recevra les bénéfices. Pour parer au danger, Catherine propose à Gustave III un traité d'alliance qui sera signé à l'automne[16].

Mais le péril vient aussi de Pologne où, protégée

par le traité polono-prussien, la *Seim** se livre le 3 mai 1791 à un coup d'État abolissant les règles constitutionnelles en vigueur, pour adopter une nouvelle loi fondamentale. La garantie russe a purement et simplement été ignorée et Catherine a tout lieu de craindre que, pour se protéger d'elle, la Pologne ne devienne, comme l'a souhaité un moment Pitt, le pilier de l'Alliance en remplacement d'une Suède plus prudente. Sans doute, lors du congrès de paix de Reichenbach (juin 1790), le représentant polonais Jablonowski déclare-t-il fermement que son pays ne cédera pas Thorn ou Dantzig[17], réduisant d'autant l'importance de la carte polonaise dans le jeu prussien ; mais l'Angleterre, elle, tient à l'utiliser, la Pologne étant devenue à ses yeux un élément décisif du système d'alliance.

Lorsque Potemkine arrive dans la capitale, la flotte anglaise est sur place et Pitt menace Pétersbourg de bombardements. Quatre-vingt-huit mille hommes ont par ailleurs été mobilisés par Frédéric-Guillaume en Prusse orientale. C'est un des plus mauvais moments que Catherine aura eu à traverser au cours de son règne.

Sur qui compter pour soutenir la Russie ? La France, dont des sujets portent en 1790-1791 les armes russes contre les Turcs (le comte de Langeron, le comte de Damas, le duc de Richelieu), voudrait profiter des circonstances pour intervenir sur la scène internationale, et à Constantinople le comte de Choiseul-Gouffier tente, avec l'approbation de son gouvernement, de contribuer aux négociations

---

* Parlement polonais, voir le chapitre XIV consacré au partage de la Pologne.

conduites par Potemkine en lui transmettant les volontés de la Porte[18]. Dans le même temps, le représentant russe à Paris, le baron Simoline, est prié par son ministre de susciter une plus grande activité de la France, perçue à Pétersbourg comme un contrepoids possible aux pressions de la Triple Alliance. Un moment, le représentant français à Pétersbourg croit pouvoir informer le comte de Montmorin que Catherine, sensible aux arguments de la France, est prête à adopter une attitude plus conciliante sur ses conquêtes[19]. Mais les médiateurs français comprennent progressivement que l'impératrice n'entend rien céder, même si elle trouve qu'il y a quelque commodité à utiliser ces intermédiaires pour exposer ses vues à la Porte ou pour en recueillir les exigences. Mais elle est sceptique sur l'efficacité de l'action française, car la Révolution, considère-t-elle, a tout détruit de l'autorité dont jouissait la monarchie. L'impératrice, écrit en janvier 1791 le vice-chancelier Osterman à son ambassadeur à Paris, « ne peut ignorer que la situation actuelle de la France lui interdit de jouer le rôle auquel elle veut prétendre en cette affaire ». Et il ajoute que si ce pays avait encore quelque pouvoir d'intervention, il devrait s'opposer aux mesures militaires déployées par Londres contre la Russie. Ni médiatrice efficace avec la Porte, ni capable de faire contrepoids à l'agressivité de Pitt, la France, aux yeux de Catherine, est désormais hors jeu. Combien de ses lettres à Grimm ne sont qu'une longue déploration du désordre créé par la « canaille », comme elle aime à désigner les nouveaux responsables du pouvoir !

Rien de plus simple que la position de l'impératrice telle qu'elle va l'exposer au cours de leurs entretiens à un Potemkine soucieux d'obtenir son accord sur les tractations qu'il poursuit. À la souveraine, celui-ci commence par remontrer qu'elle ne peut tout à la fois affronter un conflit armé avec la Triple Alliance et continuer la guerre contre les Turcs. Sa suggestion consiste donc à traiter avec le « maillon faible » de l'Alliance : la Prusse, et à lui offrir des compensations en sorte d'alléger le poids de la coalition antirusse. Pour la première fois peut-être de leur compagnonnage, Catherine et Potemkine connaissent alors un grave désaccord. Le prince de Tauride a beau insister pour qu'elle lui laisse les mains libres en Prusse, l'impératrice refuse de transiger. Curieusement, elle est soutenue en l'occurrence par le grand-duc Paul, très attaché à l'alliance prussienne, mais que sa haine envers Potemkine conduit à rejeter son projet de rapprochement. Catherine maintient sa position : ne rien négocier, mais se battre et gagner la guerre sur le terrain.

La chance lui sourit : c'est le Premier ministre britannique qui se trouve contraint de battre en retraite face à l'opposition de son Parlement et des marchands anglais. Personne, outre-Manche, ne comprenait l'obstination de Pitt à défendre « une horde barbare » contre un pays européen. Pourquoi la flotte anglaise devait-elle se battre pour qu'Otchakov – nom qui ne disait rien à personne – soit rendu aux Turcs ? « Pas de guerre avec la Russie ! » devint en quelques jours le slogan favori des sujets de Sa Majesté, et Pitt dut renoncer à son ultimatum, puis envoyer un émissaire à Catherine pour renouer les fils d'une ancienne amitié. Dans ce revirement de l'opinion britannique, l'ambassadeur russe, le comte Simon Vorontsov, avait joué un rôle non négligeable, s'appliquant à convaincre la communauté des marchands anglais que leurs intérêts seraient mieux défendus par un accord avec la Russie que par une guerre contre elle.

L'obstination de Catherine a été payante. Elle prie Potemkine de retourner au front et, ayant neutralisé la Triple Alliance, d'accomplir la seconde partie du programme qu'elle s'est fixé : remporter suffisamment de victoires pour que la Porte soit contrainte de négocier de son plein gré et aux conditions russes.

De mai à juillet 1791, c'est le temps du triomphe. Tout en continuant à se battre, les Turcs, qui comprennent combien la situation a changé autour d'eux (le recul anglais) et sur le terrain, cherchent auprès de Potemkine les voies des tractations à venir. Cependant, les armées et la flotte russes remportent victoire sur victoire. Le 15 juin, les troupes commandées par Koutouzov, qui depuis trois mois ont franchi le Danube, écrasent une armée turque de vingt-trois mille hommes à Babadagh. Au Caucase, c'est le général Goudovitch qui, une semaine plus tard, conquiert Anapa et surtout s'empare du chef de la rébellion des montagnards, Cheikh Mansour – prise mémorable, car ce très jeune chef de guerre jouit dans les mont du Caucase d'un prestige immense qui lui a permis de rassembler une véritable armée d'insurgés. Il n'est pas de semaine sans victoire : le 28 juin, sur les rives du Danube (en territoire roumain aujourd'hui), le général prince Repnine met en déroute quatre-vingt mille hommes commandés par le grand vizir, tandis que la flotte russe sous les ordres de l'amiral Ouchakov détruit la flotte turque à Kaliarki, le 31 juillet.

Comme l'avait voulu Catherine, l'Empire ottoman

est à genoux. La Porte sait que l'amiral Ouchakov est à même d'entrer dans le Bosphore. Celui-ci n'abandonnera ce projet qu'en apprenant la signature de l'accord préliminaire de paix et en recevant l'ordre de Repnine de faire route vers Sébastopol. Sans plus chercher de médiation, sans tergiverser, les Turcs reconnaissent leur défaite et, le jour même de la victoire navale russe, le grand vizir et le prince Repnine se rencontrent à Galatz et signent un premier accord ouvrant la voie à la paix. Les conditions posées par l'impératrice sont acceptées : confirmation de tous les traités antérieurs, cession à la Russie de tous les territoires situés entre Otchakov et le Dniestr. Le traité de paix sera négocié à partir d'octobre à Jassy, quartier général de Potemkine.

Les victoires accumulées à un tel rythme, l'accord signé à Galatz n'ont pourtant pas emporté l'adhésion du prince de Tauride. Ces victoires ont d'abord été remportées alors que lui-même se trouvait à nouveau dans la capitale, et le grand triomphateur en est le prince Repnine, artisan des défaites ottomanes et du premier accord signé. La réaction de Potemkine – agacement, désaccord – a plusieurs autres explications. L'état de santé de celui qui fut une force de la nature, mais qui souffre désormais de maux multiples – début de paralysie générale, a-t-on dit parfois, ce que ses excès rendent plausible, ou encore attaque de paludisme –, l'écarte de l'action. À l'été 1791, en tout cas, son état physique est tel que l'impératrice prie pour lui. Par ailleurs, il est furieux de la précipitation mise par Repnine à signer avec le grand vizir : il aurait notamment omis d'en aviser les diplomates occidentaux – Choiseul-Gouffier et l'Espagnol Galvez[20] – qui, à Constantinople, tentaient d'œuvrer à la paix.

Enfin, Potemkine reproche à Repnine, dans sa hâte, de n'avoir pas bien pesé les termes de l'accord signé : celui-ci laisse aux Ottomans un délai – un armistice de huit mois – qui leur permettra de souffler et de reconstituer leurs forces pour aborder dans de meilleures conditions les négociations de paix. Par ailleurs, le général a accepté que la Russie ne puisse fortifier les territoires conquis : à quoi bon alors de telles conquêtes ? Sitôt ces conditions connues, Catherine enverra des instructions à Potemkine pour qu'il réaffirme le droit de la Russie à fortifier tous les territoires en sa possession, droit qui était inscrit, précise-t-elle, dans le traité de Kutchuk-Kainardji.

Mais c'est la paix qui est à l'ordre du jour, non la poursuite de la guerre, et Potemkine est hors d'état de faire prévaloir ses vues. Il s'est battu pour les imposer à propos de la paix avec la Turquie, et celle-ci s'organise sans lui.

Son ultime combat se sera concentré sur sa propre position en Pologne. Les ambitions de Potemkine dans ce pays, sur lesquelles on reviendra plus loin, lui tenaient d'autant plus à cœur qu'en 1790-1791, il est conscient de perdre son influence sur Catherine et craint celle de Zoubov, qu'il a été incapable d'affaiblir. L'impératrice, qui sait les angoisses de celui qui a partagé de près ou de loin son existence, et sur lequel elle s'est toujours reposée, lui accorde la satisfaction de deux rescrits souhaités par lui, voire rédigés par lui, juste au moment de la quitter à jamais.

Car s'il peut, arrivant à Jassy, imposer à Repnine de revenir sur l'accord donné à l'abandon des fortifications, là s'arrête le rôle du prince de Tauride. Lorsque, au début d'octobre, les plénipotentiaires ottomans y arrivent à leur tour pour conclure la paix,

Potemkine doit déléguer ses pouvoirs aux généraux Samoilov et de Ribas (un émigré espagnol qui donnera son nom à la principale artère d'Odessa) et à son conseiller diplomatique. Trop malade pour conduire la négociation, il s'éloigne en direction de la steppe où il meurt le 16 octobre, tandis qu'à Jassy les tractations se poursuivent sous l'autorité du comte Bezborodko, représentant personnel de l'impératrice. La paix signée le 29 décembre 1791 marquera le triomphe de la Russie au terme d'une année pleine de périls où Catherine II aura fait preuve d'un extraordinaire sang-froid et d'une non moins remarquable capacité à décider par elle-même, sans tenir compte des pressions de la Triple Alliance ni des avis de Potemkine. Soulignons que ce dernier fit parfois montre à son égard d'une étonnante condescendance masculine, déclarant à ses interlocuteurs, lorsqu'elle lui résistait : « C'est une femme, il faut la ménager », ou encore : « L'impératrice n'est plus ce qu'elle était, l'âge et les infirmités lui ont ôté certaines aptitudes[21]... »

Le traité de Jassy comporte treize articles. Il confirme les traités signés antérieurement entre les deux pays, à l'exception des clauses nouvelles qu'il introduit. La frontière russo-turque est d'abord transportée le long du Dniestr. Ainsi, conformément à la volonté constante de Catherine, la guerre lui a rapporté Otchakov et les territoires situés entre le Boug et le Dniestr. La Turquie accepte le protectorat russe sur la Géorgie et s'engage à ne plus essayer de le mettre en cause. En échange, l'Empire ottoman recouvre la possession de la Moldavie et de la Bessarabie, mais reconnaît aux minorités les droits que le traité de Kutchuk-Kaïnardji avait consacrés.

Les gains russes à l'issue de la deuxième guerre avec

la Turquie sont sans commune mesure avec les espérances que Catherine pouvait nourrir quelques mois
auparavant, lorsqu'elle était en butte à l'hostilité de la
plupart des puissances européennes mobilisées par
Pitt. La Crimée et la présence russe en mer Noire
valent bien l'abandon du projet d'indépendance des
principautés du Danube. Le littoral de la mer Noire,
celui de la mer d'Azov, la région comprise entre la
mer d'Azov et le Kouban, la Géorgie enfin sous protectorat russe : les ambitions de Pierre le Grand sont
largement dépassées.

Sur l'emplacement de la forteresse turque de Had-
jibey, conquise par Potemkine en 1789, l'amiral de
Ribas va construire un port et une ville où s'instal-
leront des Grecs. L'attraction exercée par cette cité en
rapide croissance est aisée à comprendre : elle est libre
de glaces, cauchemar des ports russes, et sert de
débouché à la Nouvelle Russie dont l'agriculture se
développe. Catherine l'appellera Odessa, dernier
rappel du *projet grec*, et la fortune de ce port ne
cessera de grandir.

Sous Catherine, la Russie a partiellement accompli
le rêve de maints souverains hantés par l'idée de
conquérir Constantinople. Elle garda pourtant au
cœur une nostalgie, le sentiment de n'être pas parvenue au bout de son projet, allant parfois jusqu'à
accuser Potemkine d'en avoir eu une vision par trop
limitée. Répétant de temps à autre que « si les Turcs
abusent de sa patience, elle ira jusqu'à Constantinople », elle voulait leur faire sentir qu'après le traité
de Jassy il était plus aisé d'effectuer un tel voyage que
de se rendre en Crimée au lendemain de Kutchuk-
Kainardji. Mais ces propos mi-vindicatifs, mi-iro-
niques ne peuvent dissimuler l'essentiel : la guerre

russo-turque achevée – et avec quel succès ! –, la paix en Europe est loin d'être acquise, d'autant qu'aux frontières de l'Empire resurgit le sempiternel problème, celui de la Pologne. Durant la guerre, Catherine l'a repoussé à l'arrière-plan de ses préoccupations. Mais ni la Prusse ni l'Autriche n'entendent le laisser en l'état, pas plus qu'elles n'entendent assister sans réagir aux développements de la Révolution française.

Dans cette dernière période de sa vie – il lui reste cinq ans à vivre –, Catherine, devenue presque la doyenne des têtes couronnées d'Europe, mais privée pour la première fois depuis vingt ans des conseils de Potemkine, doit affronter les problèmes criants du voisinage, un instant oubliés.

CHAPITRE XIV

Partage de la Pologne ou rassemblement des terres de la Rous ?

Potemkine disparu, une nouvelle période s'ouvre dans la politique extérieure de Catherine, dominée par un événement indépendant de ses choix, la Révolution française, et par une question brûlante, celle de l'avenir de la Pologne. À ses côtés, Bezborodko reste le conseiller qu'elle aime à consulter, tandis que sort de l'ombre son dernier favori, Platon Zoubov. Terriblement ambitieux et avide, celui-ci manquait de l'éducation et des qualités nécessaires pour se mêler des affaires de l'État. Mais il se lia – s'acoquina serait plus juste – avec le numéro trois du collège des Affaires étrangères, Arkadi Morkov[1], qui devint son mentor en politique extérieure et l'encouragea dans une vision extrémiste des choix à faire en Pologne.

Catherine, de son côté, est partagée entre les options débattues de concert avec Potemkine dans les dernières années de son existence, la situation qui s'est développée en Pologne pendant que son attention était retenue en Turquie, et les propositions visant à

résoudre le problème polonais par la suppression pure
et simple de cet État.

L'héritage de Potemkine

En 1791, la réflexion de Catherine II sur l'avenir
polonais ne part pas d'une table rase. Elle doit tenir
compte de la politique menée dans ce pays par
Potemkine. À la veille de sa rencontre avec le roi Stanislas-Auguste à Kaniev, l'impératrice écrivit à
Grimm : « La moitié de la Pologne est ici. » Constat
équitable : de fait, Potemkine était entouré de ressortissants de ce pays, et ce, parce qu'en ses dernières
années de vie lui-même nourrissait pour son compte
un « projet polonais » tout en veillant aux intérêts
russes. Sa hantise, on l'a dit, était de se retrouver, au
lendemain de la disparition de Catherine – car il
n'avait pas envisagé qu'elle lui survivrait ! –, livré à
la vindicte de Paul devenu empereur, et par lui
dépossédé de son pouvoir, de ses biens, peut-être
même de sa vie. C'est en Pologne qu'il tint à se
construire un domaine à l'abri de Paul. Dans les
années 1788-1791, il s'y consacra donc à ses propres
intérêts tout en négociant avec les Polonais pour
les attirer du côté russe dans la guerre turque qui
s'annonçait.

Pourquoi choisit-il la Pologne pour garantir son
avenir ? C'est qu'il a été élevé dans un milieu
« polonisé », a été naturalisé polonais[2] et, en mars
1775, a reçu l'*indigénat*, c'est-à-dire la reconnaissance
de son statut de noble polonais. La voie menant aux
fonctions suprêmes – duc de Courlande ou roi de
Pologne – s'ouvre devant lui. Dix ans plus tard, en

1786, il commence à édifier son petit royaume en procédant à des achats massifs de terres en Pologne. On disait à Kiev que ses terres comptaient trois cents villages et soixante mille âmes. Dans le palatinat de Kiev*, à Smila**, le nombre de ses serfs mâles s'élevait à sa mort à cent douze mille. Il disposait sur ses domaines d'une justice et d'une petite armée. Par ses acquisitions territoriales hors de l'Empire russe, il avait acquis le statut de *magnat*[3] polonais, c'est-à-dire celui de ces puissants propriétaires qui tendaient à contrôler l'État. Il était ainsi un petit prince quasi autonome à l'intérieur de la Pologne, et indépendant de la Russie, ce que Catherine ne manqua pas de relever avec un certain désarroi. Par tendresse pour Potemkine, elle ne pouvait qu'être sensible à son désir de protection pour l'avenir ; mais, attachée à l'autorité russe sur la Pologne, cette autonomie que Potemkine organisait pour son propre compte la mettait mal à l'aise. En outre, elle avait conscience que le « royaume » de son ex-favori pouvait donner à penser qu'il s'agissait d'une forme d'annexion russe dans une région contiguë à la Russie.

Dans le même temps, Potemkine essayait sans conteste d'obtenir du roi de Pologne qu'il restât fidèle à la Russie et ne cédât pas aux propos séducteurs du roi de Prusse. Dans ce but, il n'avait de cesse de mettre en avant son autorité personnelle en Pologne – magnat, il avait le droit de commander une armée

---

* En 1569, quand l'Ukraine est incorporée à la Pologne, elle est divisée en trois palatinats, dont celui de Kiev.
** Smila était un immense domaine situé dans le palatinat de Kiev, sur la rive droite du Dniepr, au contact des territoires russes.

polonaise – et s'entourait d'une cour de nobles locaux qu'il cajolait à tour de rôle et utilisait les uns contre les autres, voire éventuellement contre le roi. Lorsqu'il accueillit le roi Stanislas – avant que celui-ci ne rencontrât Catherine –, c'est en magnat polonais qu'il se présenta à lui. Entouré de nobles polonais qu'il traitait en clients, vêtu à la polonaise, portant les ordres polonais, il vint à Stanislas comme s'il eût été son sujet. En Pologne, pourtant, ses achats de terres lui avaient valu maints embarras financiers et litiges, même si une très large part en avait été payée par le Trésor russe.

À son habitude, Potemkine conduisait là plusieurs politiques. Il s'appuya sur les orthodoxes de Pologne orientale contre les catholiques. Et il décida de jouer la carte de l'armée cosaque qu'il avait rassemblée au fil des guerres avec la Turquie, et dans les rangs de laquelle il fit entrer, outre les Cosaques de diverses *setch*, des Polonais, des « vieux-croyants » et toutes sortes de volontaires. Il obtint de l'impératrice le titre d'« hetman des forces cosaques d'Ekaterinoslav et de la mer Noire » que, inquiète des réactions polonaises, elle ne lui accorda qu'à regret. Après la publication du rescrit du 10 janvier 1790 lui conférant cet hetmanat, Potemkine envisageait d'occuper les palatinats de Podolie, Kiev et Braclaw et de former une confédération des orthodoxes ukrainiens. Préoccupé par cette incursion politico-militaire de Potemkine dans son pays, le roi Stanislas se plaignit aussi bien des vols de chevaux auxquels se livraient les Cosaques que des plans secrets du prince de Tauride pour utiliser les magnats polonais, et il entreprit de mettre en question la légitimité de son hetmanat. Les patriotes polonais n'étaient pas moins inquiets des visées de Potemkine sur la Pologne. La Seim débattit à plusieurs reprises de l'éventualité de le priver de son indigénat et de lui confisquer ses terres. N'étant qu'à demi assuré de son avenir polonais, Potemkine essaya par ailleurs d'arracher de nouvelles terres méridionales à l'impératrice, et lui suggéra un moment, alors que le « projet grec » était encore à l'ordre du jour, de le placer sur le trône de la future Dacie.

Les manœuvres russes, l'intervention habile et continue de Stackelberg, représentant de Catherine en Pologne, avaient incité le roi à chercher dans un premier temps à desserrer l'étau russe par une attitude favorable aux intérêts du grand empire voisin. Les propositions d'alliance formulées à Kaniev par Stanislas à Catherine avaient répondu à cette préoccupation. Mais le rejet méprisant de cette tentative avait eu pour conséquence, une fois que la guerre avec la Turquie battit son plein, de stimuler le patriotisme russophobe et de tourner ses tenants vers la Prusse. C'est ainsi que fut signé le traité polono-prussien qui allait entraîner une rapide dégradation des relations russo-polonaises. Toujours suspects d'être l'arme de Catherine pour intervenir en Pologne, les orthodoxes furent soumis à une vive critique et à des mesures vexatoires, et la Diète exigea le départ des troupes russes qui traversaient le pays pour rejoindre le front moldave.

La crise grandissante connut son apothéose le 22 avril (3 mai) 1791*, lors du véritable coup d'État

---

* Pierre le Grand avait adopté le calendrier julien, en retard, au XVIIIᵉ siècle, de onze jours sur le calendrier grégorien, en usage en Europe occidentale et en Pologne. Le 31 janvier 1918, les bolcheviks leur substitueront le calendrier grégorien.

qui mit fin à la constitution en vigueur sans tenir
compte des dispositions qui imposaient d'en référer
au préalable à la Russie. C'est la Seim élue en 1788
qui en fut l'artisan. Soigneusement calculé, le vote eut
lieu un jour de congé où un grand nombre de députés
étaient absents, et ce, avec l'accord du roi qui pro-
mulgua la nouvelle constitution. Le *liberum veto*, les
confédérations, tout ce qui avait paralysé la vie politique polonaise, et dont la Russie était la garante, fut
aboli. La monarchie devint héréditaire : autre coup
porté aux possibilités d'intervention extérieures.

La constitution du 3 mai eut en Pologne un retentissement considérable, bien au-delà du contenu réel
des décisions adoptées. Pour les Polonais, ce qui
comptait par-dessus tout, c'était l'expression réussie
de la volonté nationale imposée à leurs menaçants
voisins. C'était aussi le constat que la noblesse y avait
joué un rôle central, renonçant à ses privilèges en
décidant d'une sorte de « nuit du 4 Août ». Com-
mentant l'événement un siècle plus tard, Karl Marx
écrivit : « La constitution est une révolte contre
la barbarie russo-prusso-autrichienne, et l'unique
sursaut de liberté dont l'Europe centrale ait jamais été
capable par elle-même. » Ce n'est pas un hasard si, en
1918, lorsque la Pologne sera restaurée, la date du
3 mai sera choisie comme sa fête nationale.

Pour Catherine II, ce coup d'État était la démonstration des connivences existant entre la Seim et
l'Assemblée de la Révolution française, donc le fruit
du jacobinisme abhorré qu'elle avait déjà résolu de
combattre. À cette rébellion contre l'ordre établi par
la Russie, il fallait riposter sans délai, et la réflexion à
ce sujet fut l'ultime moment de la collaboration de
Catherine avec Potemkine.

La « révolution » polonaise – car il s'agissait véritablement d'une révolution – affectait la Russie pour
deux raisons. Le coup porté à l'autorité russe était
considérable ; il projetait une ombre sur les succès
remportés sur le front turc. Surtout, ne pouvait-on
pas craindre en Russie que la Pologne, débarrassée de
ses démons intérieurs, bénéficiant d'un pouvoir fort
et stable – roi héréditaire, exécutif renforcé, pouvoir
législatif normalement élu –, ne recouvrât progressivement assez de puissance pour s'imposer à ses
voisins ?

Le 16 mai, Catherine adressa à Potemkine un rescrit
dans lequel elle abordait la question polonaise[4].
Elle l'autorisait à intervenir militairement, mais seulement si les troupes prussiennes bougeaient ou si
les Polonais manifestaient leur hostilité à l'égard
de la Russie. Cette intervention éventuelle devait
convaincre les Polonais de renoncer à leur révolution,
donc à leur constitution nouvelle, en échange de quoi
la principauté de Moldavie arrachée aux Ottomans
leur serait octroyée. Si les Polonais refusaient cette
proposition, alors la Russie mettrait sur pied une
confédération à sa dévotion, dirigée par des Polonais
fidèles à sa cause – Branicki, Potocki –, et pousserait
au soulèvement des orthodoxes sous le drapeau du
grand hetmanat.

Le 18 juillet[5], Potemkine reçut un second rescrit
dans lequel Catherine, ayant énuméré ses griefs envers
la Pologne – les traités bafoués, la constitution abolie,
le soutien apporté aux Turcs –, en venait à conclure à
la nécessité d'une réaction qui imposerait soit un
retour à l'ancienne constitution, soit un type de gouvernement nouveau conforme aux propositions déjà
avancées par Potocki (une confédération formée de

quatre hetmanats). Enfin, l'idée d'un nouveau partage de la Pologne, dans l'hypothèse d'une demande explicite de la Prusse, apparaissait aussi dans ce rescrit, même si Catherine la présentait comme une éventualité peu souhaitable.

Une fois la paix signée avec la Turquie, Potemkine devait mettre en application les idées esquissées dans ces deux rescrits. Ces textes furent-ils élaborés et adoptés d'un commun accord par l'impératrice et son conseiller, ou bien furent-ils davantage le fruit de la volonté de Potemkine ? Le débat sur ce point reste ouvert, mais il faut garder en mémoire qu'au moment de leur publication, la paix sur le front turc n'était pas définitivement acquise, et la Pologne restait un problème dépendant de la solution qui serait apportée aux conquêtes russes au sud.

De l'examen des diverses propositions élaborées après le coup d'État polonais, plusieurs conclusions se dégagent. D'abord, les très vives réticences de Catherine II face à la perspective d'un nouveau partage. Ses préférences vont nettement à la restauration du *statu quo ante*, favorable à la Russie. Mais, dans le même temps, elle tourne son regard vers la Prusse ; de ce pays, elle craint qu'il n'intervienne dans les affaires polonaises ou qu'il n'exige d'emblée un nouveau partage. À lire les rescrits et les annotations de Catherine en marge des textes qui lui sont proposés, on constate aisément que, pour elle, la question polonaise est aussi une « question prussienne », et que c'est aux initiatives de la Prusse qu'elle entend répondre en espérant les neutraliser ou, à défaut, en ne les acceptant qu'à contrecœur[6]. L'hypothèse militaire, comme celle d'une modification totale du système polonais par le jeu d'une confédération, sont pour elle des solutions de désespoir. Peut-être, dans cette attitude temporisatrice, le souhait de préserver Stanislas tient-il encore une place, encore qu'à Kaniev elle n'ait guère fait cas de son projet d'alliance ; mais elle était alors sous l'emprise de son amitié pour Joseph II. En 1791, ce dernier a déjà trahi les espoirs qu'elle avait mis en lui, et l'alliance autrichienne appartient au passé.

Les grandioses projets de Potemkine ne séduisent pas davantage l'impératrice. La passion qu'il voue aux Cosaques la trouble ; elle restera toujours marquée par la révolte de Pougatchev, et son intention, lorsqu'elle l'eut vaincu, avait été la dispersion totale des Cosaques et leur élimination en tant que corps social. Dès lors, comment l'idée de voir se constituer à ses frontières un État contrôlé par la force cosaque pourrait-elle lui convenir ? Elle constate de surcroît que l'ambition de Potemkine le conduit à défendre une conception divergente de l'avenir polonais. S'il insiste tant sur la nécessité d'une transformation interne de la Pologne, elle ne peut qu'y voir une variante du projet de royaume polonais qu'il nourrit pour son compte. Garante de l'intégrité et de la sécurité de l'Empire, elle ne saurait y adhérer. La seule Pologne qui soit à sa convenance est celle du *liberum veto* et de la monarchie élective, dépendant totalement de la Russie. Les rêves de Potemkine et l'intérêt russe sont ici incompatibles[7]. Catherine sait aussi que Potemkine, s'il défend la thèse de l'annexion, ne peut qu'en voir les inconvénients pour lui : si les territoires polonais étaient intégrés à la Russie, où trouverait-il un abri pour le jour où Paul accédera au trône ? Là encore, ce sont les contradictions inhérentes aux

projets de son ami qui frappent l'impératrice. Peut-être
est-ce là ce qui explique la difficulté d'interprétation de
leurs tout derniers échanges. Les rescrits semblent
d'abord donner à Potemkine d'immenses pouvoirs,
mais l'impératrice le prie ensuite de s'en retourner
vers le sud pour y parachever l'œuvre de paix, et peut-
être se contenter de la principauté qu'il y a construite.

Lorsqu'il part vers le sud, le 24 juillet – pour ne
jamais revenir, puisqu'il mourra peu après –, nul ne
sait encore comment, de ces divers projets, sortira une
attitude claire de la Russie en Pologne. L'héritage de
Potemkine ne contribue pas, en tout cas, aux choix
qui vont s'imposer.

La Pologne amputée. Le second partage

Le premier partage de la Pologne portait-il en
germe celui qui suivit ?

La situation qui y avait prévalu jusqu'au coup
d'État de 1791 était on ne peut plus précaire, et riche
de conflits. L'interdiction de tout changement avait
entraîné une mobilisation des réformateurs, peu nombreux au demeurant, autour d'un roi hésitant, puis
suscité un coup de force, jugé illégal par les puissances
qui avaient opéré le premier partage, la Russie en
premier lieu. Pour ramener l'ordre tout en évitant une
confrontation avec les États voisins, Catherine II
devait obtenir leur accord, voire leur concours, et,
pour ce faire, Berlin et Vienne demandaient une compensation, payable en portions de territoire polonais.
La conjoncture intérieure en Pologne était de surcroît
favorable à un tel enchaînement. Le « parti de la
réforme » était minoritaire au sein de la Seim, voire

dans le cœur du roi. Contre la réforme, le « parti russe » avait pour lui la loi, l'armée polonaise dominée par les magnats (dont Catherine garantissait les privilèges), la police, les dissidents religieux (orthodoxes en majorité), maints évêques catholiques (que la Russie contrôlait et payait) et encore un certain nombre de nobles. L'opinion était silencieuse, mais par moments un sursaut de patriotisme la soulevait, et c'est ainsi qu'elle vint au secours de la Seim et du roi en mai 1791. Quant aux puissances voisines ou plus éloignées (France, Suède), si elles avaient contribué par le passé à inspirer une certaine prudence à la Russie et à limiter ses pressions sur la Pologne, c'est qu'elles étaient alors en mesure de le faire. Après 1789, la Révolution avait éloigné la France de la Pologne. La Suède, pour sa part, était prête à ignorer le problème : elle avait obtenu l'accord russe à sa réforme constitutionnelle et le traité de paix était en préparation ; assurée de ne pas devenir elle-même une autre Pologne, elle se préoccupait avant tout de préserver sa tranquillité.

Potemkine mort, nul ne pouvait jouer à sa place le rôle dont il avait rêvé : conduire une expédition cosaque en Pologne, ou encore prétendre au trône. Une stratégie plus simple s'imposait. Catherine se trouvait alors sous l'influence conjuguée de Zoubov et de Morkov qui, tous deux libérés de la tutelle de Potemkine, se voulaient les grands maîtres de la politique étrangère et clamaient que seule une intervention armée mettrait fin à la dissidence polonaise. Catherine jugeait elle aussi cette dissidence inacceptable, mais elle hésitait encore sur les moyens à employer pour la réduire. Rentré de Jassy, Bezborodko émit un avis prudent : il suggéra que toute réaction soit concertée avec la Prusse – ne fallait-il pas

prendre en compte le récent traité signé avec ce pays ?
Selon lui, la Russie devait avancer comme seul objectif
la restauration de l'ancienne constitution, en écartant
d'emblée l'idée de toute annexion au terme de la campagne de remise en ordre. À ce prix, assurait Bezborodko, la Prusse n'aurait pas la latitude de réclamer
des compensations territoriales. Mais, confronté aux
exigences de Zoubov, Bezborodko ne pouvait soutenir indéfiniment sa thèse[8].

Catherine décida d'utiliser ses agents locaux
– Potocki, Branicki et quelques autres – pour préparer
le terrain de l'intérieur en vue d'une intervention ulté-
rieure. Simultanément, suivant les conseils de Bezborodko, elle tenta de gagner à sa thèse la Prusse et
l'Autriche, leur demandant de s'associer à une sorte
d'ultimatum invitant le roi et la Seim à revenir à
l'ancienne constitution. Du côté autrichien, la réponse
fut brutale : l'opération envisagée ne pourrait réussir
sans une intervention militaire et devait donc
conduire à un nouveau partage de la Pologne. Le roi
Frédéric-Guillaume se montra plus subtil, déclarant
qu'il souhaitait réfléchir avant d'arrêter sa position. Il
était en réalité conscient de la force croissante de la
thèse interventionniste, et par conséquent du fait que
Catherine était préparée à l'idée d'apaiser ses partenaires par des propositions territoriales[9]. Le plus sage
était donc de ne rien réclamer et d'attendre les propositions favorables aux intérêts prussiens qui ne man-
queraient pas de lui être faites.

Autour de la Pologne, les événements qui se succèdent alors vont à l'encontre de sa cause. L'empereur
Léopold d'Autriche meurt soudain, le 19 février 1792,
et son successeur, François II (vingt-quatre ans), n'a
ni le poids de l'âge ni celui de l'expérience politique.

En Suède, l'attentat perpétré contre Gustave III est, pour Catherine, un autre signe de la nécessité de réagir contre l'anarchie qu'elle voit se répandre partout. Grièvement blessé le 5 mars lors d'une soirée à l'Opéra de Stockholm, le monarque suédois ne succomba pas immédiatement sous les coups de son assassin, mais ceux-ci étaient mortels et il disparut trois semaines plus tard. Des souverains européens qui se sont jusqu'alors affirmés avec une véritable autorité dans le jeu polonais, seule reste Catherine. Ni Frédéric-Guillaume, ni François II, ni Gustave-Adolphe IV, successeur de Gustave III, ne jouissent du prestige que lui confèrent trente années de règne jalonnées de tant de succès russes. À la fin de sa vie, Gustave III, dans une relation apaisée avec Catherine, s'inclinait déjà devant ses qualités et la désignait comme un grand personnage historique.

Quant à cette fraction des Polonais qui constituent les véritables « clients » de Catherine, ils se réunissent à Pétersbourg, débattent avec leurs protecteurs russes des moyens de délégitimer la constitution du 3 mai, et élaborent le 27 avril 1792 un acte de confédération censé permettre de l'abolir et de renverser la Seim. Pour que leur démarche paraisse moins « manipulée », l'acte n'est pas rendu public avant qu'ils aient regagné le territoire polonais, à Targowica, en Ukraine. C'est là que, le 14 mai, ils l'annoncent officiellement. Quatre jours plus tard, l'armée russe est sur le terrain : l'épreuve de force a commencé. Fidèle à sa ligne de conduite marquée par la prudence, Catherine, avant d'engager ses troupes, a sollicité l'avis du Conseil d'État et, sur sa suggestion, informé Berlin et Vienne du détail de ses intentions.

L'évolution politique en Europe la sert. Lorsque

ses armées guerroyaient contre les Turcs, Frédéric-Guillaume, inquiet des avantages que Russes et Autrichiens pourraient retirer du conflit, avait appuyé tous les adversaires de Pétersbourg et de Vienne, notamment les réformateurs polonais. Signé en janvier 1790, le traité d'amitié prusso-polonais stipulait qu'en cas d'attaque contre la Pologne, celle-ci serait soutenue par une armée prussienne de dix-huit mille hommes ; ce secours serait rémunéré par la cession à la Prusse de Thorn et Dantzig – vieux rêve de Berlin ! –, tandis que la Pologne recevrait la Galicie autrichienne. Mais ces calculs furent démentis six mois plus tard à Reichenbach, les Polonais déclarant qu'ils ne céderaient aucune parcelle de leur territoire à quelque pays que ce soit. Les illusions prussiennes envolées, au spectacle de l'assaut que le pouvoir royal subissait en France, les monarchies prirent conscience de la nécessité de s'entendre. En août 1791, le congrès de Pillnitz réconcilia Frédéric-Guillaume et Léopold autour des frères de Louis XVI ; quelques mois plus tard, pressentant les guerres révolutionnaires à venir, Berlin et Vienne conclurent une alliance « contre la Révolution ». L'alliance polono-prussienne n'ayant plus cours, la Pologne, accusée d'être soumise à l'influence jacobine[10], appelait par là même la réaction des États voisins coalisés contre le péril français.

Sur le terrain, les Polonais ne peuvent s'opposer aux troupes de Souvorov ni compter sur quelque aide extérieure que ce soit. Constatant sa faiblesse, le roi Stanislas, promu « dictateur » par la Seim avant son autodissolution, tente d'amadouer Catherine en lui proposant une union dynastique entre les deux pays, et l'accession au trône de Pologne de son petit-fils Constantin. L'offre est rejetée sans ménagement[11].

Parallèlement, la position russe se trouve renforcée par les trahisons intérieures : les confédérations favorables au *statu quo ante* constitutionnel se multiplient – sous l'égide russe, naturellement – et nombre de nobles soutiennent les exigences de Pétersbourg. La Russie donne ainsi à son intervention l'allure d'une réponse aux appels venus de l'intérieur du pays pour y rétablir la légalité. Cet habillage a beau être grossier, il contribue à faciliter l'adhésion prusso-autrichienne à l'opération.

Dès lors, tout se précipite. Pressé par Catherine d'accepter l'autorité de la confédération de Targowica, Stanislas, n'ayant pu obtenir l'armistice qu'il réclamait, doit se soumettre. Le 13 juillet, il ordonne à ses troupes de déposer les armes et il reconnaît la confédération de Targowica, qui devient l'organe légal du pouvoir. Se tournant alors vers la Prusse et l'Autriche, Catherine met en ordre leurs relations avec la Russie, à la fois pour conserver l'initiative en Pologne et pour ne pas rester étrangère à la coalition antifrançaise. Si elle n'a pas voulu adhérer au traité austro-prussien de janvier 1792, c'est qu'elle préfère des accords bilatéraux : le 3 juillet 1792, reconduction du traité signé avec l'Autriche en 1781, qui garantissait les frontières polonaises et la constitution antérieure à la réforme ; avec la Prusse, le traité du 27 juillet porte lui aussi sur le rétablissement de la constitution.

Jusqu'ici, Catherine n'a pas cédé aux pressions exercées sur elle pour modifier une fois de plus les frontières polonaises. Son autorité rétablie sur la Pologne et ses institutions, ses troupes campant dans ce pays, a-t-elle intérêt à faire des concessions territoriales à la Prusse et à l'Autriche ?

Le 20 avril 1792, cependant, un brutal changement

est intervenu sur la scène européenne. Louis XVI a
déclaré la guerre à l'Autriche, ce qui, compte tenu du
traité austro-prussien de janvier, implique aussi les
armées prussiennes. Cette guerre contribue à libérer
Catherine de la pression des deux États qui s'y
trouvent engagés, alors que pour elle la question de
son éventuelle participation ne se posera que plus
tard, quand des traités la lieront de nouveau aux belligérants. Cela n'empêche nullement Frédéric-Guillaume et François II d'en appeler à sa solidarité contre
le jacobinisme, qu'elle abhorre autant qu'eux. Mais,
soucieuse de se concentrer sur la Pologne, hésitante
aussi sur l'attitude à adopter pour ne point accroître
les menaces pesant sur le sort personnel de Louis XVI,
elle finit par proposer à ses alliés un concours
financier, qu'ils repoussent. Si elle ne peut ou ne veut
les accompagner dans la guerre, l'effort de Catherine,
pensent-ils, sera mieux venu s'il se traduit par des
compensations territoriales en Pologne, où elle s'est
adjugé le premier rôle et tous les avantages. Ainsi
revient sur le tapis la question d'un nouveau partage
de la Pologne, auquel l'impératrice ne va plus
pouvoir échapper.

Elle tente bien de repousser l'échéance à la fin de la
guerre révolutionnaire, quand sonnera l'heure d'une
réorganisation générale en Europe. Dans l'espoir de
dissocier les visées respectives des Prussiens et des
Autrichiens en Pologne, elle soutient une fois encore
la demande autrichienne d'échange de la Bavière
contre les Pays-Bas autrichiens. Mais son plaidoyer se
révèle vain. Se refusant à attendre une paix générale,
François II exige que son effort de guerre contre la
Révolution – effort commun aux monarchies – soit
payé comptant en Pologne. Catherine temporise

encore et prend argument des déboires austro-prus-
siens dans la guerre pour affirmer qu'aucun État n'a
de titre à exiger des compensations[12]. Mais elle n'a
plus le désir de prolonger ce débat, d'autant moins
que parmi ses proches, en Russie, s'affirme la volonté
d'en finir avec l'affaire polonaise. Même le prudent
Bezborodko réclame à présent que le partage
s'effectue.

Répondant, prétend-on, à l'appel des confédérés,
les armées russes campent en Ukraine et à Varsovie.
Les troupes prussiennes entrent en Pologne au double
prétexte que les jacobins polonais ravitaillent en blé
les révolutionnaires contre qui guerroient les armées
prussiennes, et que l'agitation interne à ce pays constitue une menace pour la sécurité des États de Frédéric-Guillaume.

L'entente entre les grands voisins sur les lignes de
partage de la Pologne est acquise depuis l'accord
russo-prussien du 12 janvier 1793. À la Russie doivent
revenir les provinces orientales allant de la frontière
de Courlande à la Galicie et incluant Minsk, la
Volhynie, la Podolie, la Petite Russie : en tout,
250 000 kilomètres carrés et près de trois millions
d'habitants ; cette fois encore, les territoires et peuples
annexés par la Russie seront russes ou lituaniens. Il en
va tout différemment de la part revenant à la Prusse,
qui comprend les villes de Thorn et Dantzig, ainsi que
la Grande Pologne, soit en tout bien plus d'un million
d'habitants qui sont des Slaves, tandis que l'Autriche
se voit promettre, comme toujours, un soutien à ses
revendications bavaroises.

Mais il ne suffit pas à Pétersbourg et à Berlin
d'arracher des territoires à la Pologne, ni qu'elle
se soumette à ces amputations ; il faut encore qu'elle

y acquiesce et contribue à leur donner un tour décent.
La Seim est convoquée à Grodno et le roi, par sa présence, doit témoigner de son accord. L'ambassadeur
russe, le comte Sievers, a multiplié pressions et
prouesses corruptrices pour que la toute dernière
assemblée de l'histoire polonaise antérieure à 1918
soit composée de députés dociles. Ceux qui menaçaient de résister ont été soigneusement écartés. La
Seim siège alors que deux bataillons russes campent
autour du bâtiment qui l'abrite et qu'un officier
général russe a pris place au côté du roi[13]. Si
l'assemblée consent à ratifier le 13 juillet le traité qui
cède des territoires à la Russie et accepte d'abolir de
manière officielle la constitution du 3 mai 1791, elle
résiste en revanche vigoureusement au traité organisant les cessions territoriales à la Prusse, qui ne sera
ratifié qu'à la fin de septembre.

La différence de comportement dans l'un et l'autre
cas tient au fait que, si les Polonais vouent une haine
égale aux Russes et aux Prussiens, l'agrandissement de
la Prusse aux dépens de Slaves les heurte davantage
encore que l'entrée de leurs frères annexés dans
l'Empire russe. La ratification du traité de cession à la
Prusse est donc arrachée de très haute lutte, et dans
quelles conditions ! Désespérant d'obtenir l'accord
des députés, le maréchal de la Diète leur demande à
trois reprises un vote positif ; lui répond un silence de
mort. Il est alors décrété que le silence vaut consen-
tement. L'assemblée ne s'est donc pas inclinée réellement, mais, cernée par les troupes russes, quelques-
uns de ses opposants les plus actifs ayant été arrêtés,
elle ne peut aller au-delà de cette manifestation silencieuse mais vaine qui accompagne l'acceptation du
traité prussien.

Reste à organiser les relations d'une Pologne réduite à la portion congrue avec une Russie qui entend bien jouer son rôle de puissance protectrice. Le 5 octobre 1793, le traité russo-polonais est signé. Catherine a veillé personnellement à la rédaction du texte et regretté que son représentant ait accepté d'en atténuer sur quelques points la rigueur. Il place la Pologne sous « protection russe », notamment pour en garantir les institutions, c'est-à-dire la constitution restaurée, porteuse de paralysie et d'abus. L'accord prévoit aussi une « défense mutuelle », ce qui a pour effet de soumettre militairement la Pologne à la Russie[14]. L'armée polonaise, ou ce qu'il en reste, est placée sous commandement russe, tandis que les troupes demeurées en territoire annexé doivent prêter serment de fidélité à l'impératrice. Il est aussi prévu qu'en cas de nécessité, les troupes russes entreront en Pologne. Sur ce point, le négociateur russe, le comte Sievers, fait une concession qui se révélera d'ailleurs de pure forme : dans cette hypothèse, l'accord du roi de Pologne sera requis, mais Catherine contestera cette restriction : pour elle, ni le roi ni la Diète n'ayant d'autorité, les termes du traité envisageant cette possibilité suffisent parfaitement à sa mise en pratique. Comme le montrera la suite des événements, c'est sa position, reposant sur la force, qui l'emportera[15].

Dans les malheurs qui affligent la Pologne, le droit tient bien peu de place. Mais la résignation ne résume pas l'attitude générale. Les militaires démobilisés, une partie de la population urbaine séduite par la Révolution française, la fraction de la noblesse gagnée aux idées de réforme refusent de s'incliner, et le roi invite à la désobéissance passive les candidats à la rébellion. Les ministres restent chez eux, les diétines votent des

textes de protestation, les officiers ignorent les ordres
qui leur sont donnés, l'État ne fonctionne plus.
Nombre de Polonais ont par ailleurs cherché refuge à
l'étranger, à Leipzig ou à Dresde. Des groupes se
forment, prêts à la guérilla.

Les événements en Pologne même témoignent de la
nervosité générale. À Varsovie, effrayées parce qu'à
l'Opéra un ténor se produit en costume national et
chante : « Plus dure est l'épreuve, plus belle sera la
victoire... », déclenchant des tonnerres d'applaudisse-
ments proches de l'émeute, les autorités font car-
rément fermer le théâtre.

Le « Lafayette polonais » et l'insurrection

Dans l'Europe entière, l'hiver 1793-1794 fut
marqué par une tension accrue. La mort de
Louis XVI, en janvier 1793, fit frémir tous les
monarques et Catherine, indignée, s'en trouve plus
que jamais décidée à combattre par tous les moyens
les jacobins, jusqu'à leur disparition. En Pologne, en
revanche, la fin de Louis XVI électrisa les opposants
à la Russie et à la Prusse, convaincus que les « tyrans »
étaient affaiblis et apeurés par la Révolution. Tous
les espoirs convergeaient désormais sur Tadeusz
Kosciuszko[16].

Son passé plaidait pour lui : volontaire dans un
régiment français qui s'était battu en Amérique,
décoré de l'ordre de Cincinnati, il avait été incorporé
en 1789, à quarante-trois ans, dans l'armée polonaise
sur instruction de la Seim qui avait compris la
nécessité d'avoir une armée forte pour défendre
l'indépendance du pays. Dans la guerre de 1792-1793,

contre la Russie, il avait tenu tête aux troupes russes
sur le Boug, défendant Varsovie. Pour les Polonais, ce
héros issu de leurs rangs était leur « Lafayette ». Dès
lors, ils étaient prêts à le suivre, n'attendant qu'un
signal de sa part pour se soulever. Lui-même s'était
rendu en France pour plaider la cause polonaise
auprès du Comité de salut public, qui lui avait promis
des secours ; puis, rentré à Dresde, il avait commencé
à recenser et organiser ceux qu'il pourrait lancer dans
un assaut contre les Russes.

L'étincelle qui mit le feu à la Pologne et fournit à
Kosciuszko les hommes dont il avait besoin fut
l'ordre de licenciement des troupes. Le traité de 1793
avait prévu que les effectifs de l'armée seraient réduits
à quinze mille hommes ; elle en comptait encore
vingt-cinq mille. Quand l'ordre fut donné d'appliquer
sur ce point les termes de l'accord, le général Madalinski refusa de se soumettre, franchit le Boug, attaqua
les Prussiens, partit à la tête de ses troupes pour Cracovie où se trouvait une garnison russe qu'il mit en
déroute. Le lieu était bien choisi : ancienne capitale,
deuxième ville de Pologne, Cracovie était prête pour
le soulèvement et moins bien défendue que Varsovie.
C'est là que Kosciuszko vint prendre la tête de l'insurrection. Le 24 mars 1794, sur la place du Marché,
le héros si attendu lut à ses compatriotes l'« acte d'insurrection des citoyens et habitants du palatinat de
Cracovie ». Vêtu du costume national, entouré par les
troupes de Madalinski, mais aussi par les drapeaux et
bannières des guildes sur lesquels on avait hâtivement
inscrit les slogans que la foule hurlait : « Égalité et
indépendance ! », « Pour Cracovie et pour la
patrie ! », Kosciuszko prêta serment de rétablir la

Pologne dans ses frontières et d'instaurer l'indépendance nationale[17]. La population appelée à le suivre
prêta aussi serment, et l'on fournit des armes et des
faux à ceux qui voulaient combattre.

Tous les hommes de dix-huit à vingt-huit ans furent
mobilisés, et partout les insurgés recueillirent des dons
de leurs partisans pour se procurer des armes.

L'insurrection gagna du terrain. À Varsovie, le
général Ingelstrom, qui avait remplacé quelques mois
plus tôt le comte Sievers dans ses fonctions diplomatiques tout en commandant les forces russes, observa
avec perplexité le mouvement qui agitait la Pologne.
Après quelques jours d'attente, il se décida enfin à
envoyer la troupe, commandée par le général Tor-
masov, contre les insurgés. L'affrontement eut lieu le
24 mars près de Raçlavitsa. Il opposa des forces polonaises et russes plus ou moins égales en nombre, mais
les paysans enrôlés par Kosciuszko firent la différence ; ils mirent les Russes en déroute et saisirent
douze canons.

À Varsovie, la nouvelle du succès polonais de
Raçlavitsa enflamma la population, appelée au combat
national par les cloches des églises sonnant le tocsin.
La garnison russe n'étant pas préparée à un tel événement, Ingelstrom fut cerné dans son palais, menacé
d'être capturé, coupé de ses troupes ; il réussit à
s'enfuir, abandonnant hommes et canons, et les
Polonais firent deux mille prisonniers russes.

La rébellion gagna Vilna, puis toute la Lituanie et
la Courlande. Un gouvernement provisoire insurrectionnel* s'installa à Varsovie, légitimé par le roi qui

---

* Nommé gouvernement du 17 avril, en raison du soulèvement de Varsovie le 17 avril 1794, jour de Pâques.

restait cependant à l'écart des événements. Ce gouvernement se réclamait de toute la Pologne et se composait d'hommes qui avaient déjà été les héros de la révolution du 3 mai 1791, dont Ignace Potocki. Kosciuszko fut placé à la tête de l'armée polonaise libre, et quelques milliers d'hommes jusqu'alors retenus en Russie après le partage, qui avaient dû prêter serment, réussirent à rejoindre les forces qui allaient avoir à défendre l'indépendance.

La réaction antirusse fut violente. Les traîtres – ceux qui avaient coopéré avec la confédération de Targowica – furent souvent lynchés dans les rues, certains pendus après un procès conduit par un tribunal extraordinaire ; l'exemple de la Révolution française hantait les esprits. À Varsovie, en Livonie, en Lituanie, la justice populaire s'exerça sans retenue. Kosciuszko proclama la « guerre à mort aux Russes » et s'efforça de proposer des réformes pour gagner le peuple. Mais, dans son manifeste de Polaniec du 7 mai 1794, il ne put aller loin dans cette voie. Sans doute proclama-t-il l'émancipation des paysans alors que la Russie, soulignait-il, avait aggravé leur condition, et de même annonça-t-il qu'ils étaient exemptés de la moitié de leurs dettes. Mais les décisions révolutionnaires ont souvent un revers et créent autant de mécontents que de satisfaits : le manifeste[18] de Kosciuszko souleva l'hostilité de la noblesse, nullement encline à confondre cause nationale et réforme sociale, et qui n'accepta pas de perdre son emprise sur les paysans. Quant à ceux-ci, ils constatèrent presque aussitôt que Kosciuszko n'avait en rien les moyens de mettre ses décisions en pratique ; déçus, ils furent sur le point de l'abandonner. Par ailleurs, la répression organisée par les vainqueurs à l'encontre des « traîtres », les tribunaux de salut public mis en place ici et là, évoquaient par trop la Terreur française. Seules mesures populaires parmi la fraction orthodoxe de la population : la proclamation de la liberté de conscience et l'égalité des religions devant la loi, qui apaisèrent clergé et fidèles inquiets de voir triompher des catholiques intransigeants ; jusqu'alors, les conflits nationaux s'étaient doublés de conflits religieux, et les concessions du « gouvernement du 17 avril » constituèrent à cet égard une heureuse innovation.

Compte tenu de ce bilan mitigé, la reprise en main par Catherine, aidée de Frédéric-Guillaume II, parut alors possible. Elle se déroula d'abord dans une grande confusion. Les Prussiens s'emparèrent de Cracovie, ce qui conduisit les Polonais à leur déclarer la guerre. Ayant pris toute la mesure de l'insurrection, Catherine résolut d'associer à son écrasement non seulement la Prusse, mais aussi l'Autriche, ce qui impliquait, sans que cela fût dit, que Vienne serait associée au nouveau partage de la Pologne – décidé cette fois à Pétersbourg, le soulèvement ayant mis fin aux hésitations de l'impératrice. La Pologne étant ingouvernable, pensait-elle, autant régler le problème de manière radicale et définitive.

Tout, pourtant, n'était pas si aisé entre les coalisés antipolonais. Le roi de Prusse quitta l'armée du Rhin pour venir en personne mettre le siège devant Varsovie, et Catherine s'indigna de le voir déserter ainsi le front français et le combat contre la Révolution. L'Autriche, de son côté, s'inquiétait des prétentions prussiennes sur Cracovie, qu'elle souhaitait voir entrer dans ses acquisitions. La coalition antifrançaise menaçait par là de s'effriter.

Pour autant, les insurgés ne pouvaient trop espérer que ces conflits larvés détourneraient la menace qui pesait sur eux. Les troupes russes reprirent coup sur coup Cracovie, abandonnée par Frédéric-Guillaume II – rappelé en Grande Pologne pour mater l'insurrection qui venait d'y éclater –, puis Vilna. La confrontation finale eut lieu le 10 octobre à Maciejowice, à mi-chemin de Varsovie et de Lublin, sur la rive droite de la Vistule.

L'armée russe, commandée par Souvorov, était bien plus nombreuse que celle des Polonais dont Kosciuszko avait pris la tête, mais celui-ci était entouré de ses meilleurs lieutenants, tant et si bien qu'il crut un moment la victoire possible. Puis tout s'inversa sous le poids écrasant des Russes, et ce fut une défaite totale. Blessé, Kosciuszko fut fait prisonnier avec tous ses généraux et près de trois mille hommes ; les Polonais perdirent aussi vingt et un canons. La voie de Varsovie était ouverte à l'armée de Souvorov, qui prit d'abord d'assaut Praga avant d'entrer dans la capitale. Triomphant, il refusa de négocier la reddition avec ceux qui incarnaient la révolution du 17 avril. Le roi dut intervenir et s'humilier une fois encore.

Si la victoire de Maciejowice fut l'occasion pour les Russes de traiter les vaincus selon les lois de la guerre, la prise de Praga se déroula dans d'horribles conditions. Aux yeux des soldats russes, les Polonais étaient des jacobins qui semaient la terreur autour d'eux et qui avaient tué nombre de leurs camarades le 17 avril. Ils se comportèrent avec une violence inouïe dont la population polonaise allait garder un durable souvenir ; les relations polono-russes en seront pour toujours affectées.

Selon le mot que l'on prêtera abusivement à Kosciuszko, *finis Poloniae*. Ce fut en effet la fin de la Pologne...

Finis Poloniae

Catherine et Bezborodko avaient débattu, dans les semaines tragiques de l'insurrection, du sort à réserver à la Pologne. Longtemps l'impératrice avait souhaité conserver à l'ouest de ses frontières un État-tampon, faible, subordonné à la Russie, mais la séparant et la protégeant de ses voisins. Au lendemain du deuxième partage, il était déjà perceptible que cet État-tampon ne pourrait plus jouer un rôle protecteur. L'insurrection polonaise, qui pour Catherine était avant tout une manifestation du progrès des idées jacobines en Pologne, la poussa à se ranger aux conseils de Bezborodko, alors acquis à l'idée de rayer cet État de la carte. De surcroît, Kosciuszko lui-même était à ses yeux l'incarnation du jacobinisme et de l'hostilité totale à la Russie. Son manifeste, rédigé en termes révolutionnaires et d'un nationalisme extrême, n'en témoignait-il pas ? On avait rapporté à Pétersbourg que Kosciuszko demandait à la France d'inciter les Turcs à prendre leur revanche sur la Russie alors que celle-ci était occupée en Pologne, et qu'il menaçait, sitôt qu'il le pourrait, de soulever la Crimée... Dès lors, la thèse de la suppression de la Pologne l'emporta.

Le roi fut dans un premier temps prié de s'installer à Grodno, pour ôter à Varsovie son statut de capitale, tandis que Catherine négociait avec l'Autriche, puis avec la Prusse, le troisième et dernier traité de partage. Celui-ci fut signé le 13 octobre 1795 et, le 25 novembre, le roi était contraint d'abdiquer : il n'avait plus de pays sur lequel régner et ne reverrait jamais plus Varsovie. La Russie s'arrogea le reste de la Lituanie jusqu'au Niémen, et le reste de la Biélorussie et de l'Ukraine jusqu'au Boug. L'Empire s'enrichissait ainsi de 120 000 kilomètres carrés et récupérait des orthodoxes, mais avait évité d'inclure des Polonais dans ses frontières. Il atteignait ainsi la limite des pays gouvernés dans le passé par les descendants de Riourik. Le gouvernement russe légitima l'annexion de ces nouveaux territoires comme l'achèvement du *rassemblement des terres de la Rous*, « terres et cités qui ont autrefois appartenu à l'État russe, sont peuplées de nos nationaux (*edinoplemenniki*) et ont reçu la révélation de la foi chrétienne orthodoxe[19] ».

La politique russe organisa les dépouilles polonaises en quatre groupes régionaux : la Biélorussie orientale, conquise en 1772, qui donnera les gouvernements de Vitebsk et Moghilev ; l'Ukraine de la rive droite : Podolie, Volhynie et une partie du gouvernement de Kiev ; la Lituanie, c'est-à-dire les gouvernements de Vilnius, Minsk et Grodno ; enfin le duché de Courlande, dont le souverain, le duc Biron, fut poussé à se démettre, la Diète courlandaise proposant à la Russie la couronne pour Catherine ou son fils.

L'Autriche obtint dans ce dernier partage Cracovie, Sandomir, Lublin et Chelm et nomma ces possessions « Nouvelle Galicie ». La Prusse reçut enfin toute la Pologne orientale avec Varsovie, où ses troupes se substituèrent aux troupes russes, et ce fut la « Nouvelle Prusse orientale ».

Dans la rédaction finale du traité signé à Pétersbourg en 1796 par les trois États copartageants alors que Catherine avait déjà disparu – traité qui se présentait comme un simple accord sur la délimitation des territoires –, un article secret et séparé stipulait : « En raison de la nécessité de supprimer tout ce qui pourrait rappeler l'existence du royaume de Pologne alors qu'il n'existe plus, les parties contractantes s'engagent à ne jamais mentionner dans leurs titres le nom du royaume de Pologne, qui cesse à jamais d'exister[20]. »

L'armée polonaise fut disloquée, ses chefs et leurs hommes affectés aux puissances sur les territoires desquelles ils avaient été pris. Kosciuszko se retrouva ainsi à Pétersbourg. Mais l'esprit de résistance n'était pas mort pour autant et la volonté de revanche des vaincus – de ceux qui avaient échappé à la capture – les poussera, dès qu'ils le pourront, à rejoindre les rangs de ceux qui, en Europe, combattaient leurs dominateurs. Napoléon leur ouvrira son armée.

L'organisation administrative des territoires conquis ou, comme on les appelait, des « districts rattachés de Pologne » (*oblasti prisoedinenye ot Pol'chy*), obéit au principe de l'unité territoriale de l'Empire. Ils furent intégrés au nouveau système de gouvernements datant de 1775, et les institutions polonaises furent supprimées. Ce fut le cas de la Seim. Catherine promit à ses nouveaux sujets « les droits, libertés et privilèges dont jouissaient tous les autres[21] ». En raison de leur expérience, des Polonais furent maintenus à la plupart des postes administratifs. En Lituanie, on garda la langue polonaise pour l'administration et les instances judiciaires, et le statut hérité du Code de la grande principauté de Lituanie du XVIe siècle fut conservé. En Biélorussie, c'est la langue russe qui, dès 1778, fut la langue administrative et des tribunaux, et des fonctionnaires russes furent nommés à la plupart des emplois[22].

La question religieuse se posa d'emblée : Catherine avait garanti à ses sujets des territoires polonais une totale liberté d'exercice de leur religion. L'Église catholique à laquelle adhéraient Polonais et Lituaniens avait été réorganisée autour de l'évêché de Moghilev, mais la Russie ne ménagea pas ses efforts pour convaincre Biélorusses et Ukrainiens, généralement uniates, qu'ils devaient se séparer de Rome. Les uniates d'Ukraine furent le plus souvent intégrés par la force à l'Église orthodoxe, et nombre d'évêques uniates furent destitués. Mais une majorité de Biélorusses et les Ukrainiens de Volhynie restèrent fidèles à leur Église.

En 1795, la Pologne n'existait plus, mais le problème polonais ne cessera jamais de se poser à la Russie et, cette fois, ce sera au cœur même de son empire où des Polonais, refusant d'accepter la perte de leur patrie, s'accrocheront à leur religion et à leur culture. Puis, de période en période, ils s'insurgeront, ce refus de la domination culminant en 1863 à Varsovie. L'Europe – celle des pays étrangers au partage – aura assisté, silencieuse, au dépeçage polonais, mais à chaque sursaut le cri « Vive la Pologne, Monsieur ! » retentira dans toutes les capitales, constituant autant de condamnations sporadiques et dénuées d'effet du sort d'un pays rayé de la carte.

La question polonaise aura traversé tout le règne de Catherine, assortie de l'interrogation permanente : « Que faire de la Pologne ? » Si le premier partage se situe dix ans après son installation sur le trône, le débat commence sitôt qu'elle y a accédé. C'est en

1763 qu'eut lieu à Pétersbourg la première discussion à ce sujet. En octobre, le comte Zakhar Tchernychev, nommé alors à la tête du collège de la Guerre, défendit l'idée qu'à la première occasion il faudrait « arrondir les frontières russes en Pologne ». Le moment était opportun : le roi Auguste III venait de mourir et une conférence spéciale réunit autour de Catherine tous ses collaborateurs intéressés à la politique étrangère. Si les propositions de Tchernychev ne rencontrèrent alors pas d'écho, force est de constater qu'au premier partage, neuf ans plus tard, la Russie prendra les territoires qu'il avait estimés nécessaires à la sécurité russe dès ce premier examen de l'avenir polonais. En 1769, Frédéric II avait envoyé à Pétersbourg le comte Lynar, porteur d'un autre projet de partage, lui aussi tombé sur le moment dans l'oubli. Mais tout témoigne qu'à Pétersbourg comme à Berlin, le devenir de la Pologne restait, dès le début du règne de Catherine, une question ouverte.

Pourtant, l'intérêt bien compris de la Russie n'était nullement de changer le statut de la Pologne. Celle-ci dépendait de sa grande voisine, et les défauts de son système politique aggravaient cette dépendance. Le sort de la Pologne était donc loin d'être scellé d'emblée. Ce qui contribua aux partages, ce furent les relations compliquées entre les trois puissances voisines, les ambitions particulières – celles de l'Autriche, notamment – qui firent, d'une crise à l'autre, surgir de nouvelles requêtes de chaque partenaire. Quand l'Autriche s'empara en 1771 de deux starosties*, Frédéric II exigea du comte de Solms, dans une dépêche, « qu'il lui assure aussi une part de la Pologne ».

---

* Comtés.

À étudier le comportement de Catherine durant le quart de siècle qui vit disparaître la Pologne – tragédie dont elle fut un acteur constant alors que Frédéric II, Marie-Thérèse et même Joseph II auront quitté la scène avant que ne tombe le rideau sur un territoire où le nom même de Pologne est désormais banni –, deux constats s'imposent : d'abord, parce qu'elle anima la pièce de bout en bout, Catherine fut souvent considérée comme la première responsable de la tragédie polonaise ; ensuite, ses décisions rendent compte d'une vision très continue du problème polonais. À la différence de Marie-Thérèse qui élargissait son territoire au détriment de la Pologne, mais se répandait aussitôt en protestations et regrets – « Elle pleure et elle prend », disait d'elle Frédéric II –, à la différence aussi de Frédéric II qui, constatant la difficulté d'obtenir une part du gâteau polonais, concluait « N'en parlons plus ! », se référait aussitôt au plan Lynar* puis faisait pression sur Catherine – la menaçant de s'allier contre elle à l'Autriche, que ce soit en Turquie ou en Pologne, si elle n'adhérait pas à l'idée du partage –, Catherine n'avançait guère de prétentions sur le territoire polonais. À chaque crise, elle soulignait que l'espace russe lui suffisait et que l'acquisition de nouveaux territoires n'ajouterait rien à ses moyens d'action. Panine fut durablement l'adversaire de tout partage et, en 1787 encore, le comte de Ségur note dans un courrier : « J'ai la certitude que l'impératrice est décidée à ne plus souffrir aucun partage en Pologne. »

En 1763, la Russie s'était assuré à Varsovie la

---

* Ce plan, toujours agité par Frédéric II, était tout simplement le projet de partage de la Pologne proposé dès 1769 à Paris.

présence d'un roi proche de l'impératrice. Par ailleurs, les « dissidents » constituaient pour elle un moyen de pression efficace sur les choix intérieurs du pays. Durant des années, Catherine était restée convaincue qu'il ne fallait pas toucher à la Pologne. Si elle en vint à accepter trois démembrements successifs, ce fut largement sous l'influence d'événements extérieurs à la Russie. En 1772, pressions autrichienne et prussienne ; le territoire russe s'en trouva certes modifié, mais sans que rien ajoutât à la puissance russe. En 1793, pression prussienne, Berlin prenant l'initiative ; mais Catherine, ayant lu le projet de démembrement qui lui était soumis, nota à l'intention de Bezborodko : « La proposition est incongrue. Nous agirions contre nos propres traités. » N'a-t-elle d'ailleurs pas tenté alors de négocier un traité défensif avec le roi Stanislas en suivant les lignes du projet que celui-ci lui avait en vain soumis à Kaniev[23] ? En 1794, en revanche, c'est la Révolution française, l'inspiration jacobine qu'elle prête à Kosciuszko et à l'insurrection polonaise, la crainte de voir les idées révolutionnaires traverser les frontières et investir la Russie, qui la conduisent à accepter ce que, pendant près d'un quart de siècle, elle avait rejeté : l'annexion pure et simple de la Pologne[24]. Le troisième partage fut sans nul doute une véritable curée de la part des trois copartageants. À ceux qui l'avaient servie, Catherine distribua cent dix mille âmes vivant dans les territoires annexés, alourdissant ainsi le monde du servage en Russie.

Cette distribution des terres et des âmes faisait partie des habitudes de l'Empire ; elle avait eu lieu partout où il avait gagné du terrain. Mais, en 1795, les idées révolutionnaires ont fait leur chemin, même en Russie, et cette extension du servage contribue au développement d'une pensée nouvelle dont tout le XIXᵉ siècle montrera qu'elle ne peut plus être freinée et qu'elle met en cause les principes mêmes sur lesquels l'Empire a jusqu'alors vécu. Après 1795, la Russie aura maintes fois l'occasion de vérifier le sage conseil de Jean-Jacques Rousseau aux Polonais dans ses *Considérations sur le gouvernement de la Pologne* (1772) : « Vous ne sauriez empêcher qu'ils vous engloutissent. Faites au moins qu'ils ne puissent vous digérer[25]. »

CHAPITRE XV

La « peste française »

La France tint toujours dans les conceptions politiques de Catherine II une place particulière, explicable par l'ambiguïté des sentiments qu'elle nourrit à son égard. Admiratrice des encyclopédistes et des Lumières, ayant adopté sans réserve la langue et la culture françaises, Catherine entretenait avec la France et ses amis français une familiarité profonde. Pour autant, du mépris que lui avait témoigné Louis XV, de son obstination à dénier à la Russie le droit de tenir sa place en Europe, elle gardait une certaine méfiance, voire quelque hostilité, envers la politique française. C'est à Louis XVI et à son attitude plus ouverte que Catherine répondit par une volonté de rapprochement.

En 1786, un véritable tournant s'esquisse dans les relations franco-russes, dû pour partie à la disparition, en août, de Frédéric II. Son successeur, Frédéric-Guillaume II, ne faisait pas mystère de son hostilité à la Russie, que confirmèrent des manœuvres mettant Pétersbourg en difficulté aussi bien en Pologne qu'en Suède. Cela incita Catherine II à prêter une oreille attentive au comte de Ségur, qui lui suggéra l'existence

de conceptions communes entre Versailles et Pétersbourg, propices à un rapprochement de leurs politiques. Il tira bientôt argument de l'accord conclu en
1788 entre l'Angleterre, la Prusse et les Pays-Bas,
lequel isolait tout à la fois la France, la Russie et
l'Autriche. Bezborodko, son interlocuteur attentif,
n'eut aucun mal à convaincre l'impératrice de la
nécessité d'une entente avec Versailles, dont un
premier jalon fut posé le 11 janvier 1787 avec la
signature d'un accord d'amitié et de commerce entre
les deux pays. À partir de là, l'idée d'une triple
alliance entre Pétersbourg, Versailles et Vienne fit son
chemin, soutenue en Russie par Bezborodko, avec le
concours de Ségur. Louis XVI y fut sensible, même
s'il entendait rester fidèle à l'alliance turque alors que
la Russie était en guerre avec ce pays, pilier des actions
françaises au Levant[1]. Le triangle franco-russo-autri-
chien – Catherine se portait garante de l'intérêt de
Joseph II pour cette alliance – faillit même devenir
quadruple alliance, Louis XVI ayant suggéré d'y
intégrer l'Espagne (la Russie se serait ainsi trouvée
insérée dans un pacte familial des Bourbons).

Si tout le projet échoua, ce fut de par les oppositions d'intérêts russes et français sur des questions
décisives, la principale étant la Pologne. Catherine
était fort inquiète des visées agressives de Frédéric-
Guillaume II sur ce pays et souhaitait que l'éventuelle
quadruple alliance le garantisse contre toute attaque
prussienne. Or la position française sur ce point se
révéla intransigeante : ce que suggérait Versailles,
c'était la restauration pure et simple de la Pologne
dans ses frontières d'avant 1772, soit l'abandon par
la Russie et l'Autriche de leur butin du premier
partage[2]. Cette exigence française, ajoutée aux réserves

émises à propos de la Turquie, exaspéra Catherine. Dès lors, tout conduisait le projet d'alliance à l'échec. Au terme de tractations diverses, le roi de France décida de remettre *sine die* la conclusion de l'accord, et le comte de Ségur reçut mission d'en expliquer les raisons à Pétersbourg[3] : les réticences espagnoles, le désaccord sur l'avenir polonais, et surtout la crise politique survenue en France. Au-delà des causes invoquées pour ce report, le plus important dans la décision française concernait un autre point sur lequel la Russie était fort sensible : le constat qu'un tel accord conclu pendant la guerre russo-turque eût affaibli les liens entre la France et la Porte. Ségur, qui avait tant œuvré pour ce projet d'alliance et que son report mettait en position délicate à Pétersbourg, souligna à ce propos, à l'intention de son ministre, un certain aveuglement de la France : si un rapprochement avec la Russie pouvait intéresser cette dernière, c'était bien au moment de la guerre avec la Turquie ! Lorsqu'elle en aurait fini – et Ségur en pressentait l'issue victorieuse –, Pétersbourg n'aurait plus tant besoin du soutien français ! La défection de Versailles, le refus du Roi Très Chrétien de sacrifier l'appui accordé à la Porte aux relations avec un autre État chrétien, confirma Catherine dans l'idée que Louis XVI, en dépit des ouvertures auxquelles il avait consenti, ne méritait pas sa confiance. Ce constat, on le trouve dans la note que le secrétaire de l'impératrice, Khrapovitski, consigne alors dans son journal[4].

L'échec du rapprochement russo-français contribua ainsi à réveiller la méfiance de Catherine envers Versailles dès avant la Révolution française – laquelle, aux termes d'un jugement sans nuance, constituera pour elle, en bloc, un événement néfaste.

La monarchie supprimée ?

Le conflit qui opposa deux ans durant Louis XVI au Parlement ne fut pas ignoré à Pétersbourg, où Catherine le suivit non sans une extrême inquiétude. À ses sentiments de solidarité avec un monarque contesté, au souhait de voir aboutir l'alliance projetée que la crise intérieure française contribuait à condamner, s'ajoutait une très vive défiance envers l'Angleterre, que l'impératrice soupçonnait de jouer un rôle dans les difficultés du roi de France pour l'empêcher de mettre sur pied un système politique européen défavorable aux intérêts de Londres. Le secrétaire de l'impératrice a bien insisté, dans ses notes, sur cette analyse de la crise française par laquelle Catherine liait ses développements intérieurs et l'ébauche d'un nouvel équilibre européen. Elle pensait, releva ainsi Khrapovitski, qu'une guerre contre l'Angleterre et ses alliés permettrait à Louis XVI de juguler ses ennemis de l'intérieur[5].

De guerre il n'y eut point, mais la prise de la Bastille confirma Catherine dans son opinion que Louis XVI n'était pas l'homme d'une situation aussi périlleuse. Pourtant, dans les semaines qui précédèrent le 14 Juillet, elle eut l'occasion de témoigner ses sentiments fraternels au roi de France lors de la mort du dauphin Louis-Joseph. Onze mois plus tôt, les souverains français avaient déjà perdu une fille, la petite princesse Sophie, âgée de onze mois. Ce nouveau deuil fut pour le monarque une tragédie d'autant plus bouleversante qu'elle semblait rééditer celle qu'il avait vécue dans les mêmes conditions lorsque, au terme d'une longue agonie, son frère aîné, un autre Louis-Joseph, mourut en 1761. Le destin, qui paraît s'acharner sur des dauphins rongés par la maladie, ébranle profondément le roi au moment où il lui faudrait adopter un comportement propre à surmonter la crise[6]. Catherine, elle-même si attachée à ses petits-fils, lui adressa un message fraternel et fit prendre le deuil à sa cour. Elle pressentait combien les malheurs privés risquaient de peser sur les réactions de Louis XVI et sur sa capacité à dominer ce qu'elle tenait pour une crise appelant des mesures autoritaires.

Son inquiétude était d'autant plus justifiée que le rapport sur les événements que lui adressa son ambassadeur à Paris, Simoline, tirait des conclusions radicales du 14 Juillet : « Le pouvoir royal, écrivait-il sans ambages, a été supprimé. » Si ce jugement était prématuré, Simoline avait bien perçu la conséquence première de la journée du 14 Juillet : la disparition de la monarchie de droit divin, seule conception de l'exercice du pouvoir royal que Catherine II reconnût. En acceptant d'accrocher à son chapeau la cocarde tricolore – ce pour quoi on l'avait acclamé à Paris –, Louis XVI entérinait de fait le démantèlement de son pouvoir. C'est cela que Simoline rapportait à l'impératrice, et qu'elle comprit sur-le-champ. Dès lors, ses sentiments pour Louis XVI oscillèrent entre pitié et indignation, sans qu'en fût entamée la méfiance qu'il lui avait inspirée. Dans son journal, Khrapovitski note encore ce jugement peu amène exprimé par Catherine dans les jours qui suivirent la prise de la Bastille : « À quoi sert le roi ? Il est ivre tous les soirs et sous l'influence de n'importe qui, Breteuil, le prince de Condé, le comte d'Artois, et enfin Lafayette[7]. » Ce

genre de propos péremptoires, nourris de ragots dont
l'impératrice – qui ne touchait ni au vin ni à quelque
alcool que ce fût, et qui entendait gouverner par elle-
même – dut faire son miel pour s'expliquer la faiblesse
de caractère du roi de France, alimentèrent aussi sa
déconvenue après l'échec des pourparlers d'alliance.

Les mois passant, loin de s'atténuer, l'hostilité de
Catherine aux événements révolutionnaires se ren-
force ; tout ce qu'elle voit advenir en France lui paraît
scandaleux. À son fidèle Grimm, elle confie sa
perplexité : « Qu'est-ce que c'est que ce roi des
Français ? Et pourquoi la France, huit fois centenaire,
a-t-elle disparu, laissant place aux Français ? » Elle
pose par ailleurs une question dont le sel ressort
d'autant mieux si on la rapporte à un propos de son
compatriote Vladimir Oulianov, dit Lénine, tenu un
siècle et demi plus tard : « Est-ce qu'un cordonnier
peut diriger les affaires de l'État ? » Au début du
XXᵉ siècle, Lénine répondra en écho que n'importe
quelle cuisinière en est capable. Il est vrai qu'à peine
sera-t-il lui-même parvenu au pouvoir qu'il se verra
amené à reposer la question dans les mêmes termes
que l'impératrice à l'automne de 1789...

Dès les débuts de la Révolution, Catherine II ouvrit
les frontières russes à tous ceux qui pouvaient se
sentir menacés par la Révolution. Elle suggéra ainsi au
comte de Ségur, au moment où s'achevait sa mission
en Russie, de ne point rentrer en France, mais de
rester à Pétersbourg où il serait son invité. Mais elle
s'inquiétait de même pour ses sujets restés en France,
et leur enjoignit de regagner au plus tôt leur patrie.

La fuite de la famille royale et l'« affaire Korff »
vont montrer la sagesse de cette attitude et placer le
représentant russe à Paris dans une situation gênante,

que l'impératrice n'approuvera pas. On sait que
Fersen, préparant l'expédition qui allait conduire la
famille royale à Varennes, avait à cette fin loué une
berline au nom de la baronne de Korff, et que la mar-
quise de Tourzel, gouvernante des enfants royaux,
prit l'identité de la baronne, accompagnée de ses deux
filles Aglaé et Amélie (le dauphin ayant été pour la
circonstance affublé d'une robe). Or ladite baronne
de Korff n'était pas une pure invention de Fersen :
c'était la veuve d'un officier russe tué en Turquie,
qui s'était installée en France. Attachée à la famille
royale, elle prit part au projet de Fersen en réclamant
à Simoline, son ambassadeur, deux passeports pour
suivre, prétendit-elle, les instructions de l'impératrice
et quitter un pays réputé dangereux. On les lui remit.
Puis, prétextant la perte de l'un d'eux, elle en demanda
un troisième. Simoline se plia de nouveau à sa requête.
Lorsque la famille royale fut arrêtée à Varennes, la
découverte des passeports Korff provoqua un beau
scandale, et Simoline fut convoqué par les nouvelles
autorités qui dénoncèrent dans cette manœuvre « une
manifestation de la solidarité des tyrans ». Solidaire de
la famille royale, Catherine II l'était, mais elle n'entendait pas que son représentant prît des initiatives
qui, en dernier ressort, le contraignirent à se justifier
devant les autorités révolutionnaires. « On ne discute
pas avec des cordonniers ni avec des avocats[8] »,
gronda l'impératrice, s'offusquant d'autant plus de
voir évoquer la « main de la Russie » dans l'organisation de la fuite royale que toute l'entreprise avait
échoué. Ce qu'elle condamnait en fait dans cette fuite,
c'était l'amateurisme qui y avait présidé, et le nouvel
affaiblissement du roi qui en avait résulté.

Lorsque, le 14 septembre 1791, à la veille de la

dissolution de la Constituante, Louis XVI accepte la Constitution et vient prêter serment devant l'Assemblée, l'indignation de Catherine II ne connaît pas de bornes. Elle adresse aussitôt à Grimm une de ces philippiques qui lui sont coutumières dans les grands moments : « Qu'est-ce que cela ? Louis XVI a accepté une Constitution démente et s'est empressé de prêter un serment que nul n'attendait de lui et qu'il n'a nulle intention de respecter. Qui sont les imbéciles qui lui font accomplir de telles sottises ? Tout cela est affreux et bas, comme si on oubliait la foi, la décence et l'honneur. En entendant cela, en lisant ces horreurs, je me suis terriblement fâchée... », et elle conclut :

Renoncer aux dieux auxquels on croit dans son cœur
C'est le crime d'un lâche et non une erreur.

Et, portant ce jugement fort négatif sur Louis XVI, Catherine s'interroge : « Peut-on aider un tel homme ? »

Sa réponse sera néanmoins qu'il faut agir, probablement moins pour porter secours à celui dont la faiblesse a mis en péril le principe monarchique, que pour lutter contre la Révolution. La guerre sera la réponse des monarques à ce qu'ils n'hésitent pas à nommer la « peste française », dont ils craignent qu'elle ne franchisse les frontières et ne vienne ébranler les convictions monarchiques de leurs sujets.

Mais, avant d'en venir à l'action antirévolutionnaire des souverains européens, il n'est pas inutile d'examiner comment Catherine a perçu dans son pays ces risques de contagion.

« C'est la faute des philosophes »

L'admiration que Catherine vouait aux philosophes ne résista pas longtemps aux événements révolutionnaires. En 1793, elle écrivit à Grimm : « Les philosophes français qui ont préparé la révolution se sont trompés sur un point. Ils s'adressaient à des êtres humains qu'ils croyaient doués de cœur et de raison. Mais, en réalité, ils ont été entendus par des procureurs, des avocats et maints propres à rien qui, se couvrant de leur enseignement, en ont profité pour perpétrer les pires forfaits. » Est-ce la rupture avec le monde des idées qu'elle a tant aimées ? Au vrai, sur certains points, sa réaction est antérieure à la Révolution française. Ainsi, dès le milieu des années 1780, son attitude à l'égard de la franc-maçonnerie, jusqu'alors plutôt tolérante, sinon empreinte d'une réelle sympathie, s'est durcie – jusqu'à la rupture.

La franc-maçonnerie avait fait son entrée en Russie au début du XVIIe siècle et y avait joué un rôle notable dans le développement des idées, contribuant à la pénétration des courants de pensée occidentaux dans un pays longtemps fermé à l'extérieur. Ses adeptes se recrutaient avant tout dans l'élite aristocratique et, parmi les collaborateurs et proches de Catherine, ils n'étaient pas rares : Nikita Panine et son frère le général, le ministre de la Guerre Zakhar Tchernychev, le prince Repnine, et jusqu'à son époux Pierre III. Si la franc-maçonnerie comptait déjà beaucoup de recrues en Russie depuis des décennies, elle connut sous le règne de Catherine un développement remarquable qui attira rapidement son attention et l'inquiéta.

Dans les années 1770, la franc-maçonnerie russe, dont le grand maître était le directeur des théâtres de la cour, I.P. Iélaguine – secrétaire de Catherine dans la décennie précédente et très proche d'elle –, était organisée de manière peu rigide et sans liens étroits avec la maçonnerie d'Europe occidentale. L'impératrice considérait alors les activités des maçons avec un certain amusement. Mais tout change à la fin de la décennie, quand les ordres extérieurs viennent à faire leur apparition en Russie.

En 1777, c'est la franc-maçonnerie suédoise qui y effectue une entrée en force[9]. Le prince Kourakine, ami du grand-duc Paul – c'est là ce qui attire l'attention de Catherine –, est admis en Suède « à tous les grades maçonniques » et revient en Russie avec une « charte » destinée à toutes les loges russes. Peu après voit le jour le « Chapitre du Phœnix », instance suprême des loges russes d'obédience suédoise, et en 1779 s'installe dans la capitale la Grande Loge nationale d'obédience suédoise. Derrière cet effort de pénétration de la maçonnerie suédoise en Russie se trouve le duc Karl de Sudermanie, frère du roi de Suède, grand maître de l'ordre du Temple dans son pays. Cette fois, la franc-maçonnerie cessait d'être un rassemblement relativement souple de personnalités en quête de réponses spirituelles, pour devenir une organisation structurée, hiérarchisée, liée à un pays étranger. Pour Catherine, cette évolution est préoccupante à plusieurs titres. L'organisation d'obédience suédoise, réellement secrète, réunit beaucoup d'esprits inquiets, issus de la noblesse, donc influents, qui y cherchent des réponses à leurs interrogations politiques et non plus seulement spirituelles. L'État n'a guère de moyens de les contrôler, et cette faiblesse inquiète d'autant plus l'impératrice qu'en dernier ressort les loges d'obédience suédoise sont soumises à une hiérarchie étrangère, alors même que les relations avec la Suède constituent pour la Russie un problème permanent. Enfin – c'est peut-être ici l'aspect le plus important –, la Grande Loge d'obédience suédoise réserve le poste de grand maître au grand-duc Paul. Projet qui est loin d'être innocent : adeptes des Lumières, mais conscients de la difficulté à mouvoir leur pays, les francs-maçons russes, tout en débattant au sein de leurs loges de la révolution à accomplir, ont placé leurs espoirs dans la personne du grand-duc héritier, dont l'attitude critique envers sa mère est bien connue de tous. On ne compte plus les tentatives visant à attirer le grand-duc vers les loges. L'architecte Bajenov multipliera ainsi les visites à l'héritier pour lui remettre une littérature destinée à le gagner à ces idées.

L'influence suédoise n'est pas seule à s'exercer au sein de la franc-maçonnerie russe ; la Prusse joue elle aussi son rôle au même moment par l'intermédiaire des Rose-Croix, importés en Russie par I.G. Schwartz, nommé en 1779 professeur à l'université de Moscou. Schwartz agit en représentant prussien de l'ordre, même si cela reste secret, et obtient qu'à la Convention maçonnique de Wilhelmstadt, en 1782, la Russie soit érigée en huitième province autonome de l'ordre avec une hiérarchie complète installée à Moscou et placée sous l'autorité du duc de Brunswick. Le publiciste et éditeur Nicolas Novikov est nommé président du directoire, cependant que la place de grand maître, restée vacante, est réservée une fois encore au grand-duc Paul.

Comment Catherine ne se serait-elle pas émue de

cette obstination à faire de son fils le symbole d'ordres qui, pense-t-elle, mettent en cause l'ordre établi et sa position prééminente, même si le grand-duc se montre lui-même très réservé vis-à-vis de ceux qui lui font de telles propositions ?

De surcroît, l'impératrice a été horrifiée par Cagliostro, venu en Russie en 1779, en qui elle a vu un parfait représentant du monde « absurde » des francs-maçons, même si elle n'a pas très bien su comment situer l'illustre voyageur. Mais elle classe volontiers dans une même catégorie tous ceux qu'elle tient pour des illuminés, de dangereux apôtres du changement, voire des charlatans.

Elle renonce alors à son attitude de tolérance et décide de s'attaquer à la franc-maçonnerie par divers moyens. Convaincue de la force de l'écrit, elle s'empresse de produire des pièces destinées à être représentées au théâtre. Le Trompeur, écrit en pensant à Cagliostro – peint sous le nom de Kalifankerstan –, est monté dans la capitale et traduit en français et en allemand. Suivent Le Trompé et Le Chaman de Sibérie, pièces qui connaissent aussi un vif succès public. Le théâtre n'est pas le seul mode d'expression utilisé par Catherine pour combattre les idées des francs-maçons. Dès 1780, elle écrit Le Secret de la société anti-absurde révélé à l'un de ses profanes, où, comme dans les pièces, elle se livre à une virulente critique de toutes les activités maçonniques. Mais Catherine ne se contente pas de tremper sa plume dans le vinaigre et de ridiculiser rites et convictions ; elle agit, éloignant de son fils tous ceux qu'elle soupçonne de vouloir l'attirer dans leurs rangs. La disgrâce de Panine tient peut-être aussi à cette raison. Elle envoie par ailleurs le couple grand-ducal visiter contre son gré l'Europe et, au retour, elle assigne à résidence dans leurs terres les proches de Paul, le prince Kourakine et l'amiral Plechtcheiev, affaiblissant par ces diverses dispositions l'obédience suédoise et les liens du grand-duc avec ceux qui s'y rattachent. Dans le même temps, elle ne peut néanmoins que constater le progrès des loges en Russie et la diffusion de leurs idées. Ce n'est pas un hasard si le premier opéra de Mozart à y obtenir un très grand retentissement fut *La Flûte enchantée* ; toute l'élite libérale assura son succès.

Voilà qui explique l'attention particulière que Catherine prêta soudain aux activités de Novikov[10]. Le personnage mérite d'être dépeint à la fois pour celles-ci et pour ce qu'il représente comme prototype d'une génération d'intellectuels russes[11]. Issu de la moyenne noblesse de Moscou, sa vie d'adulte se confond avec le règne de Catherine, tout comme celle de Fonvizine. Il fut en 1767 secrétaire de la Grande Commission couvée par l'impératrice, donc très informé des revendications qui allaient s'y exprimer. Cet intellectuel n'était pas un écrivain, mais un éditeur de revues – il en publia successivement quatre, toutes à vocation satirique –, et il se livra surtout à des activités d'imprimerie qui le placèrent au cœur des débats politiques et littéraires russes. Ses convictions l'orientèrent vers la franc-maçonnerie, mais il changea à plusieurs reprises d'obédience. Pour donner un écho à ses idées, il publia entre 1777 et 1780 le mensuel *Lumière du matin* (« Utrennii Svet »), dans lequel il combattait fermement le matérialisme des encyclopédistes au bénéfice d'une doctrine de la connaissance puisée chez les Égyptiens. Ce n'était pas encore à proprement parler une publication maçonnique. En 1779, il quitta Saint-Pétersbourg pour Moscou où il reçut pour dix ans la gérance de l'imprimerie de l'université, laquelle allait devenir son outil de travail privilégié, mais aussi le moyen de diffuser enfin la pensée maçonnique en tant qu'instrument d'éducation et de réflexion pour ses compatriotes. C'est alors que, sous l'influence de Schwartz, déjà cité, il adhéra aux Rose-Croix, fonda la « société savante » des Amis des Rose-Croix, destinée à tous ceux qui s'interrogeaient et souhaitaient rejoindre les rangs de la franc-maçonnerie, et publia une revue, *Le Crépuscule* (« Vetcherniaia Zaria »), très tournée vers les problèmes de la mort, de la vie dans l'au-delà, ainsi que vers les expériences ésotériques fort en vogue à cette époque dans l'Europe entière. Son imprimerie consacrait une large part de son activité à des publications éducatives, mais Novikov déployait aussi une importante action philanthropique – on dirait aujourd'hui humanitaire –, une fraction des bénéfices de son entreprise servant à financer écoles et hôpitaux. Lors de la famine de 1787, il aida les familles démunies et fonda des « magasins à blé » en prévision d'éventuelles pénuries à venir[12].

Si, jusqu'alors, Catherine avait manifesté de l'indulgence pour ses activités de publiciste, si une certaine coopération littéraire autour des *Lumières* exista même un temps entre l'impératrice et le journaliste[13], elle en vint à s'inquiéter, au milieu des années 1780, et des agissements de Novikov et des progrès de la franc-maçonnerie, considérant que les uns et les autres mettaient en cause l'autorité de l'État et celle de l'Église dont elle-même se sentait responsable. Le nombre d'ouvrages publiés par les imprimeries maçonniques entre 1780 et 1792 – plus de mille ! –

l'effraya aussi et elle décida de frapper ceux qui jouissaient du plus grand prestige, Novikov en tête.

Elle s'attaqua à lui en 1785 par l'entremise de
l'Église, enjoignant à l'archevêque Platon, unani-
mement respecté, d'examiner l'orthodoxie des livres
sortis des presses de Novikov. La démarche eut pour
seul résultat que l'archevêque l'assura de la rigueur
desdits ouvrages et de leur caractère non critiquable
du point de vue religieux. Mais la Révolution française, dans laquelle Catherine voyait aussi l'influence
désastreuse de la franc-maçonnerie, lui permit d'aller
au bout de son projet. Elle plaça tous les francs-
maçons notoires de Moscou sous surveillance policière, et fit saisir des livres chez Novikov. Pour finir,
en 1792, elle fit envoyer ce dernier à la forteresse
de Schlüsselbourg, de sinistre mémoire, où il fut
condamné à moisir quinze ans. Depuis 1787, une
interdiction pesait sur la publication d'ouvrages à
contenu spirituel par des maisons d'édition échappant
au contrôle du Saint Synode, et la poursuite de ses
activités éditrices par Novikov avait suffi à le mettre
hors la loi.

Les réunions des francs-maçons furent interdites,
les loges pratiquement démantelées. Même après la
disparition de Catherine, la franc-maçonnerie fut
incapable de se relever de tels coups.

L'impératrice avait-elle des raisons fondées de
tourner le dos à ce mouvement qui appartenait aux
Lumières dont elle-même s'était tant réclamée ? On a
volontiers imputé à sa réaction face à la Révolution
de 1789 ce qui fut tenu pour un tournant radical de
sa pensée et de ses comportements. Mais ses rapports
avec la franc-maçonnerie avaient été d'emblée déplorables : dès 1780, on l'a vu, elle s'employait dans ses

écrits à ridiculiser et dénigrer le mouvement et tout ce
qui s'en rapprochait. Ses craintes pour son fils, sa
volonté d'empêcher les francs-maçons de créer autour
de Paul l'équivalent d'un parti d'opposition, ont
certes joué ici un rôle notable, mais d'autres éléments
s'y sont ajoutés, notamment son inquiétude face à la
montée des influences étrangères – prussienne et suédoise – par le truchement des loges liées à ces pays. Il
n'est pas inutile de mentionner à cet égard la tentative
des francs-maçons russes de créer un ordre national
et orthodoxe, en opposition à la règle générale des
loges stipulant la fidélité des *frères* à leur religion
d'origine et impliquant donc que la tolérance confes-
sionnelle préside à leurs relations. Méfiants vis-à-vis
des loges étrangères et des influences extérieures sus-
ceptibles de peser sur les traditions nationales, les
francs-maçons russes fondèrent vers 1780 une loge
secrète qui avait pour règle première de recevoir uni-
quement des Russes orthodoxes. La Révolution française imprima à cette loge secrète un élan particulier,
car ses adeptes étaient horrifiés par le spectacle des
événements de France. Pour eux, la Russie devait
rester tournée vers ses traditions religieuses et cultu-
relles, et ignorer tout apport étranger. Elle y trou-
verait le salut et peut-être même détiendrait-elle aussi
la clé du salut, à terme, d'une Europe ravagée par les
idées révolutionnaires. La loge secrète russe, proche
de Catherine II par son rejet de la révolution et par
son attachement au patrimoine russe, ne fut cependant
pas davantage ménagée par elle, même si ses membres
échappèrent à la répression[14].

Pourchassée, pratiquement réduite à l'inexistence
après 1792, la franc-maçonnerie russe aura contribué
pendant plus de quinze ans à former l'intelligentsia à

venir en lui fournissant un moyen d'accéder aux idées qui bouleversaient le reste de l'Europe. Mais pour Catherine, après 1789, ces idées avaient cessé d'avoir droit de cité.

Un « encyclopédiste » russe : Radichtchev

En 1789-1790, alors que les intellectuels russes suivent avec attention les événements français, s'interrogeant encore sur leurs répercussions en Russie, Catherine est plongée dans un ouvrage qui vient de paraître, *Voyage de Pétersbourg à Moscou*, d'un certain Radichtchev – nullement un inconnu pour elle –, qu'elle annote de commentaires virulents[15] : « L'auteur veut soulever les paysans contre les propriétaires, les troupes contre leurs chefs, conduire les rois à l'échafaud... » Ou encore : « C'est le premier envoyé en Russie de la Révolution française... » Très vite, Radichtchev fut arrêté, jugé par la Cour criminelle et condamné à mort. Le 4 septembre 1791, la paix ayant été conclue avec la Suède, Catherine commua la sentence en une peine incompressible de dix ans de déportation en Sibérie. Si l'on se souvient qu'Élisabeth avait supprimé la peine de mort et que son rétablissement avait tenu à la révolte de Pougatchev, non au désir d'en faire une arme répressive permanente, deux questions se posent ici : quel crime pouvait justifier une telle rigueur ? et qui était ce criminel appelant sur lui la vengeance impériale ? Car, même si la peine de mort avait été commuée, le verdict restait impitoyable : dix ans en Sibérie laissaient, en effet, peu de chances de survie. Qui était donc le « criminel Radichtchev » ?

Catherine dira à son propos qu'il était « pire que Pougatchev », ce qui constituait dans sa bouche un jugement sans appel. Pourtant, rien, ni dans ses origines, ni dans sa formation, ni dans son caractère, ne destinait Alexandre Radichtchev à être ainsi qualifié. Issu d'une famille noble d'origine tatare dont les ancêtres s'étaient battus à Kazan contre Ivan le Terrible avant de se convertir à l'orthodoxie et de devenir des Russes convaincus, entouré par des professeurs de l'université de Moscou, Radichtchev entra en 1764 au corps des pages, constitué par Catherine lors de son couronnement. Il avait alors quinze ans. Lorsqu'il eut atteint sa dix-huitième année, avec ses camarades les plus doués du corps des pages, il fut envoyé par l'impératrice à Leipzig pour y étudier le droit. Catherine II reprenait ainsi à son compte un projet auquel la plupart des souverains russes étaient attachés : envoyer de brillants jeunes gens se former à l'étranger. Boris Godounov, le tsar Alexis s'y étaient jadis essayés, mais leurs protégés préféraient ensuite rester hors de Russie. Sous Pierre le Grand, le mouvement fut très important par le nombre de ceux qui partirent, et réussi parce qu'ils revinrent dans l'ensemble au bercail une fois leur formation achevée. Radichtchev était à l'époque trilingue, lisant parfaitement le français et l'allemand ; outre le droit, il se familiarisa alors avec toute la littérature française et avec celle qui avait nourri la pensée des Lumières : Rousseau, Mably, Beccaria, Montesquieu, Adam Smith, Helvétius...

Revenu en Russie en 1771, le jeune Radichtchev était déjà convaincu de la nécessité pour son pays de suivre les penseurs qui avaient accompagné ses propres années de formation. Pour autant, il ne se rangea pas parmi ceux qui contestaient le système établi, mais en devint au contraire un fonctionnaire remarqué à des postes de premier plan. Il fut d'abord membre du tribunal militaire de Saint-Pétersbourg alors que s'achevait le procès des pougatchéviens. De la brutalité de cette justice d'exception, Radichtchev ne s'accommoda pas et il se tourna dès lors vers le service civil. Sa famille voisinant avec les domaines des Vorontsov, il fut nommé au collège du Commerce grâce à l'appui du comte Alexandre Vorontsov, alors président du collège et frère de la princesse Dachkov, avant de devenir, grâce à la même protection, directeur-adjoint, puis, en 1790, directeur de la douane de la capitale.

Lorsque le scandale de ses écrits éclate, Radichtchev est donc un haut fonctionnaire respectable et respecté. Rien de ce qui touche à la vie économique et aux échanges internationaux de la capitale ne lui échappe. Mais, alors qu'il occupe ces hautes responsabilités, les échos de la Révolution française parviennent en Russie et se mêlent au souvenir de la Révolution américaine. Le climat politique troublé, sa formation intellectuelle où les auteurs des Lumières ont occupé une si grande place, la révolte de Pougatchev, les mouvements paysans en Russie, la répression qui s'ensuivit et dont il fut le témoin, tout cela contribue sans doute à faire du haut fonctionnaire, de l'ancien page modèle protégé par l'impératrice, le plus virulent critique de la Russie des années 1780.

Pour autant, ce n'est pas là, on en conviendra, le portrait très convaincant d'un criminel.

Le crime de Radichtchev, c'est sa plume et le regard qu'il jette sur son pays. Son premier livre, une brochure tout au plus, a été publié en 1789 : c'est

La Vie de Fiodor Vasilievitch Ouchakov. Cet ouvrage,
consacré à l'un de ses camarades d'études à Leipzig
tôt disparu – la syphilis aura eu raison de sa jeunesse –, est avant tout le portrait d'un jeune intellectuel russe des années 1770-1780 découvrant, grâce
à ses lectures, au savoir acquis hors de Russie, un
univers de vérité et de justice qu'il oppose à la réalité
russe. L'ouvrage suscita maintes critiques. Mais celui
qui lui fut imputé à crime était tout autre : il s'agit du
Voyage de Pétersbourg à Moscou, dont l'impératrice
fit une affaire personnelle. Peut-être, s'il n'avait été
publié alors que la Révolution battait son plein à
moins de trois mille kilomètres de la capitale russe,
eût-il été tenu pour une exploration du territoire
national. La vogue des récits de voyage était alors à
son comble. Que disait au juste Radichtchev d'inacceptable aux yeux de Catherine ? Rien de vraiment
neuf – moins, sans doute, que le récit de Chappe
d'Auteroche* réfuté par elle –, mais il jetait un regard
précis, blessé, décapant sur la réalité du pays.

Ce que Radichtchev dévoile, c'est à la fois la
souffrance des serfs et la volonté de rejeter la servitude, les sentiments ambigus de ceux qui dominent,
partagés entre le goût des privilèges et le doute sur la
légitimité de ces mêmes privilèges. Ayant arpenté le
pays, il constate avec effarement combien le droit,
qu'il a étudié dans sa jeunesse, est en Russie
inexistant : « Dans la société originelle, celui qui était
capable de cultiver la terre avait le droit de propriété
sur elle, et en la cultivant il jouissait du droit exclusif
d'en user. Mais combien nous nous sommes écartés,
sous le rapport de la propriété, du droit originel !

---

* *Cf.* chapitre VI, pp. 275-276.

Chez nous, celui qui en a le droit naturel n'est pas seulement totalement privé de cette propriété, mais, travaillant sur des champs qui ne lui appartiennent pas, il voit sa pitance dépendre du pouvoir d'autrui [...]. Peut-on qualifier d'heureuse la condition civique du paysan en Russie ? Seul un vampire insatiable pourrait le dire[16]. » Et peu après vient la conclusion, que Catherine dut lire en frémissant d'épouvante ou en bondissant d'indignation : « Ignorez-vous, chers concitoyens, la fin qui nous guette, le péril où nous sommes ? Tous les sens endurcis des esclaves, que le seul geste de la liberté est impuissant à ébranler, ne font que renforcer leurs sentiments intimes [...]. Nos frères enchaînés attendent leur heure, une occasion propice. Le tocsin sonne [...]. La mort et l'incendie seront les récompenses de notre dureté et de notre inhumanité. Plus nous tarderons à les libérer de leurs chaînes, plus nous nous obstinerons à les y maintenir, et plus foudroyante sera leur vengeance[17]. »

Il n'est pas d'étape de son voyage où Radichtchev ne constate combien le droit est violé en Russie, et il donne la parole aux paysans, aux jeunes gens requis pour un temps infini par l'armée – « et pourquoi ? parce que ceux qui gouvernent n'arrêtent pas de faire la guerre ! » –, au serf marié de force parce que tel est le bon plaisir du propriétaire, au vieillard à qui le noble arrogant réclame cinquante chevaux, qui n'en a que trente et qui reçoit cette réponse : « Fabrique-les, vieille bourrique ! S'il n'y a pas de chevaux, je t'estropie[18] ! » Et comment réagir à la lecture de cette annonce : « À dix heures du matin [...] seront vendues aux enchères [...] une maison et, avec elle, six âmes de sexe masculin et féminin[19] » ? Qui ignore en Russie

qu'un débat a eu lieu, lors de la Commission législative, sur la vente des serfs ? Qu'un oukaze a suivi,
interdisant de les vendre aux enchères... sans les
terres ? Radichtchev publie son récit de voyage vingt
ans après cette interdiction. Comment ne pas comprendre l'appel à sonner le tocsin, les menaces de
révolte évoquées au fil des pages ? Et, pour Catherine
qui s'interrogeait sur la possibilité d'interdire le
servage, quelle condamnation du premier de ses
échecs ! D'autant qu'il n'est pas de réponse au récit
de Radichtchev, à la longue complainte du paysan
russe : son martyre ne saurait être contesté.

Loin de s'en tenir à ces évocations déchirantes,
Radichtchev a inséré dans l'ouvrage un poème, une
Ode à la Liberté composée en 1783 et qu'il ne put
alors publier. Il précise : « Le titre a suffi pour qu'on
interdît la publication de ces vers. Mais je me rappelle
très bien que dans l'*Instruction** il est dit : "La liberté
signifie que tous obéissent aux mêmes lois." » Une
fois encore, Radichtchev dénonce le décalage entre
le discours hypocrite et la pratique politique dont
l'impératrice – qui règne depuis près de trente ans, et
avec quelle autorité ! – porte la responsabilité.

De sa lecture, ses notes en témoignent, Catherine
retient d'abord la vision de la paysannerie vouée à une
révolte pougatchévienne par essence. Elle a durablement cru que la transformation du pays serait
l'œuvre des gouvernants, mais aussi le fruit du dialogue ou du jeu politique entre le souverain et les
membres de la noblesse, que ceux-ci soient partisans
ou adversaires de la réforme. Un dialogue d'égaux,
en somme. Dans cette conception du « progrès par le

---

* Voir chapitre II.

haut », Radichtchev introduit une composante nouvelle : le peuple, ce paysan dont la révolte sera, en dernier ressort, le moteur de la transformation historique. Or ce discours de Radichtchev a pour toile de fond à Paris la prise de la Bastille, la chute prochaine de la monarchie, le triomphe du peuple. Dans un contexte plus paisible, où le *Voyage* n'aurait pas été illustré par les « travaux pratiques » de la Révolution française, Catherine eût peut-être raisonné plus sereinement, réfuté les arguments de Radichtchev comme elle l'avait fait naguère pour Chappe d'Auteroche. Mais, en 1790, c'est l'émeute prochaine qu'elle décèle derrière les descriptions colorées de l'écrivain. Et à l'émeute il n'est qu'une réponse, elle l'a éprouvé avec Pougatchev : l'implacable répression.

Radichtchev est, aux yeux de l'impératrice, l'incarnation de tout ce que la Révolution française a soudain mis à nu par-delà le discours si séduisant des philosophes : la franc-maçonnerie, le jacobinisme, l'appel au soulèvement populaire. Peut-être le pire moment de sa lecture a-t-il été le chapitre intitulé « Le bois de Spasskoïe », où une bohémienne ou sorcière nommée Droitregard interrompt les propos lénifiants du voyageur, satisfait de ce qu'il voit, pour lui décrire, à propos de tout ce qui touche au pouvoir, l'envers du décor, et lui annonce que « les flèches du tonnerre vengeur sont déjà prêtes à terrasser l'oppresseur ».

Tout cela, l'impératrice le prend à son compte, et elle répond. Pour le criminel, le châtiment suprême. Pour la franc-maçonnerie, qui eut sa part dans sa formation (Radichtchev appartint un temps à la loge Urania des Rose-Croix), l'interdiction. Pour toutes les œuvres qui ont nourri cette pensée rebelle, celles

qui ont aussi formé Catherine, l'autodafé ou à tout le
moins leur exclusion de Russie.

L'impératrice se trompait en croyant traquer les
complices de Radichtchev et en tenant la Révolution
française pour la matrice de l'œuvre. Le *Voyage* avait
été écrit bien avant, et si les idées des philosophes
l'ont nourri, c'est à la Révolution anglaise et à
Cromwell que pensait son auteur. Quant à ce qu'il
apprendra, dans son dur exil sibérien, des suites de
la Révolution française, c'est-à-dire la dictature de
Robespierre et la Terreur, il les condamnera tout aussi
fermement que le fera Catherine. Là-bas, il réfléchira
également au monde rural russe en termes plus
concrets et s'intéressera à la « commune » paysanne
(l'*obchtchina*), entrevoyant qu'elle pourrait représenter une autre réponse que la violence au besoin
de justice de la société. Celui qui fut d'une certaine
manière un encyclopédiste russe – le *Voyage* est bien
l'encyclopédie de ces années tourmentées – ne recou-
vrera la liberté qu'à la mort de Catherine, car jusqu'à
son dernier souffle celle-ci le tint pour son ennemi
irréductible et pour l'incarnation du projet révolutionnaire.

La cause des rois

Tournée jusqu'en 1792 – paix de Jassy – vers
l'Empire ottoman, puis à nouveau requise par une
Pologne rebelle, Catherine n'est guère en mesure, en
1792-1794, de participer à quelque croisade que ce
soit contre la France. Elle ne dissimule pourtant pas
son impatience de voir la communauté des monarques
s'unir pour briser l'aventure révolutionnaire. Au

lendemain de l'arrestation de la famille royale à Varennes, elle écrit : « Je n'ai jamais regardé la cause du roi comme étrangère aux têtes couronnées ; c'est la cause *des* rois. » Avec qui la faire triompher ?

En Suède, Catherine trouve un écho à son indignation et, le 21 octobre 1791, signe avec ce pays une alliance. Les nouveaux amis vont jusqu'à imaginer un débarquement de leurs troupes en Normandie. La convention secrète qui accompagne le traité russo-suédois stipule que la Russie apportera à l'entreprise militaire commune huit mille hommes et plusieurs vaisseaux. Dans l'hypothèse où ses propres difficultés avec la Porte l'empêcheraient de fournir sa part en hommes et matériels, une très importante indemnité a été fixée. Mais après l'assassinat de Gustave III, la volonté de son héritier, le duc de Sudermanie, de régler les problèmes d'endettement que connaît son pays le conduit à négocier avec la France. En fait, il joue un double jeu : il promet à Paris, en échange d'un prêt, de renoncer à toute croisade contre la France, mais négocie en même temps avec Pétersbourg. Cette duplicité fait échouer la discussion avec la France et décourage aussi bien Catherine II.

Officiellement, l'impératrice est en tête des croisés potentiels. Par l'intermédiaire de son ambassadeur Simoline (à la veille de quitter Paris), elle entretient quelques contacts avec les souverains et répond à une lettre de Marie-Antoinette par une missive du 1er février 1792, mais qui ne fut ni achevée ni envoyée. Catherine y défend l'idée d'une coalition des monarques pour abattre la Révolution. L'ambassadeur de France, Edmond Genest, a été prié de quitter la Russie, de même que tous les ressortissants français qui ne proclamaient pas leur hostilité au nouveau régime. Ceux qui le font sont les bienvenus dans l'Empire, et l'impératrice les assiste volontiers[20].

Lorsque, le 20 avril 1792, Louis XVI déclare la guerre à l'Autriche, une question concrète se pose à Pétersbourg : l'Autriche étant son alliée, que faire ? Pour commencer, Catherine coupe les liens avec Paris, fait revenir son ambassadeur, interdit les ports russes aux navires battant pavillon français. Le procès et l'exécution de Louis XVI marquent le moment ultime des réactions politiques russes : un deuil de six semaines est proclamé, les relations diplomatiques entre les deux pays sont rompues, et le traité de commerce de 1787 dénoncé. Catherine reconnaît le comte de Provence, futur Louis XVIII, comme roi après l'avoir, dès septembre 1791, reconnu comme régent du royaume. Les Français résidant en Russie sont invités à prêter serment de fidélité à la monarchie et au roi, et ceux qui s'y refuseraient ne sauraient rester dans le pays[21]. Moins de trois mille Français y séjournaient alors, réfugiés principalement dans la capitale et, pour quelques centaines d'entre eux, en province.

Réactions purement politiques, certes, mais Catherine a-t-elle jamais eu l'intention d'aller au-delà de ces gestes ou de ces déclarations tonitruantes ? Entendait-elle vraiment contribuer militairement à la « cause des rois » pour laquelle son allié autrichien puis la Prusse s'engagèrent ? En 1792, contrairement à l'impératrice qui ne faisait qu'observer et tonner, Frédéric-Guillaume II, se conformant aux accords de Pillnitz, rejoignit Léopold II d'Autriche dans la guerre. Mais la Prusse était financièrement aux abois et la résistance française à Valmy lui fit craindre une guerre longue et impopulaire. Catherine, pour sa part, rit de ce qu'elle tient pour pusillanimité chez ces monarques. Elle écrit à Grimm : « Je soutiens qu'il ne faut s'emparer que de deux ou trois bicoques en France, et que tout le reste tombera [...]. Vingt mille Cosaques seraient bien trop nombreux pour faire un tapis vert de Strasbourg à Paris. Deux mille Cosaques et six mille Croates y suffiraient. » À la vérité, ce ne sont même pas deux mille Cosaques, et de loin, qui partent au combat. Les encouragements aux coalisés ne manquent cependant pas. Alliée à l'Autriche, Catherine II appelle l'Angleterre à venir en aide au comte d'Artois, à effectuer une descente sur les côtes françaises, et elle signe alors avec ce pays, à qui la France a déclaré la guerre le 21 janvier 1793, un traité commercial et défensif stipulant leur solidarité dans la guerre contre la France, leur engagement à ne pas conclure de paix séparée, et surtout leur décision d'empêcher le commerce français avec les pays neutres.

Par cette dernière disposition, Catherine fait une croix sur le texte dont elle était si fière par le passé, celui qui avait fondé la « neutralité armée ». Pour l'Angleterre, c'était une revanche ; pour la Russie, un sacrifice de peu de prix. L'idée même de neutralité armée, dans le tumulte européen de 1793, n'a plus guère de portée. Surtout, par cette alliance, Catherine achète l'acquiescement anglais à ce qui lui tient le plus à cœur dès lors que la guerre avec la Porte a pris fin : ses intérêts en Pologne.

Pour ce qui est de contribuer à la croisade anti-révolutionnaire, des intentions pieuses aux actes concrets le pas ne sera jamais franchi. Catherine promit quelques troupes – peu – qui participèrent à une expédition d'émigrés français transportés à bord de vaisseaux anglais sous le commandement du comte d'Artois vers les côtes normandes. Le projet, élaboré avec Gustave III avant sa mort, a resurgi dans le cadre de l'alliance anglaise un an plus tard. Peu disposée aux actions militaires, Catherine de surcroît a exigé de son allié anglais qu'il supporte tout le coût de l'expédition, arguant qu'elle entretenait pour sa part les émigrés français. Pour apaiser ses alliés, elle leur suggéra de se rembourser, à l'issue de la guerre, en annexant les possessions coloniales d'une France vaincue.

Les réticences russes à passer aux actes, celles de la Prusse qui, après Valmy, a retiré ses troupes jusqu'au Rhin et attend une aide financière de Londres, tout paraît se réduire, au sein de la coalition, à une question financière. L'Angleterre en supporte le poids et croule sous les demandes de subsides de ses alliés. Pitt signe sans relâche des traités d'alliance et des promesses de subsides. En avril 1793, la première conférence des puissances opposées à la France est réunie. Les armées de la Révolution sont à la fois en butte aux actions dispersées des coalisés et à la guerre de Vendée. Pourtant, la coalition se décompose dès 1794. C'est que Catherine a les yeux définitivement tournés vers la Pologne et que ses deux complices rivaux, Léopold II et Frédéric-Guillaume II, qui situent eux aussi leurs ambitions polonaises bien au-dessus de la « croisade des rois », n'entendent pas être absents à l'heure du partage. Ce n'est qu'en 1796, quand la Pologne aura cessé d'exister, qu'une expédition sera préparée en Russie et confiée à Souvorov, avec pour mission de gagner le Rhin. Mais la mort de Catherine la remettra en cause.

Quoique dissimulée, la politique attentiste de l'impératrice aura bien contribué à affaiblir la coalition antifrançaise. Par ses propos énergiques, par les propositions qu'elle aura multipliées à tous les acteurs grands et petits – puisque l'Europe monarchique entière y fut impliquée –, Catherine aura pris dans la « cause des rois » l'allure du chef de file, inspirateur de la croisade. Dans le même temps, elle confiait parfois à ses proches, Grimm ou Osterman, les véritables objectifs de sa conduite : « Pour ma part, je me charge de surveiller les Polonais, les Turcs et même les Suédois qui, depuis la mort de leur roi, se sont réconciliés avec la France. » Elle ajoutait encore, dans une conversation avec le vice-chancelier Osterman : « Je ne peux pas avouer aux cours de Vienne et de Berlin que je les engage dans cette affaire parce qu'il me faut avoir les coudées franches. J'ai encore des entreprises à terminer. Si la Prusse et l'Autriche étaient libres de leurs mouvements, elles me gêneraient. » Aveu qui traduit bien sa pensée. Catherine vit entre deux préoccupations qui toujours s'enchevêtrent : la Porte et la Pologne. En 1792, elle doit conclure en hâte la paix de Jassy parce que la révolution polonaise du 3 mai a évincé la Russie de Pologne. Pour pouvoir envisager de réagir, il lui faut mettre fin à la guerre avec la Porte, fût-ce sans en tirer les bénéfices espérés. La « guerre des rois » lui fournit l'occasion de trouver un règlement au problème polonais à l'abri des ambitions prussiennes et autrichiennes. Mais lorsqu'elle joue ce jeu, cherchant en solitaire une réponse à ce problème, il n'est pas certain que le partage ou l'annexion soit la solution qu'elle privilégie dans ses calculs. Reprendre pied en Pologne en annulant les effets de la révolution du 3 mai ne serait pas, pour elle, un résultat négligeable. L'annexion unilatérale entraînerait une réaction dangereuse des deux autres larrons, et le partage qui finirait par en résulter réduirait l'influence russe à une seule partie de la Pologne. Redevenir la puissance tutélaire et l'être seule, n'est-ce pas encore la meilleure issue ? Voilà qui éclaire la formule brutale de Catherine : « Il n'y a pas lieu à compensations en Pologne. »

La question polonaise réglée par la disparition de la Pologne, Catherine craint encore une fois le retour sur scène de la Porte. D'autant que c'est le moment où le *projet grec*, abandonné, se trouve relayé par une autre variante des ambitions asiatiques de la Russie : le *projet persan*, dont son dernier favori, Platon Zoubov, se montre l'ardent défenseur. Le nouveau shah de Perse, Agha Mohammed, souverain khadjar, vient en effet d'envahir la Géorgie et de brûler la capitale, Tiflis, d'où a fui le roi Irakli, protégé de Catherine. Pour répondre à l'agression persane, Irakli suggère à l'impératrice de reconquérir son protectorat géorgien et d'aller en Perse y fonder un nouvel empire. Même si Catherine n'est qu'à demi convaincue, ses conquêtes sont déjà remarquables et elle a l'œil fixé sur l'Orient bien plus que sur la France. Valérien Zoubov, le frère du favori, qui commande l'expédition persane, s'empare au printemps de 1796 de quelques villes du Nord-Caucase, mais ne peut atteindre Ispahan, ni, au-delà, le Tibet, comme son frère, ivre de gloire, le lui avait enjoint. C'est la mort de l'impératrice qui met fin à ce projet aussi fou que ruineux.

En définitive, Catherine aura involontairement contribué au salut de la Révolution française qu'elle haïssait si fort : s'engager contre elle eût ruiné ou affaibli tous ses autres projets. Par son inaction, elle démobilisa les coalisés après les avoir exhortés à agir. Par son action en Pologne, elle excita les rivalités entre

Prusse, Autriche et Russie. La coalition ne pouvait l'emporter dès lors qu'un jeu politique si complexe se déroulait à l'arrière-plan. Peut-être aussi, en dépit de son aversion pour les révolutionnaires, Catherine entrevoyait-elle déjà la suite : la reprise en main de la France par un homme fort dont elle avait évoqué l'apparition dans une lettre à Grimm : « La France pourra renaître, plus forte que jamais, si surgit l'homme providentiel, adroit et courageux, capable de devancer son peuple et peut-être son siècle. » L'homme providentiel qu'elle imaginait en 1794 avait déjà remporté une brillante victoire à Toulon. Encore quelques années, et il s'imposerait à la France. Catherine ne serait plus là pour le voir, mais elle l'avait entrevu ; et puisque alors il faudrait à nouveau compter avec la France, autant ne pas avoir à ce moment-là les armes à la main.

Fin de règne

Une certaine solitude

Avec la mort de Potemkine en 1791, l'univers intérieur de Catherine II s'effondre, et son univers politique se complique. Certes, l'intime conseiller était le
plus souvent éloigné d'elle et un tout dernier favori,
le jeune Platon Zoubov, avait fait son apparition un
an plus tôt, qui s'était efforcé de le discréditer,
d'exiger de l'impératrice tous les honneurs et privilèges dont son prédécesseur avait été couvert. Mais, si
Zoubov obtint fréquemment d'elle ce qu'il demandait,
s'il lui prodigua ses avis, il ne pouvait espérer rivaliser
avec Potemkine, ni, celui-ci disparu, remplir le vide
que ressentit dès lors Catherine jusqu'à la fin de son
existence. Que pesait le jeune amant qui n'avait en
propre ni titres de gloire ni intelligence réelle, et
encore moins de culture, en regard de la personnalité
éblouissante de celui qui vingt ans durant, aux côtés
de Catherine ou plus souvent parti pour la Tauride,
ne cessa de la fasciner, de l'amuser, de la conseiller ?
Avec la mort de Potemkine, l'impératrice perdait non
seulement l'homme qu'elle avait aimé et pour lequel
elle conservait des sentiments auxquels nul autre après

lui ne pourrait prétendre, l'homme qu'elle avait probablement épousé, mais surtout un chef de guerre
unique en son genre, capable de tenir plusieurs fronts
à la fois sur terre et sur mer ; le conquérant qui avait
rêvé de lui apporter en hommage tout le sud de la
Russie jusqu'à la mer Noire, et qui y avait réussi ; le
visionnaire qui avait édifié un véritable royaume pour
lui-même, mais en dernier ressort pour Catherine. Cet
homme-là disparu, plus personne ne fera rêver
Catherine : la fin du règne commence, il ne s'agit
plus que de gérer. Catherine vieillit – cette mort lui
rappelle son âge.

Politiquement, l'événement est lourd aussi de
conséquences. Vivant, même à grande distance de la
cour, Potemkine exerçait une influence réelle sur les
équilibres intérieurs. Les grandes familles[1] ne se pri-
vaient pas de lutter les unes contre les autres pour
occuper des positions de pouvoir. Potemkine était la
référence, celui dont l'appui déterminait les ascensions
ou les chutes ; les factions jouaient donc un moindre
rôle. Sa mort rouvrit la compétition, d'autant plus
que nombre de ceux qui avaient jusqu'alors servi
Catherine, atteints par l'âge, s'effaçaient à leur tour.
Bezborodko, qui depuis la fin du ministère Panine
avait, avec l'appui de Potemkine, conseillé la politique
étrangère, fut relégué à l'arrière-plan par les prétentions du jeune Zoubov à se substituer à lui, et il eut
tôt fait de comprendre que le moment était venu pour
lui de disparaître. Mais, pour l'impératrice, le nouvel
entourage de conseillers dont Zoubov se voulait le
chef d'orchestre ne dégageait plus le même air de
familiarité, ne faisait plus appel aux mêmes références.
Ceux qui l'avaient portée au pouvoir, qui avaient
contribué à étendre l'Empire et partagé ses rêves de

réforme, disparaissaient. Issue pour l'essentiel des mêmes familles de la noblesse, la génération montante n'avait pas joué dans les progrès de la Russie un rôle aussi décisif que celle qui l'avait précédée, mais elle se montra avide de richesses et de privilèges. Aussi fut-elle jugée avec sévérité par la société, et ce jugement ternit également l'image de Catherine. Pour celle-ci, en dépit des fêtes qui se poursuivent, de l'amant toujours présent, s'amorce le temps d'une certaine solitude morale. Pour la vie politique russe, c'est le temps des luttes factionnelles qui affectent le mode de gouvernement.

Quand elle regarde hors des frontières de son pays, Catherine a tout autant motif à s'affliger. La Révolution française, l'attitude qu'elle tient pour lâche des souverains qu'elle a vainement tenté d'enrôler dans sa croisade « royale », tout lui suggère qu'une époque s'achève aussi en Europe : celle de la monarchie incontestée. Dans sa propre réflexion, elle a toujours su combiner la pensée des Lumières et la conviction que la monarchie, détenant une autorité absolue, était consubstantielle à l'histoire et à la civilisation européennes. Certains historiens ont considéré que la Révolution française avait coupé en deux le destin politique de Catherine II, projetant d'un seul coup la souveraine éclairée dans une conception défensive, ultra-autoritaire du pouvoir. L'affaire Radichtchev a souvent été perçue sous cet éclairage, celui d'un rejet total des conceptions libérales que l'impératrice avait antérieurement voulu importer en Russie. Cette hypothèse d'une rupture radicale dans les conceptions de Catherine II peut être contestée. Son hostilité à la Révolution française est avérée[2], mais aussi bien la condamnation de Radichtchev à la peine capitale

(1790) que celle, expéditive, de Novikov à quinze ans
d'emprisonnement dans la forteresse de Schlüsselbourg (1792) sont des réactions de l'impératrice liées
à ses convictions de toujours, et non à une sensibilité particulière aux événements français. En lisant
Radichtchev plume à la main, en s'indignant de ses
descriptions de la réalité russe, et non pas seulement
du servage, elle réagit comme elle l'avait fait au début
de son règne à la lecture de l'abbé Chappe d'Auteroche ; et de même Novikov, dont elle fut longtemps
proche, a-t-il heurté la rigueur de ses croyances religieuses par l'écho qu'il donne à la pensée maçonnique.

Certes, que des écrivains paient leur réflexion de
leur liberté, voire de leur vie – ou presque, puisque la
condamnation à mort de Radichtchev fut commuée
en peine d'exil –, peut étonner si l'on se souvient des
protestations de tolérance qui émaillent la correspondance de l'impératrice avec Voltaire. Mais il s'agissait
de tolérance en général, non de menaces planant sur
le pouvoir. En 1791-1792, Catherine sait qu'autour
d'elle les rumeurs sur sa santé affaiblie attisent les
querelles, ainsi que des projets propres une fois
encore à mettre en cause son autorité. Or l'ombre de
Potemkine, qui toujours sut calmer les ambitions des
grandes familles et les combinaisons factionnelles,
n'est plus là pour la protéger. En ces années de fin
de règne où l'assassinat du roi de Suède, Gustave III,
en mars 1792, vient s'ajouter au sort tragique des
souverains français, où elle subodore l'existence de
complots intérieurs ourdis au bénéfice de son fils,
sauver l'autorité du monarque – et donc la sienne
propre – devient pour elle une véritable obsession.
Mais ce qui prend de plus en plus l'allure d'une crise

interne peut difficilement être interprété comme un rejet des positions libérales du passé. Sur le terrain de l'action sociale et économique, Catherine poursuit la même politique, celle qui, considère-t-elle, doit contribuer à moderniser son pays.

Deux problèmes vont, dans cette période finale de son règne, mobiliser son attention et contribuer à développer chez elle une certaine désespérance : les projets de mariage qu'elle nourrit pour les siens, et la question de la succession.

La diplomatie matrimoniale en échec

Marier les siens en fonction d'une vision politique a toujours été l'une des préoccupations de Catherine II. Avant elle, des souverains russes avaient déjà développé une conception géopolitique des unions princières. Jusqu'au règne de Pierre le Grand, les héritiers épousaient en général des Russes pour éviter qu'une princesse étrangère à la religion orthodoxe ne montât sur le trône. Marié à dix-sept ans à une jeune fille de très ancienne famille moscovite, Pierre le Grand s'était ainsi soumis au choix de sa mère, inquiète de l'attraction qu'exerçait sur lui l'étranger. Politique aussi, puisqu'il s'agissait de l'attacher à la société russe la plus conservatrice, ce mariage se révéla désastreux, mais n'inclina pas le tsar à rechercher ensuite une alliance hors des frontières. Sa seconde femme, Catherine, fut le choix du cœur, et non pas celui d'un prestigieux apparentement extérieur. Pour autant, avec Pierre le Grand cessa ce qu'un historien russe nomme l'« isolationnisme sanguin » des Romanov[3]. Lui-même maria son fils à la belle-sœur de l'empereur

germanique Charles VI et chercha pour ses filles et
nièces des princes allemands : ces unions confortaient
l'orientation de la diplomatie russe vers la Baltique et
plus largement vers l'Europe du Nord. Tout naturellement, Élisabeth trouva pour son neveu et successeur une princesse allemande recommandée par
Frédéric II. Et Catherine maria par deux fois son fils
à des princesses allemandes : en 1773, à une princesse
de Hesse-Darmstadt, mariage encore patronné par
Frédéric II qui avait déjà donné pour épouse à son
neveu et héritier la sœur de la future femme du grand-
duc Paul (le « pacte de famille » liant la Prusse, la
Russie et la Suède fonctionnait fort bien) ; puis, à la
mort de la princesse de Hesse-Darmstadt, toujours
avec la bénédiction de Frédéric II, c'est une princesse
de Wurtemberg qui la remplaça.

Son fils marié, père de famille nombreuse,
Catherine réfléchit à l'étape suivante de sa diplomatie
matrimoniale. À son petit-fils Alexandre, alors âgé de
quinze ans, elle imposa une jeune princesse de Bade,
Louise, plus jeune de près de deux ans. Catherine
avait à l'évidence oublié son propre mariage malheureux, alors qu'elle n'était qu'une adolescente, avec
un prince immature. Le désir de renforcer les positions russes dans les petites cours allemandes l'emportait chez elle sur toute autre considération. C'est
ainsi qu'à son second petit-fils échut une princesse de
Saxe-Cobourg.

Ayant disposé de ses deux petits-fils sans consulter
leurs parents, ignorant les mises en garde de ceux-ci
que la jeunesse des jeunes mariés épouvantait,
Catherine décida ensuite de faire porter ses efforts sur
une alliance suédoise. L'aînée de ses petites-filles,
Alexandra – âgée de treize ans en 1796 –, fort belle et

cultivée, fut choisie pour convoler avec le prince
héritier de Suède qui montera sur le trône sous le nom
de Gustave-Adolphe IV. Certes, la guerre russo-suédoise était terminée, Catherine II et Gustave III
avaient correspondu en termes chaleureux, mais
comment oublier à quel point Russie et Suède avaient
été ennemies ? La France de Louis XV poussait toujours celle-ci contre celle-là et, durant les guerres
contre la Turquie, la menace de difficultés nées sur ce
front à cause du soutien suédois hantait Catherine :
quoi de mieux qu'une alliance matrimoniale pour
conférer à la paix retrouvée en 1790 l'allure d'un pacte
familial durable ? Dès 1793, l'impératrice s'agite
pour préparer cette alliance. Au printemps de 1794,
son ambassadeur à Stockholm, Roumiantsev, lui
confirme que le projet y rencontre un bon accueil,
mais trace dans une dépêche un portrait quelque peu
déconcertant du jeune prince. Au physique : délicat,
voire souffreteux, et affligé parfois de tics nerveux ; au
moral : plutôt lent et renfermé, même si le diplomate
souligne que ces traits sont plutôt caractéristiques
d'une extrême jeunesse, et destinés à laisser place dans
l'avenir à une personnalité plus avenante[4]. À partir de
ce moment, l'histoire de ce projet de mariage va
tourner au scandale diplomatique, menaçant de ruiner
pour longtemps les relations entre les deux pays.

En 1794, le régent de Suède, jusqu'alors plutôt
encourageant, déclara qu'il fallait attendre la majorité
du prince – dix-sept ans – pour que le projet d'union
s'accomplisse. Le prince devenu majeur à la fin de
1795, le scandale éclata aussitôt. Oublieuse des négociations engagées avec la Russie, la cour de Stockholm annonça les fiançailles de Gustave-Adolphe avec

la princesse Louise-Charlotte de Mecklembourg-
Schwerin. Pour Catherine II, le camouflet était
énorme ; mais elle tenait fortement à son projet et
n'entendait point y renoncer. Elle expédia plusieurs
émissaires au prince de Mecklembourg afin de lui faire
comprendre que ce mariage ne devait pas avoir lieu,
qu'il se heurterait aux plus grandes difficultés et que
la Russie, le cas échéant, tiendrait cette principauté
pour son ennemie. L'union annoncée échoua, nullement en raison des manœuvres de Catherine, mais
parce que Gustave-Adolphe lui-même, dans un
sursaut d'indépendance vis-à-vis du régent, déclara
qu'il refusait de se marier avant d'avoir été couronné
– ce qui signifiait que, devenu roi, il déciderait seul de
son choix. Du coup, Catherine pouvait reprendre ses
efforts, même si le régent, humilié par son échec, multiplia à son encontre les déclarations décourageantes
et hostiles.

Les relations russo-suédoises se dégradèrent alors
gravement. Souvorov organisa de grandes manœuvres
à la frontière suédoise ; Zoubov, le favori, toujours
soucieux de prendre des postures « à la Potemkine »,
multiplia les menaces contre la Suède, et l'on put
craindre que le mariage manqué ne débouchât sur une
guerre. Heureusement, Bezborodko veillait et prodigua à l'impératrice des conseils d'apaisement. Le
fruit de sa sagesse fut l'envoi à Stockholm de l'ancien
maître ès sciences militaires des jeunes grands-ducs,
le général baron de Boudberg. Chargé de la mission,
combien délicate, de renouer les fils de la négociation,
promu ambassadeur pour l'occasion, Boudberg fut à
Stockholm l'envoyé personnel de Catherine. La correspondance que celle-ci lui adressa durant cette
mission témoigne de son état d'exaspération dans

cette affaire de mariage dont elle fit un véritable *casus belli*, et qui aura probablement précipité sa fin.

Commencée en mars 1796, assortie de directives confuses, la mission Boudberg fut marquée d'éclats et de crises qui semblaient sans cesse sur le point de conduire à la rupture. Le 6 mars, Catherine écrit à son envoyé : « J'ai tout lieu de croire que le régent de Suède cherche à vous mystifier [...]. Le jeune roi est prévenu contre moi, sa plus sincère amie[5]. » Un mois plus tard, une longue lettre à Boudberg est destinée cette fois à être montrée au roi et au régent pour les édifier sur l'humeur de l'impératrice. Du second, elle avait reçu peu auparavant une missive dont elle recopie le passage clé à l'intention de son ambassadeur : « Et comme, parmi les rapports anciennement existants entre les deux cours, il s'en trouve un qui regarde d'une manière encore plus particulière les deux familles, sur lequel le moment présent n'admet point d'explication de ma part, j'engage à V.M. ma parole d'honneur que l'accomplissement du mariage du roi avec la princesse de Mecklembourg n'aura pas lieu pendant tout le temps que j'ai encore à tenir le timon. » Commentaire de Catherine : « Cette phrase [...] est la seule qui manque de sens clair et même de construction grammaticale. » L'impératrice évoque aussi sa suspicion et son incrédulité devant « l'ambiguïté et le louche qui règnent dans certaines phrases ». En d'autres termes, elle considère que le régent se joue d'elle, et elle *exige* d'une part l'annonce officielle par la cour de Suède que le mariage Mecklembourg n'aura jamais lieu, d'autre part une lettre solennelle la priant de rouvrir la négociation russo-suédoise[6]. Le ton de l'ultimatum, les exigences exposées, tout témoigne de la fureur de Catherine. Aux conditions déjà évoquées, elle ajoute que le roi *doit* venir en Russie pour que sa petite-fille puisse décider s'il lui convient. Et elle repousse à l'avance l'argument selon lequel les lois suédoises interdisent à un roi mineur de sortir des limites de son royaume.

Furieuse, Catherine est aussi convaincue que les Suédois ont peur en dernier ressort de la puissance russe. N'est-ce pas le constat qu'a fait le baron de Boudberg dès le début de sa mission et dont il lui a fait part dans un premier message[7] ? Plus les relations entre Pétersbourg et Stockholm s'aigrissent, plus le mariage s'efface derrière les intérêts de politique extérieure. Sans doute Catherine proteste-t-elle de son amitié pour le jeune roi, de sa volonté de l'aider à assumer son destin, de lui épargner les difficultés qui naîtraient pour lui et pour son royaume des comportements inélégants de la cour de Suède[8], mais elle insiste aussi sans relâche sur ses exigences internationales : en premier lieu, que Stockholm confirme les clauses frontalières du traité de Werälä et celles des traités politiques antérieurs.

Ces exigences sont aussi dictées par l'amour-propre quand l'impératrice exprime sa volonté que le jeune prince « vienne à Canossa », c'est-à-dire vienne se présenter à la princesse pour que celle-ci décide en connaissance de cause[9]. En général, le voyage se faisait en sens inverse : les princesses qui devaient épouser des rois se rendaient à la cour où elles étaient censées vivre par la suite. Mais Catherine se montra intraitable : ayant reçu de son ambassadeur l'assurance que ses exigences politiques étaient acceptées[10], elle attendit de pied ferme Gustave-Adolphe, convaincue d'avoir gagné la partie.

Alors que tout semblait résolu, l'affaire du mariage

tourna au cauchemar pour l'impératrice. Gustave-Adolphe et le régent enfin arrivés dans la capitale russe sous des noms d'emprunt, leur présence fut saluée par des fêtes ininterrompues. Jusqu'alors, Catherine II avait fait porter au régent la responsabilité des difficultés entourant ce projet d'union et tenait le jeune souverain pour victime des manipulations de son tuteur. Elle allait avoir l'occasion de constater que la vérité se situait tout à l'opposé, et que l'entêtement de Gustave-Adolphe était phénoménal.

Tout achoppa sur la question religieuse. La partie russe, Catherine en tête, considérait que le problème de la religion de la future reine de Suède ne devait pas se poser. Le 19 septembre, Catherine fit au baron de Boudberg un récit détaillé de la crise qui éclata à ce propos. Gustave-Adolphe lui déclarant que la future reine devait embrasser le luthéranisme, elle-même rétorqua que la Suède, dès 1794, avait accepté qu'il en fût autrement, et que de surcroît la petite-fille de l'impératrice de Russie ne pouvait en aucun cas abjurer sa religion[11]. Intraitable, le roi se montra en outre quasi insultant. Pour sauver la face, le contrat fut néanmoins signé, mais comporta une clause sur la liberté de conscience de la jeune princesse ; toutefois, le roi y fit ajouter que c'était seulement à sa propre majorité, soit deux mois plus tard, que le tout serait confirmé. Tout, dans son attitude, témoignait qu'il ne confirmerait rien[12] et qu'on allait vers une rupture du contrat.

Le roi et le régent – ce dernier réhabilité dans l'esprit de Catherine II – rentrèrent donc en Suède. Le 1er novembre, Gustave-Adolphe IV monta sur le trône. Le mariage restait toujours aussi incertain, chacune des parties campant sur ses positions. À la veille des cérémonies du couronnement, Boudberg avait informé l'impératrice qu'il croyait à une évolution positive de la situation, mais son optimisme était injustifié : le mariage n'aura jamais lieu.

L'histoire fut en partie fatale à Catherine. Passant sans cesse de l'exaspération à un profond sentiment d'humiliation, elle en ressentit les effets en septembre, payant d'une légère attaque, le 11, les émotions des mois écoulés et du difficile séjour du roi de Suède à Pétersbourg. Sans doute, à cette époque, sa santé était-elle déjà ébranlée : ses jambes constamment enflées, son corps toujours plus lourd, elle souffrait de perpétuelles migraines et de maux d'estomac intolérables. Tout la contraignit, après le départ de Gustave-Adolphe, à rester dans ses appartements où elle recevait ministres et conseillers. La fin s'annonçait.

L'obsession de la succession

Épuisée, Catherine II s'inquiète aussi de sa succession. Ses relations avec son fils sont toujours difficiles, mais la Révolution française a contribué à les aggraver. Sans doute l'impératrice hait-elle les « assassins de roi », comme elle les nomme à plaisir, mais les réactions du tsarévitch vont bien au-delà de ce qu'elle manifeste. Horrifié par les événements de Paris, Paul se réfugie plus que jamais dans sa passion prussienne qui lui tient lieu de symbole de résistance à l'esprit révolutionnaire. Gatchina devient alors un véritable champ de manœuvres où Paul poursuit de sa vindicte tout ce qui porte une tenue évoquant les sans-culottes. Pour Catherine, cette « folie prussienne » suggère qu'après elle la Russie, si son fils lui succède, ne sera plus qu'une annexe de Berlin. Le fantôme de Pierre III plane sur les entreprises et les orientations de son fils. L'impératrice s'inquiète d'autant plus que l'emprise de Paul sur ses propres fils se fait jour. Alexandre, son petit-fils préféré, dont elle a si soigneusement surveillé l'éducation[13] – confiée à La Harpe et au comte Saltykov pour éviter l'influence prussophile de Paul –, est séduit par ce père dont il a été si longtemps écarté et participe volontiers aux exercices militaires de Gatchina. L'« esprit de caserne », pense Catherine, est en train de déteindre sur lui, et elle réfléchit au moyen de l'arracher à une influence qu'elle déplore.

Mais un nouveau facteur de dissension surgit, scandaleux aux yeux de Catherine qui, en dépit de sa vie agitée, entend bien que le couple grand-ducal offre une image de stabilité : après des années de bonheur, Paul s'est épris d'une dame d'honneur de la grande-duchesse, Catherine Nelidova, qu'il prétend installer à la cour en favorite officielle. Cette jeune femme intelligente et ambitieuse refuse ce statut et menace de se retirer au couvent de Smolny, où elle a été éduquée. Catherine ne veut ni de l'esclandre d'un mariage rompu, ni de l'influence exercée sur son fils par une maîtresse dont elle redoute la forte personnalité.

Enfin, comment ignorer à quel point les relations entre Gatchina et le palais de Catherine se sont tendues au cours de cette dernière période ? Paul s'exaspère de l'influence de Zoubov. Il a toujours haï les favoris de sa mère, mais celui-ci, par sa jeunesse insolente, son insignifiance et ses exigences démesurées, lui est, de tous ceux qu'il a connus, le plus détestable. Il ne dissimule rien de ses sentiments, critique à tout va les débordements de sa mère et associe ses fils au mépris que cette conduite lui inspire.

Autour de Catherine s'esquisse une sorte de conjuration ; le sort de Paul commence à y être débattu. Il le fut une première fois en 1794 en Conseil, où tous les participants – à l'exception probable de Bezborodko, qui prêcha la prudence[14] – tombèrent d'accord sur la nécessité de l'écarter du trône. Mais il ne suffisait pas de discuter des défauts de l'héritier, encore fallait-il pressentir Alexandre, puisque c'est à lui, son petit-fils, que Catherine entendait transférer la couronne. La tâche était d'autant plus malaisée que le projet de l'impératrice prenait corps au moment même où le jeune prince se rapprochait de son père. Catherine demanda à La Harpe de jouer les intermédiaires et d'inciter son petit-fils à accepter l'idée de prendre la place de Paul dans l'ordre de succession. Par fidélité à son père, mais aussi parce qu'il ne souhaitait pas régner, Alexandre fit la sourde oreille. Il faut dire que La Harpe, qui ne tenait pas outre mesure à entrer dans un tel complot, ne se montra guère convaincant. L'affaire, du côté d'Alexandre, en resta donc là. Mais Paul, soupçonneux, perdit toute confiance en ce précepteur que sa mère avait choisi pour ses fils, et l'impératrice, mécontente de son inefficacité, congédia La Harpe en septembre 1794, oubliant ou négligeant de lui attribuer une pension, ce dont il se plaignit amèrement dans une série de mémoires revendicatifs[15].

Pour autant, la succession, ou plutôt la désignation d'un héritier autre que Paul, n'avançait guère. Consciente de l'impossibilité de mettre Alexandre dans son jeu, Catherine se tourna vers sa belle-fille,

qu'elle estimait ; elle espérait que ses déboires conju-
gaux la rendraient sensible à ses arguments. À
l'été 1796, en même temps qu'elle déployait tous ses
efforts pour sauver le mariage suédois, l'impératrice
s'adressa à la grande-duchesse Maria Fiodorovna, lui
demandant de faire signer à Paul un acte de renonciation à ses droits au trône. La grande-duchesse s'y
refusa. Le texte qui devait être proposé à Paul est resté
dans les papiers personnels de Catherine – on y
reviendra.

Tout comme le projet de mariage d'Alexandra, les
manœuvres de Catherine pour régler sa propre succession se soldaient ainsi par un échec : l'été 1796 était
décidément funeste à ses entreprises. Comment,
malade, désabusée, affaiblie par des attaques successives, Catherine aurait-elle résisté ? En octobre,
pourtant, elle se résolut à une dernière tentative personnelle auprès de son petit-fils, lui expliquant ses
intentions et lui demandant d'y réagir. Alexandre
– trop jeune pour prendre une telle décision – se
confia à sa mère et donna à l'impératrice une réponse
peu claire, certes, mais qui fut à l'origine des bruits
qui circulèrent dans la capitale au cours des semaines
précédant la fin de Catherine. On prétendait,
notamment à la cour, que l'impératrice était sur le
point de désigner son petit-fils comme héritier. Paul
ne pouvait ignorer ces rumeurs ; ses réactions, à
l'heure de la mort de sa mère, allaient le prouver.

Le dernier jour

Le dernier jour de la vie de Catherine, donc le premier du règne de Paul, a été décrit dans le plus grand détail par le comte Rostopchine[16].

Dans les jours précédant sa fin, l'impératrice s'était montrée très active, en dépit de sa fatigue, assistant encore à plusieurs manifestations publiques. Mais, le 5 novembre, sa capacité de résistance s'épuisa. Ce jour-là, elle s'était levée tôt, comme à son habitude, s'était habillée, avait bu son café, puis s'était retirée, et c'est son absence prolongée qui alerta ses collaborateurs et ses suivantes. Catherine s'était effondrée dans sa garde-robe ; elle semblait avoir perdu connaissance et était d'une pâleur mortelle. On la transporta dans sa chambre, mais elle était trop lourde pour qu'on la hissât sur son lit. Elle fut étendue par terre sur un matelas, et commença alors une longue agonie, tandis qu'autour d'elle se déployait un ballet scandaleux, irrespectueux de la mourante et de ses volontés.

Le médecin qu'on avait envoyé quérir à la hâte, constatant une attaque foudroyante, ne laissa aucun espoir à l'entourage. Dès lors, celui-ci en conclut qu'il fallait agir vite. Qui convoquer ? Quel héritier ? Les plus hauts dignitaires de l'Empire – Bezborodko, son collègue le général Saltykov, président du collège de la Guerre, le procureur général, Alexis Orlov (seul survivant, parmi les présents, des principaux auteurs du complot de 1762), et le métropolite Gabriel – se rassemblèrent et le favori se joignit à eux ; ils décidèrent que, le temps manquant pour élaborer une solution, le plus sage était de s'en tenir à l'ordre de succession normal. Et l'on envoya chercher le grand-duc Paul à Gatchina.

Indifférent à sa mère gisant sur son matelas, le grand-duc ordonna à Bezborodko de préparer le manifeste annonçant les débuts du nouveau règne, puis s'en fut déjeuner dans une pièce voisine avant de se livrer à une fouille systématique des papiers personnels de l'impératrice. Se tenant auprès de lui, Bezborodko lui désigna un document que Paul jeta au feu. Sur cet épisode crucial – car il s'agit de la destruction du testament par lequel Catherine désignait Alexandre pour héritier –, les versions divergent[17]. Ce qui paraît pourtant acquis, c'est que ce testament existait bel et bien, et que la fouille porta ses fruits, même si Rostopchine en a laissé un récit plutôt décent[18]. L'Europe apprit vite que ce testament avait existé : la *Münchner Zeitung* du 28 mars 1797 en tira profit en l'évoquant dans un article à sensation, tout comme en fut informé le chancelier par un courrier spécial de son représentant en Bohême[19].

Le 6 novembre, après une agonie de trente-six heures, sans avoir repris conscience (mais, ici encore, les témoignages divergent : selon l'un d'eux, l'impératrice rouvrit un moment les yeux, s'efforçant de dire quelque chose, mais nul n'y prêta attention[20]), Catherine rendit l'âme. Elle avait soixante-sept ans et son règne en avait duré trente-quatre. Pratiquement abandonnée sur un matelas au milieu d'un va-et-vient incessant de courtisans affairés, son fils exclusivement préoccupé de saisir parmi ses papiers les documents compromettants, sa volonté ignorée même de ceux qui lui avaient été les plus proches – Bezborodko et son favori Zoubov –, quelle fin dérisoire pour Catherine, au terme d'un si grand règne ! Diderot, son confident et protégé, avait entrevu l'avenir lorsqu'il écrivait : « Les derniers jours du règne des grands monarques sont souvent bien différents de leurs brillants débuts[21]. »

Carnaval funèbre

Parmi les papiers saisis chez Catherine II se trouvait son journal, ou plutôt un cahier portant l'inscription : « À mon fils Paul, après ma mort[22] ». On sait que le nouvel empereur lut attentivement ces pages rédigées avec élégance et fermeté avec la jolie écriture lisible et bien dessinée de la défunte. Les sentiments qu'il éprouvait ne furent en rien apaisés par cet ultime message maternel, comme le montra la suite des événements.

Sitôt morte, Catherine fut soumise à l'embaumement. Au même moment, en présence du métropolite Gabriel, la tombe de l'empereur Pierre III, mort en 1762, fut ouverte, son cercueil retiré et déposé dans l'église de l'Annonciation. Cette simultanéité des opérations funèbres témoigne que Paul, après la mort de sa mère, avait très vite formé le dessein du cérémonial macabre qui allait se dérouler à la fin du mois de novembre. Durant deux semaines, les cercueils des deux époux impériaux restèrent séparés : celui de feu l'impératrice se trouvait au palais d'Hiver, où elle était morte et où se succédaient les offices que commande le rite orthodoxe ; celui de Pierre III, à la Laure d'Alexandre Nevski où il avait été solennellement porté le 15 novembre. Pendant ces jours étranges où nul ne comprenait au juste, dans la capitale, pourquoi l'on avait ouvert la tombe de Pierre et transféré son cercueil, la Commission des funérailles nommée dès le 7 novembre préparait activement les cérémonies imaginées par le nouveau souverain.

Le 15, le cercueil de Pierre III fut solennellement ouvert et Paul put s'incliner avec tous les siens devant le squelette de celui qui avait été l'empereur. Le 25, il vint déposer sur lui la couronne impériale, symbole du couronnement. Si l'on se souvient que Pierre III avait négligé de se faire couronner durant son règne si court, on mesure combien les gestes de son fils revêtaient ici une forte signification. Cette cérémonie, puis le transfert prévisible de la dépouille au palais d'Hiver où reposait le corps de Catherine, furent douloureusement ressentis par ceux qui observaient sans bien le comprendre le cours des événements. Dans le rapprochement *post mortem* de deux époux qui s'étaient longtemps haïs, tous voyaient comme une insulte à Catherine II et l'éclatante démonstration de l'irrespect de son fils. S'agissant de l'attitude de Paul vis-à-vis de sa mère, cette impression était fondée ; mais ce que le nouvel empereur entendait surtout manifester, c'étaient les sentiments filiaux qu'il vouait à son père, et qu'il avait été durablement contraint de dissimuler. C'était aussi sa manière de revendiquer une filiation toujours mise en doute à la cour. L'hommage du fils au père, les termes d'affection profonde qui l'accompagnèrent, traduisaient les frustrations et la longue souffrance de Paul face au problème de légitimité qui avait empoisonné sa jeunesse. Quelle qu'eût été la vérité sur sa naissance, les gestes de novembre 1796 faisaient de lui l'authentique héritier de l'empereur Pierre III.

C'est seulement le 30 novembre que la Russie apprit ce que la cour savait déjà : le transfert de

Pierre III auprès de Catherine II et le projet d'enterrement commun élaboré par leur fils. Le 3 décembre,
par un froid intense, mais sous un soleil éclatant, la
procession quitta la Laure d'Alexandre Nevski et se
dirigea vers le palais d'Hiver au son des canons. Les
plus hauts dignitaires de l'Empire suivaient Paul.

Parmi eux, Alexis Orlov, qui avait si fortement
contribué au coup d'État de 1762 et à la tragédie de
Ropcha*. La légende veut que sa présence dans le
cortège ait constitué une brimade de Paul à son
encontre. Alexis Orlov, qui, droit et digne en dépit de
l'âge, dominait le cortège de sa stature de géant,
portait sur un coussin la couronne du royaume de
Kazan[23]. Pierre Stegnii a fait un sort à cette légende
de la mortification infligée à Alexis Orlov : porter
les couronnes symbolisant les conquêtes impériales
n'avait, écrit-il, rien d'humiliant, mais constituait un
signe de déférence à l'égard des auteurs de ces
conquêtes ; or le vainqueur de Tchesmé l'était plus
que tout autre**. Et l'historien ajoute que si Orlov
participa à cette première cérémonie, on ne retrouve
pas son nom parmi les présents au double enterrement[24].

Quand la procession atteignit le palais d'Hiver,
Pierre III fut placé auprès du cercueil encore ouvert
de Catherine II, couronne sur la tête. Les deux époux
demeurèrent ainsi deux jours côte à côte, partageant le
même catafalque. Quarante-huit heures plus tard, une
nouvelle procession conduisit leurs deux dépouilles à
la cathédrale Pierre-et-Paul, nécropole des Romanov,
où les cercueils restèrent presque deux semaines

---

* Voir *supra*, p. 52.
** Voir *supra*, pp. 158-159.

encore exposés aux regards et aux prières d'un peuple qui ne comprenait goutte à cette étonnante réunion familiale.

Enfin, le 18 décembre, les deux corps, selon les règles orthodoxes, furent livrés à la terre, inséparables à jamais, ainsi qu'en avait décidé leur fils. Aujourd'hui encore, on peut voir les deux tombeaux parallèles dans la nécropole impériale ; Paul y fit inscrire leur date de naissance, et la date de l'enterrement commun. Quant à la date de leur mort respective, elle fut omise. Ainsi furent effacés par ses soins et la tragédie de 1762 et le long règne de Catherine.

Faut-il insister sur le désarroi et l'émotion provoqués par ce macabre cérémonial ? Par ses décisions, Paul heurtait et le respect que son peuple vouait à l'impératrice, et la déférence traditionnelle des Russes vis-à-vis de l'image de la *mère*. Cette mère était bafouée par les interventions de son fils à l'heure où seule la charité devait l'emporter. Cela choqua profondément. Enfin, le cérémonial du double enterrement était peu conforme à la révérence des orthodoxes envers les morts. Pierre III arraché à la tombe, promené d'église en palais pour se retrouver au côté de celle qui avait usurpé son trône : le rite ne faisait rire personne. L'impopularité de Paul Ier naît ici.

À ce mépris manifesté à sa mère, le nouvel empereur ajouta encore un autre camouflet. Au nombre de ses premières décisions figure celle qui bouleversa le système successoral et dont les conséquences historiques, imprévisibles en 1796, se révéleront considérables à l'aube du XXe siècle. Paul ôta aux femmes le droit de régner[25]. Ce faisant, c'est naturellement sa mère qu'il condamnait. Mais, en modifiant les règles de succession, il supposait qu'à tout jamais les Romanov régnants auraient des fils, voire répudieraient l'impératrice incapable de répondre à cette exigence. Cette atteinte aux principes successoraux russes sera fatale aux Romanov au début du XXe siècle : père de quatre filles belles et magnifiquement douées, mais aussi d'un prince hémophile, donc incapable de régner, Nicolas II voulut alors dissimuler son malheur au peuple, s'en isola et, à l'heure de la révolution, ne put bénéficier de son soutien. Sans doute tenter de refaire l'Histoire est-il un exercice dangereux. Mais comment ne pas poser la question : « Et si Paul n'avait pas interdit le trône aux femmes, le règne du dernier des Romanov n'eût-il pas été différent ? »

Haïssant sa mère, Paul fut incapable de déceler, derrière l'usurpatrice et la femme dont la vie privée le heurtait, la grandeur du règne et les services rendus au pays. N'est-ce pas là, dans l'incompréhension permanente de la mère et du fils, puis dans la décision fatale prise par Paul en matière de droit successoral, que réside le grand échec de Catherine II ?

CONCLUSION

L'Histoire a longtemps considéré que le XVIIIe siècle russe fut le « siècle de Pierre le Grand ». Cette interprétation méritait d'être révisée, et elle est déjà en passe de l'être. Tout autant que son grand prédécesseur, Catherine II, dont le règne fut presque aussi long, aura marqué ce siècle, témoin de la montée de la puissance de la Russie et de son enracinement en Europe. Le siècle de la grandeur russe scella en définitive le triomphe conjoint de Pierre et de Catherine.

Le bilan des trente-quatre années du règne de l'impératrice justifie largement que sa place dans le passé russe soit réévaluée. L'œuvre accomplie est en effet considérable dans trois domaines : politique, international et culturel.

Sur le plan politique, Catherine, à l'instar de Pierre le Grand, s'est attachée à réguler le fonctionnement de l'État, à assurer un équilibre entre le pouvoir central et les divers niveaux d'autorité qui, dans cet espace immense, tendaient toujours à fonctionner de manière anarchique. Sa tâche fut compliquée par l'extension rapide de l'Empire et par l'intégration de territoires et de peuples parfois difficilement assimilables par l'organisation politique de la Russie.

Gagner de l'espace sans mettre en cause l'unité politique du pays fut un défi dont Catherine II réussit à venir à bout. Mais au problème de l'organisation générale de la Russie s'ajoutait celui des hommes. Pierre III ayant émancipé la noblesse de l'obligation de servir l'État, Catherine II fut contrainte d'imaginer un nouveau mode de relations contractuelles entre l'État et ses serviteurs. Elle créa à cette fin une véritable fonction publique, en la dotant de règles et de statuts, espérant ainsi réussir également à faire reculer la corruption, mal endémique de la Russie. Si, sur ce dernier point, elle fut moins heureuse que dans la plupart de ses entreprises, le service de l'État, tel qu'elle l'organisa et l'assit sur la Table des rangs de Pierre le Grand, permit de mieux répondre aux besoins d'un pays qui se transformait rapidement.

La politique étrangère est à inscrire au chapitre des plus grands succès de Catherine. Elle aura non seulement donné corps au rêve de Pierre le Grand d'accéder à la mer Noire, mais surtout redessiné son territoire, à l'ouest et au sud, en « arrondissant » – pour employer l'expression pudique du siècle – les frontières russes. Sans doute le dépeçage de la Pologne n'est-il guère de nature à grandir l'image morale de Catherine. Mais faut-il oublier qu'elle ne fut pas seule à s'y livrer, et que la suppression de la Pologne n'était pas la solution qui avait sa préférence ? Ses partenaires prussien et autrichien n'entendaient pas abandonner la Pologne à la seule influence de la Russie. Et la très morale Marie-Thérèse d'Autriche ne fut pas la dernière à souhaiter prendre « sa part du gâteau polonais ». Au sud, en revanche, Catherine eut le sentiment de remplir une triple mission : venger la Russie des siècles de domination tatare qui l'avaient arrachée à l'Europe et à un niveau de civilisation éblouissant dont Kiev était jadis le symbole ; accomplir le vœu de Pierre le Grand là où il n'avait pu mener à bien sa tâche ; enfin – et cet aspect n'est sans doute pas le moins important –, c'était la chute de Byzance et le recul de la chrétienté que Catherine faisait ainsi payer à l'Empire ottoman. Cette petite princesse allemande devenue, par mariage, russe et orthodoxe, animée d'un patriotisme farouche où Russie et christianisme formaient un bloc inséparable, reprit à son compte l'idée de la Russie « troisième Rome », chargée de rendre à l'Occident chrétien l'héritage qu'il avait laissé échapper au fil des siècles. Cette fille de Voltaire, imprégnée de l'esprit des Lumières et d'une pensée rationaliste, combinait sans grand mal, semble-t-il, les idéaux qui l'avaient formée et la vocation messianique sous-jacente de la Russie.

L'empire qu'elle agrandit fut coûteux en guerres, mais son expansion eut pour conséquence que la Russie, jusqu'alors tenue pour secondaire, voire marginale en Europe, simple appoint dans le jeu politique des grands États, fut enfin reconnue par eux comme une puissance de premier plan. Pierre le Grand avait réussi un temps à faire respecter la puissance russe, mais ce statut ne lui survécut pas. C'est Catherine II qui, de manière définitive, installa son pays dans le « club » des principaux États d'Europe. Elle se battit avec acharnement contre Louis XV, contre Frédéric II, voire contre Marie-Thérèse, pour imposer son pays dans leur cercle fermé ; elle y parvint et nul monarque, après elle, ne pourra plus contester la puissance russe ni lui refuser une place égale aux autres.

Le prix de cette reconnaissance fut certes élevé, car les guerres sont toujours trop onéreuses, mais il est remarquable que Catherine II ait réussi à poursuivre dans le même temps, de manière continue, son effort de modernisation intérieure, et que le budget consacré aux conquêtes n'ait pas absorbé toutes les ressources de la Russie – il décrut même au fur et à mesure que l'Empire s'élargissait. Tout autant que le progrès de sa puissance, l'essor intellectuel de la Russie fut une préoccupation constante de l'impératrice. Elle n'innovait pas dans ce domaine, mais suivait la voie tracée par Pierre le Grand. Son apport fut néanmoins très substantiel et, sous certains aspects, original. La volonté d'utiliser l'éducation pour émanciper progressivement les hommes lui appartient en propre. Butant sans cesse sur le problème du servage, tous ses efforts tendirent, dès lors qu'elle eut compris son impuissance à supprimer ce fléau, à chercher des moyens de l'éroder. Sa politique éducative, mais aussi son souci d'urbaniser rapidement le pays, furent autant de réponses partielles, modestes mais indéniables, à ce problème. L'instruction féminine, qui la préoccupa beaucoup, témoigna également de ses efforts pour modifier non seulement les structures et l'espace russes, mais aussi le matériau humain.

On a souvent jugé Catherine II sur la distance qui séparait ses intentions affichées et le réel. C'est le propos de Radichtchev, c'est aussi la critique de Pouchkine. Contre elle, on a invoqué le *Nakaz*, ses propositions remarquables sur la liberté, le bonheur des hommes et la loi, mais aussi ses références constantes à la pensée des Lumières et à ses prestigieux correspondants français. Et on lui opposa le maintien, voire un certain alourdissement du servage. L'argument est pertinent : durant son règne, en effet, l'expansion de l'Empire eut pour conséquence l'extension du travail asservi à des communautés humaines qui y avaient jusqu'alors échappé. De surcroît, certaines dispositions, tel l'oukaze du Sénat du 17 mars 1765 autorisant les propriétaires à exiler leurs serfs en Sibérie par mesure punitive, aggravèrent notablement la condition des paysans, instituant une sorte de droit proprement seigneurial. Mais des considérations économiques – sous-peuplement de la Sibérie, coût d'une main-d'œuvre insuffisante en ces confins – expliquent aussi la décision prise par le Sénat, que l'impératrice ne signa d'ailleurs jamais, même si elle ne pouvait en ignorer la portée. En outre, sans sous-estimer le tragique de cette réalité, il est nécessaire de considérer les éléments qui préparent à long terme sa disparition.

La Grande Commission législative, dont Catherine voulut la tenue, dont elle organisa les débats et dont elle imposa les orientations dans le *Nakaz*, joua un rôle considérable dans l'évolution des mentalités russes. Tous les représentants de la société – exception faite des serfs, naturellement – furent incités à réfléchir par avance, puis à exposer leurs griefs et leurs espoirs. C'est Catherine qui voulut que des cahiers de doléances (les *nakazy*) fussent rédigés avant que s'ouvrent les travaux de la Grande Commission. Elle avait exhorté ceux qui y participeraient à poser tous les problèmes, y compris celui du servage. Et ce problème-ci fut en effet posé. La discussion ainsi ouverte ne pouvait déboucher sur l'abolition du servage, nul n'y étant préparé, et Catherine II elle-même notera dans le *Nakaz* (article 260) : « Il ne faut pas faire tout à coup, et par une loi générale, un nombre considérable d'affranchissements. » Mais, évoquant la nécessité d'« adoucir la servitude des paysans », de prendre des dispositions en leur faveur, elle suggère bien que les mesures progressives qu'elle encourage doivent préparer la voie à leur émancipation, notamment en substituant au lien légal entre la terre et le paysan un lien reposant sur l'intérêt économique, dont elle souligna toujours l'importance.

Que les travaux de la Grande Commission aient été abandonnés n'ôte rien à la portée de l'entreprise. C'est à partir de son existence que la réflexion sur les problèmes sociaux se développe en Russie. Les questions posées par Catherine et par ceux qui furent rassemblés sur ses instructions, mais aussi le progrès intellectuel auquel sa politique éducative et culturelle conféra un grand élan, ses efforts pour faire pénétrer en Russie – parmi les seules élites, certes, mais c'était alors l'essentiel – les idées des Lumières, favorisèrent l'apparition de l'*intelligentsia* russe, de ces esprits inquiets qui reprendront la discussion et qui, étape après étape, au milieu du XIXᵉ siècle, pousseront le monarque à réaliser ce que son arrière-grand-mère ne pouvait encore accomplir : l'émancipation de la paysannerie. L'intelligentsia, dont la critique ne « lâchera » jamais plus le pouvoir russe, est fille d'une impératrice dont tout le discours, nourri des Lumières, introduisit en Russie l'esprit de liberté, et dont les réticences à mettre en pratique ce discours auront pour principal effet de renforcer l'aspiration de ces élites grandissantes à l'inscrire dans le réel.

Sans le *Nakaz*, sans les encouragements de Catherine II à la liberté économique et à l'initiative, y aurait-il eu un Radichtchev ? Il n'était pas concevable que les idées défendues passionnément par elle, que l'univers mental dont elle se réclamait puissent rester sans effet sur l'esprit de ses compatriotes les plus lucides et les plus éduqués.

Catherine elle-même était trop intelligente pour imaginer qu'il pût en aller autrement. Elle semait l'esprit de liberté, l'aspiration à la liberté, à défaut de pouvoir encore l'accorder à ses compatriotes qui en étaient privés. Elle savait que son espoir confus de changer la Russie, d'en faire un pays semblable à son Allemagne natale, ou à la France qu'elle admirait tant, ne correspondait ni aux pesanteurs du passé russe, ni à l'état des mentalités, ni aux exigences d'une noblesse récemment émancipée et dont elle avait le plus grand besoin. Mais elle disait elle-même ce dont elle rêvait et qu'elle ne pouvait pas faire. Enfin le *Nakaz*, qu'on lui opposera comme preuve de son insincérité, n'était pas un programme politique, tout juste un ensemble de propositions qui lui semblaient pouvoir servir de ligne d'horizon. Quoi qu'il en soit, il n'en reste pas seulement les débats et certaines idées implantées depuis lors en Russie, mais aussi la volonté de faire de la loi l'élément central des réformes, et la limite apportée aux privilèges des plus puissants.

Au bout du compte, s'il est peu pertinent de débattre de la sincérité des intentions de Catherine II, il est en revanche d'un intérêt réel de considérer ses intentions et son œuvre à l'aune de celles de Pierre le Grand. Que Catherine II ait passionnément voulu poursuivre et parachever l'œuvre de celui-ci est indéniable. C'est même probablement ce qu'elle tenait pour sa véritable source de légitimité. De quel poids pèserait la réputation d'usurpatrice que d'aucuns lui faisaient, au regard de cette continuité avec le grand empereur ? Comme lui, elle poursuit deux objectifs : moderniser et européaniser la Russie. Par-delà leurs

CONCLUSION

bilans respectifs, ce sont ces deux lignes de force de
l'action de Pierre et de Catherine qu'il convient d'examiner. Modernisation et européanisation sont souvent
confondues, alors qu'il s'agit de deux objectifs distincts que les deux souverains surent atteindre avec
une perspective et des moyens parfois dissemblables.
Moderniser l'État pour moderniser ensuite la société :
ce but leur fut commun, mais l'*État policé* de Pierre
le Grand fut largement militaire, tant par la nature de
ceux qui le firent fonctionner que par les méthodes et
la logique du pouvoir. Sous Catherine, le pouvoir fut
au contraire démilitarisé, et des civils partout portés
aux postes de commande ; même si l'on y trouvait
aussi des hommes de l'armée, le style militaire disparut et la primauté qui lui était accordée (dans la
définition de l'intérêt national et de la puissance, dans
les priorités budgétaires) s'atténua ou devint peu
visible. C'est bien une société de civils qui entoure
Catherine. Sa propre conception de l'État – une
monarchie absolue, certes, mais éclairée et fonctionnant dans le cadre de la loi – établit la synthèse
des conceptions de Pierre le Grand qui donna force à
l'État (mais, quand Catherine monte sur le trône, c'est
un fait définitivement acquis) et des siennes : c'est le
monarque disposant d'un pouvoir absolu que l'impératrice place au cœur du dispositif du pouvoir, mais la
loi est là pour garantir que ce monarque est légitime.
C'est cette conception qui justifie l'expression de
monarchie légale appliquée au règne de Catherine.

Ici commence toutefois la différence entre les deux
grands souverains russes du XVIIIe siècle. Pierre le
Grand modernisa en imposant ses conceptions par la
force. On ne pouvait qu'accepter de le suivre, et le
recours à la contrainte et à la violence est inséparable

de son règne. Pour moderniser, Catherine II se reposa sur la persuasion et la pédagogie. Sans doute sut-elle à l'occasion se montrer impitoyable : elle le fut avec Pougatchev, avec les Cosaques, mais ils menaçaient l'unité de la Russie, l'organisation du pouvoir, et ils incarnaient un passé opposé à la modernisation du pays. En brisant Pougatchev, Catherine, comme l'avait fait Pierre le Grand au début du siècle, extirpait les dernières racines de la Moscovie. Pour le reste, avec les peuples conquis comme avec tous ceux qui représentaient la partie active de la société, elle s'appliqua toujours à écouter et à convaincre. Si on lui a tant reproché les condamnations de Radichtchev et de Novikov, c'est bien parce que l'usage de la force et de la répression ne faisait pas partie de son système de pouvoir.

C'est surtout en matière d'européanisation que Catherine II se sépare de Pierre le Grand. Comme lui et peut-être plus que lui, elle considérait que la Russie appartenait à l'Europe. Très attachée à la connaissance historique, elle avait beaucoup réfléchi aux raisons qui avaient dérouté ce pays, l'écartant du chemin européen. Et elle tenait pour sa mission essentielle de l'y ramener. Mais, tandis que Pierre le Grand européanisa le Russie en y apportant et imposant le modèle et les techniques européennes, Catherine se garda bien de succomber à cette technique de transfert pur et simple de l'Europe en Russie, dont Saint-Pétersbourg reste le symbole. La seule exception, dans son cas, fut l'importation du modèle autrichien d'éducation. Hormis cet épisode, elle s'efforça toujours d'introduire modèles et méthodes en tenant compte des réalités russes, en adaptant, en russifiant ce qu'elle empruntait à l'Europe.

Cette différence dans les façons d'européaniser tient à deux traits propres à Catherine. Sa curiosité, en premier lieu, pour toutes les traditions nationales, sa connaissance de toutes les étapes du développement des divers pays européens, et la certitude – venue de Montesquieu – que les lois doivent tenir compte de l'état des mœurs et des mentalités des peuples. De là, son refus d'imposer abruptement au peuple russe une « voie européenne », sans être assurée qu'il puisse s'y adapter. En second lieu, l'extraordinaire patriotisme de Catherine II. N'a-t-elle pas écrit : « J'aime par-dessus tout les pays encore inachevés ; croyez-moi, ce sont les meilleurs. Je ne suis bonne que pour la Russie ! »

Dès son arrivée dans ce pays, elle se passionna pour lui et s'efforça d'en comprendre toutes les particularités. Son attitude à l'égard de l'Église orthodoxe l'illustre bien. Tout comme Pierre le Grand qui avait soumis l'Église à l'État, elle voyait en celle-ci un des instruments du pouvoir, sous l'autorité absolue du monarque et dans l'intérêt de l'État. Mais, au-delà, elle avait compris la place de l'orthodoxie dans le sentiment national russe. Et, pour cette raison, elle ne considéra pas, comme Pierre le Grand, que l'Église orthodoxe constituait un frein à la modernisation ; elle l'associa à ses entreprises de transformation du pays. Ayant totalement adopté la Russie, son passé et sa culture, elle en fit un élément central de sa politique de modernisation et d'européanisation, au lieu de conduire cette politique contre elle. Le retour de la Russie en Europe marquait pour elle un « rattrapage » de l'Europe, mais aussi l'acceptation par l'Europe de ce qu'était la Russie, de son identité et de sa richesse spirituelle. Par cette conception combinant volonté d'européaniser la Russie et reconnaissance de ses mérites propres ainsi que de ses capacités à égaler, moyennant certes des efforts, le reste de l'Europe, Catherine trace la voie aux « occidentalistes » de la première moitié du XIXᵉ siècle.

En dépit de la parenté profonde de leurs objectifs, atténuée par certaines différences dans leur approche des solutions, les deux grands monarques du XVIIIᵉ siècle partagent un malheur commun : ils ne purent conduire à terme la modernisation entreprise par eux. Les conflits qui affaiblissent la construction pétrovienne après 1725, la persistance du servage à la fin du siècle : autant de signes extérieurs de cette modernisation inachevée. Mais si Catherine put engager son pays dans la voie de réformes structurelles et intellectuelles d'envergure, c'est parce que cette voie avait déjà été frayée par Pierre le Grand. Et si dès 1801, à l'aube du règne d'Alexandre Iᵉʳ, la Russie bruit des débats au sein des cercles de discussion (*kroujkis*) qui prolifèrent un peu partout, quittant le monde clos de la cour pour gagner des milieux intellectuels plus étendus, si en 1815 les officiers rentrant des campagnes de France s'interrogent dans ces cercles sur l'avenir politique du pays, c'est bien parce que l'impératrice aura ouvert cette possibilité en propageant des idées nouvelles et en élargissant par l'éducation le monde des élites.

Enfin, comment ne pas évoquer la modernité de la personnalité même de Catherine II ? Elle fut non seulement une femme de son temps, mais la première représentante en Russie de ce type de femme qui, surtout en France, apparaît dans la seconde partie du XVIIIᵉ siècle. Un nouveau modèle féminin, adapté aux mœurs changeantes, en caractérise en effet les dernières décennies. Femmes cultivées exerçant une véritable autorité intellectuelle et parfois politique dans les salons de cette pointe avancée de l'Europe qui fascine tant la petite princesse allemande. Catherine appartient aussi à la civilisation des salons où l'on cultive l'art de la conversation. Elle est infiniment plus proche de Madame Geoffrin que des femmes qui composent sa propre cour. Sa tendance à privilégier les œuvres de l'esprit, à reconnaître dans la culture le principal mode de relation entre les hommes et entre les peuples, enfin son goût de la langue française n'en font-ils pas une femme modèle de ce siècle qui file vers la Révolution française ? Par son esprit d'indépendance, sa joie de vivre, le goût du bonheur qui lui fait rejeter toutes les convenances et mépriser les règles alors imposées aux femmes, elle est aussi l'incarnation du romantisme naissant. Elle a le courage d'aimer qui elle veut, de ne pas aimer son propre fils, de revendiquer par là le droit à satisfaire les élans du cœur en toute liberté.

Cette modernité du personnage ne fut guère comprise, et explique pour une part la sévérité des jugements qu'inspira Catherine II. Pourtant, là aussi, les traces de son action restent perceptibles en Russie. L'éducation féminine, qu'elle tint tant à imposer, a eu pour effet de produire en quelques décennies une génération de jeunes femmes courageuses, revendicatives, dont le rôle au sein de l'intelligentsia russe se révélera considérable dès le milieu du XIXe siècle. Les premières étudiantes en médecine dans les facultés européennes où, par exception, on acceptera des jeunes filles, seront généralement des Russes avides de se préparer à servir la société...

Cette modernité de Catherine II se retrouve dans son véritable génie de la communication, voire de la propagande, exceptionnel en un siècle où nul ne concevait la possibilité de diffuser, grâce à un vaste réseau de correspondants, l'image la plus séduisante de soi et de son action. Avec plus de deux siècles d'avance, Catherine comprit comment mettre ceux qu'elle admirait le plus au service de sa propre réputation et de celle de son pays – de son œuvre, en somme. Par là aussi, elle tient une place singulière dans la cohorte des monarques de son siècle. S'ils furent souvent effrayés, parfois choqués par cette impératrice qui osait prendre dans son comportement les mêmes libertés qu'eux-mêmes ou que leurs propres favorites, dérogeant à l'image supposée intangible et parfaite de la femme, ils l'ont en définitive respectée et acceptée comme l'une des leurs – ce qui ne fut pas pour elle un mince triomphe.

Ce n'est pas un hasard si, comme Pierre le Grand, on l'appela et l'appelle toujours Catherine la Grande.

Notes

INTRODUCTION

1. Kabuzan (V.M.), *Narodonaselenie rossii v. XVIII v-pervoi polovine XIX v.* (po materialam revizii), Moscou, 1963, pp. 164-165 ; id., *Izmenenia v. razmechtchnii naseleniia rossii v XVIII-pervoi polovine XIX v.* (po materialam revizii), Moscou, 1971, pp. 71-117 ; Vodarski (Ia.E.), *Naselenie rossii za 400 let (XVI natchalo XX v.)*, Moscou, 1973.

2. Cité par Sokoloff (G.), *La Puissance pauvre*, Paris, 1993, p. 7.

3. Pouchkine, *Sobranie Sotchinenii* (en 10 volumes), t. VII, Moscou, 1962, p. 195.

EN GUISE D'OUVERTURE

L'héritage mouvementé de Pierre le Grand (1725-1762)

1. Klioutchevski, *Pierre le Grand*, Paris, 1991, p. 242.

2. Contrairement à ce qui est dit dans *Trésors et secrets du Quai d'Orsay*, Paris, 2001, p. 269.

3. Dans le traité de Westphalie, le souverain russe est cité en avant-dernière position sur une liste de plus de trente monarques européens, juste avant le Hospodar de Moldavie.

4. Vandal (A.), *L'Impératrice Elisabeth et Louis XV*, cité par Tcherkassov (P.), *Dvuhglavyi orel i Korolevskie lilii*, Moscou, 1995, p. 39.

5. Raeff (M.), *Comprendre l'ancien régime russe*, Paris, 1982, pp. 96-99.

6. Tcherkassov (P.) et Tchernychevski (D.), *Istoria imperatorskoi rossii*, Moscou, 1994, p. 147.

7. La Chetardie évoquait la « légèreté » et les inconséquences de la souveraine. AVPRI, fonds 6/1, 1742, fol. 166 sqq.

8. MAE. *Recueil des instructions données aux ambassadeurs et ministres de France, depuis le traité de Westphalie jusqu'à la Révolution française*, t. VIII, pp. 458 sqq.

9. Tcherkassov, *Dvuhglavyi orel i Korolevskie lilii, op. cit.*, p. 223.

10. Tcherkassov et Tchernychevski, *Istoria imperatorskoi rossii, op. cit.*, p. 156.

11. MAE, *Correspondance politique, Russie*, vol. 68, pp. 4 et 5.

12. MAE, Dépêche de M. Béranger, 23 juillet 1762, *Correspondance politique, Russie*, vol. 69, pp. 54-63.

13. MAE, Dépêche de Breteuil à Choiseul, 9 octobre 1762, *Correspondance politique, Russie*, vol. 70, pp. 33-34.

14. Raeff (M.), *Origins of the Russian Intelligentsia : The Eighteen Century Nobility*, New York, 1966, pp. 10 sqq.

15. MAE, *Correspondance politique, Russie*, vol. 69, p. 309.

16. *Ibid.*, vol. 68, pp. 293-304, Dépêche du 29 juin 1762.

17. Catherine II, « Zapiski na russkom iazyke », in *Put'Ktronu*, Moscou, 1997, pp. 172-177.

18. Les notes de l'académicien Ia. Chtelin « sur les derniers jours du règne de Pierre III », in *Put'Ktronu, op. cit.*, pp. 476-482, rendent bien compte de l'inconscience de Pierre III.

19. *Put'Ktronu, op. cit.*, pp. 497-498.

20. Lettres d'A. Orlov à Catherine II de Ropcha, *ibid.*, pp. 498-499.

21. *Cf.* une liste des partisans de Catherine, *Put'Ktronu, op. cit.*, pp. 503-508, voir aussi MAE, *Correspondance politique, Russie*, vol. 69, pp. 293-304.

CHAPITRE PREMIER

La quête de légitimité

1. Catherine a évoqué son enfance dans ses *Mémoires commencés en 1790*, GARF, fonds 728/1-129.

2. Catherine correspondra pendant dix-huit ans, de 1744 à 1762, avec Babet Cardel devenue Mme Schmidt, et l'aidera financièrement jusqu'à sa mort en 1762. GARF, fonds 728/1-186 ; lettres de 1744-1745.

3. *Mémoires secrets de la vie de feu l'impératrice Catherine*, GARF, fonds 728/78, 1re partie, pp. 56-57.

4. *Mémoires commencés en 1790*, fonds 728/1, dossier 129, p. 55.

5. Poniatowski, *Mémoires*, Saint-Pétersbourg, t. 1, pp. 156-157.

6. Waliszewski (K.), *Catherine II de Russie*, Paris, 1892, p. 104.

7. MAE, *Correspondance politique, Russie*, vol. 55 (1758), fol. 208-209.

8. *Mémoires de la princesse Daschkoff*, Paris, 1989, pp. 50-51.

9. *Ibid.*, pp. 66-68.

10. MAE, *Correspondance politique, Russie*, Dépêche du 13 juillet 1762, vol. 68, fol. 330-334.

11. Dépêche du 23 juillet 1762, *ibid.*, fol. 54-63.

12. *Cf.* le récit de Castera, *Histoire de Catherine II*, Paris, an VIII, t. 1, pp. 427-433.

13. « Par la grâce de Dieu, nous Catherine II impératrice et autocrate de toutes les Russies », texte intégral, GARF, fonds 1463/1, dossier 73.2.

CHAPITRE II

Une disciple de Voltaire sur le trône russe

1. Tcherkassov (P.), *Dvuhglavyi orel i Korolevskie lilii, op. cit.*, p. 260 : « Louis XV la tenait pour une figure éphémère sur le trône russe. »

2. *Œuvres complètes* de Voltaire, 1784, t. 68, p. 321.

3. GARF, fonds 728-1, dossier 172, 10 pp.

4. Tcherkassov (P.) et Tchernychevski (D.), *Istoriia imperatorskoi rossii, op. cit.*, p. 166 ; Ransel (D.), « Nikita Panin Imperial Council Project and the Struggle of Hierarchy Groups at the Court of Catherine II », *Slavic Studies*, IV.3, pp. 443-463.

5. Bilbasov (V.), *Istoriia Ekateriny II*, Saint-Pétersbourg, 1891, vol. II, pp. 243 sqq.

6. Dépêche de Béranger, 5 mars 1763, MAE, *Correspondance politique, Russie*, vol. 70.

7. Omeltchenko (O.A.), *Zakonnaia Monarhiia Ekateriny II*, Moscou, 1993, p. 242.

8. Ransel (D.L.), *The Politics of Catherinian Russia : The Panin Party*, New Haven, 1975, pp. 76 sqq.

9. Kamenskii (A.B.), *Ot Petra I do Pavla I, reformy v rossii XVIII veka*, Moscou, 2001, p. 383.

10. Dans le manifeste du 29 août, Bestoujev est nommé « Premier ministre du Conseil impérial qui sera créé », *Sbornik imperatorskogo russkogo istoritcheskogo obchtchestva*, VII, p. 143 (cité plus loin *Sbornik*).

11. Semevski (V.I.), *Krestiani v tsarstvovanie Ekateriny*, Saint-Pétersbourg, 1901, t. 2, pp. 25-26.

12. Oukaze du 4 juillet 1762, *Polnoe Sobranie zakonov rossiiskoi imperii*, n° 11593 (cité plus loin *Polnoe Sobranie zakonov*).

13. Kartachev, *Otcherki po istorii russkoi tserkvi*, Paris, 1959, t. II, p. 449.

14. *Ibid.*, p. 472 ; Soldatov (G.), *Arsenii Matseievitch, metropolit rostovskii 1706-1772*, Saint Paul, Minnesota, 1971, pp. 112 sqq.

15. Dépêche de Breteuil à Choiseul, 28 octobre 1762, MAE, *Correspondance politique, Russie*, vol. 70, p. 99.

16. *Ibid.*, fol. 111 et fol. 115 : « La tsarine gouverne elle-même. »

17. MAE, *Correspondance politique, Russie*, Dépêche du 31 juillet 1764.

18. *Polnoe sobranie zakonov, op. cit.*, XVII, n° 12801 du 14 décembre 1766.

19. Lettre du 26 mars 1767, in *Œuvres complètes* de Voltaire, t. 67, p. 22, et lettre du 29 mai 1767, *ibid.*, p. 25.

20. L'édition française du *Nakaz* a été publiée à Saint-Pétersbourg en 1769. Texte russe : *Nakaz imperatritsy Ekateriny II, dannyi kommissii o sotchineniia proekta novogo ulojeniia*, Saint-Pétersbourg, 1907 (réd. N.D. Tchetchulin).

21. *Cf.* la discussion sur ce point de Kamenskii, *Ot Petra I do Pavla I, reformy v rossii XVIII veka, op. cit.*, pp. 407-410.

22. *Cf.* l'analyse très profonde des intentions de Catherine dans Omeltchenko, *Zakonnaia monarhiia Ekateriny, op. cit.*, 428 pp.

23. *Polnoe sobranie zakonov, op. cit.*, XVIII, 12948 et 12950, datés du 30 juillet 1767.

24. Coquin (F.-X.), *La Grande Commission législative, 1767-1768*, Louvain-Paris, 1972, pp. 29-30.

25. Dukes (P.), *Catherine the Great and the Russian Nobility*, Cambridge, 1967, p. 157 et pp. 219-220.

26. Madariaga (I. de), *Russia in the Age of Catherine the Great*, Londres, 1981, p. 582.

27. « Jalouse d'une puissance sans bornes, avide de toute sorte de gloire, elle voulut être à la fois conquérante et législatrice », écrit Castera, *Histoire de Catherine II, op. cit.*, t. II, p. 30.

CHAPITRE III

Quête d'un nouvel équilibre européen

1. Sur cette période, voir Liechtenham (F.D.), *La Russie entre en Europe*, Paris, 1997, et la citation de Frédéric II tirée de ses Mémoires, *cf.* Liechtenham, *op. cit.*, p. 187.

2. Bled (J.-P.), *Marie Thérèse d'Autriche*, Paris, 2001, p. 229.

3. Earl of Ilchester éd., *Correspondance of Catherine the Great with Sir Charles Hambury Williams*, Londres, 1928, p. 70.

4. GARF, fonds 28/130, p. 83.

5. Pierre Stegni, entretien à Moscou le 14 février 2002.

6. MAE, *Correspondance politique, Russie*, 1762, vol. 70, fol. 131, dépêche du 20 août 1762.

7. Dépêche du 13 septembre, *ibid.*, vol. 69, fol. 342.

8. Kamenskii (A.B.), *Pod sceniiu Ekateriny*, Saint-Pétersbourg, 1992, p. 218.

9. Mironova (E.M.), *Vnechne politicheskie vzgliady i deiatel'nost'. N.I. Panina*, Moscou, 1990, p. 71.

10. *Ibid.*, et Tcherkassov, *Dvuhglavyi orel i Korolevskie lilii, op. cit.*, pp. 268-269.

11. AVPRI, fonds 93/158, fol. 37.

12. Stegnii (P.), *Hroniki vremen Ekateriny II*, Moscou, 2001, p. 72.

13. *Ibid.*, p. 66.

14. MAE, *Recueil des instructions données aux ambassadeurs et ministres de France depuis les traités de Westphalie jusqu'à la Révolution française, Russie*, t. 9, p. 213.

15. Sur la diplomatie secrète, *cf.* Gilles Perrault, *Le Secret du roi*, t. 1, p. 551.

16. MAE, *Correspondance politique, Russie*, vol. 27, fol. 247.

17. *Ibid.*, vol. 70, fol. 21-28.

18. *Ibid.*, fol. 195.

19. Tcherkassov (P.P.), *Dvuhglavyi orel i Korolevskie lilii, op. cit.*, p. 307.

20. *Sbornik, op. cit.*, t. 51, p. 507.

21. La lettre manuscrite est dans les archives RGADA, fonds 4, dossier 121.

22. *Piast*, noble polonais ; *cf.* Davies, *God's Playground*, Oxford, 1981, t. I, pp. 61-63.

23. Rescrit du 8 février 1763, cité par Tcherkassov, *op. cit.*, p. 313.

24. AVPRI, fonds 93/6, 1768, dossier 240, p. 137.

25. Stegnii, *op. cit.*, p. 75.

26. *Mémoires du roi Stanislas-Auguste Poniatowski*, Saint-Pétersbourg, 1914, t. 1, pp. 497 et 505.

27. *Ibid.*, pp. 536-537.

28. AVPRI, fonds 93/6, 1763, dossier 172, p. 48.

29. « Sur la confédération », note manuscrite de Panine, AVPRI, fonds des *opinions secrètes*, fonds 592-5/1, 8 pp.

30. Lettre de Choiseul à Vergennes de 1768, citée par Tcherkassov, *op. cit.*, p. 352.

31. *Sbornik, op. cit.*, t. 87, p. 177.

32. Klokman (Yu.), *Feldmarchal Rumiantsev v period russko-turetskoi voiny 1768-1774*, Moscou, 1951, pp. 90 sqq.

33. Tott (baron de), *Mémoires du baron de Tott sur les Turcs et les Tatars*, Amsterdam, 1784, 4 vol., vol. II, p. 103.

34. *Polititcheskaia Perepiska Imperatritsy Ekateriny II*, in *Sbornik, op. cit.*, LXXXVII, Lettres de Panine à Obreskov, 26 mars 1768, et 1768, sans date précise, pp. 65 et 146, et lettre de Catherine à Obreskov, 31 juillet 1768, *ibid.*, p. 23.

35. Gordeev (A.A.), *Istoria Kazakov*, Moscou, 1992, t. 1, p. 227.

36. Fischer (A.), *The Russian Annexation of Crimea, 1772-1780*, Cambridge, 1970, pp. 42-43.

37. *Sbornik, op. cit.*, XIII, p. 227.

38. Fischer, *op. cit.*, pp. 53-54.

39. Zapiski Grafa Nikity Ivanovitcha Panina, AVPRI, *Sekretnye mneniia Kollegii inostranyh del*, fonds 580-5/1, pp. 17-20.

40. Waliszewski, *Le Roman d'une impératrice. Catherine II de Russie*, Paris, 1892, pp. 408-409.

41. Le comte de Solms mandait à Frédéric le 17 janvier 1769, à propos de Panine : « La conservation de la Pologne semble lui tenir à cœur. »

42. Lettre de Marie-Thérèse à Joseph II, 25 janvier 1772, citée par Bled, *op. cit.*, p. 374.

43. Dépêche de Hotinski à Panine, 2 juin 1771, AVPRI, 93/6-261, pp. 262-263.

44. AVPRI, 93/6-262, p. 140.

45. Sur les négociations avec la Porte, *cf.* les *opinions secrètes* du collège des Affaires étrangères, 10 février 1772, AVPRI, fonds V, dossier 580, pp. 22-25, et 28, notes des 22 janvier 1772 et 10 février 1772.

46. *Sbornik, op. cit.*, t. 1, p. 81 : « Nos ennemis les Français », écrit-elle à Orlov.

47. *Catherine II et Gustave III. Une correspondance retrouvée*, Värnamo, 1998, pp. 14-15.

48. *Ibid.*, p. 14 (lettre de Gustave III à sa mère, du 22 octobre 1772).

49. *Ibid.*, p. 31.

50. *Ibid.*, pp. 35 (31 mai 1772 et 21 mars 1772), 36 (21 août 1772) et 37 (4 septembre 1772).

CHAPITRE IV

L'empereur des gueux

1. J'emprunte ce titre à Bortoli (G.), *Douze Russes et un empire*, Paris, 1980, p. 131.

2. Gordeev (A.A.), *Istoriia Kazakov, op. cit.*, t. 3, pp. 43 et 63-68.

3. *Ibid.*, pp. 50-55.

4. *Cf.* Tchistov (K.V.), *Russkie narodonye sotsialno utopitcheskie legendy*, Moscou, 1963.

5. Sur le statut de l'hetmanat de la rive gauche, *cf.* Nolde (B.), *Otcherki russkogo gosudarstvennogo prava*, Saint-Pétersbourg, 1911, pp. 287-331.

6. Vitevskii (V.N.), *Nepluiev i orenburgskii krai v prejnem ego sostave do 1758*, Kazan, 1889-1897, vol. III, pp. 860 sqq.

7. *La Révolte de Pougatchev*, présentée par P. Pascal, Paris, 1971, pp. 43-45, d'après ses interrogatoires.

8. Dubrovine (N.), *Pougatchev i ego soobtchiniki*, Saint-Pétersbourg, 1884, 3 vol., t. I, pp. 236-237.

9. Gaïssinovitch (A.), *La Révolte de Pougatchev*, traduction française, Paris, 1938, en donne le texte, mais surtout *Pougatchevchtchina*, Moscou-Leningrad, 1926, t. I, p. 25.

10. Pouchkine, *Istoria Pougatcheva*, in *Sobranie Sotchinenii*, t. VII, Moscou, 1962, pp. 24-26.

11. *Ibid.*, pp. 26-27.
12. *Sbornik, op. cit.*, 13, pp. 367 sqq.
13. Pouchkine, *op. cit.*, pp. 40-41.
14. *Ibid.*, p. 41.
15. *Pougatchevchtchina, op. cit.*, II, pp. 105-106.
17. Dubrovine, *op. cit.*, t. III, pp. 94-95.
16. Portal, *op. cit.*, p. 89.
18. Pouchkine, *op. cit.*, p. 97.
19. Dubrovine, *op. cit.*, t. III, pp. 309-311.
20. Pouchkine, *op. cit.*, pp. 102-103.
21. *Ibid.*, p. 146.
22. *Ibid.*
23. Texte complet de la lettre dans Pouchkine, *op. cit.*, pp. 145-146.
24. *Sbornik, op. cit.*, 19, pp. 460-462.
25. Dobromyslov (éd.), *Materialy po istorii rossii*, Orenbourg, 1900, t. I, 1er chapitre, et Bauman (R.F.), « Subject nationalities in the military service of imperial Russia : the case of the Bachkirs », *Slavic Review*, 46 (1987), pp. 491-495.
26. Donelly (A.S.), *The Russian Conquest of Bachkiria, 1552-1740*, Yale Univ., 1968, p. 175.

CHAPITRE VI

La vie de l'esprit

1. Bil'basov, *Istoriia Ekateriny II*, Berlin, 1900, vol. I, p. 156.
2. Lettre de Voltaire à d'Alembert, 29 septembre 1762, in *Œuvres complètes*, t. 68, p. 219, réponse au propos de D'Alembert.
3. Bernardin de Saint-Pierre, *Observations sur la Russie*, in *Œuvres complètes*, t. II, Paris, 1818.
4. Claude de Grève, *Le Voyage en Russie*, Paris, 1990, pp. 1234-1235.
5. *Essai sur les duchés de Clèves et de Gueldre* (1763), cité par Stroev (A.), « Les utopistes étrangers à la cour de Russie », in *Catherine II et l'Europe* (A. Davidenkoff éd.), Paris, 1997, p. 127.
6. Lettre de Mercier de La Rivière au comte Panine, 15 novembre 1767, cité par Stroev, *ibid.*, p. 128.
7. *Cf.* t. 67 des *Œuvres complètes* de Voltaire, par exemple pp. 9, 10, 16 (1765-1766).
8. Par exemple « Lettre de Catherine au neveu de l'abbé Bazin », 22 août 1765, *ibid.*, p. 6.
9. Scherer (E.), *Melchior Grimm*, Paris, 1887, p. 270.
10. Cité par Fabre (J.), *Stanislas-Auguste Poniatowski et l'Europe des Lumières*, Paris, 1952, p. 338.
11. Naigeon (J.-A.), *Mémoires sur la vie et les œuvres de Diderot*, Paris, 1821, p. 346.

12. Diderot, *Mélanges. Contributions à l'histoire des deux Indes* Sienne, 1977, éd. G. Goggil, pp. 350 sqq.

13. Aronson (M.) et Reiser (S.), *Literaturnye Krujki i salony*, Leningrad, 1929, pp. 46 sqq.

14. Chtcherbatov (M.M.), *Neizdannye Sotchneniia*, Moscou, 1935, p. 18.

15. Klioutchevskii, *Kurs russkoi istori*, t. V, p. 44.

16. Dans le cabinet de Catherine, *cf.* les papiers manuscrits destinés à la rédaction du *Nakaz* et du Nouveau Code, 1762-1771, RGADA, fonds X-15.

17. Sur l'*Antidote*, *cf.* Monnier (A.), « Catherine II pamphlétaire », in *Catherine II et l'Europe, op. cit.*, pp. 53-61. L'*Antidote* se trouve à la BNF.

18. *Instruktsiia Kniaziu Nikolaiu Ivanovitchu Saltykovu pri naznat-cheniie ego k vospitaniiu velikih kniazeii*, in *Polnoe Sobranie Sotchinenii russkih avtorov*, Saint-Pétersbourg, 1849, t. 1, spécialement pp. 199-211, et sur la religion p. 215.

19. De grands écrivains comme Tchoukovski en sont au XXe siècle l'illustration.

20. Lettre à Grimm, 3 avril 1785, *Sbornik, op. cit.*, t. 23, p. 238.

21. *Sbornik*, Saint-Pétersbourg, 1872, pp. 268-269.

22. Lettre à Voltaire, 29 mai 1767, in Voltaire, *Œuvres complètes*, éd. citée, t. 67, pp. 24-25.

23. Breuillard (J.), « Catherine II traductrice. Le *Bélisaire* de Marmontel », in *Catherine II et l'Europe, op. cit.*, pp. 77-84.

24. Lettre de Marmontel à Catherine, 7 décembre 1768, in Marmontel, *Correspondance*, Clermont-Ferrand, 1974, t. 1, pp. 231-232.

25. Notamment dans RGADA, fonds I-5, « Correspondances avec diverses personnes ».

CHAPITRE VII

« Pour le salut de la foi et de la patrie »

1. Struve (N.), « Catherine II et la religion », in *Catherine II et l'Europe, op. cit.*, p. 172.

2. Notes autobiographiques de Catherine, in *Sotchineniia* (Œuvres), Saint-Pétersbourg, 1901-1907, t. 12, p. 10.

3. Cité par Lepekhine (M.), « Catherine II et l'Église », in *Catherine II et l'Europe, op. cit.*, p. 177.

4. Waliszewski, *op. cit.*, p. 32.

5. Lettre n° 92 d'André Botolov, in *Put'k tronu, op. cit.*, pp. 343-344.

6. L'évêque Gabriel Petrov avait inspiré ces paroles à Catherine : « Il n'est pas ennemi des philosophes. » Sur ce prélat, qui joua un rôle non négligeable auprès de Catherine, *cf.* l'ouvrage de l'archimandrite

Macaire (Makarii), *Skazanie o Jizni i trudah preosviachtcheinechego Gavrila mitropolita novgorodskogo i petersburgskogo*, Saint-Pétersbourg, 1857, spécialement pour cette remarque p. 26.

7. Lepekhine, *art. cit.*, p. 180, et la notice consacrée au père Panfilov dans le dictionnaire biographique russe de 1912, par N.I. Gortchakov.

8. Nolde (B.), *La Formation de l'Empire russe*, Paris, 1952, vol. I, pp. 1-13, et Vernadski (G.), *Russia at the Dawn of the Modern Era*, Londres, 1959.

9. Malov (A.O.), *O Novokrechtchenskoi Kontore*, Kazan, 1878.

10. Gubaidullin (G.), « Utchastie Tatar v Pugatchevchtchine », *Novyi Vostok*, I, p. 262-268.

11. Oukaze du 22 septembre 1788, *Polnoe, op. cit.*, vol. XXII, n° 16710, pp. 1107-1108.

12. Gessen (I.), *Istoriia evreiskogo naroda v rossii*, Leningrad, 1925-1927, t. 1, p. 19.

13. *Ibid.*, pp. 46-47.

14. *Cf.* ci-dessous, chapitre VIII : « Avons-nous bien travaillé ? »

15. Sur cette lutte, *cf.* Soljenitsyne (A.), *Deux siècles ensemble*, Paris, 2002, pp. 44-46, et surtout Gessen, *op. cit.*, pp. 112 sqq.

16. Panine à Stackelberg, 23 octobre 1779, *Sbornik*, 1, p. 478.

17. Pierling (P.), *La Russie et le Saint-Siège*, Paris, 1912, vol. V, p. 123.

18. Hrapovitskii, *Pamiatnye zapiski A.V. Hrapovitskogo*, Moscou, 1862, p. 275.

CHAPITRE VIII

« Avons-nous bien travaillé ? »

1. H. Troyat, *Catherine la Grande*, Paris, 1977, intitulera un chapitre « La législomanie », pp. 236-257 ; il constate que ce trait « ne manque pas de grandeur », mais se montre fort sceptique sur ses résultats.

2. Dépêche de M. Durand de Distoff assortie d'une note, 31 décembre 1773 et 4 janvier 1774, MAE, *Mémoires et documents, Russie*, vol. XI, pp. 300-308, sur le complot Saldern, *Sbornik*, t. 72, pp. 373 sqq.

3. Lettre du grand-duc Paul à N. Panine, 2 septembre 1781, RGADA, fonds 1-52, cité *in extenso* par Stegnii, *op. cit.*, pp. 411-413.

4. Cité par Kamenskii, *Ot Petra I do Pavla I, op. cit.*, p. 414.

5. Omeltchenko (A.), *Zakonnaia monarkhia Ekateriny II*, Moscou, 1993, 428 pp.

6. Florovskii (A.), *Krizis ekonomitcheskih idei v Rossii v XVIII st*, Prague, 1924, vol. I, pp. 83 et 88 pour les remarques additionnelles.

7. Kamenskii, *Ot Petra I do Pavla I, op. cit.*, p. 418.

8. Omeltchenko, *op. cit.*, pp. 267-268.

9. « Jalovannaia Gramota na prava, vol'nosti i preimuchtchestva

blagorodnogo dvorianstva », in *Polnoe Sobranie zakonov, op. cit.*, t. XXII, pp. 346-351.

10. Kamenskii, *op. cit.*, p. 450.

11. Madariaga, *op. cit.*, p. 298 ; Leontovitch (V.L.), *Histoire du libéralisme en Russie*, Paris, 1986, p. 43, qui se réfère à Vladimirski Boudanov (M.), *Obzor Istorii russkogo Prava*, Kiev, 1915, p. 237.

12. Kabuzan (V.M.), *Izmeneniia v razmechtchenie naselenia rossii v XVIII v. pervoi polovine XIX*, Moscou, 1971 ; Rozman (G.), *Urban Networks in Russia, 1750-1800*, Princeton, 1976, p. 88.

13. Omeltchenko, *op. cit.*, p. 347 ; Raeff (M.), « The Empress and the Vinerian Professor », *Oxford Slavonic Papers*, VII, 1974, pp. 18-40.

14. Madariaga, *op. cit.*, p. 306, qui évoque aussi « les Reichsrat autrichiens de 1760 », mais on peut se demander s'il ne s'agit pas plutôt du Staatsrat proposé par Kaunitz à Marie-Thérèse en décembre 1760.

15. RGADA, fonds 10-2, doc. 321.328, et Omeltchenko, *op. cit.*, p. 309.

16. Kamenskii, *op. cit.*, pp. 458-459.

17. *Ibid.*, p. 469.

18. Leontovitch (V.L.), *Histoire du libéralisme en Russie, op. cit.* (pour la traduction française), pp. 45-46.

CHAPITRE IX

Éduquer l'homme nouveau ?

1. Soumarokov (A.), *Trudolioubivaia ptchela*, Saint-Pétersbourg, 1780 (2ᵉ éd.), p. 582.

2. Lettre à Voltaire, 17 décembre 1768, in Voltaire, *Œuvres complètes, op. cit.*, p. 30.

3. Lettre de Voltaire, 26 février 1769, *ibid.*, pp. 36-37.

4. Waliszewski, *Catherine II de Russie, op. cit.*, p. 219.

5. Kamenskii, *Ot Petra I do Pavla I, op. cit.*, p. 404.

6. *Polnoe Sobranie zakonov, op. cit.*, XVII, 12-103, 12 mars 1764.

7. Rojdestvenskii (S.V.), *Otcherki po sistemi prosvechtcheniia v rossii v XVIII-XIX vekah*, Saint-Pétersbourg, 1912, t. 1 ; Kamenskii, *op. cit.*, p. 405.

8. Klioutchevski (V.O.), *Pierre le Grand*, Paris, 1930 et 1991, p. 142. (Cet ouvrage dans sa version française est extrait de la quatrième partie du cours d'histoire russe de Klioutchevski.)

9. *Polnoe Sobranie zakonov, op. cit.*, XVII, 12-741, texte du 11 septembre 1766.

10. Bled (J.-P.), *Marie-Thérèse d'Autriche, op. cit.*, pp. 363-366.

11. Kamenskii, *op. cit.*, p. 438.

12. *Polnoe Sobranie zakonov*, t. 21, n° 15523.

13. Madariaga (I. de), *Russia in the Age of Catherine the Great, op. cit.*, p. 497.

14. *Ibid.*, pp. 497-498.

15. Le manuscrit daté de 1775 est gardé aux Archives russes des actes anciens, RGADA, fonds 17, n° 82.

16. Kizevetter, *Pervoe piatiletie pravleniia Ekateriny II*, soutient la thèse de la continuité de la conception des réformes, p. 314. *Cf.* la discussion par Kamenskii, *op. cit.*, p. 406.

17. Diderot, *Mémoires pour Catherine II*, Paris, 1966 (éd. P. Vernière), chap. VIII et XLIV.

CHAPITRE X

L'économie pour l'État et pour la société

1. Bulygin (I.A.), *Polojenie krestian i tovarnoe proizvodstvo v Rossii : vtoraia polovina XVIII veka*, Moscou, 1966, p. 5.

2. Klokman (Iu.R.), *Otcherki sotsialno ekonomitcheskoi istorii gorodov severo-zapada rossii v seredine XVIII veka*, Moscou, 1967, p. 13.

3. Cité par Kamenskii, *op. cit.*, p. 396.

4. Florovskii (A.), *K istorii ekonomitcheskih idei v rossii v 18-om stoletii*, in *Nautchnye trudy* de l'Université russe à Prague 1923, vol. I, pp. 83-88 ; Omeltchenko, « Gosudarstvennoe Khoziaistvo i ekonomitcheskaia reforma v zakonadatel'noi politiki prosvechtchenogo absoliutizma », in *A Window on Russia* (Di Salvo et L. Hugues éd.), Rome, 1996, pp. 75-81.

5. Leontovitch (V.), *Histoire du libéralisme en Russie, op. cit.*, p. 43.

6. *Polnoe Sobranie zakonov, op. cit.*, t. 16, n° 1/630.

7. Manifeste du 28 juin 1782, *Polnoe Sobranie zakonov, op. cit.*, n° 15447, et décret du 22 septembre 1782, *ibid.*, n° 15518.

8. Leontovitch, *Histoire du libéralisme en Russie, op. cit.*, p. 45.

9. En 1614, le tsar Michel plaça la Sibérie sous l'autorité d'un département spécial, le *Kazanskii Prikaz*, puis créa en 1637 le *Sibirskii Prikaz*, avec son administration et son ministre ou *diak*. Lantze (H.G.), *Siberia in the Seventeenth Century*, Los Angeles, 1934, p. 36.

10. *Sbornik, op. cit.*, t. 7, 1871, p. 348.

11. *Polnoe Sobranie zakonov, op. cit.*, t. 16, n° 12175.

12. Dolgoroukow (P.), *La Vérité sur la Russie*, Paris, 1860, pp. 83-85.

13. Madariaga, *op. cit.*, p. 481.

14. *Polnoe Sobranie zakonov, op. cit.*, t. 18, n°s 13219 et 13220.

15. Les emprunts furent faits à Gênes et aux Pays-Bas ; Tchetchulin, *Otcherki po Istorii russkih finansov v tsarstvovanie Ekateriny II*, Saint-Pétersbourg, 1906, pp. 326 sqq.

16. Bulygin (I.A.), *Polojenie Krestian i tovarnoe proizvodstvo v rossii, vtoraia polovina XVIII veka, op. cit.*, pp. 59-65.

17. Pouchkine, *Sobranie Sotchinenii*, t. 7, pp. 192-193 ; Kliout-

chevski : « Le règne de Catherine s'est achevé presque par une banqueroute économique et morale », cité par Stegnii (P.), *Khroniki vremen Ekateriny, op. cit.*, p. 5.

CHAPITRE XI
La fin du « système du Nord »

1. Dépêche adressée à Panine, 28 août 1774 (8 septembre nouveau style).
2. MAE, *Correspondance politique, Russie*, vol. 98, fol. 526.
3. Martens, *Recueil des traités et conventions conclus par la Russie avec les puissances étrangères*, Saint-Pétersbourg, 1874-1909, 15 vol.
4. Tcherkassov, *Ekaterina II i Lioudovik XVI*, Moscou, 2001, pp. 96-97.
5. Nersessov (G.A.), *Politika Rossii na techenskom kongresse, 1778-1779*, Moscou, 1988, p. 65.
6. Bled, *op. cit.*, pp. 456-458.
7. MAE, *Correspondance politique, Russie*, 1779, vol. 102, fol. 414, dépêche de Vergennes à Corberon, 13 juin 1779.
8. Il reçut à cette occasion 5 000 serfs, 100 000 roubles et une argenterie de prix. RGADA, fonds I.1.54, 137, fol. 76.
9. *Kutchuk-Kainardjiiski mir (Dokumenty) Russkih Arhiv*, 1879-X, pp. 137-170, et notamment pp. 141-151.
10. *Cf.* lettre de Repnine à Nikita Panine, *Sbornik, op. cit.*, VI, pp. 353-354.
11. Pisma Grafa N.I. Panina K.P.V. Bakuninu, *Arkiv Kniazia Vorontsova*, XXVI-1882, p. 163.
12. Dubrovin (N.F.), *Prisoedinenie Kryma k Rossii*, Saint-Pétersbourg, 1885-1889, 4 vol., I, pp. 636-638.
13. *Ibid.*, t. II, pp. 67.68.
14. *Ibid.*, t. II, p. 97.
15. Gabriel Effendi Noradoughian, *Recueils d'actes internationaux de l'Empire ottoman*, Paris, 1897-1903, t. I, p. 338.
16. Il s'agit de la forteresse de Sohum, au sud du sud du Kouban, devenue Soukhoumi. Dubrovin, *op. cit.*, t. III, p. 154.
17. Fischer (A.W.), *The Russian Annexion of the Crimea, op. cit.*, pp. 125-127.
18. Simon Sebag Montefiori (S.), *The Life of Potemkine*, Londres, 2001, p. 264. Potemkine est nommé gouverneur général de Nouvelle Russie.
19. *Ibid.*, pp. 264-265.
20. MAE, *Correspondance politique, Russie*, 1781, vol. 106, fol. 304, dépêche du 4 mai 1781.

21. *Ibid.*, vol. 107, fol. 242, dépêche du 16 novembre 1781.
22. Simon Sebag Montefiori, *The Life of Potemkine, op. cit.*

CHAPITRE XII

Le « projet grec »

1. Waliszewski (K.), *Catherine II de Russie*, Paris, 1892, p. 416.
2. Lettre de Catherine à Joseph II, 20 septembre 1782, MAE, *Correspondance politique, Russie*, 1781, vol. 106, fol. 261.
3. Tcherkassov (P.P.), *Ekaterina II i Lioudovik XVI, op. cit.*, p. 207.
4. Nolde (B.), *La Formation de l'Empire russe*, 2 vol., Paris, 1952, t. I, p. 111 ; Pascal (P.), *La Révolte de Pougatchev, op. cit.*, p. 234.
5. Tcherkassov, *op. cit.*, pp. 209-210, qui cite la correspondance *Ekaterina II i G.M. Potemkin Litchnaia perepiska*, 1769-1791, Moscou, 1997, p. 726.
6. Tcherkassov, *op. cit.*, p. 210.
7. MAE, *Correspondance politique, Russie*, vol. 109, fol. 117.
8. AVPRI, et MAE, *Correspondance politique, Russie*, vol. 111, fol. 120-121.
9. Lachkov (F.F.), *Statisticheskiie svedeniia o Kryme, soobchteniia Kiamakanami v 1783 godu : in zapiski imperatorskogo Odesskogo obchtchestva istorii i drevnosti*, XIV, 1886, pp. 91-156.
10. Fischer, *op. cit.*, pp. 143-144.
11. Drujinina (E.I.), *Severnoe pritchernomorie 1775-1800*, Moscou, 1959, p. 100.

CHAPITRE XIII

La deuxième guerre russo-turque

1. Stegnii (P.), *Khronika vremen Ekateriny II, op. cit.*, p. 167.
2. *Ibid.*, pp. 166-167.
3. « Vous me compromettez devant le roi et la Pologne », lui dira-t-il. Soloveitchik (G.), *Potemkine*, Paris, 1940, p. 246, lettre du prince de Ligne, et Zamoyski, *Last King of Poland*, Londres, 1992, p. 297.
4. Ségur (comte de), *Mémoires*, 1859, II, pp. 66-67.
5. Helbig (G. von), *Potemkin der Taurier*, Hambourg, 1797-1800.
6. Lettre de Toula, 8 juin 1787, citée par Soloveitchik, *op. cit.*, p. 248.
7. Madariaga, *op. cit.*, p. 395.
8. MAE, *Correspondance politique, Russie*, 1787, et Soloveitchik, *op. cit.*, p. 248.

9. Tcherkassov, *op. cit.*, p. 330.

10. Cité par Waliszewski, *op. cit.*, p. 423.

11. La Russie ne gardera qu'Azov, sans avoir le droit de fortifier la ville et ayant perdu dans la guerre cent mille hommes. Grünwald (C. de), *Trois siècles de diplomatie russe*, Paris, 1945, p. 62.

12. RGADA, 5.85.1, 496, fol. 343.

13. Ségur, *Mémoires, op. cit.*, t. III, p. 511.

14. *Ekaterina II I G.A. Potemkin, op. cit.*, pp. 398-399.

15. Hrapovitski (A.V.), *Dnevnik*, Saint-Pétersbourg, 1874, p. 294.

16. Lettre de Gustave III à Catherine, 19 (8) octobre 1791, sur le traité signé, *Correspondance* citée, p. 279.

17. Davies, *God's Playground, op. cit.*, t. 1, p. 536.

18. *Cf.* la correspondance de Choiseul-Gouffier et de Montmorin à ce sujet, AVPRI, *Snocheniia rossii s frantsei, op. cit.*, 93/6-488.

19. Dépêche de M. Genet à Montmorin, 18 mars 1791, MAE, *Correspondance politique, Russie*, 1791, vol. 134, fol. 173-174 et 178-179.

20. Genet à Montmorin, 27 août 1791, *Correspondance politique, Russie*, 1791, vol. 135, fol. 223.

21. Propos rapportés par le comte Stedingk à Gustave III, *Un ambassadeur de Suède à la cour de Catherine II*, Stockholm, 1919, p. 111.

CHAPITRE XIV

Partage de la Pologne
ou rassemblement des terres de la Rous ?

1. Sur Arkadi Morkov, *cf.* Tcherkassov, *op. cit.*, p. 293.

2. RGADA, 286.413, 638.648.

3. Davies, *God's Playground, op. cit.*, t. I, p. 220.

4. Lord (R.H.), *The Second Partition of Poland*, Cambridge Mass., 1915, p. 246-248.

5. *Ibid.*, p. 108.

6. AVPRI, fonds V-592, pp. 391-398, notes de Bezborodko.

7. *Cf.* échange de commentaires de Catherine et Potemkine sur l'armée polonaise, AVPRI, fonds V/1-589, pp. 84-89.

8. Note à Platon Zoubov, Lord, *The Second Partition of Poland, op. cit.*, p. 253.

9. Notes Bezborodko déjà citées. AVPRI, fonds V-592, pp. 391-398.

10. Rostworowcki (E.), « La Grande Diète, 1788-1792. Réformes et perspectives », *Annales historiques de la Révolution française*, 1964 (XXXVI), pp. 308-328

11. AVPRI, fonds V-589, pp. 126-130, remarques de Bezborodko sur l'union avec la Pologne.

12. Lord, *op. cit.*, p. 551.

13. *Recueil des actes diplomatiques, traités et documents concernant*

la Pologne (K. Lutoglanski éd.), Varsovie, 1920, 2 vol., vol. I, nᵒˢ 101, 128 et 131.

14. Martens, *Recueil des traités et conventions, op. cit.*, t. 2, pp. 228 sqq.

15. AVPRI, fonds V-589, pp. 58-63.

16. Lesnodorski (B.), *Les Jacobins polonais*, Paris, 1965.

17. Davies, *op. cit.*, p. 539.

18. Sur les idées sociales de Kosciuszko, *cf.* Kowiecki (J.), *Uniwersal Polianiecki i sprava Jego realizacii*, Varsovie, 1957.

19. *Polnoe Sobranie zakonov*, I, 17108, t. 23, p. 410.

20. Martens, *op. cit.*, t. 2, p. 303.

21. *Polnoe Sobranie zakonov*, I, 17108, t. 23, p. 411 et p. 730.

22. Kapelaer, *Russie, empire multiethnique*, Paris, 1994, p. 82.

23. AVPRI, fonds V-589, pp. 167-175.

24. *Polnoe Sobranie Zakonov*, I. 17108, t. 23, p. 410.

25. Rousseau (J.-J.) *Œuvres complètes*, t. 3, Paris, 1964, p. 295.

CHAPITRE XV

La « peste française »

1. MAE, *Correspondance politique, Russie*, 1788, vol. 124, fol. 287, dépêche de Ségur à Montmorin sur l'inquiétude russe devant ce problème.

2. Ségur, *Mémoires, op. cit.*, t. III, pp. 436 et 446. Sur ce projet d'alliance, *cf.* l'analyse de Tcherkassov (P.), *Ekaterina II i Ludovik XVI*, Moscou, 2001, pp. 414-423.

3. Instructions du comte de Montmorin, ministre des Affaires étrangères, au comte de Ségur, 19 septembre 1789. MAE, *Recueil des instructions* t. IX, pp. 461 sqq.

4. Hrapovitskii (A.V.), *Dnevnik, op. cit.*, p. 162 ; GARF, fonds 728/1, dossier 343.

5. *Ibid.*, p. 48.

6. Sur ces tragédies à répétition, *cf.* la très subtile analyse de Simone Bertière dans *Marie-Antoinette l'Insoumise*, Paris, 2002, pp. 112-113 et 443.

7. Note du 29 juillet 1789, p. 174 et p. 461, cité par Tcherkassov, *op. cit.*, p. 461.

8. Cité par Tcherkassov, *ibid.*, pp. 471-472.

9. Nekrassov (S.), « Catherine II et les francs-maçons russes », in *Catherine II et l'Europe, op. cit.*, pp. 185-190.

10. Derbov, *Obchtchestvenno-polititcheskie i istoritcheskie vzgliady N. I Novikova*, Moscou-Leningrad, 1951, Saratov, 1974 ; Martynov (I.), *Knigoizdatel 'Nikolai Novikov*, Saratov, 1974 ; surtout la contribution

d'A. Monnier, *Un publiciste frondeur sous Catherine II : Nicolas Novikov*, Paris, 1981, pp. 322-330.

11. Sur Novikov, *cf.* Monnier (A.), in *Histoire de la littérature russe* : « Des origines aux Lumières », pp. 523-532 ; Jones (G.), *Nikolay Novikov Enlightner of Russia*, Cambridge, 1984.

12. Beliavski (M.), « Novikovskoe Avdotino, v 1792 g. », in Madariaga, *op. cit.*, p. 527.

13. Serman (I.), « Catherine II et le peintre de Novikov », in *Catherine II et l'Europe, op. cit.*, pp. 68-69.

14. Pypin (A.), *Russkoe Massonstvo*, XVIII *i pervajia Tchevert* XIX v, Petrograd, 1916, p. 520.

15. *Dnevnik Hrapovitskogo, op. cit.*, p. 338.

16. Radichtchev, *Voyage de Pétersbourg à Moscou*, Paris, 1988, p. 235.

17. *Ibid.*, pp. 243-244.

18. *Ibid.*, p. 336.

19. *Ibid.*, p. 296.

20. AVPRI, fonds 93/6, dossier 39, pp. 3-6.

21. Rostislavlev (D.A.) et Tourilov (S.L.), « Frantsuzy v Rossii, v 1793, g. », *Cahiers du monde russe et soviétique*, vol. 39/3, 1998, pp. 297 sqq.

Fin de règne

1. Le Donne (J.P.), « Ruling families in the Russian political order, 1725-1825 », *Cahiers du monde russe et soviétique*, XXVIII (3/4), juillet-décembre 1987, pp. 295-314, spécialement p. 302.

2. « Cette infection française, l'aversion pour l'autorité », commentera Catherine, in *Dnevnik AV Hrapovitskogo*, Saint-Pétersbourg, 1874, p. 338.

3. E.V. Anissimov, cité par Stegnii (P.), in *Hroniki vremeni Ekateriny II, op. cit.*, p. 226.

4. AVPRI, fonds 96/6, 842, fol. 1-4.

5. GARF, fonds 860-1, dossier 21.

6. GARF, fonds 860-1, dossier 21, 13 pp.

7. Lettre du baron de Boudberg à Catherine II, 9/20 février 1796, GARF, fonds 860/1, dossier 15, p. 26 sqq.

8. *Cf.* lettre de Catherine à Boudberg, 9 septembre 1796, GARF, fonds 860-1, dossier 21, fol. 27 (recto-verso).

9. Lettre à Boudberg, 4 juillet 1796, GARF, fonds 860-1, dossier 21.

10. Lettre de Boudberg à l'impératrice, 18/29 juillet, GARF, fonds 860-1, dossier 15, fol. 27 (recto-verso).

11. Lettre à Boudberg, 19 septembre 1796, GARF, fonds 860-1 dossier 21, fol. 37 (recto-verso).

12. Lettre à Boudberg, 1er octobre 1796, GARF, *ibid.*, fol. 39 (recto-verso).

13. *Cf.* le programme d'études remis par La Harpe en décembre 1790, GARF, fonds 728-1, dossier 290 pp. 37-49.

14. Childer, *Imperator Pavel*, Saint-Pétersbourg, 1901, p. 255.

15. GARF, fonds 728-1, dossier 290, fol. 145 (recto-verso).

16. GARF, fonds 728-1, dossier 468, 21 f.

17. Stegnii, *Hroniki Vremen Ekateriny II, op. cit.*, p. 350.

18. GARF, fonds 728-1, dossier 468, fol. 12 (verso).

19. Dépêche du 18/20 mars 1797 et extrait de l'article, AVPRI, Les relations de la Russie avec la Bavière, 126, n° 1-4 (recto-verso).

20. Stegnii, *op. cit.*, p. 351.

21. Diderot, « Les méditations du philosophe Denis », cité par Stegnii, *op. cit.*, p. 303.

22. GARF, fonds 728-1, dossier 422, 17 fol. (recto-verso).

23. *Op. cit.*, p. 395.

24. Cérémonial du transfert du corps de feu l'empereur Pierre III, 9e partie, n° 160 : « La couronne de Kazan a été portée pour la première fois [cérémonie] par le général comte Orlov et pour la seconde par le général-lieutenant Izmaïlov. » *Op. cit.*, p. 507.

BIBLIOGRAPHIE

La bibliographie qui suit n'est pas exhaustive, il faudrait y consacrer un volume entier.

SOURCES

Sources manuscrites

Archives

Archives russes

Gosudartsvennoi Arhiv Rossiiskoi federatsii : GARF.
Fonds 728, 828, 860, 1126 et 1463.
Arhiv Vnechnei Politiki Rossiiskoi imperii : AVPRI.
Fonds V (opinions secrètes du collège des Affaires étrangères).
Fonds 93 (relations de la Russie et de la France).
Fonds « Sekretnye dela » 173/2, dossier 27.
Lettres du comte de Ségur à la comtesse de Ségur et de la comtesse de Ségur au comte de Ségur, 1788, 527 pp.
Rossiiskii Gosudarstvennoi Arhiv drevnih Aktov : RGADA.
Fonds 10 (cabinet de Catherine II), 15, 4.
Fonds Panine.

Catherine II
(dans les archives russes d'État).
Mémoires commencés en 1790. GARF, fonds 128/1.
Mémoires secrets de la vie de feu l'impératrice. GARF, fonds
728/78.

Mémoires et documents, Russie

ARCHIVES DU MINISTÈRE DES AFFAIRES ÉTRANGÈRES. FRANCE
MAE

Correspondance politique, Russie.
T. 68-141.
*Recueil des instructions données aux ambassadeurs et ministres
de France depuis le traité de Westphalie jusqu'à la Révolution
française* (avec une introduction et des notes par
A. Rambaud).
T. 8 et 9.

Recueils de textes fondamentaux

Arhiv Gosudarstvennogo Soveta, Saint-Pétersbourg, 1869. Pour
le règne de Catherine II, vol. I, 1 et 2.
Senatskii Arhiv, Saint-Pétersbourg, 1888-1913, 15 volumes.
Martens (F.F.), *Recueil des traités et conventions conclus par la
Russie avec les puissances étrangères*, 15 volumes, Saint-
Pétersbourg, 1874-1898.
Polnoe Sobranie zakonov rossiiskoi imperii, Saint-Pétersbourg,
1830-1839, 46 volumes, surtout volume XV. (Cité plus loin
Polnoe Sobranie zakonov.)
Sbornik Imperatorskogo russkogo istoritcheskogo obchtchestva,
Saint-Pétersbourg/Petrograd, 1867-1916, 148 volumes. (Cité
plus loin *Sbornik.*)

Recueils bibliographiques

Arhiv vnechnei politiki rossiiskoi imperii-putevoditel'. Ministère
des Affaires étrangères de la Fédération de Russie, East View
Publications, Minnesota, 1995.
Katalog litchnyh arhivnyh fondov otetchestvennyh Istorikov.

XVIII vek, Moscou, 2001. Chapitre consacré aux œuvres de Catherine II : pp. 93-102.

Imprimés

Sotchineniia imperatritsy Ekateriny II na osnovanii podlinyh rukopisei s obiasnitelnymi primetchianiami (A.N. Pypin éd.), Saint-Pétersbourg, 1901-1907, 12 volumes.
Mémoires (D. Maroger éd.), Londres, 1955.
Correspondance of Catherine the Great with Sir Charles Hanbury Williams (the Earl of Ilchester éd.), Londres, 1928.
Documents of Catherine the Great, the Correspondance with Voltaire and the Instruction of 1767 in the English Text of 1768 (W.P. Reddaway éd.), Cambridge, 1931.
Lettres de Catherine II au prince de Ligne 1780-1796, Paris, 1924.
Lettres de l'impératrice de Russie et de M. de Voltaire, Œuvres complètes de Voltaire, 1784, t. 67.

Varia

« Bumagi. Ekateriny. 1744-1796 », *Sbornik*, volumes 7, 10, 13, 27 et 42.
« Ekaterina i Potemkin. Podlinnaia ih perepiska 1781-1791 », *Russkaia starina*, n° 16, 1876, pp. 35-58, 239-262, 441-478, 571-590 ; n° 17, pp. 21-38, 403-426, 635-652.
« Pisma Imperatritsy k Grimmu, 1774-1796 », *Sbornik*, Saint-Pétersbourg, 1878, t. 23.
« Reskripty G.A. Potemkinu », *Russkii Arhiv*, 1874, t. 2.

et publié anonymement :

Antidote ou Examen d'un mauvais livre superbement imprimé, intitulé Voyage en Sibérie, Saint-Pétersbourg, 1770 (en français).

Documents et sources imprimées

Arhiv gosudarstvennogo soveta. I. Sovet v tsarstvovanie Ekateriny II 1768-1796, (I.A.Chistovitch éd.), Saint-Pétersbourg, 1869.
Arhiv Kniazia Vorontsova (P. Bartenev éd.), Moscou, 1870-1895, 40 volumes.
Bolotov (A.), *Jizn' I prikliutcheniia Andreia Bolotova opisannye*

im samim (conservé dans le fonds des manuscrits de la Bibliothèque d'État de Russie. Fonds 233, K 16, dossier 34-43), et publié : Saint-Pétersbourg, 1875, 4 volumes, Leningrad, 1931, 3 volumes.

Broglie (duc de), *Le Secret du roi. Correspondance secrète de Louis XV avec ses agents diplomatiques 1752-1774*, Paris, 1879, 2 volumes.

« Bumagi Kniazia Nikolaia Vassilievitcha Repnina », *Sbornik*, V, pp. 128-218 ; VI, pp. 305-371 ; XV, pp. 415-608.

Catherine II et Gustave III : une correspondance retrouvée (G. von Proschwitz éd.), Varnamö, 1998.

Chappe d'Auteroche (abbé), *Voyage en Sibérie fait par ordre du roi en 1761*, Paris, 1768.

Corberon (Marie-Daniel Bourrée, chevalier de), *Un diplomate français à la cour de Catherine II, 1775-1780. Journal intime*, Paris, 1901, 2 volumes.

Dokumenty i materialy po istorii moskovskogo universiteta vo vtoroi polovine XVIII veka (N.A. Penchko éd.), Moscou, 1963, 3 volumes.

Dubrovin (N.) éd., *Prisoedinenie Kryma k rossii*, Saint-Pétersbourg, 1885-1889, 4 volumes.

Fonvizin (D.I.), *Sobranye Sotchineniia* (G.P. Makogonenko éd.), Moscou-Leningrad, 1959, 2 volumes.

Helbig (G. von), *Potemkin den Taurier. Anecdoten zur Geschichte seines Lebens und seiner Zeit*, Hambourg, 1797-1800.

—, « Russkie izbrannye i slutchainye liudi », *Russkaia Starina-56* (10), 1887 et trad. Bilbasov, Berlin, 1900.

Khrapovitskii (A.V.), *Dnevnik 1782-1793*, Saint-Pétersbourg, 1874.

Korobkov (N.M.), *Feld-Marchal Rumiantsev. Sbornik dokumentov i materialov*, Moscou, 1947.

Kutchuk-Kainardjiiski mir (dokumenty), *Russkii Arhiv*, 1879, X.

Ligne (prince de), *Mémoires et mélanges historiques et littéraires*, Paris, 1827, 5 volumes.

Lutoglanski (K.) éd., *Recueil des actes diplomatiques, traités et documents concernant la Pologne*, Varsovie, 1920, 2 volumes.

Masson (C.F.), *Mémoires secrets sur la Russie*, Paris, an VIII, t. 1 et 2 ; an X, t. 3.

Nepluev (I.I.), *Zapiski 1693-1773*, Saint-Pétersbourg, 1893.

Pallas (P.), *Voyages du professeur Pallas dans plusieurs provinces de l'empire de Russie*, Paris, 1800.

Panine (N.I.), « Iz bumag Grafa N.I. Panina 1770 », *Russkii Arhiv*, 12, 1878, pp. 426-482.

Pascal (P.), *La Révolte de Pougatchev*, Paris, 1971.

« Pisma Grafa N.I. Panina k imperatritsy Ekaterine Velikoi », *Arhiv Kniazia Vorontsova*, XXVI, 1882.

« Pisma Grafa N.I. Panina k P.V. Bakuninu », *ibid.*, XXVI, 1882.

Poniatowski (Stanislas-Auguste), *Mémoires*, Saint-Pétersbourg, 1914, 2 volumes.

Pouchkine, *Istoriia Pugatcheva*, in *Sobranie Sotchinenii*, Moscou, 1962, tome 7.

Pronchtein (A.P.), éd., *Don i Nijnie Povolgie v period Krestianskoi voiny 1773-1775 godov* (Sbornik dokumentov), Rostov, 1961.

Pugatchevchtchina (S.A. Golubtsovyi, S.G. Tominski, G.F. Reirson éd.), Moscou-Leningrad, 1926-1929, 3 volumes.

Dokumenty stavki E.I. Pugatcheva povstantcheskih vlastei i utchrejdenii 1773-1774 (P.V. Ovtchinnikov éd.), Moscou, 1975.

Potemkin Tavritcheskii (Prince G.), *Bumagi Kniazia Grigoriia Alexandovitcha Potemkina-Tavritcheskogo* (N. Dubrovin éd.), Saint-Pétersbourg, 1893 et 1895.

Sobstvennorutchnye bumagi kniazia Potemkina, Russkii Arhiv, 1865.

Repnin, *Rossiiskoe posol'stvo v Konstantinopol 1776 goda*, Saint-Pétersbourg, 1777.

Reskripty i pisma Ekateriny II na imia Grafa Aleskeia G. Orlova-Tchesmenskogo, Sbornik, 1, pp. 1-114.

Ségur (comte de), *Mémoires ou Souvenirs et anecdotes*, Paris, 1824, 3 volumes.

Tott (Baron de), *Mémoires du baron de Tott sur les Turcs et les Tatars*, Amsterdam, 1784, 4 volumes.

Tsarskii (I.), *Jurnal putechestviia Ekateriny II v Krym. 1787 g.*, Zapiski imperatorskogo odesskogo obchtchestva istorii i drevnosti, III, 1852, pp. 273-289.

Vysotchaichye reskripty imperatritsy Ekateriny II i ministerskaia perepiska po delam krymskim, Tchteniia v Imperatorskom obchtchestve istorii i drevnoste rossiiskih pri moskovskom universitete, LXXIX (1871), pp. 1-168.

OUVRAGES

Biographies de Catherine II

Alexander (J.T.), *Catherine the Great, Life and Legend*, Oxford, 1989.

Babkin (D.S.), *Protsess A.N. Radichtcheva*, Moscou-Leningrad, 1925.

Bil'basov (V.A.), *Istoriia Ekateriny II*, Saint-Pétersbourg, 1890-1891, 2 volumes.

Brikner (A.G.), *Istoriia Ekateriny II v piati tchastiah*, Saint-Pétersbourg, 1885.

Castera (J.), *Histoire de Catherine II, impératrice de Russie*, Paris, an VIII, 3 volumes.

Ikonnikov (V.S.), *Vremia Ekateriny II*, Kiev, 1881.

Jeliabovjskii (E.D.), *Imperatritsa Ekaterina II i ee znamenitye spodvijniki*, Moscou, 1874.

Kamenskii (A.B.), *« Pod senii Ekateriny »* : *vtoraia polovina XVIII veka*, Saint-Pétersbourg, 1992.

—, *Jizn i soud'ba Ekateriny Velikoi*, Moscou, 1997.

Kizevetter (A.A.), *Imperatritsa Ekaterina II kak zakonodotel'*, Moscou, 1912.

Kolotov (P.S.), *Deianiia Ekateriny II*, Saint-Pétersbourg, 1811.

Kozlov (I.), *Imperatritsa Ekaterina Velikaia*, Saint-Pétersbourg, 1904.

Lappo-Danilevskii (A.S.), *Otcherk vnutrenii politiki Ekateriny II*, Saint-Pétersbourg, 1898.

Lefort (V.), *Istoriia tsarstvovania Ekateriny vtoroi*, Moscou, 1837.

Madariaga (I. de), *Catherine the Great : A Short History*, New Haven, 1990.

—, *Russia in the Age of Catherine the Great*, Londres, 1981.

Nazarevskii (V.V.), *Tsarstvovanie Imperatristy Ekateriny II*, Moscou, 1913.

Oldenbourg (Z.), *Catherine de Russie*, Paris, 1966.

Olivier (D.), *Catherine la Grande*, Paris, 1965.

Omeltchenko (O.A.), *Zakonnaia monarhiia Ekateriny II*, Moscou, 1993.

Pokrovskii (V.I.), *Ekaterina II, ee Jizn'i sotchineniia*, Moscou, 1910.
Raeff (M.), *Catherine the Great. A Profile*, Londres, 1972.
Soumarokov (P.I.), *Obozrenie Tsartvavania i svoistv Ekateriny velikoi*, Saint-Pétersbourg, 1832.
Stegnii (P.V.), *Khronika vremen Ekateriny II*, Moscou, 2001.
—, *Ekaterina II*, Moscou, 2002.
Tchaikovskaia (O.G.), *Imperatritsa. Tsarstvovanie Ekateriny II*, Moscou-Smolensk, 1998.
Tchetchulin (N.D.), *Ekaterina v bor'be za prestol*, Leningrad, 1924.
Troyat (H.), *Catherine la Grande*, Paris, 1977.
Volkova (I.V.), *Ekaterina II : severnaia Semiramida na rossiiskom prestole*, Moscou, 1993.
Waliszewski (K.), *Le Roman d'une impératrice. Catherine II de Russie*, Paris, 1892.

BIOGRAPHIES DE PIERRE III

Bain (R.N.), *Peter III : Emperor of Russia*, Londres, 1902.
Goudar (A. de), *Mémoires pour servir l'histoire de Pierre III. Avec un détail historique des différends de la maison de Holstein avec la cour de Danemark*, Francfort-sur-le-Main, 1763.
La Marche (M.C.F.S. de), *Histoire et anecdotes de la vie, du règne, du détrônement et de la mort de Pierre III, dernier empereur de toutes les Russies, écrites en forme de lettres*, Londres, 1766.
Saldern (K. von), *Histoire de la vie de Pierre III, empereur de toutes les Russies, présentant sous un aspect important les causes de la révolution arrivée en 1762*, Francfort-sur-le-Main, 1802.
Thiébault de Laveaux (J.-C.), *Histoire de Pierre III, empereur de Russie, imprimée sur un manuscrit trouvé dans les papiers de Montmorin, ancien ministre des Affaires étrangères, et composé par un agent de Louis XV à la cour de Pétersbourg*, Paris, 1799.

Histoire générale

Baillou (J.), *Les Affaires étrangères et le corps diplomatique français de l'Ancien Régime au Second Empire*, Paris, 1986.
Chaunu (P.), *La Civilisation de l'Europe des Lumières*, Paris, 1984.
Garrard (G.), *The Eighteenth Century in Russia*, Oxford, 1973.
Grünwald (C. de), *Trois siècles de diplomatie russe*, Paris, 1945.
Le Donne (J.), *The Russian Empire and the World 1700-1917. The Geopolitics of Expansion and Containment*, New York-Oxford, 1997.
Leroy-Beaulieu (A.), *L'Empire des tsars et les Russes*, Paris, 1990.
Levesque (P.C.), *Histoire de Russie et des principales nations de l'Empire russe*, Paris, 1812, 8 volumes.
Mandrou (R.), *L'Europe absolutiste. Raison et raison d'État. 1649-1775*, Paris, 1977.
Platonov (S.), *Histoire de la Russie des origines à 1918*, Paris, 1929.
Pomeau (R.), *L'Europe des Lumières. Cosmopolitisme et unité européenne au XVIIIᵉ siècle*, Genève, 1981.
Rambaud, *Histoire de la Russie depuis les origines jusqu'à l'année 1877*, Paris, 1879.
Tapié (V.-L.), *L'Europe centrale et orientale de 1689 à 1796*, Paris, 1953, 3 fascicules.

Sur Catherine II et son règne

Absoliutizm v rossii (XVII-XVIII vv), *Sbornik statei k semidesiatiletiiu* B.B. Kafengauza (Drujinin et *al.* éd), Moscou, 1964.
Alexander (J.T.), *Autocratic Politics in a National Crisis : The Imperial Russian Government and Pugachev's Revolt 1773-1775*, Bloomington, 1969.
—, *Emperor of the Cossacks : Pugachev and the Frontier Jacquerie of 1773-1775*, Larami, 1973.
Andruchtchenko (A.I.), *Krestianskaia voina 1773-1775 g. na Jaike, v Priuralie, na Urale i v Sibiri*, Moscou, 1969.
Anissimov (E.V.), *Reformy Ekateriny II*, Saint-Pétersbourg, 1996.

Barkov (Ia.L.), *Perepiska Moskovskih masonov XVIII veka*, Petrograd, 1915.

Barsukov (A.R.), *Kniaz Grigorii Grigorievitch Orlov*, Russkii Arhiv, 1-1873, pp. 1-146.

Barteniev (P.B.), *Graf A.I. Morkov. Biografiia*, Moscou, 1851.

—, *Vosemnadtsatyi vek. Istoritcheskii sbornik*, Moscou, 1868-1869, 4 volumes.

Bartlett (R.P.), *Human Capital. The Settlement of Foreigners in Russia. 1762-1804*, Cambridge, 1979.

Bilbasov (V.A.), *Didro v Perburge 1773-74*, Saint-Pétersbourg, 1884.

Blinov (I.I.), *Gubernatory. Istoriko-pravovoi otcherk*, Saint-Pétersbourg, 1905.

Bogolioubov (V.), *N.I. Novikov i ego vremia*, Moscou, 1916.

Bogoslovski (M.M.), « Dvorianskie nakazy v Ekaterinskuiu komissiu 1767 g. », *Russkoe Bogatstvo*, Saint-Pétersbourg, juin 1897, pp. 46-83 et juillet 1897, pp. 136-152.

Bouganov (V.I.), *Krestianskie voiny v rossii XVII-XVIII vv*, Moscou, 1976.

—, *Pougatchev*, Moscou, 1984.

Brevern de La Gardie (comtesse de), *Un ambassadeur de Suède à la cour de Catherine II. Feld-maréchal comte de Stedingk. Choix de dépêches diplomatiques, rapports secrets et lettres particulières de 1790 à 1796*, Stockholm, 1919, 2 volumes.

Brückner (A.G.), *Potemkin*, Saint-Pétersbourg, 1892.

Childer (N.K.), *Imperator Pavel Pervoi*, Saint-Pétersbourg, 1901.

Chtein (Iu. K.), *Sud'ba Kazakov inovertsev v Rossii*, Ekaterinbourg, 1998.

Chvidkovski (D.), *The Empress and the Architect : British Architecture and Gardens at the Court of Catherine the Great*, Londres, 1996.

Clardy (J.V.), *Derzhavin. A Political Biography*, Paris-La Haye, 1967.

Confino (M.), *Domaines et seigneurs en Russie vers la fin du XVIIIe siècle*, Paris, 1963.

—, *Société et mentalités collectives en Russie sous l'ancien régime*, Paris, 1991.

Coquin (F.-X.), *La Grande Commission législative (1767-1768). Les cahiers de doléances urbains*, Paris-Louvain, 1972.

Craven (Elizabeth, Lady), *A Journey through the Crimea to Constantinople in 1783*, Londres, 1789.

Czartoryski (Adam, prince), *Mémoires*, Londres, 1888, 2 volumes.

Dachkova (Catherine, princesse), *Mémoires*, Paris, 1989.

Dachkova (E.P.), *Zapiski*, Leningrad, 1985.

Davies (N.), *God's Playground. A History of Poland*, Oxford, 1981, 2 volumes, spécialement volume 1.

Dembinski (B.), *Documents relatifs à l'histoire du deuxième et troisième partage de la Pologne*, I : *1788-1791*, Lvov, 1902.

Den (V.E.), *Naselenie rossii po piatoi revizii. Poduchnaia podat'v XVIII veke i statistika naseleniia v kontse XVIII veka*, Moscou, 1902, vol. 2, 2e partie, 221 pp.

Diderot (D.), *Mémoires pour Catherine II* (P. Vernière éd.), Paris, 1966.

Ditiatin (I.I.), *Ustroistvo i upravlenie gorodov v rossii*, Moscou, 1875-1877, 2 volumes.

Drujinina (E.I.), *Kiutchuk-Kainardjiiskii mir 1774 goda*, Moscou, 1975.

Dmitriev (A.), *Tserkov i ideia samoderjaviia v rossii*, Riazan, 1930.

Dubnov (S.M.), *History of the Jews in Russia and Poland*, Philadelphie, 1916-1920, 3 volumes.

Dubrovin (N.I.), *Pougatchev i ego soobchtniki*, Saint-Pétersbourg, 1884.

Dubrovin (N.F.), *Istoriia voiny i vladytchestva russkih na kavkaze*, Saint-Pétersbourg, 1871-1881, 6 volumes, spécialement volume 3.

Dukes (P.), *Catherine the Great and the Russian Nobility : A Study based on the Materials of the Legislative Commission of 1767*, Cambridge University Press, 1967.

Ekaterina vtoraia i G.A. Potemkin. Litchnaia perepiska 1769-1791 (V.S. Lopatin éd.), Moscou, 1997.

Eliseeva (O.I.), *Perepiska Ekateriny vtoroi i G.A. Potemkina perioda vtoroi turetskoi voiny (1787-1791)*, Moscou, 1997.

Fabre (J.), *Stanislas-Auguste Poniatowski et l'Europe des Lumières*, Paris, 1952.

Fischer (A.W.), *The Russian Annexation of the Crimea 1772-1783*, Cambridge University Press, 1970.

Gordeev (A.A.), *Istoriia Kazakov*, Moscou, 1993, 3 volumes.

Griffiths (D.M.), *Catherine II : The Republican Empress*, Jahrbücher für Geschichte Ostenropas, 1973, 21-3.

Grigoriev (V.A.), *Reforma mestnogo upravleniia pri Ekaterine II*, Saint-Pétersbourg, 1910.

Ikonnikov (V.S.), « Arsenii Matseevitch ; istoriko biografit-cheskii otcherk », *Russkaia Starina*, n° 24, 1879, pp. 731-753 ; n° 25, pp. 1-34 et 557-608 ; n° 26, pp. 177-198.

Istoriia pravitel'stvuiuchtchego senata za dvesti let 1711-1911, Saint-Pétersbourg, 1911, 5 volumes, spécialement volume 2.

Jones (R.E.), *The Emancipation of the Russian Nobility. 1762-1785*, Princeton, 1973.

Kabuzan (V.M.), « Nemetskoe naselenie v rossii XVIII-natchale XIX veka », *Voprosy Istoriii*, 12, 1989.

—, *Izmenenia v razmechtchenii naseleniia Rossii v XVIII veke pervoi polovine XIX*, Moscou, 1971.

Kamenskii (A.B.), « Ekaterina II », *Voprosy Istorii*, 3, 1989, pp. 62-88.

—, *Ot Petra I do Pavla I, reformy v rossii XVIII veka*, Moscou, 2001.

Karp (S.Ja.), *Frantsuzkie prosvetiteli v Rossii*, Moscou, 1998.

Kizevetter (A.), *Pervoe piatiletie pravleniia Ekateriny II*, Prague, 1929.

Kliutchevski (V.O.), « Istoriia soslovii v rossii », in *Sotchineniia*, t. V, Moscou, 1959.

Kobeko (D.F.), « Imperatritsa Ekaterina II : jitie prepodobnogo Sergiia v ee redaktsii », *Russkaia Starina*, 3-1888, pp. 751-756.

Korkunov (N.M.), *Russkoe gosudarstvennoe pravo*, Saint-Pétersbourg, 1899, 2 volumes.

—, *Dva proekta preobrazovaniia senata vtoroi poloviny tsarstvovania Ekateriny II (1788 i 1794 godov)*, Saint-Pétersbourg, 1899.

Kostomarov (N.), *Poslednie gody rechi-pospolity. Sobranie Sotchinenii*, Saint-Pétersbourg, 1868.

Lamartine (A. de), *Histoire de la Russie*, Paris, 1863.

Latkin (V.N.), *Zakonodatel'nye Komissii v rossii v XVIII veke*, Saint-Pétersbourg, 1887.

Lebedev (P.S.), *Grafy Nikita i Piotr Paniny*, Saint-Pétersbourg, 1863.

Le Donne (J.P.), « Appointments to the Russian Senate », *Cahiers du monde russe et soviétique*, XVI-1, janvier-mars 1975, pp. 27-56.

—, « The Eighteenth Century Russian Nobility : Bureaucracy or Ruling Class », *Cahiers du monde russe et soviétique*, XXXIV (1-2), janvier-juin 1993, pp. 139-148.

—, *Absolutism and Ruling Class. The Formation of the Russian Political Order 1700-1825*, New York-Oxford, 1991.

—, *Ruling Russia. Politics and Administration in the Age of Absolutism*, Princeton, 1984.

Leontovitch (V.L.), *Histoire du libéralisme en Russie*, Paris, 1986.

Ley (F.), *Le Maréchal de Münich (1683-1767) et la Russie au XVIIIᵉ siècle*, Paris, 1959.

Longinov (M.N.), *Novikov i Moskovskie Martinisty*, Moscou, 1867.

Lord (R.H.), *The Second Partition of Poland*, Cambridge Mass, 1915.

Lukowski (J.), *The Partitions of Poland 1772-1793-1795*, Londres, 1999.

Luppol (I.K.), *Tragediia russkogo materializma XVIII v. filosofskie vzgliady A.N. Radichtcheva*, Moscou-Leningrad, 1935.

Madariaga (I. de), *Britain, Russia and the Armed Neutrality of 1780*, Londres, 1963.

Maïkov (P.M.), *Ivan Ivanovitch Betskoi*, Saint-Pétersbourg, 1904.

Mansel (Ph.), *Le Charmeur de l'Europe : Charles-Joseph de Ligne 1735-1814*, Paris, 1992.

Markova (O.P.), « O Proishojdenie tak nazyvaemogo gretcheskogo proetka », *Istoriia SSSR*, 4-1958, pp. 52-78.

Masters (J.), *Casanova*, Londres, 1959.

Mauvillon (E. de), *Histoire de la vie, du règne et du détrônement d'Ivan VI, empereur de Russie, assassiné à Schlüsselbourg dans la nuit du 15 au 16 juillet 1764*, Paris, 1859.

Mavrodin (V.V.), *Krestianskaia voina v rossii*, Leningrad, 1961-1970, 3 volumes.

—, *Klassovaia bor'ba i obchtchestvenno-polititcheskaia mysl'v rossii v XVIII v. (1773-1790)*, Leningrad, 1975.

Milioukov (P.N.), *Otcherki po istorii russkoi kultury*, Saint-Pétersbourg, 1898-1913, 3 vol.

Mironova (E.M.), *Vnechne polititcheskie vzgliady i deiatel'nost N.I. Panina*, Moscou, 1990.

Morochkin (M.), *Iezuity v rossii v tsarstvovanie Ekateriny II i do nachego vremeni*, Saint-Pétersbourg, 1867-1870, 2 parties.

Münich (maréchal de), « *Ébauche* » *du gouvernement de Russie* (éd. Francis Ley), Genève, 1989.

Nepluiev (I.I.), *Zapiski 1693-1773*, Saint-Pétersbourg, 1893.

Nolde (B.), *La Formation de l'Empire russe*, Paris, 1952.

Ogarkov (V.V.), *Grigori Alexandrovitch Potemkin*, Saint-Pétersbourg, 1892.

Omeltchenko (O.A.), *Kodifikatsiia Prava v rossii v period absoliutnoi monarhii vtoraia polovina XVIII veka*, Moscou, 1989.

Ouvrard (G.), *Lettres d'amour de Catherine II à Potemkine. Correspondance inédite*, Paris, 1934.

Ovtchinnikov (R. V.), *Manifesty i ukazy E.I. Pougatcheva*, Moscou, 1980.

Papmehl (K.A.), *Freedom of Expression in Eighteenth Century Russia*, La Haye, 1971.

Petrov (A.), *Voina Rossii s Turtsei I polskimi konfederatami*, Saint-Pétersbourg, 1866-1874, 5 volumes.

—, *Vtoraia turetskaia voina v tsarstvovanie imperatritsy Ekateriny II 1787-1791 gg.*, Saint-Pétersbourg, 1880, 2 volumes.

Pipes (R.), *Russia under the Old Regime*, Londres, 1974.

Portal (R.), *L'Oural au XVIIIᵉ siècle*, Paris, 1950.

Pougatchevchtchina, Moscou-Leningrad, 1926-1931, 3 tomes.

Pronchtein (A.P.), *Zemlia Donskaia v XVIII veke*, Rostov, 1961.

Put'k tronu. Istoriia dvortsovogo perevorota 28 iunia 1762 goda, Moscou, 1997.

Pypin (A.N.), *Russkoe Masonstvo XVIII i pervaiatchetvert XIX v.*, Petrograd, 1916.

Radichtchev (A.N.), *Voyage de Pétersbourg à Moscou*, Paris, 1988.

—, *Polnoe Sobranie Sotchinenii*, Moscou, 1938-1952, 3 volumes. Voir volume 1 pour le *Voyage*.

Raeff (M.), *Origins of the Russian Intelligentsia. The Eighteenth Century Nobility*, New York, 1966.

—, *Imperial Russia 1682-1825. The Coming of Age of Modern Russia*, Londres, 1972.

Ransel (D.L.), « Nikita Panin's Imperial Council Project and the Struggle of Hierarchy Groups at the Court of Catherine II », *Slavic and East European Review*, IV-3, 1970, pp. 443-463.

—, *The Politics of Catherinian Russia : The Panin Party*, New Haven, 1975.

Reddaway (W.F.), *Documents on Catherine the Great. The Correspondance with Voltaire and the Instruction of 1767*, Cambridge, 1931.

Rindziunskii (P.), *Gorodskoe grajdanstvo doreformnoi Rossii*, Moscou, 1958.

Romanovitch Slavatinskii (A.V.), *Dvorianstvo v rossii ot natchala XVIII veka*, Kiev, 1912.

Rossiia I Frantsiia XVIII-XX veka (P. Tcherkassov éd.), Moscou, 1998, volume 2.

Rozman (G.), *Urban Networks in Russia 1750-1800 and Premodern Periodization*, Princeton, 1976.

Rubinchtein (N.A.), *Sel'skoe khoziaistvo Rossii vo vtoroi polovine XVIII veka*, Moscou, 1957.

Rulhière (C. Carloman de), *Histoires ou anecdotes sur la révolution de Russie en l'année 1762*, Paris, an V, ou *Histoire de l'anarchie de Pologne*, Paris, 1819, t. IV.

Scherer (E.), *Melchior Grimm*, Paris, 1887.

Sebag Montefiori (Simon), *Prince of Princes : The Life of Potemkin*, Londres, 2000.

Semevski (V.I.), *Krestiane v tsarstvovanie Ekateriny II*, Saint-Pétersbourg, 1901-1903, 2 volumes.

Smirnov (I.I.), Man'kov (A.G.) *et al.*, *Krestianskie voiny v Rossii v XVII-XVIII vv.*, Moscou-Leningrad, 1966.

Snegirev (I.M.), *Jizn'Moskovskogo metropolita Platona*, Moscou, 1856.

Soldatov (G.M.), *Arsenii Matseevitch Mitropolit Rostovskii*, Saint Paul, 1971.

Soloveitchik (G.), *Potemkine. Un tableau de la Russie de Catherine II*, Paris, 1940.

Tcherkassov (P.) et Tchernychevski (D.), *Istoria imperatorskoi Rossii*, Moscou, 1994.

Tcherkassov (P.), *Dvuhglavyi orel i Korolevskie lilii*, Moscou, 1995.

—, *Ekaterina II I Lioudovik XVI*, Moscou, 2001.

—, *Lioudovik XV i Emelian Pougatchev : frantsuzskaia diplomatiia I vosstanie Pougatcheva*, Moscou, 1998.

Tchetchulin (N.D.), *Vnechnaiaia politika rossii v natchale tsarstvovania Ekateriny II 1762-1774*, Saint-Pétersbourg, 1896.

—, *Ekaterina v borbe za prestol*, Leningrad, 1924.

Tourneux (M.), *Diderot et Catherine II*, Paris, 1899.

Troitski (S.M.), *Finansovaia politika russkogo absoliutizma*, Moscou, 1966.

Vernadski (G.V.), *Otcherk istorii prava russkogo gosudarstva XVIII-XIX v.*, Prague, 1924.

—, *Russkoe masonstvo v tsarstvovanie Ekateriny II*, Petrograd, 1917.

—, *Imperatritsa Ekaterina II i zakonodatel'naia komissiia 1767-1768*, Perm, 1918.

Vigée-Lebrun, *Souvenirs*, Paris, 1867, 2 volumes.

Vodarski (Ia.E.), *Naselenie Rossii sa 400 let (XVI-natchala XX vv)*, Moscou, 1973.

Zamoyski (A.), *The Last King of Poland*, Londres, 1992.

Zuev (V.), *Putechestvennye zapiski Vassilia Zueva ot Peterburga do Hersona v 1781-82 godu*, Saint-Pétersbourg, 1787.

ANNEXES

Les partages de la Pologne (1772, 1793 et 1795)

mer
Baltique

DUCHÉ
DE COURLANDE

Mitau
Riga

Dyneburg(Dvinsk)

I

Polotsk
Witebsk

Smolensk

Königsberg
PRUSSE
ORIENTALE

Kowno

Wilno

Dantzig
1793

I

Suwalki

III

Minsk

Mścisław

Bydgoszcz

Thorn

Bialystok

R U S S I E

P R U S S E

Poznań

II

Varsovie

Bug

Brest

Pinsk

III

Breslau

Oder

A U T R I C H E

III

Lublin

II

Dniepr

Kiev

Czestochowa

DUCHÉ DE
SIEWIERZ
1790

Vistule

Polaniec

Lutsk

Biala

Cracovie

I

Nowy Sacz

Lvov

Bar

Human

Kamieniełsk

Targowitsa

Dniestr

Odessa

mer
Noire

Les 3 partages :

Russie, Autriche et Prusse 1772

Russie et Prusse 1793

Russie, Prusse et Autriche 1795

– – Frontière du royaume de Pologne en 1772

0   100   200 kms

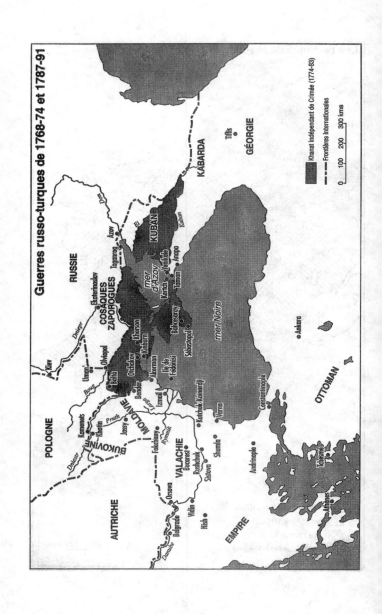

Guerres russo-turques de 1768-74 et 1787-91

RUSSIE

POLOGNE

AUTRICHE

BUKOVINE

MOLDAVIE

VALACHIE

EMPIRE

OTTOMAN

GÉORGIE

KÁBARDA

KUBAN

COSAQUES ZAPOROGUES

mer d'Azov

mer Noire

Kiev
Uman
Kamenets
Khotin
Jessy
Focşani
Bucarest
Rymnik
Rouchtchouk
Sistova
Shumla
Vidin
Nish
Belgrade
Orsova
Danube
Drniestr
Pruth
Siret
Boug
Dniepr
Don
Olviopol
Bielta
Bender
Izmaïl
Kutchuk-Kaïnardji
Varna
Constantinople
Andrinople
Athènes
Trébizonde
Ankara
Tiflis
Ochakov
Kherson
Kinburn
Kremun
Île de Fidonisi
Bahtcesaray
Sébastopol
Elisabethgrad
Ekaterinoslav
Taganrog
Azov
El
Kouban
Anapa
Yénikalé
Taman
Kertch

Khanat indépendant de Crimée (1774-83)
-·-·- Frontières internationales

0   100 200 300 kms

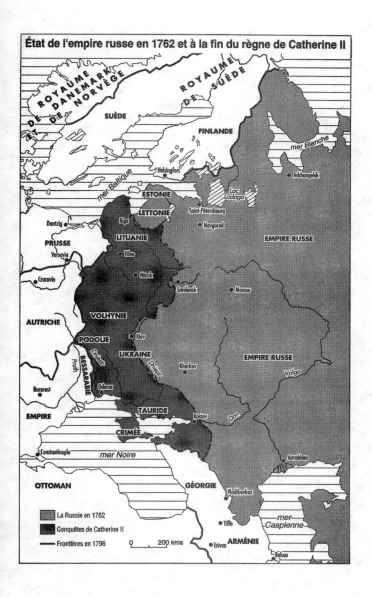

État de l'empire russe en 1762 et à la fin du règne de Catherine II

Ordre de succession de Pierre le Grand à Catherine II

(les dates sont celles des début et fin de règne ou de régence)

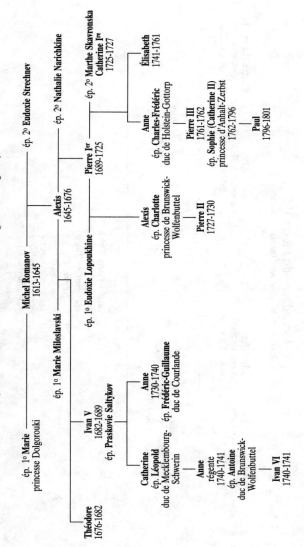

Ascendance de Pierre III
(les dates sont celles de naissance et de mort)

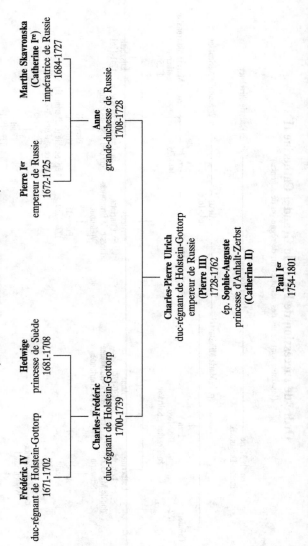

Frédéric IV
duc-régnant de Holstein-Gottorp
1671-1702

Hedwige
princesse de Suède
1681-1708

Pierre Ier
empereur de Russie
1672-1725

Marthe Skavronska
(**Catherine Ire**)
impératrice de Russie
1684-1727

Charles-Frédéric
duc-régnant de Holstein-Gottorp
1700-1739

Anne
grande-duchesse de Russie
1708-1728

Charles-Pierre Ulrich
duc-régnant de Holstein-Gottorp
empereur de Russie
(**Pierre III**)
1728-1762
ép. **Sophie-Auguste**
princesse d'Anhalt-Zerbst
(**Catherine II**)

Paul Ier
1754-1801

Ascendance de Catherine II
(les dates sont celles de naissance et de mort)

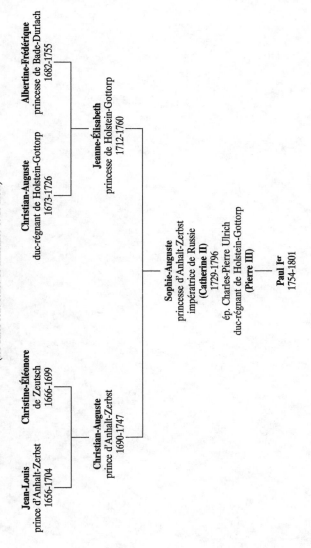

Jean-Louis
prince d'Anhalt-Zerbst
1656-1704

Christine-Éléonore
de Zeutsch
1666-1699

Christian-Auguste
prince d'Anhalt-Zerbst
1690-1747

Christian-Auguste
duc-régnant de Holstein-Gottorp
1673-1726

Albertine-Frédérique
princesse de Bade-Durlach
1682-1755

Jeanne-Élisabeth
princesse de Holstein-Gottorp
1712-1760

Sophie-Auguste
princesse d'Anhalt-Zerbst
impératrice de Russie
(Catherine II)
1729-1796
ép. Charles-Pierre Ulrich
duc-régnant de Holstein-Gottorp
(Pierre III)

Paul Ier
1754-1801

Fac-similé d'une note de Catherine II.
Archives d'État de la Fédération de Russie (GARF), fonds 828-I, d. 1023.

Ah! Monsieur après cette indécen~te~
declaration de l'Ambassadeur de
France Mediateur a Geneve
qu'il sieca mal a cette Cour de
parler de Violence tout ce qui
s'est fait depuis mon regne
chez nos Voisins, Voila du
Bois dont nous pourrons faire
flèches quand l'occasion s'en
presentera. communiqués
cela a Mr. Panin

no freus 18.?? Tue.? 1767.

Note de Catherine II.

Archives du Ministère des Affaires étrangères de Russie, AVPRI, fonds 93.6, d. 220.

REMERCIEMENTS

Qu'il me soit permis de dire ici ma gratitude à Claude Durand, mon éditeur, qui est à l'origine du choix de ce sujet. Son amitié, son attention constante à mes recherches m'ont été une fois encore très précieuses.

Mes remerciements vont aussi aux responsables des Archives où j'ai été accueillie et aidée. Au ministère des Affaires étrangères, Monique Constant, conservateur en chef. Aux Archives de la Fédération de Russie, Serge Mironenko qui m'a non seulement ouvert ses portes mais facilité les relations avec les autres centres d'archives russes. Pour sa disponibilité, son amitié, une aide qu'il ne m'a jamais mesurée, je lui ai une reconnaissance toute particulière, ainsi qu'à Valeri Kuchpel et Pierre Stegni, tous deux responsables des Archives du ministère russe des Affaires étrangères. À Pierre Stegnii, historien de Catherine II, je dois beaucoup de gratitude pour ses encouragements à me consacrer à Catherine et pour une réflexion partagée. Je remercie aussi les responsables des Archives des actes anciens. À tous, à leurs collaborateurs si compétents et toujours disponibles et amicaux, je veux dire combien leur soutien m'aura aidé. Je suis aussi très redevable à la Bibliothèque de l'Institut de France et à Mireille Pastoureau qui la dirige avec tant d'efficacité. Quel havre de paix et quelle source de découvertes !

Je remercie Micheline Amar – qui depuis tant d'années m'encourage – pour son concours affectueux et efficace dans la réalisation de ce livre. Enfin, je me garderai bien d'oublier Isabelle Noël qui a déchiffré mon écriture avec une infinie patience et Hélène Guillaume si attentive dans la relecture de ce travail.

Même s'il arrive en dernier, que mon mari sache combien je lui suis reconnaissante de m'avoir supportée durant les années où Catherine II a mobilisé l'essentiel de mon attention, et d'avoir contribué à la réalisation des cartes et tableaux généalogiques de ce livre.

INDEX

Potchitaline, Ivan : 202, 203.
Potemkine, Grégoire, prince : 235-240, 242, 243, 310, 311, 317-320, 325, 387, 391, 398-401, 403, 413-415, 427-431, 433, 435, 437, 439-444, 446, 448, 449, 453-458, 460-463, 467-469, 471, 472, 476-481, 483-491, 493-503, 559, 560, 562, 566.
Potemkine, général, cousin du précédent : 448.
Potocki, comte Vincent : 425, 499, 504.
Potocki, Ignace : 515.
Pouchkine, Alexandre : 18, 205, 206, 210, 217, 222, 271, 439, 584.
Pougatchev, Emelian : 174, 197-222, 224, 227, 229, 230, 237, 298, 306, 318, 322, 326, 330, 331, 387, 419, 438, 501, 543, 544, 545, 589.
Prévost, abbé : 268.
Provence, comte de : 552.
Prozorovski, Alexandre, prince, feld-maréchal : 419, 421, 422.

Quesnay, juriste : 106.

Rabelais, François : 278.
Radichtchev, Alexandre : 273, 284, 543-550, 561, 562, 584, 586, 589.
Radziwill, Charles, prince : 220.
Ransel, D., 86.
Razine, Stenka : 191, 192, 197, 200, 218, 222.
Razoumovski, Alexis, favori de l'impératrice Élisabeth : 32, 37.
Razoumovski, Alexis, comte, ami du grand-duc Paul : 230.

Razoumovski, Kiril, comte, président de l'Académie des Sciences : 50.
Reinsdorf : 208.
Repnine, N.V., prince, neveu de Panine : 148, 149, 410, 476, 486-488, 535.
Reynolds : 400.
Ribas, général de : 489, 490.
Richelieu, Armand Emmanuel Du Plessis, duc de : 479, 483.
Rimski-Korsakov : 240.
Riourik : 519.
Robespierre : 550.
Romanov, dynastie : 13, 24, 72, 75, 287, 307, 434, 563, 578, 580.
Rostopchine, comte : 574, 575.
Roumiantsev, général, comte : 157, 175, 215, 412, 467, 565.
Rousseau, Jean-Jacques : 244, 253, 257, 277, 353, 361, 525, 544.
Rozman, Gilbert : 337.
Ryndziunski, P.G. : 329.

Safir, Isaïe : 300.
Saint Serge de Radonège : 295.
Saint-Helens, Lord, *voir* Fitz-herbert.
Saint-Priest, comte de : 444.
Saldern, Kaspar von : 323, 324.
Saltykov, Sergueï Vasilievitch, dit « le beau Serge » : 43, 62, 80, 61, 228, 241, 242, 279, 571, 574.
Samoilov, général : 489.
Scarron, Paul : 268.
Schwartz, I.G. : 537, 540.
Schwerin, comte : 67.
Ségur, comte de : 246, 436, 454, 457, 459, 462, 464, 466, 476, 523, 527-529, 532.
Selim III : 475, 477.

Imprimé en Espagne, par LIBERDUPLEX (Barcelone)
HACHETTE LITTÉRATURES - 31, rue de Fleurus - 75006 **Paris**

Collection n° 25 – Édition 01
Dépôt légal : octobre 2004
ISBN : 2.01.279172.7